Bendita histeria

JULIE HOLLAND

Bendita
histeria

Grijalbo

Título original: *Moody Bitches*

Primera edición: septiembre, 2015

© 2015, Julie Holland
© 2015, Penguin Random House Grupo Editorial, S. A. U.
Travessera de Gràcia, 47-49. 08021 Barcelona
© 2015, Alberto Gómez Ruiz, por la traducción

Printed in Spain – Impreso en España

ISBN: 978-84-253-5346-8
Depósito legal: B-15.826-2015

Compuesto en Anglofort, S. A.

Impreso en Liberdúplex
Sant Llorenç d'Hortons (Barcelona)

GR 5 3 4 6 8

Penguin
Random House
Grupo Editorial

Para Sara Starr Wolff,
maestra, terapeuta y jardinera,
que quería lo que tenía y hablaba claro.
Y para su hijo, Jeremy;
su cálido amor y su aceptación
me permitieron florecer

Índice

TERCERA PARTE

Guía para sobrevivir a tus cambios de humor

Introducción

Las mujeres de hoy en día trabajamos demasiado y estamos exhaustas. Sufrimos ansiedad y andamos con los nervios de punta, pero al mismo tiempo nos sentimos deprimidas y al límite de nuestras fuerzas a causa del estrés. Tenemos el humor y la libido por los suelos, y apuramos nuestra energía vital mientras batallamos para conservar el trabajo, la familia y los cientos de «amigos» que hacemos por internet. Nos culpamos de lo mal que nos sentimos, y creemos que deberíamos ser capaces de llegar a todo. Soñamos con ser perfectas; incluso intentamos que parezca que no cuesta ningún esfuerzo, pero jamás nos habíamos planteado que las consecuencias pudieran ser tan negativas. Por naturaleza estamos preparadas para ser dinámicas, seguir ciclos y... sí, de acuerdo, tener cambios de humor. Somos criaturas temperamentales, pero eso es una fortaleza, no un punto flaco.

Existen buenos motivos para que hayamos evolucionado de ese modo, nuestras fluctuaciones hormonales son la base de una sensibilidad que nos permite responder a nuestro entorno. Nuestra naturaleza cambiante nos aporta flexibilidad y adaptabilidad. Ser rígido e inflexible no es bueno para la supervivencia. En el medio natural, o te adaptas o mueres. Si aprendemos cómo se supone que funcionan nuestro cerebro y nuestro cuerpo, tendremos al alcance muchísima sabiduría y paz. Los cambios de humor (ser sensible, preocuparse realmente por las cosas y en ocasiones sentirnos descontentas en extremo) constituyen nuestra fuente natural de poder.

Sin embargo, nos han inculcado justo lo contrario. Desde edades muy tempranas nos enseñan que los cambios de humor son algo malo. Aprendemos a disculparnos por derramar lágrimas, a reprimir nuestra ira y a temer que nos llamen histéricas. A lo largo de la vida de las mujeres, el estrés y las exigencias del mundo moderno interfieren con nuestra salud y nuestras hormonas a pequeña y a gran escala, y el resultado es el malestar que tantas mujeres experimentan. Sencillamente, existe un camino mejor.

Bendita histeria desvela la forma en que podemos controlar nuestro humor y, de ese modo, nuestra vida. Al integrar la sabiduría universal con la ciencia moderna, logramos dominar nuestro estado de ánimo. Si comprendemos nuestro propio cuerpo, nuestras hormonas de naturaleza cíclica, y cómo los fármacos modernos alteran nuestra maquinaria, sumamente precisa, podremos tomar decisiones bien fundamentadas acerca de cómo vivir mejor.

Las hormonas femeninas están en constante fluctuación. Suben y bajan durante un ciclo de un mes de duración y aumentan y disminuyen a lo largo de décadas de fertilidad, con una oscilación particularmente marcada durante la adolescencia y la perimenopausia, la primavera y el otoño de los años de reproducción. Compáralo con la estabilidad hormonal de que gozan los hombres a lo largo de la mayor parte de su vida. Nuestras variaciones hormonales nos permiten ser empáticas e intuitivas con respecto a nuestro entorno, a las necesidades de nuestros hijos y a los propósitos de nuestros compañeros. La emotividad de las mujeres es normal. Es una señal de buena salud, no de enfermedad, y constituye nuestra mayor cualidad. Sin embargo, una de cada cuatro mujeres estadounidenses decide tomar fármacos psiquiátricos para neutralizar esa emotividad, y las consecuencias van mucho más allá de lo que la mayoría cree.

Todas utilizamos la comida, el alcohol, los fármacos, los teléfonos móviles o las compras para evadirnos en los momentos difíciles. Sea cual sea la sustancia elegida, nos ofrece una promesa que recibimos con los brazos abiertos: la de que las cosas serán distintas y mejorarán después de consumirla. Sin embargo, nunca se tiene bastante de algo que «casi» funciona, y como nuestras soluciones suelen ser sintéticas, no naturales, siempre necesitamos más. Nos sentimos incómodas en nuestra propia piel, con nuestros deseos; no estamos bien en casa ni en la oficina, no nos sienta bien el papel de madre ni de cuidadora de nuestros padres. Yendo un poco más allá, creemos que podemos superar la angustia si permanecemos terriblemente ocupadas.

Según mi experiencia como psiquiatra, mis pacientes, igual que la mayoría de las mujeres, están ávidas de información sobre los medicamentos que toman y de qué forma estos fármacos pueden cambiar cómo se sienten. *Bendita histeria* es una respuesta a ambos problemas. Yo llamo a las cosas por su nombre (los medicamentos que adoro y los que evito), y comento los verdaderos efectos secundarios que he observado (aumento de peso, pérdida de la libido, indiferencia) y lo que puede hacerse al respecto. Trato de forma directa la mejora de la vida sexual, el vínculo entre alimentación y estado de ánimo, la necesidad de practicar ejercicio y dormir con regularidad, y, tal vez lo más importante, la necesidad de escuchar al propio cuerpo para volver a entrar en sintonía con nuestro ser natural, primigenio.

Cuando me inicié en la práctica de la medicina hace veinte años, las mujeres acudían a mí confusas ante sus síntomas y sin saber qué hacer. Se quejaban de la dificultad para volver a conciliar el sueño, de la inquietud o la propensión al llanto, pero no tenían muy claro qué iba mal. Les ayudé a poner nombre a sus síntomas y les expliqué que había medicamentos que podían resultar de ayuda. En aquella época tuve que instruir a mis pacientes sobre la farmacoterapia e incluso darles un empujoncito. Reservaba los diez o quince últimos minutos de la consulta inicial de una hora para ahuyentar los miedos de quienes recelaban de tomar algo capaz de alterar la química de su cerebro.

Hoy en día las nuevas pacientes acuden a mí convencidas de que necesitan un medicamento para los nervios o el estado de ánimo, como la mayoría de las mujeres que conocen. Solo quieren que les ayude a decidir cuál. Antes, los motivos de la confusión solían ser: «No logro comprender por qué me despierto siempre a las cuatro de la madrugada»; «Me cuesta mucho levantarme y todo me da igual»; «Estoy siempre enfadada y no sé por qué». Sin embargo, con los años la conversación se ha transformado, y en la actualidad comienza más o menos así: «¿Puede explicarme la diferencia entre los antidepresivos Wellbutrin y Effexor?»; «No sé distinguir si tengo un trastorno por déficit de atención o un trastorno obsesivo compulsivo»; «¿Ha visto ese anuncio de una mujer que monta a caballo en la playa? ¿Ese somnífero de la mariposa es mejor que el Ambien?». Y la pregunta que oigo más de lo que te puedas imaginar de boca de mis pacientes habituales: «¿Ha salido algo nuevo que pueda probar?».

La industria farmacéutica inició la publicidad de automedicación en la década de 1980. Poco después, cuando a mediados de los noventa me estrené en la práctica privada, la normativa había pasado a ser menos estricta. En la televisión y en las revistas empezó a dispararse la publicidad que anunciaba a bombo y platillo los antidepresivos y somníferos más novedosos. Seguí acompañando a mis pacientes mientras en Estados Unidos, durante los años noventa, se triplicaba el consumo de todo tipo de fármacos psiquiátricos sujetos a prescripción médica, resultado directo de esa poderosa campaña publicitaria. En 2006 el antidepresivo Zoloft había proporcionado más ganancias que el detergente Tide, y comprendí que algo nuevo estaba sucediendo. La industria farmacéutica gasta miles de millones de dólares para convertir experiencias humanas normales, como el miedo o la tristeza, en enfermedades. No desarrolla curas; crea clientes. El problema no son nuestras emociones; el problema es que nos persuaden para que nos mediquemos y dejemos de sentirlas.[1]

Las últimas noticias son especialmente aterradoras.[2] El Abilify, un medicamento originalmente formulado para tratar a pacientes con esquizofrenia, se expandió al mercado de la depresión y hoy en día es el fármaco más vendido en Estados Unidos, y no me refiero solo a los psicofármacos. El medicamento que más dinero proporciona en Estados Unidos es un antipsicótico. Mi obligación como psiquiatra es advertiros de que eso sí que es de locos. El antiguo término griego *pharmakon* tiene significados muy distintos: sacramento, medicina y veneno. En medicina se dice que a veces el remedio es peor que la enfermedad, y hay muchos medicamentos (la quimioterapia es un buen ejemplo de ello) que en pequeñas dosis resultan de ayuda o curan pero que son peligrosamente tóxicos en grandes cantidades. También es cierto que hay medicamentos muy potentes que se usan de forma apropiada para un diagnóstico pero que resultan absolutamente excesivos para otros. En particular, la prescripción de antipsicóticos para tratar la depresión parece desmesurada, sobre todo dados los riesgos de secuelas irreversibles como la diabetes o los trastornos de la movilidad inherentes a esa clase de medicación.[3]

Representamos el 5 % de la población global, sin embargo consumimos el 50 % de las pastillas del mundo (también consumimos el 80 % de los analgésicos del mundo).[4] Mientras tanto, el porcentaje de personas a quienes se diagnostica una enfermedad psiquiátrica no para de crecer. ¿Es posible que en nuestra época haya realmente una epidemia de enfermedades y problemas mentales o es que los médicos se precipitan y, ante las quejas de sus pacientes, echan mano de su talonario de recetas en lugar de ofrecer soluciones que implican más esfuerzo? Las revistas de medicina están plagadas de anuncios del mismo tipo: páginas y páginas de información sobre los últimos medicamentos y cómo prescribirlos con exactitud. Cuatro de cada cinco antidepresivos ni siquiera los recetan psiquiatras sino médicos de cabecera.[5] Y la mayoría de las veces a pacientes sin un diagnóstico real de depresión. Particularmente alarmante: encuestas a médicos de atención primaria muestran que estos acostumbran a sobreestimar el poder de los antidepresivos. Se han dejado engañar por la publicidad, como el resto de los estadounidenses.[6]

Del mismo modo que dar a elegir a tu hija pequeña entre el vestido rojo y el azul ayuda a desencallar la cuestión de si debe ponerse o no un vestido, el bombardeo de anuncios de antidepresivos cambia la pregunta «¿Debo tomar antidepresivos?» por la de «¿Qué antidepresivo debo tomar?». No permitas que la industria farmacéutica altere tu manera de afrontar tus cambios de humor. Estoy aquí para decirte que hay formas más sanas de tratar la depresión, la ansiedad y la irritabilidad que no incluyen tomar pastillas.

El cóctel apropiado de neurotransmisores no es lo único que influye en el humor; lo más determinante, por encima de ninguna otra cosa, es cómo vivimos la vida. Podemos mejorar cómo nos sentimos modificando conductas relacionadas con la comida, el sexo, el ejercicio físico, las adicciones y el equilibrio entre la vida laboral y familiar. El problema de tomar las píldoras de la felicidad y seguir con lo que se estaba haciendo como si tal cosa es que es como barrer y esconder el polvo debajo de la alfombra. Lo que quiero es que retires la alfombra y le des una buena sacudida.

Pero no se trata de agotarse. Lo primero es la toma de conciencia, el proceso natural de volver a conectar contigo misma y con tu cuerpo. Comprender el significado y la utilidad de tu estado de ánimo da mucha fuerza. Reivindicar tu ser auténtico y natural resulta liberador. Es saludable y sanador, no solo para ti sino también para tu pareja, tu familia y tu comunidad.

Este libro empieza ofreciendo información sobre la complejidad de nuestro funcionamiento interno, revelando las razones científicas de por qué las mujeres, como encargadas de cuidar de los demás y aportarles alimento emocional, han evolucionado de manera que piensan y sienten de distinta forma que los hombres. Explico el acierto de sentir con intensidad, y los peligros de suprimir esa intensidad. Me detengo a observar por qué el ciclo de veintiocho días trae consigo lágrimas y un hambre insaciable (y qué puedes hacer al respecto), y cómo los anticonceptivos orales y los antidepresivos pueden alterar las fases naturales del deseo y la conexión, llevándote potencialmente a elegir a la pareja equivocada o incluso a abandonar por completo la elección de una pareja.

La segunda parte ahonda en las relaciones y la familia, centrándose sobre todo en cómo el estado de ánimo de las mujeres refleja los momentos de transición críticos de nuestra vida. De la menarquia (el primer ciclo menstrual) al emparejamiento, de la maternidad a la menopausia, nuestras hormonas siempre cambiantes no solo dictan nuestro comportamiento sino que también responden a él. Es posible que la testosterona te excite y te impulse a salir en busca de un tío bueno, pero es más probable que ver a un tío bueno al que no habías visto antes aumente tus niveles de testosterona. Tendemos a pensar en el amor y en el sexo como cosas distintas, pero enamorarse locamente es una experiencia orgánica igual de potente que cualquier droga capaz de causar alteraciones mentales, y el sexo orgásmico puede disparar hormonas que cambian el apego que sientes por tu pareja, complicando así los encuentros ocasionales. El recorrido por las primeras fases de una relación es bastante difícil, pero el compromiso a largo plazo plantea complicaciones específicas. *Bendita histeria* cuenta la verdad acerca de la monogamia y el deseo, y por qué los ISRS, inhibidores selectivos de la recaptación de serotonina (como el Paxil o el Zoloft), suelen hacer un flaco favor en la cama. También explico las consecuencias físicas y emocionales del embarazo y la crianza; ser madre no solo cambia tu cuerpo sino también tu cerebro.

El cambio es una constante en la vida de las mujeres, y nunca tanto como en la perimenopausia, el período de transición anterior al fin de la fertilidad que evoca la agitación de la pubertad. *Bendita histeria* revela los mecanismos biológicos que hay tras el estereotipo de *cougar*, la mujer madura a la que le van los jóvenes, describe las plantas medicinales y los suplementos que ayudan a combatir los sofocos y allana el terreno hacia la paz y la libertad que aguardan al otro lado.

La tercera parte, «Guía para sobrevivir a tus cambios de humor», es un manual de instrucciones para el bienestar a cualquier edad. Empezamos con una completa introducción a la inflamación, la base de casi todas las enfermedades, incluida la depresión. El estrés y la inflamación están vinculados de forma inextricable, y la clave para combatir ambos radica en un sistema del que probablemente jamás has oído hablar: el sistema endocannabinoide. Cuando el estrés está a punto de arrojarte por la borda, tu sistema cannabinoide te ayuda a enderezar el barco. Aunque jamás te hayas fumado un porro, tu cerebro y tu cuerpo se sirven de moléculas parecidas al cannabis para que puedas resistir el estrés, de la misma manera que el sistema endorfínico te proporciona un alivio natural del dolor. Esos cannabinoides reducen la inflamación y la reactividad del cuerpo, manteniendo el metabolismo, el funcionamiento inmunológico, el aprendizaje y el crecimiento. A lo largo de *Bendita histeria* se menciona el sistema endocannabinoide porque está implicado en casi todo lo que hacemos, como comer, dormir, practicar ejercicio, tener relaciones sexuales, dar a luz y amamantar.

Las prácticas que se detallan en «Guía para sobrevivir a tus cambios de humor» son herramientas fundamentales para establecer y preservar la salud mental y física; están diseñadas para reducir el estrés y la inflamación y aumentar la espectacular capacidad natural del cuerpo para producir placer. Aprenderás sobre alimentación natural, de modo que podrás dejar de hacer régimen e iniciar una alimentación saludable, y también sobre la normalidad del sueño, de modo que podrás priorizar las horas de sueño que tu cuerpo necesita. En realidad, un sueño de mayor calidad, una mejor alimentación y practicar cardio bajo el sol podrían sustituir a tu antidepresivo. Esta guía de supervivencia también incluye consejos prácticos sobre el sexo que dan buenos resultados y tratan los principales obstáculos a los que las mujeres se enfrentan para alcanzar el orgasmo. Implicarse y disfrutar de tu cuerpo, sea mediante el sexo, el ejercicio o esa tan temida palabra: el *mindfulness*, te ayudarán a alcanzar el equilibrio y la armonía que todas pedimos a gritos.

Bendita histeria es un llamamiento a una nueva forma de vida. No estamos en armonía con la naturaleza, y temo que cuanto más nos alejemos de lo que es lo natural para nosotras, más enfermemos. Nuestra enfermedad es la falta de sintonía. Necesitamos reconciliarnos con nuestro cuerpo y con el mundo natural que nos rodea. Tanto entretenimiento digital nos ha hecho olvidar una verdad básica: el aire libre, la luz del sol y el movimiento hacen que nos sintamos mejor. Los ciclos diarios de luz y oscuridad contribuyen más al sueño que cualquier pastilla, la vida sedentaria es la mayor amenaza para nuestra salud, y las relaciones virtuales hacen que nos perdamos muchas cosas.

Bendita histeria está fundamentado en la investigación e impregnado de mi experiencia con los pacientes. La salud empieza por la comprensión, y mi propósito es desmitificar el proceso vital interno de las mujeres para posibilitar el cambio. Hablo como psiquiatra, esposa y madre trabajadora con dos hijos; las fórmulas que expongo aquí son las que nos han funcionado a mí y a mis pacientes.

Nuestro cuerpo es más sabio de lo que podemos llegar a imaginar, y gran parte de las cosas que le afectan están interrelacionadas. Medicarnos en exceso nos ha arrebatado la sensación de control, y la vida moderna nos ha separado de los ritmos tonificadores de la naturaleza. Responder al desastre que el hombre ha provocado en el mundo con lágrimas y frustración es comprensible; esos sentimientos de aflicción son el camino hacia la salud y la plenitud. Lo que hace falta es abrazar el malestar, no rechazarlo. Estar sensible, irritable y expresar nuestras necesidades y frustraciones mejorará nuestra vida. Cuando empecemos a escuchar a nuestro cuerpo y estemos en sintonía con nuestros cambios de humor, podremos pasar a la acción. Y eso puede consistir en probar un remedio natural en vez de seguir confiando en un medicamento, o en revisar lo que te exiges a ti misma en todas tus facetas como mujer. La respuesta que cada una obtenga será única. Pero todas necesitamos pararnos y escucharnos cuando estamos de un humor de perros. Aceptar nuestro estado de ánimo nos hará, en definitiva, más felices.

Tenemos que volver a empezar, entrar de nuevo en sintonía con nuestro cuerpo y aprender a tratarlo bien. Es momento de incorporar la sabiduría inherente a la naturaleza y a nuestro ser animal. *Bendita histeria* te mostrará el camino y te proporcionará las herramientas que necesitas para cuidar de ti misma.

PRIMERA PARTE

Temperamental por naturaleza

1

Tus cambios de humor son tuyos

Dedico la mayor parte de mi jornada a las sesiones individuales con mis pacientes, pero además a lo largo de los años he aparecido varias veces en televisión como experta en psiquiatría. Una tarde, no hace demasiado tiempo, tomé asiento en los estudios frente a una periodista y estuvimos charlando un poco antes de empezar a grabar. Se la veía vivaracha, enérgica y conectada con sus emociones. Congeniamos de inmediato, disfrutábamos con aquella queda charla informal anterior a la grabación. Entonces me fijé en que tenía las uñas bastante mordidas. Cuando le pregunté por ello me explicó que su terapeuta le recomendaba constantemente que tomara medicación para «calmar los nervios» pero que ella se resistía.

«Estoy segura de que la ansiedad te ayuda en tu trabajo», planteé. «Tienes que estar hiperdespierta para captar dónde hay una noticia interesante, y ser sumamente perspicaz para saber cuándo y cómo plantear ciertas preguntas durante una entrevista. Deduzco que además tienes algunos rasgos obsesivos que te ayudan a ser organizada y productiva y a no dejar piedra sin remover.»

Ella me miró como si la comprendiera de veras. «Sí.» Me miraba anonadada. «¡Sí!», repitió. «Soy exactamente así: inquieta, nerviosa; siempre he sido así. ¿Por qué tengo que medicarme para enmascarar mi personalidad de base?»

Exacto: ¿por qué?

Hoy más mujeres que nunca toman psicofármacos; están creando una nueva normalidad que no es normal en absoluto. Nuestro cerebro funciona de forma distinta al de los hombres, y nuestras hormonas nos hacen tener un humor más cambiante.

Las mujeres sienten más, y hay buenos motivos para ello. Por diseño de la evolución, el cerebro de las mujeres se ha desarrollado para alentar la empatía, la intuición, la emotividad y la sensibilidad.[1] Somos las cuidadoras y las que damos la vida; nuestra capacidad de reconocer y responder a las necesidades y el estado de ánimo de los demás es clave para su supervivencia y la propia, es la base de la familia, la comunidad y las relaciones. Tenemos que intuir cuándo nuestros hijos están en peligro o tienen carencias, o cuándo los hombres de alrededor podrían llevar malas intenciones. Nos subordinaremos cuando esa sea la opción más segura, pero también nos mostraremos agresivas para proteger a quienes están a nuestro cargo, sean familiares o amigos.

A las mujeres siempre se nos ha exigido realizar trabajos arduos, y nuestro organismo dispone de poderosos mecanismos para hacer frente a esos retos. Sin embargo, convivir a diario con mecanismos tales como el humor cambiante y la profunda sensibilidad puede suponer un duro reto. Por si fuera poco, como la periodista a la que conocí en el plató, todas sufrimos constantes presiones para contener nuestra emotividad y nuestras fuerzas naturales.

LOS ESTADOS ALTERADOS DE AMÉRICA:
UNA NACIÓN QUE SE SIENTE HECHA UNA MIERDA

No es solo que nuestras hormonas nos provoquen más cambios de humor. Además, la industria farmacéutica ha explotado ese atributo biológico a través de la publicidad. Es un escándalo hasta qué punto los anuncios de antidepresivos están dirigidos a mujeres; la depresión se cataloga como una enfermedad femenina, lo que reduce la probabilidad de que los hombres pidan ser tratados y, al mismo tiempo, anima a las mujeres a tomar su dosis diaria para poder seguir cocinando para su familia y adorando a sus hijos. Los anuncios de antidepresivos (y de antipsicóticos usados para tratar la depresión) son corrientes en las revistas para mujeres como *Good Housekeeping* y *Better Homes and Gardens* y en los programas de entrevistas diurnos. Suelen presentar a mujeres mirando por la ventana con expresión triste, incapaces de jugar con sus hijos, que se sienten abandonados y contrariados, o de enviar mensajes a sus amigas. (Ojalá hubiera escrito esto último en broma. Un anuncio de un antidepresivo muestra una imagen del «después» de haberlo consumido donde se ve a una mujer tecleando alegremente un mensaje en su móvil.) Muchos anuncios animan a que las mujeres pidan a su médico que se plantee añadir un antipsicótico a su prescripción tan solo seis semanas después de probar un antidepresivo que «no funciona».

La cantidad de estadounidenses que consumen antidepresivos se dispara año tras año, pero la perspectiva histórica revela dos momentos de auge. El primero fue cuando se incrementó la publicidad de automedicación en 1997, todo un montaje de los grandes *lobbys* farmacéuticos. El otro gran salto en las ventas se produjo después del 11-S, cuando la publicidad farmacéutica se centró aún más en las mujeres. Ese mes de septiembre, las mujeres que acudían a mi consulta padecían ansiedad aguda, temían por la seguridad de sus maridos en Wall Street y de sus hijos, que estudiaban en céntricas escuelas de primaria cercanas al lugar del ataque. Estaban tensas, nerviosas, y no podían dormir. Casualmente, los fabricantes de Paxil idearon un anuncio para la prensa en el que se veía a una mujer, en una calle transitada de una ciudad, aferrando el bolso, con la mandíbula apretada, rodeada de palabras como «problemas para dormir» y «preocupación», y con el eslogan «Paxil puede ayudar a millones de personas». Los fabricantes de medicamentos descubrieron en el 11-S una oportunidad publicitaria.[2] Glaxo duplicó los anuncios hasta los 16 millones de dólares en octubre de 2011, en comparación con los 8 millones de dólares del octubre anterior.[3] Esa es solo la cantidad correspondiente a un mes de anuncios para enganchar a todas las mujeres que tenían una respuesta natural de pánico ante un acto terrorista. Y les salió muy a cuenta. Empezaron a tomar medicación, y siguieron.

Toda esa publicidad dirigida a la automedicación ha hecho que muchos, sobre todo quienes cumplieron la mayoría de edad en la década de 1990, se crean aprendices de psicofarmacólogos. Hemos visto suficientes anuncios para saber qué medicamentos provocan menos efectos sexuales indeseados (Wellbutrin, un antidepresivo que no aumenta los niveles de serotonina) y cuáles suponen un incremento del riesgo de muerte súbita (Abilify, un antipsicótico que se receta para la depresión, cuando se usa en pacientes con demencia senil). Mi madre solía decir: «Un poco de sabiduría es muy peligrosa». La generación X no tiene problemas para proveerse de productos farmacéuticos a través de amigos, de internet o del médico, y de igual modo los comparten con sus amigos y familiares. Tal como explica *The New York Times*: «Han decidido confiar en sus propias indagaciones y en la experiencia de las personas cercanas a la hora de tratar problemas como la depresión [...] una titulación en medicina, según su punto de vista, es útil pero no imprescindible».[4] A estas alturas toma antidepresivos hasta el gato. En serio, uno de mis pacientes tenía un gato con peso bajo al que hacía poco le habían recetado Remeron, un antidepresivo que puede aumentar el apetito.

En un sistema como el actual, en que se paga por recibir asistencia médica, extender una receta es la manera más fácil y rápida
de echar a un paciente de la consulta para poder atender al siguiente. También garantiza que los pacientes vuelvan a por más
recetas; un servicio fácil y rentable. Por desgracia, las cada vez
más cortas visitas al médico —algo que se ha convertido en la
norma— implican que se dedique más tiempo a aliviar los síntomas con pastillas y menos a indagar para solucionar de verdad el
problema. Las formas más difíciles pero más sanas de tratar los
síntomas se pasan por alto. Los medicamentos para bajar el colesterol llamados estatinas son un buen ejemplo. Un médico
puede dedicar veinte minutos a intentar instruir a un paciente
sobre los cambios en la dieta y el ejercicio físico con los que re-
duciría los niveles de colesterol, o puede recetar una pastilla,
para lo que ha recibido la presión de todos los visitadores médicos que se han presentado en su consulta con una bandeja de
hojaldres de queso.

Las mujeres son especialmente vulnerables al exceso de
prescripción médica. Muchas publicaciones de gráficos muestran sistemáticamente que es más probable que un médico recete psicofármacos a una mujer que a un hombre, sobre todo entre
los treinta y nueve y los sesenta y cuatro años.[5] Las pacientes
suelen acudir a la consulta con quejas de nerviosismo, dificultad
para dormir, disfunciones sexuales o falta de energía. Una paciente me preguntó hace poco si debido a su nerviosismo debía
tomar Risperdal, un antipsicótico, porque una compañera le había dicho que le había resultado útil para los pensamientos in-
quietantes. El Risperdal se formuló originalmente para tratar la
esquizofrenia, pero los esquizofrénicos constituyen solo el 1 %
de la población mundial. Obviamente, es más lucrativo si se dirige al 50 % de la población: las mujeres. Una sustancia sustan-
ciosa.

No digo que el uso de psicofármacos sea siempre contrapro-
ducente. Hay quienes no necesitan esos medicamentos y los toman y, en cambio, hay quienes sufren verdaderas enfermedades
psiquiátricas y ni se les diagnostica ni se les medica, con frecuencia debido a factores socioeconómicos.[6] Está claro que hay momentos en que hace falta recurrir a los grandes remedios. Las
depresiones vegetativas que duran semanas, cuando no eres
capaz de salir de la cama, asearte, alimentarte, no se resolverán
solas mediante la introspección. Los episodios maníacos en los
que no es posible dormir durante varios días seguidos requieren
estabilizadores anímicos. Pero en Estados Unidos hemos llegado a una situación en que cada vez son más las mujeres que toman medicamentos antidepresivos y ansiolíticos durante años
enteros, y eso está bajando el listón para todos; crea una nueva
normalidad en términos de una apariencia de invulnerabilidad y
un blindaje emocional y, lo más importante, cambia el punto a
partir del cual otras mujeres solicitarán ayuda farmacológica.

La psicofarmacología cosmética no es distinta de la cirugía
estética. Cuantas más mujeres se ponen implantes en los senos,
más planas nos vemos las demás. Y lo mismo cuantas más mujeres toman medicamentos antidepresivos y ansiolíticos. De repente, la rara eres tú, que no haces como tus amigas y te tomas
algo para que las cosas te resulten más llevaderas o para soportar
las adversidades de tu paso por la vida. Cada vez hay más mujeres que se sienten fatal y empiezan a tomar psicofármacos, y siguen tomándolos mucho más tiempo del que se suponía que
iban a hacerlo. Pero no necesariamente por ello notan ninguna
mejoría.

Nacida para sentir emociones

Somos mujeres, y por ello nuestra vida interior es compleja y siempre cambiante. Nuestros neurotransmisores y nuestras hormonas (en particular el estrógeno) están estrechamente relacionados. Cuando los niveles de estrógeno bajan, durante el síndrome premenstrual, el posparto o la perimenopausia, es frecuente que también el estado de ánimo decaiga. Los altibajos de los niveles de estrógeno nos ayudan a ser más emotivas, nos permiten llorar con más facilidad e incluso venirnos abajo cuando las circunstancias nos superan. Existen receptores de estrógeno por todo el cerebro que afectan a nuestro estado de ánimo y comportamiento, y en el cerebro también existen complejas interacciones de doble sentido entre el estrógeno y la serotonina, el principal neurotransmisor implicado en la ansiedad y la depresión. Aunque la cosa es más compleja de lo que yo presento aquí, resulta útil imaginar que la serotonina y el estrógeno son indisociables.[7] Cuando aumenta uno, es probable que el otro también lo haga. Así que no son imaginaciones tuyas. El momento del ciclo reproductivo en que te encuentras, tanto desde la perspectiva mensual como vital, es un factor importantísimo que determina en gran medida cómo te sientes.

Piensa en la serotonina como la sustancia que le dice al cerebro que todo va de maravilla. Si la tienes demasiado alta, no te preocupas demasiado por nada; si la tienes demasiado baja, todo te parece un problema que requiere buscar soluciones. Cuando los niveles de serotonina son más bajos, como sucede durante el síndrome premenstrual, aumenta la sensibilidad emocional.[8] Estamos menos protegidas y acabamos de peor humor, más irritables e insatisfechas. Los antidepresivos más habituales que también se usan para tratar la ansiedad son los inhibidores selectivos de la recaptación de serotonina (ISRS). Son medicamentos (como el Prozac, el Zoloft, el Paxil, el Celexa y el Lexapro) que interrumpen el reciclaje natural de serotonina del cerebro hacia la célula nerviosa y permiten que llegue más cantidad de esta a la siguiente neurona. Si tus niveles de serotonina se mantienen altos de forma constante y artificial, corres el riesgo de perder la sensibilidad emocional que hace que tú seas tú. Es posible que te den menos ganas de llorar en la oficina o de morderte las uñas hasta dejártelas en carne viva, pero también te costará más responder con emotividad y conectar con los demás de forma plena, sobre todo en el terreno sexual.

Los ISRS no solo afectan al comportamiento, también alteran la percepción del entorno. Si tienes el cerebro inundado de esa sustancia que le dice que todo va de maravilla, ¿te preocuparás mucho por buscar soluciones? En dosis muy altas, los ISRS a veces provocan apatía e indiferencia. Los pacientes afirman sentir menos motivación en general.[9] Cuando alguna de mis pacientes se muestra indiferente y da señales claras de que todo le da igual, para mí es un signo de que podría estar sobremedicada y que es hora de reducir las píldoras de la felicidad. La displicencia y la apatía pueden tener efectos desastrosos en tu vida, tanto en casa como en el trabajo.

A veces, si veo a una paciente con una depresión o una ansiedad tremendas, lo más adecuado es recetarle un ISRS, pero incluso cuando ese es el mejor tratamiento inicial es posible que no sea un remedio para siempre. En ocasiones, tener las emociones a flor de piel puede resultar difícil de llevar, pero también es una poderosa herramienta tanto en el trabajo como en el hogar, y es imprescindible para crecer. Estamos hechas para sintonizar con el entorno y responder a él, y aceptar esa verdad es el primer paso para adquirir dominio sobre nuestra vida interior y nuestra salud.

EQUIPADA PARA SENTIR

El cerebro de las mujeres tiene un desarrollo distinto al de los hombres, y esas diferencias hacen que procesemos y comuniquemos las emociones también de forma muy distinta.[10] Todos los cerebros siguen el mismo patrón de desarrollo en el útero, pero para los varones las cosas cambian a las ocho semanas, cuando los testículos se tornan funcionales. Con la testosterona de por medio, un aumento repentino de la hormona sexual masculina destruye muchas células de los centros de comunicación y hace crecer más neuronas programadas para la acción, la agresividad y el impulso sexual. En los hombres, esas áreas cerebrales ocupan un espacio dos veces y media mayor que en las mujeres.

Durante la adolescencia, cuando las hormonas sexuales sufren un aumento repentino y diferencian todavía más a los sexos, aún se producen más cambios en el cerebro.[11] A medida que el cerebro femenino se desarrolla, se reserva más espacio y más células cerebrales para el lenguaje, la audición y la memoria. Nuestro centro de la memoria, el hipocampo, es más grande que el de los hombres, reflejo tal vez de la ventaja evolutiva de recordar los detalles de los momentos emotivos y los comportamientos críticos de nuestras parejas potenciales, en especial aquello que dijeron en comparación con lo que en realidad ocurrió.[12] Nuestros recuerdos influyen en nuestras emociones. El hipocampo puede aplacar las respuestas automáticas de la amígdala, la zona del cerebro que se ocupa del miedo, la agresividad y la ira.[13] La amígdala de los hombres es más grande[14] y tiene receptores de testosterona.[15] ¿Alguna vez te has preguntado por qué pierdes los nervios y luego te tranquilizas y sin embargo tu marido sigue resentido? Es posible que el hecho de que las mujeres tengamos el hipocampo más grande y la amígdala más pequeña contribuya a que controlemos nuestros arrebatos emocionales mejor que los hombres, sobre todo en lo que respecta a acciones que implican miedo o agresividad. Puede que de entrada nos dejemos llevar por las emociones, pero gracias al hipocampo recobramos el control enseguida.

Sin embargo, no vivimos en un mundo que haga grandes concesiones a ese tipo de respuesta conductual. Cuando actuamos bajo mucho estrés, la amígdala gana funcionalidad y el hipocampo la pierde, y ese es un motivo por el cual bajo presión se entra en pánico y cuesta más recordar.[16] Los mayores problemas se presentan con el estrés crónico, cuando el hipocampo no solo pierde funcionalidad sino también células cerebrales.[17] Se atrofia, ya no es capaz de aplacar la furia de la amígdala, y entonces todas las respuestas a los factores de estrés se amplifican.[18] Es lo que ocurre en el estrés postraumático, y es fácil observarlo en cualquier persona que sufre estrés crónico.[19]

Intuir los sentimientos de los otros y lo que motiva su comportamiento es una habilidad social imprescindible que se utiliza de forma inconsciente y automática y que se ha venido considerando esencialmente femenina.[20] Cuanto más notemos las señales de excitación de nuestro organismo (por ejemplo, el latido del propio corazón), mejor identificaremos las emociones en nosotros mismos y en los demás.[21] La ínsula, donde se considera que residen la conciencia de uno mismo, la empatía y la experiencia interpersonal,[22] nos ayuda a comprender a los demás y es notablemente más grande en las mujeres.[23] La ínsula no solo nos ayuda a procesar las sensaciones instintivas, a deducir qué sentimos nosotros y qué sienten los otros; también nos capacita para experimentar y reconocer las sensaciones del cuerpo.[24] Lo que popularmente se conoce como intuición femenina ha hecho un buen servicio a las mujeres en su función tradicional de cuidar de los demás y aportarles alimento emocional. La capacidad de intuir las emociones y los deseos de los demás ha ayudado a las mujeres a predecir mejor cuándo un hombre puede volverse violento o abandonar a los hijos, o cuándo un bebé que aún no sabe hablar tiene hambre o siente dolor.

Los hombres no están dotados de igual sensibilidad que las mujeres. Las mujeres tienen más circuitos cerebrales que les permiten no solo expresar el lenguaje y los sentimientos sino también detectar matices emocionales y anticipar lo que los demás sienten.[25] Puesto que existe esa discrepancia entre sexos con respecto al sistema de la empatía, es probable que no sean imaginaciones tuyas cuando crees que la mitad de las veces tu novio no tiene ni idea de lo que siente (algo llamado alexitimia) e incluso que le cuesta más verbalizarlo. La testosterona reduce la empatía y la capacidad de intuir las emociones de los demás mirándolos a los ojos. Ser consciente o no de las necesidades de los demás afecta forzosamente al grado de entrega de una persona, uno de los motivos por los que puede que él te parezca un egoísta.[26]

A nosotras los conflictos se nos quedan más grabados que a ellos, y también nos producen más estrés. Sin duda, en parte esa conducta es aprendida, ya que a las chicas se las suele alentar a poner paz más a menudo que a los chicos; pero también hay en ello un fuerte componente biológico. Cuando un hombre se siente amenazado, su cuerpo reacciona con la respuesta de «lucha o huida», la adrenalina aumenta de repente para proporcionar energía a los músculos. Cuando una mujer tiene los niveles de estrés altos, suele predominar la conducta de «cuidado y cercanía». Es más probable que las mujeres se unan frente a la adversidad, ganando fortaleza en número, y formen una piña para salvar a los hijos y ayudarse entre ellas. La oxitocina, la hormona que las mujeres segregan tras el orgasmo y cuando acunan y amamantan a los hijos, alienta la conducta prosocial y de confianza mutua, mientras que la testosterona tiende a alimentar comportamientos agresivos y competitivos.[27] Tanto en los hombres como en las mujeres, los niveles altos de testosterona disminuyen los niveles de oxitocina, y viceversa, así que entre la agresividad y la vinculación afectiva hay un tira y afloja. La liberación de oxitocina afecta con más intensidad a las mujeres que a los hombres y nos ayuda a ser más generosas y a cuidar más el vínculo. También nos ayuda a discernir quién está dentro y quién queda fuera de nuestro círculo, de nuestro clan.[28] En los entornos hostiles,[29] o ante una relación en que no hay apoyo, la oxitocina puede, de hecho, intensificar la respuesta de estrés e incluso acabar manifestándose en forma de agresividad hacia los extraños.[30] La agresividad maternal de las madres protectoras se relaciona con la oxitocina, por ejemplo.[31]

Las chicas forman una piña y mantienen la armonía social, muchas veces a través del lenguaje.[32] Conservan el vínculo contándose secretos, y la intimidad verbal conduce a un subidón de dopamina, una de las sustancias cerebrales relacionadas con el placer, y de oxitocina. El estrógeno provoca la liberación de dopamina y oxitocina en las chicas durante la pubertad.[33] En mitad del ciclo, el nivel de esas hormonas es máximo, igual que la producción verbal y el deseo de cercanía. Mientras que las mujeres tienden a comentar las cuestiones problemáticas con otras mujeres, los hombres tienden a procesarlas solos, sin la intervención del lenguaje.[34] Eso puede ser un reflejo del tira y afloja entre la oxitocina y la testosterona. La testosterona inhibe las ganas de hablar y el instinto de relacionarse. Para los chicos la autoestima procede del hecho de ser independientes, no de vincularse. Los chicos no son tan comunicativos y ni mucho menos les incomodan tanto el conflicto y la competitividad. Forma parte de quién son y, seguramente tan importante como eso, de quién se espera que sean. En las mujeres las conexiones entre las áreas cerebrales que procesan las emociones son más extensas y están más activas.[35] Tienen nueve áreas dedicadas a esa función y, en comparación, los hombres solo tienen dos. En las mujeres también hay un procesamiento más bien bilateral de las emociones, de izquierda a derecha, de derecha a izquierda, conectando las zonas analítica y emocional, mientras que los hombres tienden a permanecer dentro del mismo hemisferio.[36] O sea, que podemos concluir que las mujeres utilizan todo el cerebro a la vez mientras que los hombres solo utilizan una mitad o la otra. Al parecer las mujeres gozan de mayor capacidad multitarea que los hombres.[37] Los hombres no solo tienen más dificultades para compatibilizar múltiples prioridades sino que también son más lentos y menos organizados que las mujeres cuando tienen que cambiar de tarea.

El cerebro de los hombres tiene más conexiones con el cerebelo, el centro de control del movimiento; por eso en los hombres el tiempo entre ver y actuar es más corto que en las mujeres.[38] Los hombres tienden a superar a las mujeres en las tareas cognitivas motrices y espaciales, mientras que nosotras somos más rápidas en la identificación emocional y el razonamiento no verbal.[39] También superamos a los hombres en pruebas del estilo «dónde están las llaves»; tal vez ese sea el motivo por el que en la familia siempre nos preguntan a nosotras dónde están las cosas y, lo más importante, por el que sabemos la respuesta.[40] Como la tarea primaria de los hombres era cazar, y la nuestra, buscar provisiones, resultaba primordial que recordáramos dónde habíamos encontrado antes comida de calidad.

Es obvio que debemos ser cautos al comentar las diferencias entre sexos porque hay una gran variedad dentro de cada uno, y los factores educativos y culturales importan casi tanto como el biológico. Existe una interacción entre nuestras capacidades naturales y la forma en que nos enseñan a comportarnos y es imposible separarlas por completo. Hay pocos estudios de niños con genitales ambiguos a los que se educa según el rol masculino o el femenino aunque su material genético sea el opuesto, pero nos ayudan a darnos cuenta de una cosa: la influencia de la biología no puede desestimarse. Con frecuencia, más que todo lo que nos hayan enseñado nuestros padres, será el equilibrio entre los niveles de testosterona y estrógeno lo que determinará lo agresivas que estemos en un partido informal de baloncesto (o incluso si alguna vez nos pillarían en un partido de baloncesto).

EL INCONVENIENTE DE LA SENSIBILIDAD

Aun si la biología ha equipado a las mujeres con un conjunto de cualidades, desde la estructura cerebral hasta las hormonas, que son ventajosas para nuestras funciones tradicionales de cuidar de los demás y aportarles alimento emocional, hay un inconveniente. Esas mismas cualidades pueden hacernos más propensas a sufrir depresión o ansiedad. En la infancia no hay diferencias en la preponderancia de los trastornos depresivos entre niños y niñas. En la edad adulta, las mujeres tienen un riesgo dos veces mayor que los hombres de padecer depresión,[41] y entre dos y cuatro veces mayor de que les diagnostiquen un trastorno de ansiedad, como ataques de pánico o ansiedad generalizada.[42]

El aumento del riesgo empieza en los inicios de la adolescencia, cuando se entra en la pubertad, y acaba a los sesenta años, cuando terminan los ciclos hormonales.[43] Aunque parte del incremento de la depresión en mujeres puede deberse a factores sociales, como la presión acerca de la imagen corporal, o la mayor tendencia de las mujeres a buscar ayuda por motivos de salud mental o el sesgo diagnóstico por parte de los médicos, hay una evidencia importante de que las diferencias entre sexos de los trastornos del estado de ánimo están vinculadas en gran medida a las hormonas.[44]

Algunas mujeres son más sensibles que otras a las fluctuaciones hormonales. Hay un subgrupo de mujeres que parecen tener mayor riesgo de sufrir lo que se llama trastorno depresivo recurrente breve, es decir, un cambio en el estado de ánimo originado por una variación de los niveles hormonales, como los que se dan antes de la menstruación o después del parto.[45] Si sueles padecer el síndrome premenstrual, también eres más propensa a la depresión posparto o a la inestabilidad anímica perimenopáusica. Algunas mujeres tienen una sensibilidad especial a esos cambios hormonales,[46] mientras que otras, las más afortunadas, no; es posible que eso lo determinen los genes sobre los que rigen los cambios en los niveles de estrógeno.[47] La buena noticia es que cuando no sufres fluctuaciones hormonales, como en la posmenopausia, el riesgo de depresión no es elevado.[48] Después de la menopausia el riesgo se equilibra,[49] sobre todo dos años después de la última menstruación, cuando las cosas se han calmado.[50] Hay cierta verdad en la idea de que los años posteriores a la menopausia son la época dorada para muchas mujeres, tanto en lo profesional como en lo personal.

De nuevo, es probable que haya razones evolutivas para que los cambios de humor estén vinculados a la fluctuación hormonal. Durante la primera mitad del ciclo menstrual se da un estado de ánimo positivo (llamado eutimia) que precede a la ovulación y que anima a una mujer a unirse a la pareja y concebir. El estado más depresivo, con gran cantidad de progesterona, de la segunda mitad del ciclo, ayuda a mantener a salvo el producto de la concepción al fomentar en la mujer la pasividad y la cautela y al alejarla del peligro. La progesterona aumenta durante la segunda mitad del ciclo menstrual y lo hace incluso de forma más repentina si se fecunda un óvulo. Es la principal hormona que preserva el embarazo. La progesterona está relacionada con el síndrome premenstrual,[51] la depresión posparto[52] y la distimia,[53] una depresión crónica de poca gravedad. El aumento de la incidencia de la depresión y la ansiedad durante el embarazo (sobre todo en el primer trimestre) y la época inmediatamente posterior al parto se produce en momentos cruciales para el bebé, cuando la conducta maternal de mayor cautela y aislamiento ayuda a asegurar su supervivencia.[54] Si la mujer desarrolla esas conductas, sea para conservar una energía valiosísima o para evitar situaciones peligrosas, esos rasgos se transmitirán. Viva Darwin.[55]

Las conductas relacionadas con la ansiedad y la depresión han sobrevivido en nuestro acervo génico durante milenios porque son adaptativas. Suponen una ventaja para nuestra supervivencia y la de nuestra progenie. Si quien busca provisiones es ansiosa y obsesiva, encontrará más comida y además regresará a casa sana y salva. También es más probable que mantenga a sus hijos fuera de peligro. De igual modo, una mujer deprimida se retirará antes de empresas inútiles, sea buscar comida o pareja, y conservará la energía. Tal vez sea esa la base del trastorno afectivo estacional, que produce un estado de menor energía y motivación cuando la comida escasea.

Cuando las mujeres nos sentimos amenazadas, el estrógeno nos ayuda a mantenernos, a resistir y recuperarnos.[56] En ese sentido, el estrógeno actúa realmente como una hormona del estrés. Una de las formas en que el estrógeno aumenta nuestra resistencia es incrementando los niveles de serotonina, que nos ayuda a permanecer fuertes, calmadas, a ser más propensas a razonar y menos a dejarnos llevar por las emociones.[57] La actividad de la serotonina es mayor con los niveles de estrógeno elevados.[58] El aumento repentino de estrógeno[59] provoca una mayor producción[60] de serotonina y también de receptores de serotonina.[61]

Sin embargo, como ocurre con casi todo lo que tiene que ver con el cuerpo, lo que sube tiene que bajar. El proceso natural por el que el estrés desencadena un aumento repentino de los niveles de estrógeno lleva incorporado un mecanismo de interrupción,[62] que normaliza los niveles de serotonina.[63]

Los ISRS son el tratamiento más frecuente para la depresión y la ansiedad, pero si los tomas, aunque mantienes estables los niveles de serotonina, pierdes la manera natural en que esta sube y baja en respuesta al estrógeno. Conservas una mayor capacidad racional y pierdes la reacción emocional. Las fluctuaciones de estrógeno nos hacen más sensibles. Los ISRS nos insensibilizan.

Hay más mujeres que hombres que se deprimen, y es posible que el estrógeno tenga mucho que ver en ello. El estrógeno afecta en cómo la serotonina actúa en el cerebro. Las mujeres son más sensibles a los cambios en los niveles de serotonina y responden mejor a las sustancias y los fármacos que afectan a la serotonina. Ese es uno de los motivos por los que a las mujeres pueden afectarles más que a los hombres los efectos secundarios de los ISRS que tienen que ver con el sexo.[64] Así que el momento en el que te encuentras, sea del ciclo menstrual o del período perimenopáusico, tiene efectos sobre tu estado de ánimo, o sea sobre lo irritable, lo sensible o lo impulsiva que estás, ya que la serotonina afecta a esos comportamientos. Como verás en el próximo capítulo, es normal que haya momentos del ciclo en que tengas el estrógeno más bajo y que, por tanto, la serotonina siga la misma pauta y te sientas fatal. Es temporal y natural. No necesitas tomar antidepresivos a diario para enmascarar esos cambios de humor.

Los ISRS pueden obrar maravillas en aquellas personas con una depresión severa, y tengo que reconocer que mis pacientes adoran cómo se sienten cuando los toman, por lo menos al principio; pero también los privan de muchas sensaciones. Los ISRS tienden a disminuir las sensaciones negativas más que a aumentar las positivas. Si los tomas, seguramente no te pondrás a dar saltos de alegría y tendrás una sonrisa permanente en el rostro; más bien tendrás menos propensión al llanto, a sentirte irritable y desesperanzada. Las personas que toman ISRS dicen haberse visto privadas en cierta medida de muchas otras respuestas humanas: la capacidad de llorar, la irritabilidad, la preocupación por los sentimientos ajenos, la tristeza, los sueños eróticos, la creatividad, la sorpresa, el enfado, la expresión de los propios sentimientos y la inquietud.[65]

Una de mis mejores amigas de la universidad me explicó lo que le sucedió la primera vez que le recetaron Prozac: «Sin duda me redujo la empatía. Desde pequeña, siempre me había sentido mal si otra persona se sentía mal. Es una parte importante de quien soy. Dejaba que los otros niños encontraran antes que yo los huevos de Pascua porque tenía la impresión de que lo deseaban más. Cuando empecé a tomar Prozac por primera vez, recuerdo que vi llorar a una mujer y pensé: "Parece que tienes un problema personal. No me gustaría estar en tu lugar". Eso es lo que debe de sentir un tío». Los ISRS afectan a la forma de procesar las emociones y no permiten una respuesta empática.[66] Algo así puede tener efectos devastadores sobre la parentalidad y la capacidad de conservar las relaciones.

No pasa nada por llorar ni por enfadarse

Los antidepresivos pueden utilizarse al principio para beneficiarse de la psicoterapia o cambiar el estilo de vida, pero una vez que esas conductas están bien establecidas, en muchas ocasiones la medicación puede y debe reducirse.[67] Si te rompes una pierna, no andarás toda la vida con la escayola y las muletas. Antes de atarte a una prescripción de ISRS de por vida, ten en cuenta toda la gama de emociones a las que podrías estar renunciando.

Aquellos de mis pacientes que toman ISRS explican lo siguiente: «Sabía que estaba viviendo una situación dolorosa. Debería haberme sentido triste, pero no podía llorar». No se llora solo cuando se está triste. Cuando estamos frustrados o enfadados, cuando presenciamos injusticias, cuando algo conmovedor nos llega al alma, también lloramos. Y algunas mujeres lloran con más facilidad que otras. Es normal. Estamos programadas para ello, y no quiere decir que seamos débiles ni que no nos controlemos.

Llorar nos permite sentir en profundidad lo que estamos sintiendo y luego pasar página. Es un crescendo cuyo desenlace elimina de forma natural la tensión. Para la mayoría de las mujeres esa forma profunda de sentir es un derecho natural, pero si no soportas llorar, o si te resulta frustrante no poder hablar cuando se te pone el nudo en la garganta, aquí tienes dos trucos que funcionan y que puedes probar en lugar de la medicación. Piensa en listas de palabras que rimen, o cuenta hacia atrás de siete en siete empezando por cien. Al desviar la sangre de los centros que regulan las emociones hacia las zonas de la razón que rigen el lenguaje o el cálculo casi todo el mundo se tranquiliza. (Solo tienes que acordarte de hacerlo, lo que significa confiar en que tu hipocampo será capaz de contener a la amígdala.)

Hay veces en que llorar es, por decirlo con suavidad, inconveniente, pero hay otras veces en que representa un beneficio. Permitirte llorar puede ser muy importante para la comunicación con tu pareja. Una señal clara y visible de que nos sentimos mal puede ser todo cuanto un hombre necesita.[68] Las mujeres captan las señales sutiles de tristeza en los demás el 90 % de las veces. Los hombres son más capaces de discernir la ira y la agresividad; cuando intentan decidir si su compañera está triste, solo aciertan el 40 % de las veces. Menos que si lanzaran una moneda al aire para que les diera la respuesta. Ese es también un motivo para expresar tus sentimientos de forma verbal y no esperar a que tu compañero sepa qué estás sintiendo por cómo te muestras o actúas. Simplemente, no están hechos para intuir las emociones de la misma forma que nosotras. En cuanto a la familia, a veces es buena idea dejar que tus hijos te vean llorar, sobre todo si te han asustado con un comportamiento temerario o su falta de delicadeza te ha causado frustración. Las lágrimas pueden enseñarles mucho en cuanto a cómo afecta a los demás su comportamiento.

Sin embargo, es evidente que no tenemos resuelta la cuestión de las lágrimas. ¿Te has fijado en la cantidad de veces que las mujeres se disculpan por llorar? En parte se debe a que los hombres se sienten incómodos con la expresión de las emociones, y por eso tanto a ellos como a nosotras nos han educado para contenerlas. Por otra parte, las emociones interfieren con la necesidad de atender las cuestiones urgentes que nos marca la agenda, algo muy frecuente en nuestra sociedad. El problema de contener las emociones es que estamos reprimiendo algo que necesitamos, nosotras, nuestra pareja y nuestra familia, y que también necesita el mundo.

Sentirnos tristes nos ayuda a formarnos un juicio claro de nuestra vida. Las personas deprimidas no niegan las verdades desagradables o dolorosas. Los ISRS pueden provocar complacencia en momentos en que es necesario pasar a la acción, tal vez para abandonar a un marido maltratador o dejar un trabajo sin futuro. La medicación puede hacer tolerable una situación inconveniente y enmascarar la necesidad de cambio. En un estudio con mujeres medicadas, «esas pacientes continuaban llevando una vida disfuncional, y su motivación para realizar cambios importantes en ella parecía disminuir a medida que los síntomas depresivos remitían».[69] En situaciones de ese tipo, los síntomas de la depresión, por muy desagradables que resulten, pueden ser el toque de corneta para pasar a la acción.

Otra cuestión que hay que tener en cuenta: esconder tus emociones hará que te sientas desgraciada.[70] En particular, la inhibición de la ira es un factor clave en la depresión.[71] Las personas que han sufrido una depresión tienen más tendencia a contener la ira y temen expresarla; creen que deben ocultar sus emociones para preservar una relación.[72] Los pacientes deprimidos tienen niveles más altos de ira que los sujetos de control;[73] cuanta más ira, más grave es la depresión.[74]

En mi consulta veo con frecuencia señales claras de esa correlación. Muchas de mis pacientes no tienen ni idea de cómo expresar su ira de forma sana, y el hecho de inhibirla contribuye a causarles la depresión y, en mi opinión, también otros síntomas clínicos. Cuando eran pequeñas no les enseñaron que no pasa nada por enfadarse, y no aprendieron a manejar esa clase de emociones. Demasiado almíbar amarga la vida. Cuando ni siquiera sabemos que estamos enfadadas, no podemos tratar el asunto con la persona que nos ha causado el enfado ni abordar el problema de ningún otro modo. Lloramos; comemos; nos consolamos de mil maneras distintas. En realidad lo que necesitamos es dar rienda suelta a ese sentimiento de ira, descubrir de dónde procede, recobrar la compostura y ponernos en marcha decididas a mantener una conversación cara a cara. Una vez una paciente me llamó desde la oficina entre lágrimas y me dijo que necesitaba que le aumentara la dosis de ISRS porque en el trabajo no podían verla llorar. Después de analizar por qué se sentía mal (su jefe la había delatado y humillado delante de sus compañeros), decidimos juntas que no necesitaba más medicación sino afrontar el problema con calma.

Al revisar artículos relacionados con el empleo y las mujeres hay palabras que se repiten con frecuencia: «autoritaria», «brusca», «chillona» y «agresiva».[75] Eso cuando son ellas las que mandan. Cuando son las que se quejan, las palabras que se utilizan son «emotiva» e «irracional». A los hombres se les incita a ser más agresivos en el trabajo, pero a las mujeres no. Lo interesante de los ISRS es que reducen la agresividad, la impulsividad y la irritabilidad e impulsan las conductas de cooperación y adhesión.[76] La investigación con primates muestra que los ISRS potencian los comportamientos de dominancia social,[77] elevando el estatus de un animal en la escala jerárquica.[78] Del mismo modo, sirven para que las mujeres salgan airosas en el trabajo, e incluso para que progresen, pero ¿a qué precio?

Capto en mis pacientes del sexo femenino cierta reticencia a la asertividad. «Creo que, tal vez» es una fórmula que las mujeres emplean para comenzar sus frases incluso cuando están segurísimas de que tienen razón. Carraspeamos y vacilamos para transmitir la sensación de que no estamos seguras, a pesar de que deberíamos fiarnos plenamente de nuestra intuición y hablar con firmeza y valentía. A mí me educaron, tanto de forma directa como indirecta, para que expresara mis ideas de modo que fueran recibidas como sugerencias u opiniones y no como constataciones de hechos. Sin embargo, yo no le enseñaré a mi hija a atenuar la seguridad en sí misma cuando hable. Las niñas necesitan cada pizca de autoestima que puedan arañar. Es mucho más fácil limarles las aristas más adelante que construir los cimientos de la autoaceptación. Y las niñas que se aferran a su asertividad y su autoestima corren un riesgo menor de convertirse en mujeres deprimidas.[79]

Esa palabra que empieza por «h»

En el siglo xix, la histeria era un trastorno que se diagnosticaba solo a mujeres y que acabó actuando de comodín ante las quejas femeninas generalizadas para las que no se encontraba un remedio inmediato.[80] En esa época casi todos los médicos eran hombres, y agrupaban de forma indiscriminada una variedad de síntomas físicos y emocionales bajo una misma etiqueta que deriva de la palabra griega para útero, *hystera*. Los criterios de diagnóstico de la histeria incluían malestar, dolores de cabeza, irritabilidad, nerviosismo, insomnio, fatiga, libido baja, libido alta, retención de líquidos y, en general, cualquier conducta inconveniente para la sociedad, como emprender acciones en relación con el derecho al voto de las mujeres. Uno de los tratamientos de la histeria consistía en provocar el orgasmo a la mujer,[81] mientras que otro, la clitoridectomía, consistía en la amputación quirúrgica del clítoris, y se practicó durante la década de 1880 y hasta la de 1920.[82]

Hoy en día la histeria tiene un significado más específico: expresión excesiva de las emociones, sobre todo de debilidades como la desesperación o el pánico. Si una mujer se comporta de tal modo que un hombre lo considera excesivo o inconveniente, será acusada de ser una histérica; básicamente, se le está diciendo que no tiene derecho a sentirse o actuar de esa forma porque no está dentro de la línea en la que un hombre se sentiría o actuaría. Ten en cuenta que muchos niños crecen a merced de las emociones de su madre, por eso los hombres temen la emotividad de las mujeres. Tal vez sea esa una razón por la que algunos médicos del sexo masculino se apresuran a anular cualquier expresión de emotividad en sus pacientes del sexo femenino, y lo más fácil para eso es echar mano del talonario de recetas.

Mientras que el término «histeria» ya no se utiliza oficialmente en la medicina, existe un diagnóstico creciente del «trastorno de la mujer» llamado fibromialgia. Los síntomas incluyen dolores musculares misteriosos, dolor de las articulaciones y cansancio. Casualmente, en la actualidad la fibromialgia se trata con antidepresivos. Estudios epidemiológicos muestran una incidencia de tres mujeres por cada hombre en los diagnósticos de dolor crónico como la fibromialgia.[83] Es menos probable que se diagnostique fibromialgia a un hombre que a una mujer, aunque tengan los mismos síntomas.[84]

En mi consulta, las pacientes me cuentan con frecuencia casos en que ha habido un mal diagnóstico. Hablan con su médico, un hombre, le ofrecen una lista completa de síntomas físicos, y él se apresura a etiquetarlas de histéricas, aunque no utilice nunca ese término si tiene luces. «Solo está estresada», suele ser la conclusión que ofrece; o les endilga un diagnóstico de fibromialgia y las trata, en consecuencia, con la misma medicina que si de verdad «solo estuviera estresada»: un antidepresivo. A lo largo de los años he visto a multitud de pacientes a quienes les han diagnosticado erróneamente una fibromialgia cuando en realidad padecían la enfermedad de Lyme, lupus, hipotiroidismo, artritis reumatoide o, en una ocasión, cáncer de ovario.

La sensibilidad de la mujer abarca también el terreno físico; nuestro cuerpo siente más el dolor que el de los hombres.[85] Los estudios de laboratorio demuestran de forma aplastante que las mujeres tienen un umbral del dolor más bajo, sienten el dolor con mayor intensidad y tienen una tolerancia más baja al dolor inducido de forma experimental.[86] Las mujeres son también más propensas a notar el dolor y las molestias en el cuerpo, debido a su base neurológica, en particular a la mayor actividad de la ínsula.[87] Nosotras tenemos más receptores de serotonina para procesar el dolor, y el estrógeno y la progesterona afectan a la transmisión endorfínica y a los receptores opiáceos, lo cual conduce a una mayor percepción del dolor.[88]

Es importante tener en cuenta que el momento del ciclo menstrual en el que nos encontremos también afectará al grado en que sintamos el dolor.[89] Antes del período, somos más sensibles no solo a los desaires sino también al dolor. Añade a eso el hecho de que muchas de nosotras somatizamos, es decir, nos centramos en lo que sentimos en el cuerpo y lo compartimos con los demás. De nuevo, podría deberse a la ínsula. Esa conciencia del dolor físico y ese transmitirlo podría en parte derivarse del hecho de experimentar, sin darle voz, el dolor psíquico que nos produce el sentirnos utilizadas y sobrecargadas. Nuestra psique reclama atención y alivio mientras sufre en silencio, pero transformamos ese dolor psíquico en dolor corporal porque es más fácil intentar eliminarlo con los fármacos y la atención de los médicos, que casi siempre son hombres.[90]

El estudio del dolor específico de la mujer está en su más tierna infancia. En la revista *Pain*, casi el 80 % de los estudios incluyen solo a hombres, y únicamente un 8 % se centra de forma exclusiva en mujeres.[91] La ciencia médica no está a la altura del dolor que sufren muchas mujeres. A los hombres que presentan los mismos síntomas que las mujeres se les toma más en serio y se les practican pruebas diagnósticas más minuciosas. Ocurre con el dolor de pecho,[92] con el cáncer de pulmón,[93] y también con las afecciones menores[94] y las pruebas diagnósticas. Y, sin duda, cuando más ocurre es en relación con las dolencias psiquiátricas.[95]

Es muy sencillo: nosotras todavía somos ciudadanas de segunda categoría en el mundo de la medicina. Hasta hace poco, los cirujanos sabían mucho menos sobre la anatomía pélvica femenina y sobre la cirugía preservadora del nervio en la mujer que en el hombre.[96] Esa ignorancia se ha traducido en miles de histerectomías (en Estados Unidos esa operación se realiza con más frecuencia que en ningún otro país) con complicaciones que podrían haberse evitado, como la reducción o desaparición de los orgasmos o la incontinencia urinaria.

Casi todas las investigaciones médicas, y en particular aquellas relacionadas con los fármacos, siguen realizándose con sujetos del sexo masculino, sean animales o humanos. Luego, cuando la medicación se comercializa, puede que aparezcan problemas específicos en mujeres, que solo salen a la luz tras muchos años de consumo. Ocho de cada diez fármacos que se retiraron del mercado entre los años 1997 y 2001 planteaban riesgos más importantes para la salud de las mujeres que para la de los hombres.[97] Tras veinte años en el mercado, el somnífero Ambien tiene por fin una recomendación posológica distinta para las mujeres, la mitad de la dosis habitual, porque resulta que nosotras metabolizamos el fármaco de forma distinta y la misma dosis produce niveles más elevados en sangre.[98] Por fin se habla del hecho de que las mujeres están poco representadas en los estudios clínicos, pero hasta que la comunidad médica conozca mejor la complejidad del cerebro y el cuerpo femeninos, y cómo estos difieren de los masculinos, estaremos en desventaja.

No somos hombres; somos mujeres. Sentimos con mayor intensidad, expresamos más a menudo nuestras emociones y tenemos cambios de humor todos los meses. Es normal. Es lo natural. Y no tenemos por qué medicarnos para eliminar la esencia de nuestra identidad y dejar de incomodar a los demás. De hecho, cuando comprendamos mejor el funcionamiento de nuestro cuerpo y de nuestro ánimo, nos daremos cuenta de que, como mujeres, disponemos de muchos recursos naturales para abordar todos los retos que nos plantea esta vida nuestra, tan ajetreada y compleja.

2

Gruñona con la puntualidad de un reloj

Algunos días te sientes con ganas de volar. Otros días querrías volarlo todo por los aires. Esto tiene mucho que ver con el momento del ciclo menstrual en el que te encuentres. Es más probable que estés de mejor humor durante la primera mitad del ciclo menstrual, momento que recibe el nombre de fase folicular, cuando el ovario está generando un óvulo en desarrollo. Es la fase en que los niveles de estrógeno se elevan y superan a los niveles de progesterona. Los estrógenos contribuyen a que te sientas atractiva, fértil y condescendiente; cualidades, todas ellas, que te ayudan a atraer y recibir a una pareja, mientras el óvulo madura y está dispuesto para la ovulación. El estrógeno actúa como una hormona del estrés, así que los problemillas nos resbalan con facilidad. ¿Quién no iba a querer estar contigo? ¡Eres tan fácil de llevar!

La segunda mitad del ciclo, la fase lútea, son las dos semanas entre el momento en que el óvulo es liberado del folículo y el inicio del período. Y entonces ocurren los problemas relacionados con el estado de ánimo, cuando los niveles de progesterona son más elevados que los de estrógeno. La progesterona puede hacer que te sientas como a cámara lenta y gruñona, y su nivel máximo se produce el día vigésimo primero. Justo antes del período, los niveles de estrógeno caen en picado, al igual que tu

buena disposición hacia los demás. Si te pones en plan gruñón
con la puntualidad de un reloj todos los meses, la culpa es de los
bajos niveles de estrógeno y el elevado nivel de progesterona.
Bienvenida al SPM, el síndrome premenstrual.

El SPM es algo natural. No es agradable, pero es normal.
Aunque en la «biblia» que usan los psiquiatras para diagnosticar
enfermedades, el *Manual diagnóstico y estadístico de los trastornos mentales*, el trastorno disfórico premenstrual (TDP), una
forma extrema del SPM, está catalogado como estado patológico, lo cual supone que requiere de tratamiento psiquiátrico. El
3-8 % de las mujeres en edad reproductiva responden a los síntomas del TDP.[1] El 15-20 % de las mujeres sufren horribles
SPM o no lo padecen; las demás estamos en un punto medio, y
cómo nos encontremos puede variar de un mes al siguiente y, lo
que es más importante, puede variar de la menarquia (el principio de los períodos menstruales en la adolescencia) a la perimenopausia, las dos fases de nuestra vida en las que el SPM tiende
a empeorar debido a las fluctuaciones hormonales más erráticas.

Llorar hasta quedarse sin lágrimas, tener un breve estallido
de furia, sentirse abrumada y poco valorada, sentir una tremenda voracidad por atiborrarse de chocolate y ser incapaz de levantarse del sofá son situaciones muy probables durante los días
previos al período. Los niveles más bajos de estrógeno provocan
un descenso brusco de los niveles de serotonina un par de días
antes de la menstruación, que quizá sea la base biológica de muchos de los síntomas del SPM. Los niveles bajos de serotonina
están relacionados con la depresión, el trastorno de pánico y
el trastorno obsesivo compulsivo (TOC), así que no te sorprendas si te sientes como una paciente de psiquiátrico (o como tres
de ellas) antes de que te baje la regla. Un nivel menor de serotonina es equivalente a tener menos capacidad de aislamiento
para protegerte del mundo exterior. Desde un punto de vista

físico eres más sensible al dolor, y desde un punto de vista emocional eres más sensible a la crítica. Resistes menos en las situaciones estresantes y te sientes más triste, más hambrienta y más asustadiza, más llorosa y angustiada. Si los síntomas del SPM se suman a los de un episodio depresivo grave, se produce un colapso de consecuencias impredecibles. La gran diferencia es que cuando tienes la regla el SPM desaparece. La depresión persiste durante semanas o meses.

Por lo general, el SPM aparece durante los tres o cuatro días antes del inicio del período, pero un elevado número de mis pacientes afirma que, en su caso, el SPM se inicia un día o dos después de la ovulación. Se sienten profundamente deprimidas, impotentes y desesperadas. Discuten con más facilidad con miembros de su familia y compañeros de trabajo. Tienen problemas para conciliar el sueño o para dormir sin interrupciones, se sienten hinchadas y sufren calambres. Son pocas las pacientes que afirman que su SPM es leve, aunque casi todas perciben que «el período previo al período» provoca importantes y evidentes cambios de humor. Como es del todo normal sufrir cambios de humor durante los ciclos mensuales, no es obligatorio medicarse para mitigar el SPM, pero sí es necesario que te informes sobre él. También te recomiendo muy seriamente que hagas un seguimiento consciente de tu ciclo y que anotes cuándo te baja la regla y cuándo ovulas.[2] Si haces un seguimiento de los momentos en que se producen ciertos síntomas que afectan a tu estado de ánimo, además de planificar tu calendario mensual, podrás mantener informados a tus familiares, e incluso a algunos compañeros de trabajo, sobre qué pueden esperar.[3]

Además de tener más claro en qué momentos eres fértil, al hacer un seguimiento de tu ciclo serás más consciente de los instantes en los que estarás más sensible desde un punto de vista emocional o saltarás con más facilidad. Puedes planificar tu agenda para enfrentarte a las situaciones más críticas al principio del ciclo, justo después del período, cuando tu nivel de resistencia es más alto. Los máximos niveles de estrógeno detectados hacia la mitad del ciclo suponen una mejora de las habilidades verbales y del control de la motricidad fina, por ello es recomendable dejar las presentaciones de empresa y los proyectos de costura para ese momento del mes.[4] Sin duda alguna, deberías dejar las tareas que mejor se adaptan a alguien con TOC, como la limpieza de armarios, para cuando te encuentres con el SPM. Además, tu tolerancia al dolor está en sus niveles más bajos durante el SPM; no es el mejor momento para ir al dentista ni para depilarte a la cera. Programa esas citas para la primera mitad del ciclo.

Por lo general, mis pacientes me cuentan que lloran con más facilidad durante los días previos al período. Existe un fenómeno llamado sensibilidad al rechazo que es frecuente en los pacientes con depresión clínica. Cuando los niveles de serotonina caen en picado durante la depresión, estás más sensible a todo, y basta con un insulto o con un desprecio de cualquiera para ofenderte. Ocurre lo mismo durante los días previos al período. Los comentarios hirientes te harán aún más daño. Las mujeres lloramos con más facilidad durante el SPM, y no es solo por las sentencias negativas que puedan dedicarnos. Existe mayor sensibilidad a los anuncios sensibleros de la tele y a las canciones country cursis que ponen en la radio. Si se me hace un nudo en la garganta cuando veo alguna escena conmovedora en las calles de Nueva York —un vagabundo desquiciado rebuscando entre la basura, algún hombre de negocios deteniéndose para ayudar a unos turistas que miran confusos un mapa—, sé perfectamente en qué fase de mi ciclo me encuentro.

Nuestra vida emocional gira en torno a nuestro reloj biológico, y para entender su funcionamiento es necesario prestar atención. Estar atenta a cuándo sientes más deseo sexual, cuándo estás gruñona, cuándo tienes ganas de coquetear y cuándo estás deseando mandarlo todo a freír espárragos y quedarte con la cara de los que te fastidian para vengarte. Establecer una relación íntima con tus ritmos te permitirá sacar partido de esas fluctuaciones naturales. Además, establecer un punto de referencia es otra manera de identificar de forma concreta los cambios. Este enfoque adquiere especial importancia cuando se inicia la toma de alguna medicación o cuando se termina con ella, sobre todo si se trata de esa medicación —como los anticonceptivos orales o los SSRI (los inhibidores selectivos de serotonina, por sus siglas en inglés)— que te proporciona una estabilidad artificial. Tienen un posible efecto en el estado de ánimo y en la libido, y es posible que descubras que te quitan más de lo que te dan.

Aprender del SPM

Ser una llorona es una cosa, y quizá hasta podamos decir que es una forma encantadora de subrayar la empatía y vulnerabilidad femeninas, pero el problema pocas veces se reduce a un exceso de lágrimas. Esa sensibilidad creciente, sobre todo frente a las críticas, puede provocar reacciones explosivas. Mis pacientes con SPM perciben que responden con más brusquedad y se irritan más fácilmente con cosas que, por lo general, pasarían por alto durante el resto del mes. Tienen reacciones más imprevisibles, y pueden perder los papeles y reaccionar de formas que no son típicas en ellas en las otras tres semanas de su ciclo. Esto está relacionado con el hecho de que su lóbulo frontal inhibe los centros emocionales, lo que requiere altas dosis de serotonina. El estar próxima al SPM supone niveles más bajos de serotonina, así que, para algunas de nosotras, cuanto más cerca estamos de tener el período, más probabilidades existen de que el «interruptor del mal humor» esté encendido. Pero no es que nos irritemos por nada.

Nos irritamos por cosas reales, lo que pasa es que normalmente disimulamos mejor la tristeza y la rabia. Gracias a los niveles más elevados de estrógeno, solemos aguantar más. Incluso nos mostramos más relajadas. Estamos más dispuestas a atender las necesidades de los demás y podemos permanecer indiferentes de un modo más convincente. Los ciclos naturales de preocuparse más o preocuparse menos están directamente relacionados con nuestras menstruaciones. Una forma óptima de pensar en el estrógeno es como si fuera la hormona de «lo que tú quieras, cariño». El estrógeno lo cubre todo con una película a medida. Ideado para aumentar el atractivo sexual y así atraer a la pareja, y más adelante para la crianza y la nutrición de los miembros de la familia, el estrógeno tiene la misión de dar a los demás: procuramos que nuestros hijos sean felices y que nuestra pareja se sienta satisfecha. Cuando los niveles de estrógeno caen en picado antes del período, esa película a medida desaparece. Ya no somos atractivas ni fértiles; ya no tenemos tantas ganas de que el posible papá esté cerca. Ha llegado la hora de limpiar la casa. Durante el resto del mes aceptas cualquier clase de chorrada que no tolerarás una semana antes de la menstruación.

Mi consejo: que te sirva de lección. A lo mejor tendrías que aguantar menos durante el resto del mes. La insatisfacción que sientes todos los meses de forma puntual es un regalo, una oportunidad para hacer unos cambios muy necesarios en cómo vives la vida y en lo mucho que estás dando, soportando, en lo mucho que te adaptas para satisfacer lo que espera todo el mundo de ti. Con mis pacientes insisto en lo siguiente: los pensamientos y sentimientos que afloran durante esta fase de tu ciclo son reales, son auténticos. Si te sientes sobrepasada o infravalorada, crees que estás asumiendo más que tu pareja o que la situación está desequilibrada, existe la posibilidad de que sea cierto.

Recuerda que nuestro principal objetivo animal es la reproducción. Todos los ciclos son una oportunidad para propagar la especie. Al tiempo que tus hormonas permiten al útero esponjarse y prepararse para acoger un nuevo embrión, también te motivan a «anidar». Cuando una mujer se encuentra en los últimos meses del embarazo y los niveles de progesterona son los más elevados, sufre una especie de locura por limpiar la casa y prepararlo todo para la llegada del recién nacido. Cada mes, cuando tu cuerpo se prepara para una posible implantación del embrión, los niveles de progesterona aumentan y provocan una versión menor del síndrome del nido. Hacia el final del ciclo, una mujer podría sentirse insatisfecha con su entorno y obsesionarse con cambiar la disposición de las cosas con tal de asegurarse de que el escenario es apropiado el mes siguiente para la llegada del embrión al hogar uterino. El SPM es un momento para realizar inventario psicológico, hacer balance y asegurarte de que estás donde deseas estar en la vida. Cada ciclo es una oportunidad para empezar de cero, para reconstruir la existencia del modo que una quiera. Presta atención a esas miradas críticas, a esos pensamientos valorativos. Seguramente son más válidos de lo que te gustaría creer, y apuesto a que también puedes sacarles partido.

Las habilidades empáticas de las mujeres son un recurso genial para informarse y fortalecerse, y existen pruebas de que se intensifican durante los días previos a la menstruación.[5] El SPM es un momento maravilloso para conectar con la intuición. Debido a los niveles más bajos de serotonina, antes de menstruar nos sentimos más a «flor de piel» y con menos protección emocional.[6] Es un tiempo para el descanso, la reflexión y la atención a los sentimientos profundos. Nuestra cultura menosprecia la sensibilidad, pero la verdad es que tiene sus ventajas. El SPM es una oportunidad para que escuches a tu cuerpo y honres tus sentimientos. Confía en el mal humor que te provoca el SPM. Y sácale partido durante el resto del mes. Aprovecha los conocimientos que reúnas cuando te sientas más crítica, escríbelos, y ponlos en práctica cuando te sientas más amable y diplomática, en cuanto finalice tu período. Inténtalo durante un par de meses y mira a ver si tienes algunos «propósitos para el nuevo mes».

EL CHOCOLATE Y OTROS TRATAMIENTOS OPCIONALES

En la depresión y en el SPM, los ataques repentinos de hambre, sobre todo de carbohidratos, son frecuentes. Los sospechosos habituales son los alimentos que nos proporcionan bienestar, como el pan, la pasta y los postres, sobre todo los que llevan chocolate. Yo no suelo tomar postre, pero si me descubro rebuscando en la despensa para ver si doy con alguna chuchería que haya sobrado de Halloween, sé que solo faltan dos días para que me baje la regla. Existen estudios que afirman que el deseo de comer chocolate durante el SPM es específico de Estados Unidos y que, por tanto, es un fenómeno cultural aprendido y no está relacionado con ningún factor psicológico.[7] La teoría es que nos han enseñado que no pasa nada por comer chocolate durante el SPM y que nos aprovechamos de ese comportamiento aceptado para ser indulgentes con nosotras mismas en ese momento determinado del mes. No me lo trago. En primer lugar, tu cuerpo necesita más calorías cuando estás premenstrual, y los dulces y los carbohidratos te las proporcionan con rapidez.[8] En segundo lugar, tus niveles de magnesio están bajos (las migrañas premenstruales son un reflejo de ello), y el chocolate puede estimular el aumento de esos niveles.[9]

La pieza más importante del rompecabezas vuelve a ser la serotonina. Tanto en la depresión como en el SPM, cuando cae el nivel de serotonina, tu cuerpo intenta ajustar ese desequilibrio.[10] Se inicia con el deseo de carbohidratos, en especial de azúcar y sobre todo de chocolate. Se sabe que comer carbohidratos aumenta los niveles de serotonina, pero intenta consumir carbohidratos complejos como el grano en lugar de dulces para evitar el aumento de insulina y la consecuente caída en picado de los niveles de azúcar en sangre. El triptófano es el aminoácido que tu cuerpo utiliza para generar serotonina, por ello tiene sentido comer alimentos que contengan triptófano en lugar de carbohidratos en general. Algo que les digo a mis pacientes sobre las ansias repentinas de comer chocolate es que, en ocasiones, puede aliviarse comiendo plátano, que también tiene un nivel elevado de triptófano. La leche, las lentejas y el pavo también contienen altas cantidades de triptófano, sobre todo la parte más oscura de la carne. Así que la verdad es que más vale que devores un buen muslo de pavo a que te zampes toda la caja de galletas Oreo.

Aquí tienes una forma aún menos calórica de subir los niveles de serotonina: los suplementos de aminoácidos L-triptófano y 5-hidroxitriptófano (5-HTP), los ladrillos que componen tu propia serotonina; puedes encontrarlos en cualquier tienda de comida saludable. Los suplementos alimenticios, las vitaminas, los minerales y los aminoácidos proporcionan un importante alivio de los síntomas, pero debes informarte sobre qué te conviene tomar y cómo. Debido a la agresiva presión ejercida por el *lobby* de los laboratorios que fabrican suplementos, estos productos no están regulados por la FDA con los mismos criterios que los medicamentos que se compran con receta; existe una variedad enorme entre marcas e incluso dentro de una misma marca. Acudir a un fitoterapeuta o naturópata es una decisión inteligente en muchas situaciones.

La vitamina B6 también contribuye a aliviar los síntomas del SPM, puesto que es un factor complementario en la síntesis de la serotonina. Añadir un suplemento de magnesio, que puede reducir la ansiedad y prevenir el insomnio, también es una buena idea en los días previos al período. El magnesio es diurético, por lo que te ayudará a aliviar las molestias de los pechos hinchados y la pelvis inflamada. El calcio también puede disminuir la irritabilidad y ayudarte con el insomnio, por tanto, un suplemento de calcio-magnesio te iría de maravilla. En ocasiones, la cafeína (o la piña y los espárragos, que son diuréticos naturales) pueden contribuir a disminuir la sensación de hinchazón y fatiga. Los ácidos grasos omega-3, presentes en los pescados grasos y en los suplementos de aceite de ricino, también ayudan a reducir la hipersensibilidad y la irritabilidad.

Este es el consejo más importante que puedo darte en cuanto al SPM: haz ejercicio con regularidad. El cardio, en especial, te ayudará a aliviar los síntomas del SPM y el mal humor en general.[11] Se ha demostrado que es un antidepresivo muy efectivo en la mejora del estado de ánimo y del nivel de energía y en la reducción de los síntomas de malestar. En muchas situaciones, el ejercicio cardiovascular practicado a diario puede contribuir tanto a tu bienestar como lo hacen los SSRI, pero sin conllevar un aumento de peso ni una reducción de la libido.

La dieta también cuenta. El predominio de los estrógenos puede producir reglas más dolorosas. Las hormonas de la carne procesada y determinados productos químicos presentes en plásticos, jabones y pesticidas emulan los efectos de los estrógenos, como es el caso de la soja, que se añade a los alimentos procesados. Si comes carnes rojas y aves, asegúrate de que sean orgánicas, o que al menos estén etiquetadas como «libres de hormonas», pues las hormonas usadas en la industria cárnica podrían provocar períodos más molestos. Aquellas pacientes de mi consulta que se han hecho vegetarianas o veganas experimentan períodos más leves y con menos calambres. Por otra parte, mantenerte en el peso ideal marca una gran diferencia en los síntomas que te afectan todos los meses. Cuanta más grasa corporal tengas, más estrógenos generará tu cuerpo; en caso de que tus síntomas durante el SPM sean intensos o de que tengas reglas muy molestas, márcate el objetivo de mantenerte en forma.

Los tiempos lo son todo. El momento en el que tienes relaciones sexuales o no las tienes afecta a un gran número de aspectos. Por ejemplo, el momento en el que empezaste a tener relaciones sexuales y la frecuencia con que las tienes puede afectar a la fertilidad.[12] Si empezaste pronto y tienes relaciones semanalmente, es más probable que tengas ciclos regulares.[13] El sexo semanal, con su dosis regular de exposición a las feromonas, también supone una mayor probabilidad de que experimentes períodos menos pesados y dolorosos, de que tengas una fertilidad constante, e incluso de que la menopausia te llegue más tarde.[14] Un consejo importante en cuanto a los tiempos: abstenerse de tener relaciones sexuales y de llegar al orgasmo quizá sea justo lo que necesita el útero durante la menstruación.[15] En un grupo de mujeres con períodos muy molestos, el 83 % afirmó mantener relaciones sexuales durante la menstruación, en comparación con el 10 % de las mujeres con reglas más leves.

Para los casos graves de SPM que afectan al día a día (no puedes ir a trabajar o a estudiar, no realizas las tareas domésticas, tienes estallidos nerviosos frecuentes y exagerados con todos los que te rodean), existe la opción de recurrir a la medicación con receta. Por lo general, los psiquiatras recetan ISRS o IRSN (inhibidores de la recaptación de serotonina y norepinefrina como Effexor, Pristiq y Cymbalta; véase el apéndice para más detalles). Puedes tomar pastillas durante todo el mes o solo durante la semana del período. Los medicamentos de corta duración, como el Paxil y el Effexor, no son buenas alternativas, pues el dejar de tomarlos suele resultar molesto; lo que menos necesitas es enfrentarte a la retirada de un antidepresivo todos los meses.[16] Yo prefiero usar Lexapro, que hace efecto de manera rápida y cuya dosis es más fácil de reducir. Tengo bastantes pacientes que antes tomaban antidepresivos a diario y que ahora solo toman 5 miligramos de Lexapro durante cuatro de los siete días previos a la regla, todos los meses, lo cual puede tener resultados perfectamente efectivos.

Otra alternativa de tratamiento son los anticonceptivos orales, que crean niveles hormonales estables. Para muchas mujeres, el SPM se ve reducido de forma significativa, aunque suelen sufrir calambres y sangrados abundantes. En realidad, cuanto más tiempo lleves tomando la píldora, más leves serán tus reglas. También existe la opción de tomar anticonceptivos orales de forma continuada y abandonar las hormonas solo tres o cuatro veces al año para que se produzca un sangrado por privación. Cada vez son más los ginecólogos que recomiendan el uso continuado de la píldora, sobre todo en pacientes con endometriosis (una afección que provoca menstruaciones en extremo dolorosas). La frecuencia con la que cada una necesita dejar de tomar hormonas para generar el tejido uterino es un tema de debate, pero la FDA ha aprobado el uso de Seasonale y Seasonique, que permiten tener solo cuatro reglas al año. Algunas de mis pacientes tienen incluso menos.

No obstante, me gustaría apuntar un par de críticas y puntualizaciones relacionadas con los anticonceptivos orales, por lo que preferiría que no te lanzaras a su consumo para tratar el SPM antes de seguir leyendo.

LOS OSCUROS SECRETILLOS DE LA PÍLDORA

Usar anticonceptivos orales para tratar el SPM no es una alternativa válida para todas las mujeres. Los niveles demasiado invariables de hormonas tienen el efecto potencial de desequilibrarlo todo una barbaridad; no es un estado natural para nuestro cuerpo. Resulta muy difícil predecir a quién le va a ir bien la píldora y a quién no. Tengo algunas pacientes que suelen estar malhumoradas, inestables, zarandeadas aparentemente por un tormentoso mar hormonal a lo largo de todo el mes. Esas pacientes se encuentran mejor si toman la píldora; tras los primeros meses tomando anticonceptivos orales, experimentan menos cambios de humor y un SPM leve. Para ellas, la píldora termina siendo un estabilizador, ya que proporciona niveles constantes de las mismas hormonas a diario, que es lo que necesitan para gestionar su estado de ánimo y minimizar el SPM.

Sin embargo, muchas de mis pacientes no soportan lo sensibles que les hace sentirse la píldora y, después de probar varias marcas a lo largo de los años, descartan usar anticonceptivos orales para el control de la natalidad. Para estas mujeres, la píldora tiene un efecto desestabilizador. En la primera cita con una paciente he escuchado montones de veces la siguiente frase en el momento en que les pregunto sobre la anticoncepción: «Con la píldora me volvía loca». Son sus palabras exactas. No está claro por qué tantas mujeres en mi consulta me informan de este fenómeno, aunque debo decir que muchas de ellas acuden a mí con quejas sobre depresión, no solo por el SPM. En un estudio sobre mujeres que empezaron a tomar anticonceptivos orales, el 16 % afirmó que su estado de ánimo había empeorado, mientras que el 12 % apreció una mejoría y el 71 % no experimentó cambio alguno en ese sentido. Las mujeres que sufrían SPM antes de la píldora dijeron experimentar una importante mejoría en el SPM al tomarla, mientras que las que tenían un historial de depresión, no solo SPM, habían sufrido un empeoramiento en su estado de ánimo.

Algunas mujeres, sencillamente, son más sensibles que otras a los efectos de las hormonas en su estado de ánimo. La píldora funciona porque secreta el nivel justo de estrógenos y progesterona a la pituitaria para que esta crea que la ovulación ya se ha producido y no active la liberación del óvulo por parte del folículo. Los estrógenos y la serotonina se regulan mutuamente en un baile complicado, como tantos otros procesos del cerebro y el cuerpo. Cualquier cosa que afecte a los estrógenos tendrá un impacto en la serotonina. He aquí una posible razón de que algunas mujeres se vuelvan un poco majaretas con la píldora: los estrógenos provocan la producción de un receptor de serotonina llamado 5-HT2A.[17] Este receptor influye en los efectos de alucinógenos como el LSD y es el objetivo de algunas medicaciones antipsicóticas. Aproximadamente un tercio de las mujeres sufren variaciones en este receptor que pueden provocar problemas cuando los niveles de estrógenos son más elevados.[18]

Pero los mayores problemas los provoca la progesterona. La progestina sintética es fatal para el estado de ánimo, y un 10 % de las mujeres no la tolera en absoluto.[19] Los anticonceptivos orales Yaz y Yasmin son preferibles en lo referente a su efecto en el estado de ánimo, quizá ello se deba a un componente, la drospirenona, que es más parecido a la progesterona natural que otras hormonas sintéticas, o quizá al hecho de que actúa más como un diurético, reduciendo el efecto de la retención de líquidos durante la fase premenstrual.[20] (Sentirse hinchada es malísimo para el cerebro.)

Otra razón por la que los anticonceptivos pueden empeorar el estado de ánimo es que las hormonas sintéticas interfieren con el metabolismo del triptófano y de los niveles de vitamina

B6, ambos necesarios para generar serotonina.[21] Si estás tomando la píldora, deberías combinarla con un suplemento de vitamina B6.

Podría decirse que la píldora engaña al cuerpo, le hace creer que ya está embarazado, y así no libera el óvulo. Además, el cérvix se tapona con moco espeso, como ocurre durante el embarazo. Como no hay un flujo de moco cervical menos espeso, la píldora puede causar sequedad en la vagina y, en consecuencia, la práctica del sexo tornarse dolorosa. Si no tomas la píldora, el moco cervical es un método práctico para hacer un seguimiento de tu ciclo y fertilidad. A mitad del ciclo, el moco es como la clara de huevo. Cuando eres fértil, la naturaleza se encarga de que estés más lubricada justo cuando lo necesitas. Al tomar la píldora no eres fértil, por eso hay menos moco y no estás bien lubricada.

A muchas mujeres la píldora les aclara la piel; los estrógenos te ayudan a tener esa tez color melocotón. Con la píldora suelen crecerte los pechos, como si estuvieras embarazada, probablemente debido a los niveles constantes de progesterona que proporciona el anticonceptivo. Lo sé: reglas menos pesadas, menos acné y unas tetas bonitas suena genial, pero tomar la píldora también tiene sus desventajas. Por ejemplo, el tema del aumento de peso o, para ser más exactos, el cambio en la distribución del peso. Los estrógenos dictan dónde se sitúa la grasa en el cuerpo. Aumentas de peso en las caderas y en los muslos, y también en la parte trasera de los brazos. Existe una explicación lógica para esto. Las mujeres que pueden ser madres necesitan otro centro de gravedad. Si vas a llevar un bebé en el vientre, necesitarás lastre en la parte de atrás; los estrógenos suelen dejar el vientre más plano porque en ese punto no se necesita distribución de grasa. (Por cierto, cuando estás perimenopáusica, el vientre empieza a almacenar grasa porque tus niveles de estrógeno están menguando. Ojito con la gordura menopáusica.)

En segundo lugar, los anticonceptivos orales pueden afectar seriamente el deseo sexual. Siempre cuento a mis pacientes este oscuro secretillo de la píldora. A algunas mujeres el hecho de liberarse del miedo de un embarazo no deseado les permite relajarse y experimentar más el placer sexual, en cambio otras muchas descubren con tristeza que su deseo sexual y su capacidad de alcanzar el orgasmo se anulan al tomar la píldora. En este caso influyen dos factores. El primero es que, cuanto más tiempo tomas la píldora, menor es el nivel de testosterona, y menos te excitas. Tomar una dosis extra de estrógenos por vía oral incrementa los niveles de algo llamado globulina fijadora de hormonas sexuales (SHBG, por sus siglas en inglés), una proteína presente en la sangre que fija la testosterona, por eso acabas con niveles más bajos de testosterona «libre» en sangre, un 10-20 % menos de lo normal.[22] Si la hormona se fija, no alcanza el receptor, con lo que resulta inútil para el cerebro. La cosa empeora: una investigación demostró que las mujeres que habían tomado la píldora durante cuatro meses todavía tenían niveles de SHBG cuatro veces por encima de lo normal.[23] Cuando hablé con uno de los investigadores, me confirmó que estos niveles jamás recuperan su normalidad. Otro ginecólogo me dijo: «Deberían indicarlo como advertencia en el envase», pero nadie parece darle importancia.

La testosterona, aunque su prevalencia sea veinte veces mayor en el hombre, también se encuentra presente en las mujeres, y es la principal hormona responsable del impulso y del deseo sexuales. Una parte del ciclo de toda mujer incluye el momento de caída y subida de los niveles de esta hormona, que llegan a su punto más alto justo cuando se es más fértil, a mitad del ciclo.[24] Los niveles normales de testosterona no solo varían a lo largo del ciclo, sino que suben y bajan a lo largo del día (en la mayoría de las mujeres son más elevados por la mañana) y como reacción a diversas circunstancias y hábitos (se elevan después de practicar ejercicio intenso, éxitos profesionales y la práctica del sexo con regularidad). Los niveles de testosterona en las mujeres suelen ser más altos durante los primeros años de la veintena y caen tras la menopausia, después de que todas las hormonas hayan disminuido. Así que no solo existe un nivel máximo de testosterona a mitad del ciclo, sino que también puede darse durante un breve aunque mágico período en torno a los cuarenta años, el «cénit sexual» de la mujer, instante en que los niveles de testosterona son relativamente más altos en comparación con los de otras hormonas. Si tomas la píldora, te pierdes todo eso.

OVULACIÓN Y FEROMONAS:
ESCOGER ENTRE UN CAFRE O UN PADRE

Son muchas las mujeres que experimentan cambios importantes no solo en sus niveles hormonales sino en sus niveles de excitación a largo de todo el mes. Hasta los cuarenta no fui consciente de lo mucho que variaba mi libido de una semana a otra y, sobre todo, los sentimientos hacia mi marido de semana en semana. Cuando leí sobre el tema en el libro *Sexy Mamas*, sentí confirmadas mis intuiciones: «Mi marido ya sabe que, gracias al ciclo mensual, tengo una semana en que me siento romántica, otra en que me excito con facilidad, otra en que empiezo a frenar el ritmo y otra en que no siento ningún deseo. Intentamos amoldarnos a ese ritmo».[25]

La fertilidad aumenta de forma gradual hasta la ovulación y disminuye de forma vertiginosa después de ella. Tu patrón de deseo sexual sigue ese ciclo de modo natural. Aunque la mayoría de los primates experimentan un período de «calentura», se da por sentado que el deseo de la hembra humana no se ve limitado por ese período y que está disponible para el sexo durante todo el mes, a esto se le llama «sexualidad extendida». Como posiblemente ya hayas experimentado, hay unos pocos días en el ciclo en los que te sientes más dispuesta que en otros a tener relaciones, y, como es lógico, la madre naturaleza ha sido inteligente a la hora de disponer cuándo te sientes así. Las mujeres solemos estar más dispuestas a mitad del ciclo, durante el pico de fertilidad, un día o dos antes de que se desprenda el óvulo, cuando los niveles de testosterona están más altos que nunca. La tormenta perfecta de ovulación, fertilidad adecuada y máximos niveles de testosterona dan como resultado una (futura) mami excitada.

Cuando la babuina está preparada para la cópula (momento llamado estro), el trasero se le pone de un color rojo intenso, lo que indica a los machos próximos a ella que está lista. Los humanos no somos tan directos, aunque a mitad del ciclo los niveles de estrógenos sí provocan una sutil dilatación de los vasos sanguíneos de las mejillas, lo que intensifica el rubor natural. Hay estudios que demuestran que los hombres se sienten más atraídos sexualmente por las mujeres que visten de rojo que por las que visten con otros colores.[26] Además, es más probable que los hombres supongan que una mujer es más sexualmente activa y receptiva si viste de rojo. Podría tratarse de un fenómeno en parte cultural y en parte biológico. Quizá las mujeres lo sepan de forma inconsciente, porque hay más posibilidades de que escojamos el rojo cuando tenemos planes de reunirnos con un hombre atractivo.

La ovulación es el único momento del mes en que tienes bastantes garantías de estar excitada. Es más fácil estimular tu deseo sexual, y tu respuesta sexual se ve intensificada. La mayor sensación de atractivo también llega a su punto más intenso en ese momento.[27] En la mitad del ciclo ocurren toda una serie de cosas importantes cuando ovulas. La oxitocina llega a su máximo nivel, lo que supone un mayor número de orgasmos y el deseo de establecer vínculos con los demás.[28] Además, los niveles de testosterona y estrógenos también son más elevados, lo que te hace estar superreceptiva. A mitad del ciclo incluso se te dilatan las pupilas al ver a tu pareja sexual, pero no si estás tomando la píldora.[29]

Contamos con todo un repertorio de comportamientos no muy discretos que dejan claro que somos fértiles. Las mujeres que están ovulando se sienten más atractivas sexualmente y escogen una vestimenta ceñida y provocativa.[30] Eligen la lencería, se ponen más joyas y perfume, y salen más cuando están a mitad del ciclo y son fértiles. También hay más posibilidades de que tengan una aventura y de que no usen condón. Las mujeres se sienten más atractivas cuando la ovulación está próxima, y los hombres son más capaces de decir qué mujeres están más cerca de la ovulación e intentan parecer más atractivas con solo mirar una serie de fotos suyas.[31] En algunos estudios se ha comprobado que los hombres pagan más a las estrípers que están ovulando, y que la voz de las mujeres que están ovulando les parece más sexy que las de las demás.[32]

Durante ese día o esos dos días en que tienes un óvulo viable, las hormonas (sobre todo la testosterona) ordenan a tu cuerpo que salga y busque un donante de esperma. Y no cualquier donante de esperma. Nuestra evolución dictamina que encontremos al macho más adecuado para donar su material genético a nuestra progenie. Os presento al macho alfa: el mejor cazador, aunque no necesariamente el más dado a compartir. También es más probable que las mujeres escojan a los «chicos malos» cuando están ovulando; la clase de tío con barba de tres días y moto, que seguramente te pondrá a mil pero que quizá no se quede contigo y te ayude a criar a los niños. Esta sexualidad dual se califica como «conceptiva» y «no conceptiva». Algunos investigadores se refieren a ella como el «dilema entre el cafre y el padre». Deseamos a los cafres cuando somos fértiles y a los padres cuando no lo somos.

En mi consulta, las chicas más jóvenes suelen decantarse por los hombres que las excitan y las intrigan, que van de duros y son difíciles de retener. Las mujeres prefieren a los hombres con la voz más grave (con más testosterona y con mayor tendencia a la infidelidad) para una relación breve, pero no para entablar una relación duradera.[33] He tenido incontables conversaciones a corazón abierto con esas pacientes sobre las elecciones que hacen con los hombres. A menudo, a medida que van madurando, les recuerdo que sus criterios tienen que cambiar; en ese momento están a la caza de un marido, no de un ligue.

Cuando las mujeres están ovulando, la selección de pareja se centra en rasgos masculinos que señalan la presencia de buen material genético, el ADN del macho alfa.[34] Cuando no son fértiles, las mujeres siguen buscando hombres, pero se sienten más atraídas por el «material no genético y la ayuda», buscan a los hombres que se queden con ellas para participar en la crianza de los niños.[35] Las mujeres, independientemente de su riqueza, buscan hombres con recursos adecuados y un buen estatus social. Ya sé que tienes un trabajo, las cuentas saneadas y no necesitas un hombre para nada, pero tu cerebro es más parecido al de una cavernícola de lo que te gustaría reconocer. No se han producido cambios significativos en nuestra genética desde que somos cazadores y recolectores. Nos sentimos atraídas de forma natural por los hombres que no solo tienen dinero, poder y una buena posición social, sino que además demuestran ser capaces de compartirlo. Aunque esto no ocurre durante todo el mes.

Cuando están a punto de ovular, las mujeres encuentran más atractivos los rostros clásicamente masculinos, en cambio cuando no son fértiles se fijan en hombres con rasgos menos marcados.[36] Las mujeres fértiles también se sienten más atraídas por hombres que actúan de forma dominante y competitiva.[37] Cuando somos fértiles solo nos importa el material genético, no las excelencias sociales, lo que significa que si estás en una relación con un hombre ideal como padre de tus hijos, podrías acabar coqueteando también con un cafre en mitad de tu ciclo. Como en el caso de los hombres, para nosotras es natural buscar el mejor donante genético para nuestra descendencia. Y, también como en el caso de los hombres, incluso teniendo el pájaro en mano, seguimos fijándonos en el centenar que está volando. Las mujeres con pareja tienden a escoger el olor de un hombre dominante, mientras que las mujeres solteras reaccionan al olor de los que están dispuestos a tener hijos y quieren comprometerse.[38] Es incluso posible que una mujer emparejada con un buen proveedor (un padre) no pueda evitar sentirse atraída, a mitad del ciclo, por un hombre que pudiera donar sus excepcionales genes a su siguiente progenie (un cafre).

Así pues, ¿qué ocurre con las mujeres que toman anticonceptivos orales y nunca experimentan la fase fértil? Pues exactamente lo previsible con unas hormonas de niveles estáticos. No existen los picos de oxitocina que incrementen las ganas de entablar relaciones y los orgasmos, ni hay un aumento de los estrógenos ni del deseo potenciado por la testosterona.[39] Por lo que al cerebro se refiere, ya está todo hecho.[40] Si hay un bollito en el horno, no hay necesidad de atraer al panadero, y por tanto desaparece la preferencia por el cafre de rasgos marcados. Las mujeres que toman la píldora se comportan como las que ya están embarazadas, que se centran en atraer a alguien con otras cosas que ofrecer y compartir aparte de sus virtudes genéticas masculinas. Las mujeres que toman la píldora muestran menos preferencias, o ninguna, por la masculinidad facial[41] y vocal.[42]

Los impulsos biológicos relacionados con la comida, la bebida y el sexo nos aseguran, en primer lugar, la supervivencia de nuestra descendencia. Sin duda alguna, las mujeres y los hombres lo viven de forma distinta, y se centran en atributos diferentes que cada cual considera importantes. Los hombres, cuando buscan las mejores donantes genéticas, se fían de la visión, y las mujeres, del olfato. De hecho, es más probable que los hombres se enamoren a primera vista. Es la razón por la que las imágenes de la actividad neurológica en el cerebro masculino en los primeros momentos del enamoramiento muestran un aumento de la actividad cerebral en los centros visuales.[43] Los hombres se sienten cautivados por la simetría facial, la piel lustrosa y una proporción determinada entre el diámetro de la cintura y la anchura de las caderas. Estos elementos los ayudan a valorar si una mujer está sana y tiene la capacidad de ser madre.

A la hora de buscar pareja, las mujeres se dejan influir más por los olores. El sentido del olfato es el más antiguo y el menos alterado en nuestro cerebro; además, procesa la información con más rapidez que otros sistemas sensoriales. Como las células cerebrales responsables del olfato se encuentran a solo una sinapsis de la amígdala, nuestro centro de emociones, no tenemos un control real sobre si nos gusta o nos repulsa un olor determinado. Las mujeres poseen un sentido del olfato más sensible,[44] y más espacio en el cerebro dedicado al procesamiento de los olores y las feromonas, gracias al estrógeno.[45] El estrógeno nos ayuda a detectar las feromonas, el olor que es la firma de una posible pareja, con mayor astucia que a los hombres, sobre todo durante la ovulación, cuando los niveles de estrógeno son más elevados. Para un emparejamiento óptimo necesitamos a alguien que sea diferente pero no del todo extraño: similar en lo genético y compatible, pero no un familiar. Las feromonas de las glándulas sudoríparas del macho nos permiten tomar esa decisión. Las mujeres prefieren el olor de una axila extraña al de la axila de algún familiar, que es el rasgo inconfundible que desde los albores de la historia nos ayuda a evitar la endogamia.

Cuando llega el momento de seleccionar a la pareja, ocurren tantas cosas en un plano inconsciente que no podemos hacer mucho por controlarlas. Las feromonas son un buen ejemplo. Cuando una paciente me dice que tiene un novio nuevo, suelo preguntarle si le gusta cómo huele. No me refiero ni a su colonia ni a su desodorante, ni tampoco, por supuesto, a la peste que echa cuando sale de la cancha de baloncesto tras un partido con los amigos, sino más bien a su esencia, a su olor natural. «Si pegas la nariz a su sobaco, ¿te sientes feliz?» Te sorprendería la de veces que esta pregunta recibe una respuesta claramente positiva. Cuando escucho: «¡Podría quedarme a vivir allí!», sé que hacen buena pareja. Lo que te transmite el olor del otro importa muchísimo. Es una de las razones por las que no soy demasiado fan de las citas por internet. Las feromonas nos ayudan a escoger las parejas ideales, y este proceso está basado esencialmente en la genética, no en los *selfies* retocados con Photoshop.

En 1995, el investigador suizo Claus Wedekind realizó un estudio que en la actualidad se conoce como el experimento de la camiseta sudada. Pedía a las mujeres que olieran las camisetas que unos hombres habían llevado durante tres días sin ducharse ni echarse colonia. Wedekind descubrió, y otras investigaciones posteriores lo han confirmado, que la mayoría de las mujeres se sentía atraída por la esencia de hombres cuyo complejo mayor de histocompatibilidad (MHC, por sus siglas en inglés) era significativamente distinto al de ellas. El MHC indica el rango de inmunidad para combatir diversos agentes patológicos. Cuando buscas pareja, te interesa alguien con inmunidad distinta a la tuya, para que tu descendencia pueda beneficiarse de la variedad. Si todo va bien, los niños tendrán más capacidad para combatir la enfermedad que sus padres. Sistemas inmunológicos demasiado parecidos entre posibles padres puede generar complicaciones en la fertilidad y en el embarazo.[46] Además, si una mujer se empareja con un hombre cuya constitución genética es demasiado parecida a la suya, es más probable que le sea infiel.[47] Cuantos más genes compartan, más probabilidades hay de que ella se sienta atraída por otros hombres.

Por lo general, las feromonas se procesan de modo inconsciente, aunque en los últimos tiempos este tema ha tomado relevancia y se han celebrado más fiestas de camisetas sudadas por todo Estados Unidos, una repetición del experimento de Wedekind. Los hombres voluntarios debían presentar una camiseta que hubieran llevado durante veinticuatro horas (noche incluida). Se les asignaba un número y la camiseta se guardaba en una bolsa con cierre hermético. Las mujeres olían las camisetas, escogían la que más les gustaba, le adjudicaban un número y daban con su cita ideal gracias al número. Los organizadores de «la fiesta de la feromona» afirmaron haber creado parejas duraderas con ese método. Haz caso a tu nariz para encontrar a tu pareja ideal. Sentirse atraído por las feromonas de alguien puede ayudarte a superar baches importantes en la relación. Inspirar el olor del otro te ayuda a fortalecer los lazos. Los primates son prosociales, y fortalecen lazos en su comunidad haciéndose carantoñas, lo que implica sentarse cerca e inspirar el olor del otro, aunque sea para despiojarse mutuamente. La próxima vez que te enfades con tu hombre, huélele los sobacos o una camiseta, y pregúntate si eso hace que te sientas un poco mejor en cuanto a su forma de ser y lo que compartís. Si tienes hijos, o cuando los tengas, huélelos también. Existen estudios sobre la consolidación del vínculo madre-hijo a través de las feromonas.

Los hombres no solo valoran de forma más positiva el atractivo de una mujer cuando se encuentra en la mitad del ciclo;

también les gusta más su olor.[48] Si ella está tomando la píldora, no emana «el atractivo cíclico de los olores» que sí experimentan las mujeres que viven el ciclo de forma natural.[49] Algo mucho más importante: estar tomando la píldora afecta a la manera en que las mujeres procesan las feromonas en cuanto a esas importantes cuestiones relacionadas con la compatibilidad genética. Las mujeres que toman la píldora no tienen la misma capacidad de respuesta a las pistas olorosas de los hombres. Suelen escoger parejas más parecidas a ellas, menos «diferentes». El investigador escocés Tony Little descubrió que la valoración que hacían las mujeres de los hombres como posibles maridos cambiaba de forma drástica si estaban tomando la píldora. En la repetición del experimento de la camiseta sudada, las mujeres que tomaban la píldora escogían camisetas de hombres al azar o, incluso peor, manifestaban una preferencia por hombres con inmunidad similar a la suya.[50] Un estudio subrayaba que una mujer que toma la píldora podría dejarla si se diera cuenta de que está con alguien que se parece más a un hermano que a un amante.

La buena noticia es que seguramente escogerá un padre y no un cafre. Las mujeres que toman la píldora optan por hombres menos masculinos, con lo que cabe suponer que él no se desentenderá de la crianza de los hijos.[51] Pero ¿ella lo desea? Cuando una mujer que toma anticonceptivos orales escoge pareja, valora menos su propia satisfacción sexual y el atractivo de su compañero. Si se produce una separación en la pareja, ellas inician antes una nueva relación y es probable que sigan quejándose de una insatisfacción sexual creciente. Aunque también dicen estar felices por la forma en que sus parejas las apoyan y acaban teniendo relaciones más largas.

En la actualidad, recomiendo a mis pacientes que están tomando anticonceptivos orales que los dejen durante tres o cuatro ciclos para cerciorarse de que el hombre que han conocido cuando tomaban la píldora es el mismo con el que quieren irse a la cama un año, y otro, y otro, y con el que desean formar una familia. Les aconsejo que decidan mientras están descansando del anticonceptivo. Una vez que tienes una relación, es complicadísimo dejar el control de natalidad para volver a valorar al hombre que ya habías escogido. Lo mejor que puedes hacer es seleccionar a tu hombre mientras no te halles bajo la influencia de ninguna hormona que no sean las de tu propio cuerpo, lo que supone recurrir a un método de control de natalidad sin hormonas —como los condones, el DIU, un diafragma o un condón femenino— cuando estés a la caza del hombre de tus sueños. También te recomiendo que pases un tiempo bajo su axila para asegurarte de que él es el hombre ideal. No estoy de broma. El cuerpo, sin alteraciones, posee una intuición muy poderosa y vale la pena escucharlo.

SEGUNDA PARTE

Morbo, MILF, monogamia y menopausia

3

Tu cerebro y el amor

El modo en que estamos programados, neurológica y hormonalmente, influye de manera significativa en nuestra forma de pensar y de sentir, y en el momento en que lo pensamos y lo sentimos. Sin embargo, las relaciones con otros seres humanos ejercen un poderoso efecto en el cuerpo y en la mente. Los primeros meses de atracción producen una mezcla excitante de neurotransmisores que ninguna droga es capaz de imitar. En mi opinión personal como psiquiatra, el enamoramiento convierte a las mujeres en yonquis delirantes maníaco obsesivas. En su vertiente menos romántica, es el mecanismo neuronal de selección sexual, aunque evolucionado para que suspiremos, nos obsesionemos y persigamos a la persona que, según nosotras, nos proporcionará no solo la mejor descendencia, sino también el sostén necesario para criar a esa criatura durante toda su infancia.[1] Cuando nos enamoramos se produce una danza compleja en nuestro cerebro y organismo que nos motiva y nos centra en el objetivo de aparearnos con la pareja escogida. En las primeras etapas, resulta difícil diferenciar entre rendirse al deseo y rendirse al amor. El paso de la atracción al apego es un proceso tan físico como emocional. (El apego, la fase que sigue a la atracción, cuenta con sus propios mecanismos neuroquímicos, acerca de los que hablaré en el siguiente capítulo.)

La dopamina es el elemento químico clave de la atracción, lo que subyace cuando algo te empuja a prestar atención, sentir placer y buscar gratificación. La dopamina nos dice dos cosas: «Fíjate en esto tan importante» (llamado relevancia) y «Me ha gustado, vuelve a hacerlo». El sistema de recompensa funciona con dopamina, la piedra angular de la adicción. Las drogas que aumentan los niveles de dopamina, como la cocaína y el speed, tienen mayores posibilidades de convertirse en adictivas que el resto. Muchos investigadores creen que una droga no puede ser adictiva sin incrementar la transmisión dopaminérgica, aunque sea de manera secundaria.

Cuando te enamoras, la dopamina hace que desees y necesites a tu nuevo amor. El objeto de tus afectos es específico, en parte porque la dopamina lo ha etiquetado como relevante. Los experimentos con topillos, generalmente monógamos, han demostrado que los niveles más elevados de dopamina son los responsables de la preferencia por una pareja u otra, y que el bloqueo de esta disminuye la inclinación por esa pareja.[2] En los escáneres cerebrales que Helen Fisher ha realizado a personas que se enamoraban perdidamente, sus sistemas de recompensa dopaminérgicos funcionaban a toda máquina y recordaban a los resultados de personas que habían consumido cocaína.[3] Se apreciaba un aumento del riego sanguíneo en el núcleo caudado, un área con gran presencia de neuronas dopaminérgicas. El núcleo caudado, llamado en ocasiones el «motor de la mente», ordena al cuerpo que se aproxime al objetivo y te empuja a ir detrás de la recompensa.[4] La dopamina se asegura de que resulte un proceso placentero y, por lo tanto, refuerza el comportamiento para que estés dispuesto a repetirlo de buen grado.

La adicción se caracteriza por tres cosas: la sensibilización, la tolerancia y el síndrome de abstinencia. Con el paso del tiempo, cada vez se precisa un incentivo menor para activar la necesidad, la cantidad de sustancia que se requiere para sentir placer es mayor y el síndrome de abstinencia se vuelve insoportable. El aumento de la necesidad, del apetito y del deseo es el mismo tanto si hablamos de una droga como del enamoramiento, y si el objeto de tus atenciones le pone fin, las sustancias neuroquímicas descienden en picado y sufres un brusco síndrome de abstinencia. Lo habitual es que se produzca una crisis. El llanto, el sueño y la ingesta compulsiva de comida y alcohol son habituales en aquellas de mis pacientes que se han enfrentado a un plantón. Si te reconcilias, reaparece parte de la química que hace que te sientas bien y te convence de que estabais destinados a estar juntos. Sin embargo, no te dejes engañar por esta fiesta de bienvenida farmacológica; al principio, los yonquis también se sienten bien cuando recaen. Eso no significa forzosamente que sea el hombre de tu vida, aunque contribuye a explicar lo placentero que es el sexo de reconciliación. Te peleas, te hundes en la miseria porque estás con el síndrome de abstinencia de tu amante, y te sientes muchísimo mejor, y más colocada, cuando te reconcilias.

El sistema de recompensa de la dopamina no solo está relacionado con el placer, sino también con la expectativa de volver a experimentarlo y con la motivación para conseguirlo. Tal vez esta sea la lógica biológica en la que se sustenta la vieja recomendación de hacerse de rogar y *Cómo conquistar marido*, libro de consejos para encontrar pareja.[5] Los estudios demuestran que obtener la recompensa demasiado pronto reduce la intensidad y la duración de la actividad de la dopamina neuronal.[6] Una victoria demorada proporciona mayor placer, algo potencialmente beneficioso para ambos.

Sin embargo, la dopamina no es la única responsable de la maravillosa sensación de haber encontrado al hombre perfecto. Enamorarse estimula la secreción de norepinefrina, una sustancia química prima hermana de la adrenalina, que te mantiene despierto y lleno de energía, con las manos sudorosas y el corazón desbocado. La norepinefrina reactiva los cinco sentidos para aumentar la conciencia y recordar hasta el último detalle acerca del objeto de tu amor y el efecto que dicha persona tiene en ti. Tu cerebro y tu cuerpo están en alerta máxima, preparados para entrar en acción. Dormir es secundario. Y comer también.

Asimismo, la norepinefrina contribuye a la liberación de estrógeno, que estimula el flirteo. En los animales de laboratorio que adoptan una postura sexualmente incitante, conocida como lordosis, se observan niveles más elevados de estas dos sustancias químicas.[7] Arquear la espalda y alzar el trasero facilita la penetración desde atrás. La lordosis podría tener un equivalente humano en la postura que te obligan a adoptar unos tacones altos o, de manera menos disimulada, en los contoneos de Miley Cyrus.

Añade a esa mezcla de dopamina y norepinefrina, que recuerda a la cocaína, una buena dosis de endorfinas, los opiáceos que circulan por nuestro organismo de manera natural, analgésicos y reductores del estrés. De ahí que enamorarse sea, farmacológicamente hablando, una especie de chute, una combinación de cocaína y heroína. Sin embargo, aún hay más, porque experimentar una pasión intensa, sobre todo el amor a primera vista, también es como tomar una droga psicodélica. La feniletilamina (FEA), en ocasiones apodada la «molécula de la atracción», inunda el cerebro cuando se produce el magnetismo inicial.[8] La FEA es parcialmente responsable del ensueño y el atolondramiento que se apodera de nosotros cuando nos enamoramos. Podría estar relacionada con el amor a primera vista, y es muy probable que se halle presente en tu cerebro durante ese importantísimo primer beso. El cerebro produce feniletilaminas de manera natural, pero estas también se encuentran en un grupo de drogas en el que se incluye el éxtasis (MDMA) y en ciertos alucinógenos.[9] Asimismo, la FEA mata el apetito y puede funcionar como un antidepresivo a corto plazo.[10] Se encuentra en los chocolates de buena calidad,[11] y puede dispararse durante el orgasmo y provocar esa sensación alucinante y extracorpórea que algunas mujeres tienen la suerte de experimentar.[12]

Con todas estas sustancias químicas estimulantes inundando el cerebro, no es de extrañar que a muchas mujeres enamoradas les resulte más fácil perder peso y hacer ejercicio y les cueste conciliar el sueño por las noches. Algo que he observado a lo largo de los años es que cuando mis pacientes se enamoran, tardan menos en dejar los antidepresivos y mi consulta. No existe cóctel de medicamentos capaz de competir con lo que tu cerebro te servirá al inicio de una relación. De hecho, hay personas que disfrutan tanto de la química neuronal en la fase de encaprichamiento que se convierten en yonquis de la atracción en serie. Se enamoran, viven colocadas entre tres y seis meses y, cuando la magia se acaba, buscan otra pareja.

Existen más sustancias químicas que intervienen en la fase inicial de atracción. Los niveles de testosterona y estrógeno, las hormonas sexuales, son más elevados cuando te enamoras.[13] Aumentan el deseo y la receptividad sexual, respectivamente. Tanto el estrógeno como la progesterona activan los circuitos del amor y la confianza, por lo que podrías sentirte más inclinada a mostrar una conducta protectora y afectuosa, siempre que no te encuentres en pleno SPM. Sin embargo, en lo que a excitarse se refiere, todo depende de la testosterona.[14] Las mujeres y los hombres con niveles más elevados de testosterona en su organismo mantienen relaciones sexuales con mayor frecuencia y disfrutan de más orgasmos.[15] Los hombres que se inyectan testosterona (para mejorar su rendimiento deportivo o en Wall Street) tienen más pensamientos sexuales, más erecciones matinales y practican más el sexo. Sin embargo, eso no significa que se enamoren.

Cuando las mujeres se enamoran, el aumento del nivel de la dopamina puede incrementar el de la testosterona. Asimismo, aspirar feromonas masculinas es otro de los mecanismos que activan la segregación de testosterona en una mujer receptiva,[16] como también lo es pensar en tu nueva pareja.[17] Curiosamente, los hombres que se encuentran en pleno proceso de enamoramiento muestran unos valores de testosterona inferiores a lo habitual, ¡tal vez para no espantar a la pareja con el grado de excitación que suelen tener el resto del tiempo![18] Al enamorarnos, los niveles femeninos de testosterona se disparan mientras que los masculinos descienden, lo que podría darnos la sensación químicamente unificadora de que estamos juntos en esta experiencia y equilibrados en cuestión de libido.

Resulta difícil abordar la cuestión de hasta qué punto puede aplicarse esto a los gais y lesbianas que forman parejas duraderas, sobre todo porque existen menos trabajos de investigación sobre este campo. Es obvio que las parejas del mismo sexo son capaces de formar, y así lo hacen, parejas enamoradas y familias sanas.[19] Su cerebro les proporciona las mismas combinaciones gratificantes y embriagadoras cuando se encaprichan de alguien, se enamoran y establecen relaciones vinculantes, lo que demuestra que nos une algo más que el mero deseo de procrear.

MÁS ABRAZOS Y MENOS DROGAS

La oxitocina hace que te sientas genial. ¿Te has fijado en esa sensación de relajación absoluta que experimentas cuando sostienes a tu bebé? ¿Y en la placidez que te invade después de haber tenido un orgasmo y te abrazan con fuerza? Eso es la oxitocina, la hormona de la vinculación afectiva y de la confianza. Un abrazo de veinte segundos activará la liberación de oxitocina, igual que el intercambio de señales afectuosas, como recibir una sonrisa y devolverla. Piensa en la oxitocina como en el pegamento extrafuerte de tu relación. Consolida el vínculo que se establece entre una madre que amamanta y su hijo, y establece lazos afectivos entre los amantes desde el mismo instante en que sus miradas se encuentran en medio de una habitación abarrotada. Tomarse de la mano, besarse y mantener relaciones sexuales dispararán tus niveles de oxitocina. Las sonrisas de los bebés y los abrazos de tu pareja no solo activan la secreción de esta hormona, sino los sistemas de recompensa asociados a la dopamina, que te animan a seguir haciéndolo.[20] En este sentido, podría decirse que la oxitocina te empuja a desear mayor contacto físico. También ayuda a protegernos del estrés y estimula la relajación. Existen estudios que demuestran incluso su participación en la aceleración del proceso de curación.[21] Los abrazos, los mimos, las caricias y el sexo orgásmico no solo son buenos para tu alma, sino también para tu cuerpo.

Las mujeres tienen más receptores oxitocinérgicos en el cerebro, y la oxitocina funciona mejor en un entorno rico en estrógeno, de ahí que tal vez seas más proclive a sintonizar y enamorarte de alguien durante la primera mitad del ciclo, antes del descenso de los niveles de estrógeno.[22] La oxitocina, tanto en hombres como en mujeres, hace que nos sintamos tranquilos, en sintonía y satisfechos con la pareja escogida. También reduce el ritmo cardíaco y la presión arterial, lo que posibilita el establecimiento de vínculos socioafectivos y una conducta relajada. La sensación de calma y seguridad aplaca el típico miedo a los extraños y fomenta la generosidad. En experimentos realizados con personas a las que se les ha administrado oxitocina se ha observado que están más dispuestas a confiar en un extraño o a darle dinero,[23] lo que también podría explicar por qué la gente accede antes a realizar un favor o a mantener una promesa si la tocan mientras le hablan[24] o por qué para ciertas personas enamorarse puede llegar a ser peligroso. Tenía una paciente que prestaba demasiado dinero a su novio, que más tarde desapareció.

La pasión anula el raciocinio. Cuando los valores de oxitocina son altos, puedes volverte olvidadiza y es posible que tu capacidad para pensar con claridad se vea afectada. Enamorarse acalla la ansiedad y el escepticismo. En especial, la oxitocina parece que resulta decisiva a la hora de inhibir el miedo y la ansiedad, y abre el camino hacia la vinculación afectiva y el sexo. Cuando nos enamoramos, el circuito del miedo baja la guardia; el sistema de pensamiento crítico (circunvolución del cíngulo anterior) y el centro del miedo (amígdala) están menos activos.[25] El fertilizante mágico del cerebro, un factor de crecimiento nervioso llamado factor neurotrófico derivado del cerebro (BDNF), una de cuyas funciones es aumentar las conexiones sinápticas, es elevado en las personas que se han enamorado y promueve una extensa reorganización neuronal.[26] (Recuerda estas siglas, porque volveremos a hablar de ellas. La neuroplasticidad está relacionada con el embarazo, la perimenopausia y el ejercicio, y es importante.) Muchísimas neuronas «se destruyen y son sustituidas por nuevas. De ahí que enamorarse se parezca a [...] una pérdida de la identidad».[27] ¿Es peligroso? Seguramente no, pero nunca está de más conservar la cordura cuando te enamoras. No estás en tus «cabales» habituales. ¡Ni siquiera eres tú misma!

ERES MI OBSESIÓN

Si le preguntas a mi marido cómo nos conocimos, te responderá que nunca en su vida lo habían perseguido de manera tan descarada. Si me preguntas a mí, te hablaré del amor a primera vista. Recuerdo hasta el último detalle de la fiesta en que lo vi por primera vez. Tuve que encerrarme en el lavabo para recuperar la respiración y calmar mi corazón desbocado (norepinefrina en acción). En los días posteriores, comprobaba cada dos por tres si se había puesto en contacto conmigo. Era incapaz de pensar en nada que no fuera él, Él, ÉL.

Es normal, así es como actúa la naturaleza, y es probable que unos niveles de serotonina inferiores a lo habitual explicaran mi conducta y mis pensamientos obsesivos. Cuando los niveles de serotonina son altos, los acompaña una sensación de saciedad, no necesitas nada. Cuando son bajos, te vuelves obsesivo y todo te angustia. Los niveles de serotonina en sangre en las personas que acaban de enamorarse se asemejan a los de personas con TOC.[28] En ambos casos, son anormalmente bajos, cerca de un 40 % inferiores a los habituales.

La dopamina y la serotonina tienden a actuar como si estuvieran en sendos extremos de un balancín: cuando uno sube, el otro suele bajar. El enamoramiento y la atracción inicial se caracterizan por unos valores más elevados de dopamina y más bajos de serotonina. Los estados serotoninérgicos altos dificultan la llegada al orgasmo, como bien sabe cualquiera que tome Zoloft, por lo que un estado serotoninérgico bajo no solo explicaría por qué te resulta más sencillo alcanzar el orgasmo con tu nuevo amante, sino también los pensamientos obsesivos relacionados con tu nuevo amor y la apabullante y angustiada sensación de que lo necesitas.

Hay algo que quisiera puntualizar: es probable que las mujeres que toman ISRS no experimenten parte del cóctel químico de la atracción y el enamoramiento. Los ISRS aumentan el nivel de serotonina de manera artificial, lo que reduce la conducta impulsiva y compulsiva. Posees un mayor control conductual y no te obsesionas tanto con todo, ni siquiera si te has enamorado, algo que tal vez ni siquiera ocurra si tomas ISRS, ya que afectan de manera considerable a todo el proceso.[29] Dado que la serotonina y la dopamina suelen compensarse, si la serotonina está muy alta, los niveles de dopamina serán bajos, lo que se traducirá en apatía y embotamiento afectivos. Es difícil salir a perseguir a alguien cuando te falta tu «¡A por ellos!» neuroquímico. Asimismo, existen menos posibilidades de que te obsesiones y te encapriches de alguien cuando tomas un medicamento que está destinado a tratar el TOC. Si una dopamina alta y una serotonina baja definen la naturaleza gratificante y obsesiva del enamoramiento, tomar un ISRS inhibirá dicha conducta, ya que reducirá el nivel de dopamina y aumentará el de serotonina. Las ratas hembra tratadas con ISRS de manera crónica reducen la cantidad de tiempo que pasan cerca de los machos.[30] En la actualidad se están realizando estudios en el campo de la sexología que demuestran que las mujeres que toman ISRS consideran a los hombres menos atractivos y pasan menos tiempo observando imágenes de sus rostros que las mujeres que no los toman,[31] por lo tanto «tienden a considerar menos atractivas o menos adecuadas como potencial pareja romántica o sexual a las personas del sexo de su preferencia».[32] Del mismo modo que recomiendo a mis pacientes que dejen los anticonceptivos orales cuando salen a buscar pareja, existen asimismo razones para dejar los antidepresivos de manera paulatina. Si al tomar ISRS te sientes satisfecha y no dedicas una segunda mirada a un chico, será difícil que pases de la atracción y el enamoramiento al apego.

El enamoramiento y la elección de pareja se basan en la atracción y la energía sexuales. Si un ISRS reduce la libido y atenúa la respuesta sexual, es obvio que tendrá un efecto negativo en todo el proceso. Los sistemas neuronales relacionados con el apego y la vinculación afectiva también dependen del orgasmo y de la inyección resultante de oxitocina, y dado que los ISRS dificultan la llegada al clímax, obstaculizan la liberación de un impulsor tan importante. Una manera que tiene la mujer de juzgar a una pareja potencial es por la cantidad de tiempo y atención que esta dedica a darle placer. «Los científicos creen que el inconstante orgasmo femenino podría haber evolucionado para ayudar a las mujeres a diferenciar al hombre perfecto del imperfecto.»[33] El hombre que destina más tiempo y atención a las necesidades de una mujer también podría ser un buen padre y estar más dispuesto a compartir lo que tiene (un padre, no un cafre). De manera inconsciente, tal vez, una mujer podría utilizar la facilidad con que alcanza el clímax con cierta pareja para decidir si es o no la persona adecuada para ella y sus futuros hijos. Pero si le resulta prácticamente imposible llegar al orgasmo por culpa de los ISRS, no dispondrá de este recurso.

DESEO

Desde una perspectiva evolutiva, podría decirse que el deseo es la parte práctica del amor. Aprender a coquetear para atraer a otra persona y poner en práctica lo que hay que hacer cuando encuentras una pareja potencial es algo que requiere un perfeccionamiento constante. La química del deseo y la atracción son similares, pero no idénticas. La testosterona facilita la excitación, la dopamina nos anima a continuar y la oxitocina nos libera del miedo a los extraños para que podamos despojarnos de nuestras prendas y acercarnos. Sin embargo, en el caso del deseo, el impulso biológico que nos empuja a buscar la gratificación sexual, la testosterona tiene mayor peso que la oxitocina.[34]

Tal vez el estrógeno nos haga más receptivos al sexo y nos ayude a soltar los frenos para desinhibirnos, pero la testosterona es el pedal del acelerador. Incluso el coqueteo parece estar ligeramente relacionado con la testosterona.[35] Mientras que el amor romántico se reserva para una pareja en concreto, el objetivo del deseo no es el hombre perfecto, sino más bien «casi cualquier pareja medianamente apropiada».[36] No es tanto el hombre ideal como el polvo ideal. Asimismo, el mecanismo neuronal de la atracción no permitirá que te enamores de dos personas distintas a la vez, pero puedes desear a más de una persona al mismo tiempo. Otra diferencia primordial es que la llama del deseo se extingue rápidamente tras el orgasmo, mientras que en el caso de la atracción la práctica repetida de relaciones sexuales no hace más que intensificar la sensación de bienestar.

En las mujeres, las glándulas suprarrenales y los ovarios son los que producen la testosterona, que estimula nuestra competitividad, nuestra seguridad en nosotras mismas y nuestro deseo. Durante la adolescencia, los niveles de testosterona de una chica se quintuplican, pero hemos de tener en cuenta que el estrógeno aumenta entre diez y veinte veces por encima de los valores habituales, de modo que, en buena medida, queda compensada. En los chicos adolescentes, los niveles de testosterona se multiplican por veinticinco, y no existen otros factores hormonales que mitiguen dicho incremento, lo que significa que tienen una libido mucho más alta que las chicas. Además, los niveles de testosterona masculinos son estáticos, mientras que los femeninos sufren una variación cíclica, lo que se traduce en una conducta masculina mucho más consistente, básicamente porque están siempre pensando en lo mismo. Los chicos tienen pensamientos sexuales y se masturban con mayor frecuencia, lo cual no significa que las chicas no lo hagan, sino que lo hacen menos. Curiosamente, el aumento de los niveles de testosterona en una chica adolescente puede indicar el momento del primer coito.[37]

Las mujeres utilizan baremos distintos cuando escogen un

rollo de una noche y un futuro marido. En los últimos años se han publicado numerosos artículos acerca del fenómeno actual por el que las mujeres, tanto las que se encuentran en la universidad como las que acaban de incorporarse al mundo laboral, están tan centradas en sacar adelante su carrera que se decantan por el sexo ocasional antes que por relaciones complicadas a largo plazo. Prefieren obtener gratificación bajo sus propios términos y no enredarlo todo con sentimientos confusos como el amor. Desde que la «liberación de la mujer» y los anticonceptivos orales se convirtieron en algo corriente, disfrutamos de mayor libertad en este terreno. Mantener relaciones sexuales ha dejado de asociarse a relaciones estables y a las responsabilidades de la maternidad. Se trata de un fenómeno relativamente reciente, y lo entiendo. Sin embargo, un consejo sobre los rollos de una noche, para que no caigas en la trampa. El deseo y el sexo pueden llevar a la atracción, incluso al amor. Los niveles altos de testosterona aumentan la transmisión de dopamina y norepinefrina y reducen la de serotonina, emulando la química neuronal de alguien que se está enamorando.[38] Y es indiscutible que el sexo puede llevar al apego y la vinculación afectiva gracias a la oxitocina. La testosterona tiene la capacidad de activar la secreción de esta hormona, algo que un orgasmo hará con seguridad. Si tienes un orgasmo o recibes mimos y caricias después de hacer el amor, es probable que las hormonas de la vinculación afectiva te asalten a hurtadillas, aunque tu pretensión fuera que solo se tratara de algo ocasional. Gracias a la oxitocina, podrías acabar estableciendo un vínculo romántico y afectivo con el hombre con el que has echado el polvo de tu vida.

Las mujeres sienten la intensa necesidad de que las abracen y las mimen con caricias.[39] Muchas de nosotras usamos el sexo con ese fin, esperando obtener cierta sensación de bienestar, y no dudamos en intercambiar sexo por dicha experiencia.[40] Los hombres también desean que los abracen. Una de las quejas más habituales entre los hombres durante la terapia sexual es que no reciben suficientes caricias no sexuales.[41] Dicho esto, desnudarse y recibir caricias liberará oxitocina, la hormona de la vinculación afectiva, de ahí que tal vez te cueste mantener a un «amigo con derecho a roce» en esa misma categoría mucho tiempo.

LA QUÍMICA DEL SEXO

Cuando el sexo somete tu cerebro, este entra en un bucle. Las hormonas pueden estimular ciertas conductas del mismo modo que ciertas conductas pueden estimular ciertas hormonas. La actividad sexual estimula la secreción de testosterona, que a su vez despierta el deseo y desencadena la liberación de dopamina. Esta euforia y excitación sexual cargada de dopamina activa a su vez la segregación de testosterona. La dopamina y, sobre todo, la oxitocina aumentan la sensibilidad al tacto. Cuantas más caricias, besos, miradas, cuanto más se estimulen los pezones y mayor sea el contacto directo de piel con piel, mayor será la cantidad de oxitocina segregada, lo que estimulará la testosterona y luego la dopamina.

La oxitocina y las endorfinas, además de aumentar la excitación sexual y el placer, producen una sensación de intimidad y relajación. Cuando se estimulan los pezones de una mujer, esta segrega oxitocina, como ocurre durante la lactancia. Si además se le dedica atención a su vagina, clítoris o cuello uterino, se conseguirá una mayor liberación de oxitocina y estrógeno, lo cual se traducirá en una aguda necesidad de ser penetrada y, si eso ocurre, en la expansión de los músculos vaginales. El estrógeno se halla presente en todas las fases del encuentro sexual, logra que las mujeres estén sexualmente más receptivas y lubricadas y promueve la secreción de oxitocina. Al tiempo que aumenta la excitación, también lo hace la oxitocina, y todo ello culmina en una explosión orgásmica. El estrógeno y la testosterona ponen el cerebro en guardia para que la dopamina y la norepinefrina, las sustancias químicas amigas que te hacen estar «despierta y al tanto», puedan entrar en acción. La dopamina nos obliga a prestar atención a un estímulo potencialmente gratificante como es el sexo. Nos proporciona placer, aumenta los estímulos sensoriales y activa el sistema de recompensa que nos anima a continuar hasta llegar al orgasmo.

Dos sistemas rivales coexisten en tu organismo: el simpático y el parasimpático. El simpático es el sistema «lucha o huye», mientras que el parasimpático es el de «descansa y haz la digestión». La norepinefrina activa el sistema nervioso simpático aumentando el ritmo cardíaco, incrementando la tensión arterial y provocando una respiración agitada. Para compensar, el sistema parasimpático también entra en acción y dirige sangre a los genitales. El sexo se basa en un equilibrio delicado de estimulación simpática y parasimpática. Una excitación demasiado alta, parecida a la que proporciona la adrenalina, justo al principio puede dificultar que alcances la fase meseta o el orgasmo, incluso impedirlo, como se observa con estimulantes como la cocaína o el speed. (Aunque hay personas que necesitan un pequeño chute de adrenalina para llegar a la meta.)

Para el gran final, las endorfinas se adueñan del escenario y ayudan a que nos sintamos muy bien y a que el sexo sea una experiencia que queramos repetir. Las endorfinas también elevan nuestro umbral del dolor. La respuesta al dolor se reduce a la mitad en el momento más alto de excitación sexual. ¿Explica eso un poco lo de las pinzas para los pezones? No solo duelen menos cuando estás extremadamente excitada y colocada con la heroína que produce tu propio cerebro, sino que además, cuando se trata de placer sexual y dolor, en el cerebro se produce una especie de superposición, ya que ambos circuitos están íntimamente relacionados. Si estás pensando en el sexo anal o la estimulación oral de los pies, las sensaciones anales recorren algunas de las mismas rutas que las sensaciones genitales, y la región del cerebro que está implicada en las sensaciones físicas que provienen de los genitales se encuentra al lado de la destinada a los pies. Si se estimula adecuadamente cualquiera de las dos zonas, se obtiene cierto efecto de arrastre en la parte del cerebro dedicada a la sensibilidad genital. Lo mismo ocurre con la región destinada al pecho, lo que podría explicar por qué ciertas mujeres son capaces de alcanzar el orgasmo a través de la estimulación de los pezones. ¿No es maravilloso el cerebro? Asimismo, existen cada vez más pruebas que demuestran que el placer sexual también activa el sistema endocannabinoide, tus moléculas de cannabis internas.[42]

LA QUÍMICA DEL ORGASMO

Los orgasmos son beneficiosos. Reducen la mortalidad, son buenos para el corazón y el sistema cardiovascular, colaboran en la prevención de la endometriosis y, cuando llega el momento, te ayudan a concebir y a llevar un embarazo a término.

La dopamina actúa de mediador en el primer acto del placer sexual; el segundo acto, dominado por las endorfinas, va in crescendo hasta llegar al orgasmo.[43] La oxitocina y la dopamina son los actores principales, pero el clímax propiamente dicho debe sus efectos prodigiosos al triplete insuperable de oxitocina, endorfinas y FEA (una sustancia química neuronal similar a un alucinógeno), capaces de hacerte sentir «fuera de tu cuerpo» al alcanzar el orgasmo. Durante el clímax, es posible reír, llorar o alternar entre el llanto y la risa, incluso disfrutar de experiencias alucinógenas y extracorpóreas, y todo ello entra dentro de la normalidad.

La oxitocina logra que te sientas en sintonía con tu amante. También favorece la relajación y ayuda a que te sientas tranquila, segura y lo suficientemente confiada para alcanzar el clímax. En el punto máximo del orgasmo, la oxitocina produce contracciones uterinas que ayudan a «succionar» el semen hacia el cuello uterino.[44] Asimismo, es capaz de generar franqueza, confianza y vinculación afectiva. El bienestar que proporciona la oxitocina tras el orgasmo dura entre uno y cinco minutos en las mujeres.

Después del orgasmo, la serotonina se dispara y te sientes feliz, relajada, sexualmente satisfecha y saciada. En algunas mujeres se produce un bucle de realimentación negativa y la secreción de prolactina las deja somnolientas, atontadas y, a menudo, inapetentes. Sin embargo, otras mujeres reaccionan ante este placer extra con una única idea en la cabeza: otra vez. En ocasiones, toda esa dopamina, norepinefrina y testosterona se mantiene hasta desencadenar el deseo sexual. Por otro lado, la oxitocina aumenta la sensibilidad al tacto y hace que anheles un mayor contacto físico, lo que a su vez puede estimular otro repunte de la testosterona.

El flujo sanguíneo cerebral en el orgasmo: los detalles farragosos

El laboratorio de Barry Komisaruk, en la Universidad Rutgers, en New Jersey, es el mayor laboratorio de investigación del orgasmo del planeta. Allí, hombres y mujeres son introducidos en un equipo de IRM, donde deben permanecer tumbados y quietos, con la cabeza inmovilizada y tapada con una especie de máscara de rejilla. A continuación se realizan mediciones de su flujo sanguíneo cerebral mientras llegan o los hacen llegar al orgasmo. A lo largo de los años, este laboratorio ha estudiado cómo se alcanza el orgasmo, lo que incluye observar a mujeres capaces de culminar mediante fantasías, así como a mujeres con lesiones de médula espinal para comprobar si pueden alcanzarlo. (Y pueden siempre y cuando el nervio vago, que inerva los genitales, esté intacto.)[45]

Sus estudios más recientes están dedicados a definir la diferencia entre la autoestimulación y la estimulación por parte de la pareja. La mayoría de nosotras convendríamos sin problemas en que ambos orgasmos son cualitativamente distintos, sobre todo en lo referente al ámbito emocional. La cuestión es: ¿existe alguna diferencia psicológica? Resultados recientes sugieren que así es.

Durante el orgasmo, la sangre cargada de oxígeno y nutrientes inunda el cerebro, pero en la fase previa se produce una serie de cambios en el flujo sanguíneo cerebral.[46] El primer cambio es la activación de la corteza somatosensorial, la región del cerebro que se centra en las sensaciones fisiológicas. A continuación se aprecia una reducción del flujo sanguíneo en la corteza frontal. Si quieres que el coche avance, tienes que levantar el pie del freno, y para ello se necesita menor flujo frontal, ya que la inhibición frontal daría al traste con todo el proceso. Poco después se activa la corteza somatosensorial secundaria, que aporta la parte emocional a las sensaciones físicas. Acto seguido se aprecia un aumento del flujo sanguíneo en la amígdala, el centro emocional, y a continuación en la región del hipotálamo responsable de la secreción de oxitocina.[47]

La última pieza del puzle es el circuito de la dopamina, en el que se apoya la búsqueda de la recompensa, el placer y la euforia.[48] El empujón definitivo hacia el éxtasis es responsabilidad de esta región del cerebro. La dopamina no solo te ayuda a prestar atención, a concentrarte y a no apartar la vista de tu objetivo, sino que además marca algo como relevante. Por eso no te sorprendas si de pronto empiezas a mirar con otros ojos a ese chico que antes no te producía ni frío ni calor pero que ahora acaba de llevarte al orgasmo de tu vida. Los repuntes de dopamina también reducen los umbrales sensoriales y preparan al cerebro para recibir más placer. Orgasmos múltiples, ¿quién ha dicho yo? (Si quieres saber más sobre el placer sexual, disfruta del capítulo sobre el sexo.)

4

El matrimonio y sus insatisfacciones

La química de la atracción cambia con el tiempo; entre los seis y los dieciocho meses decae y poco a poco es sustituida por la química del vínculo. El amor comprometido es más calmado, no se tienen las manos sudorosas ni el estómago encogido gracias a la menor circulación de dopamina, norepinefrina y feniletilamina. Debido al efecto compensatorio, menos dopamina significa más serotonina. El circuito de recompensa no está accionado y los lóbulos frontales se encuentran en pleno funcionamiento, así que el pensamiento racional supera la agitación emocional debido a la normalidad de los niveles de serotonina. El estudio que compara los niveles de serotonina en los pacientes con TOC y en aquellos que están enamorados muestra que los niveles acaban normalizándose durante la fase de apego, a medida que el amante deja de ser una obsesión.[1] Menos dopamina también significa menos testosterona, para los dos, así que el factor del deseo también se calma considerablemente. Los niveles de testosterona de los hombres son más bajos tras llevar en pareja más de un año que en los primeros seis meses de una relación que implica compromiso.[2]

Recuerda el dilema entre el cafre y el padre. En los hombres, los niveles más altos de testosterona (cafre) pueden reducir el deseo de vinculación. Un hombre varonil puede resultar una elección fantástica para una noche y puede proporcionar material genético de primera calidad, pero tal vez su naturaleza no considere quedarse a tu lado para cambiar pañales. Los pájaros a los que se administra una dosis extra de testosterona abandonan el nido.[3] Un hombre con la testosterona baja puede ser un gran padre y es menos probable que se desvíe del buen camino, pero tal vez no tenga unas facciones cinceladas. Un plus: es muy típico que durante la etapa de crianza los niveles más bajos de testosterona ayuden a garantizar que el padre se centrará en el recién nacido y no tonteará. Así pues, la parentalidad puede potencialmente transformar a un cafre en padre. Los hombres con la testosterona baja están más receptivos a los impulsos infantiles,[4] pero además el propio esfuerzo de parentalidad es capaz de reducir los niveles de testosterona.[5]

Cuando es duradero, al amor que implica cariño se le llama a veces amor con compañerismo. La confianza y el compañerismo producen sentimientos de confort y bienestar, una sensación de tranquilidad e incluso una menor percepción del dolor, gracias a la oxitocina y las endorfinas que siguen actuando.

Mientras que a la neuroquímica del amor comprometido tal vez le falte la intensidad de la primera fase de atracción, resulta muy difícil menospreciar el efecto que una relación duradera produce en el propio bienestar. Sin embargo, una vez que la dependencia química de los primeros días desaparece, las parejas que deciden seguir juntas tienen que esforzarse más para conservar la conexión. La monogamia puede complicar la libido en particular y puede afectar más a las mujeres que a los hombres.

El vínculo emocional tiene relación directa con la oxitocina (y con el estrógeno, que aumenta el efecto de la oxitocina) en las mujeres y con una hormona llamada vasopresina en los hombres.[6] Son las moléculas del apego y la vinculación afectiva. La vasopresina en particular se considera la molécula de la monogamia y la exclusividad. La vasopresina no solo aumenta el compromiso de un hombre con una mujer sino que subyace a la vinculación afectiva masculina (el amor fraternal). Del mismo modo que la oxitocina y la testosterona compiten entre sí, la vasopresina y la testosterona suelen estar también enfrentadas. La vasopresina disminuye el impacto de la testosterona sobre la competitividad y la agresividad, de modo que fomenta la defensa y protección de la progenie y, lo que es muy importante, evita la promiscuidad y la infidelidad. En los topillos monógamos a los que se administra un inhibidor de la vasopresina, es la testosterona la que manda; se aparean con una hembra y luego la abandonan por otra.[7]

Estudios del gen receptor de la vasopresina (al que se llama gen de la monogamia en *El cerebro femenino*)[8] muestran dos versiones: larga y corta. La versión larga del gen se asocia con una mayor calidad del vínculo afectivo y de las conductas de apareamiento y con comportamientos sociales más adecuados. Esa versión está presente en los bonobos, nuestros parientes primates, muy dispuestos a dar besos y abrazos e incluso a mantener relaciones sexuales para mantener la paz. La variante más corta del gen se encuentra en la población de chimpancés, más agresiva. Es asimismo interesante que el gen más corto se encuentra en humanos autistas, los cuales tienen déficits en las conductas sociales y de vinculación afectiva.[9]

La vasopresina también favorece la claridad de pensamiento, la atención, la memoria y el control emocional. En los estudios de imagen cerebral de Helen Fisher, las personas implicadas en relaciones amorosas duraderas muestran una mayor actividad en la circunvolución del cíngulo anterior (donde interactúan la atención, las emociones y la memoria) y la ínsula (que procesa las emociones).[10] El cerebro elabora y almacena recuerdos emocionales. Las fases iniciales de la atracción son ardientes y apasionadas. El apego es más tranquilo, más relajado y más sólido. La oxitocina es la sustancia más común en ambas fases; une a dos personas bajando las defensas que llevan a desconfiar y evitar la conexión emocional con el otro, y luego preserva el vínculo afectivo. El contacto visual, la «mirada de anclaje», es una poderosa forma de conectar con las mujeres, ya que crea intimidad y a menudo despierta el deseo sexual.[11] Apartar la mirada, volver la cabeza o hacer cualquier cosa que suponga una amenaza para el vínculo[12] puede disparar las hormonas del estrés que interceptan la oxitocina y las endorfinas.[13]

Estamos programados para conectar con los demás[14] y necesitarlos.[15] En los más de noventa países del mundo en que se han realizado estudios, más del 90 % de la población se ha casado al menos una vez al alcanzar los cuarenta y nueve años de edad.[16] En Estados Unidos las personas se casan, se divorcian y vuelven a casarse más veces que en ningún otro país, pero la mitad de las mujeres estadounidenses mayores de dieciocho años no se han casado. Desde el año 2000 esa cifra ha aumentado de 45 a 56 millones.[17] Los primeros matrimonios acaban en divorcio cuatro de cada diez veces.[18] La tasa más baja, que corresponde a las parejas de clase media-alta con estudios superiores, es de uno de cada tres. Así de bien van las relaciones matrimoniales en Estados Unidos.

La pirámide de necesidades de Maslow empieza por las más básicas, correspondientes a la comida y el abrigo, y sigue hacia los niveles superiores, pasando por la seguridad y la protección y luego por el amor, el sentido de pertenencia y la autoestima, hasta culminar en la autorrealización.[19] Lo mismo ha ocurrido con la evolución del matrimonio, desde la forma más institucional que nace como protección ante la violencia y asegura la comida y el abrigo, pasando por la relación con compañerismo, centrada en el amor y el sexo, hasta el matrimonio como forma de expresión personal. Hoy más que nunca buscamos pareja para promover el crecimiento personal y el propio descubrimiento.[20] La calidad del matrimonio ayuda a pronosticar el bienestar personal:[21] las dificultades conyugales se asocian con la depresión y otros trastornos psiquiátricos, mientras que los efectos positivos de una unión sólida[22] nos ayudan a conservar la salud y aumentan con el tiempo.[23]

Me complementas. Te odio

De forma natural, nos unimos a alguien cuya inmunidad es distinta a la nuestra porque eso amplía el repertorio de defensas de nuestros hijos. Tal como ocurre con el gen del complejo principal de histocompatibilidad y la condición inmunológica, nuestros hijos serán más sanos si proceden de la unión de dos opuestos. A mis hijos les gusta saber que deben recurrir a su padre para ciertas cosas y a su madre para otras. Cada cual aporta cualidades y destrezas distintas, y eso contribuye a formar no solo una unión más fuerte y completa sino también híbridos más sanos cuando procreamos.

En las relaciones, solemos buscar que nuestra pareja sea lo que nosotros no somos. Ciertos comportamientos de los demás nos recuerdan aspectos de nosotros mismos que hace mucho tiempo reprimimos a un nivel muy profundo. Siendo niños, nos moldearon las reacciones de nuestros padres respecto a nosotros. Abandonamos los comportamientos molestos, suprimimos las emociones intensas y ocultamos nuestras necesidades para facilitarles el trabajo. Más adelante, echamos de menos esas facetas abandonadas que tienen que ver con quiénes éramos. Deseamos reunirnos con la parte que desechamos de nosotros mismos para formar un todo imaginario. Ahí es donde entra en juego la magia, cuando dos personas se unen y salta una chispa que ilumina el espacio donde en su día ocultamos esos aspectos reprimidos. Me complementas. Eres todo lo que no soy, y formamos algo más grande y mejor de lo que ninguno de los dos habría podido crear solo.

En las etapas iniciales del amor, las palabras cariñosas como «cielo» y «tesoro» nos recuerdan a nuestra primera relación de amor con éxito: cuando éramos bebés. Igual que en la primera infancia, la necesidad de tener un vínculo seguro con alguien que nos quiere y nos cuida se cumple y todo marcha sobre ruedas. Sin embargo, después de la magia viene la lucha de poder, donde las manías y los hábitos molestos empiezan a sacarnos de quicio. Aquello que nos resultaba gracioso ya no nos hace ninguna gracia. Nos damos cuenta de que la persona con quien nos casamos o con quien nos comprometimos no se parece en nada a nosotros y va a tener que cambiar. De casa.

La primera respuesta a nuestras súplicas se convierte en una auténtica pesadilla mientras seguimos esforzándonos por saciar esas necesidades de amor y apego de la primera infancia. Cambiamos de estrategia, manipulamos, nos replegamos en nosotros mismos e intimidamos al otro, lloramos y lo atacamos verbalmente, pero nuestra pareja no consigue satisfacer nuestras demandas. Alternamos las peleas a grito pelado con los comentarios mordaces, y nos lo apuntamos todo en la lista negra emocional. Tú no haces esto por mí, pues yo no haré lo otro por ti. Al final, ambos os dais cuenta de que no se puede cambiar al otro para que te quiera de la forma en que tú necesitas. Llegados a este punto, es el momento propicio para una aventura, para el divorcio o para la distensión basada en un matrimonio sin sexo (muy común entre mis compañeros de trabajo), o, en el mejor de los casos, para la terapia de pareja.

El hecho de comprender por qué se llega a esa etapa es un arma imprescindible dentro del arsenal de que dispones para intentar que la relación funcione. Igual que cuando se da la vuelta a un imán, la atracción puede convertirse en repulsión. Sentimos rechazo por quienes nos recuerdan lo que no somos. La insistencia de nuestros padres nos enseñó a detestar aquello que ocultamos de nosotros mismos, así que acabamos rechazándolo. Cuando alguien te saca de tus casillas y algunas de sus conductas te indignan, dale la vuelta a la situación y mira dentro de ti. Hay muchas probabilidades de que descubras que detrás de esa violenta furia se halla la proyección del odio hacia ti mismo.

Algo más que debes tener presente: siempre recreamos el entorno de nuestra infancia cuando proyectamos en nuestra pareja las heridas, las inseguridades, los miedos, los enfados y cualquier cosa que proceda de un pasado traumático. Si tuvimos unos padres cariñosos que inspiraban confianza, en la vida adulta buscaremos una relación de ese tipo. Si en ellos vimos desapego, negligencia, contradicciones o egocentrismo, ese es el tipo de persona que buscaremos como pareja.

Al cerebro no se le da demasiado bien diferenciar las dificultades sociales pasadas o presentes. Los miembros de la pareja se mortifican el uno al otro de forma inconsciente al recrear escenas que en el pasado se etiquetaron como emocionalmente relevantes. Por muy idílica que fuera tu infancia, sufriste algún trauma psicológico. En algún momento no se cubrieron tus necesidades y eso te dejó destrozado. Cualquier cosa que te recuerde el fracaso de un vínculo anterior hará sonar la alarma en los circuitos del estrés del cuerpo y el cerebro.[24] Los centros de la memoria del hipocampo calificarán el grado de emotividad de una experiencia con la ayuda de la amígdala, el centro del miedo. El aporte frontal dará el sí o no final sobre lo que se expresa. Por eso cuanto más consciente y atento estés en el presente, menos te harán reaccionar automáticamente tus emociones. La concienciación fortalece la inhibición última del lóbulo frontal, la parte del cerebro que te dice «no lo hagas o te arrepentirás». Las funciones cognitivas superiores quedan anuladas por las emociones intensas.[25] El hecho de cultivar la concienciación puede ayudarte a mantener un equilibrio emocional tanto interno como con tu pareja. Aumentar el grado de conciencia ayuda a consolidar el control descendente, potencia la racionalidad y disminuye las reacciones emocionales automáticas. En eso consiste el matrimonio consciente, en utilizar la conciencia plena para mantener la fortaleza del vínculo.

En yoga, las posturas que más detestas son las que probablemente tu cuerpo más necesita. Por eso son las que más cuestan. Revelan qué partes son las más débiles, las más inflexibles. En la vida, las personas que representan un reto mayor son por fuerza las que más tienen que enseñarte. A diferencia de las parejas codependientes que favorecen los comportamientos enfermizos, las parejas conscientes potencian los aspectos más sanos y positivos del comportamiento del otro, y en ese proceso se curan mutuamente las heridas de la infancia.[26] La meta de cada uno es acercarse a la zona de intersección, ampliar el repertorio de conductas compartidas. Como buenos opuestos, cada cual tiene la clave del crecimiento personal del otro. Los individuos necesitan armonizar sus propias cualidades masculinas y femeninas, y las parejas también. El equilibrio entre el yin y el yang que cada cual aporta os beneficiará a ambos.

A una paciente que siempre se quejaba de su marido le respondí algo así: «Deja de obsesionarte con que no es igual que tú. No hay nadie que lo sea, y tampoco querrías que te ataran a un calco de ti misma. Que tenga tantas cosas que tú no tienes, y al revés, es lo que hace que vuestra relación funcione. Por algún motivo los opuestos se atraen. Los dos juntos formáis algo mayor de lo que ninguno de los dos lograría jamás por separado: un equipo eficiente».

LA DIVISIÓN DEL TRABAJO: SEXO Y PODER

Una noticia interesante: nos estamos convirtiendo en los hombres con quienes queríamos casarnos. La cantidad de mujeres que son el único o el principal sostén de la familia se ha disparado;[27] hoy son un 40 % frente al 11 % de 1960. Las cosas han dado un giro de ciento ochenta grados con respecto a como eran en los años cincuenta, cuando a las mujeres se les advertía: «Si comes de su mano, pronto le fregarás los platos». En aquella época los hombres tenían una meta laboral y las mujeres querían estar al lado de esos hombres. Hoy en día las mujeres se ganan solas los garbanzos, y una de cada cinco madres de familia tiene unos ingresos más altos que su marido. Una encuesta reciente de una escuela de negocios muestra que hay más mujeres que definen el éxito en términos laborales mientras que los hombres priorizan el crecimiento personal.[28] Una estampa frecuente en la ciudad de Nueva York es la de la mujer alfa que ocupa un puesto de ejecutiva casada con un tipo que trabaja desde casa con el ordenador, si es que trabaja. Él recoge a los niños de la escuela y es posible que se encargue de algunas tareas domésticas mientras la madre de familia tiene reuniones y viajes de negocios. Mujer poderosa, marido poca cosa. Ya ves, va en serio que los opuestos se atraen.

Como en casi dos terceras partes de las parejas trabajan ambos miembros, cuesta decidir quién tiene que encargarse de tal o cual tarea. En mi opinión, como hay personas con más o menos afinidad por ciertas cosas, debéis dividir las tareas en relación con eso. Admite ante el otro qué trabajos no te importa hacer. Asumir tus rasgos de carácter es una buena forma de ser tú mismo dentro de la relación. Compartir los ingresos y las tareas domésticas disminuye las probabilidades de divorcio,[29] a menos que la mujer gane más dinero que el marido; entonces es más fácil que él alegue problemas matrimoniales y plantee la separación.[30] La opción más favorable es que la mujer aporte alrededor del 40 % de los ingresos al hogar y que el marido se ocupe aproximadamente del 40 % de las tareas domésticas.[31]

Aunque el matrimonio igualitario produce mayor satisfacción emocional y fomenta la longevidad de una relación, hay algo que sale perjudicado.[32] El sexo. Por una parte, las mujeres entrevistadas dejaron claro que casarse con un hombre dispuesto a colaborar en la crianza de los hijos y las tareas domésticas tenía prioridad sobre sus ingresos y sus creencias religiosas. Nosotras deseamos tanto como ellos casarnos con un ama de casa. El problema es que no queremos hacer el amor con la sirvienta. Resulta que el sexismo es sexy. Queremos que el hombre se ocupe de las tareas varoniles, como sacar la basura y mantener el coche a punto. Cuando el marido friega los platos y hace la colada, es menos probable que hagamos el amor con él.[33]

No sabría decirte cuántos de mis pacientes tienen una relación matrimonial sin sexo, pero la cantidad es mayor de lo que jamás habría imaginado. Son relaciones muy pacíficas en las que la división del trabajo parece apropiada, y en ellas se goza de amor y de confort, solo que no se mantienen relaciones sexuales durante períodos muy prolongados (meses o años). Falta la chispa, ese estremecimiento provocado por el otro que es necesario para que los animales se apareen. Un requisito para que circule la energía sexual es la diferenciación entre sexos. Tú eres varonil y yo soy femenina, y esos opuestos se atraen. En los hogares en los que él se queda en casa, es posible que se sienta menos seguro de sí mismo al no trabajar fuera y que la mujer, que anda atareada y agobiada, empiece a mostrar menos respeto por su posición. Los hombres que se ocupan de los hijos y la casa pueden resultarnos menos varoniles cuando por fin nos dejamos caer en la cama al llegar la noche, por mucho que durante el día les digamos lo felices que nos hace la división del trabajo. ¿Cuál es el problema? La igualdad y el «todo por consenso» no resultan excitantes.

Para muchas de nosotras, en parte lo que hace que el sexo sea apasionado es la lucha por el poder. Es muy frecuente que el factor del control, la dominación o la «conquista» influya en la excitación sexual. Aunque defendamos la liberación de la mujer, hay hábitos que cuesta mucho abandonar, sobre todo en la cama. Existe una correlación directa entre tener poder fuera de casa, en la sala de reuniones, y desear ser sumiso en la cama. A un hombre que pasa los días cargando el lavavajillas tal como su mujer le ha indicado, o doblando la ropa, puede que no le parezca sexy que ella siga dándole órdenes en la cama.

Luego está el resentimiento; algo tan poco excitante y tan común. Las mujeres casadas que acuden a mi consulta suelen expresar sus quejas porque trabajan mucho y no reciben la ayuda y el apoyo que desean y merecen, y es imposible ignorar esas discrepancias cuando, por fin, al final del día caen en la cama. A veces el dormitorio es el único lugar en que un «no» es mucho más que una simple palabra.

LA CRISIS DEL SÉPTIMO AÑO ES REAL

Como es de suponer, cuanto más tiempo lleve junta una pareja, más probable es que acaben cometiéndose infidelidades,[34] y la cifra aumenta alrededor del séptimo año de matrimonio.[35] La edad varía según el sexo. Las mujeres suelen engañar más entre los veinte y los treinta años y menos entre los cincuenta y los sesenta,[36] mientras que los hombres suelen hacerlo más entre los treinta y los cuarenta. La probabilidad de tener una aventura aumenta en el séptimo año de matrimonio para las mujeres y a partir de ahí disminuye. Para los hombres la probabilidad de tener una aventura disminuye con el tiempo, hasta el decimoctavo año de matrimonio,[37] y a partir de ahí aumenta. Los momentos de mayor riesgo para que un hombre sea infiel tienden a situarse en torno al embarazo y los meses que siguen al nacimiento de un hijo.[38] Es posible que se trate más de un factor psicológico que biológico, ya que los niveles de testosterona de los hombres disminuyen un poco de forma natural cuando se estrenan como padres. Sin embargo, si no se satisfacen sus necesidades de sexo y atención, es posible que busquen en otra parte. Para las mujeres todo se reduce a la fertilidad. Hay más posibilidades de que engañen al marido cuando están ovulando, debido al aumento repentino de testosterona, la hormona de la novedad.

¿ES NATURAL LA MONOGAMIA? PUES NO MUCHO

Muy pocos animales son, en realidad, monógamos sexualmente:[39] el 3 % de los mamíferos y solo uno de cada 10.000 invertebrados. El vínculo de la pareja es raro entre los mamíferos;[40] solo el 3 % cría a la progenie de ese modo. «Y ¿qué hay de los pingüinos y los cisnes?», te preguntarás. Bueno, siento darte este disgusto, pero no siempre se aparean con la misma pareja. Los pingüinos son monógamos hasta que los polluelos salen del cascarón;[41] al año siguiente eligen a un nuevo compañero; a lo largo de su vida, ese animal «monógamo» puede crear tranquilamente dos docenas de familias. Y en los cisnes, aunque sí se establecen vínculos de pareja para cuidar de la progenie, en los nidos se han encontrado crías de varios padres. De hecho, cuando se observa la descendencia de las pocas aves y mamíferos «monógamos», la infidelidad está presente en el cien por cien de las especies examinadas. Por eso la monogamia no me parece natural. No es que no sea deseable ni imposible de conseguir, pero desde luego no es natural.

Vamos, pues, a mirar en nuestro propio árbol genealógico, el de los primates. En primer lugar, no descendemos de los simios sino que somos simios.[42] Formamos parte de una misma familia, los grandes primates (homínidos), a la que pertenecen los gorilas, los orangutanes, los chimpancés, los bonobos y los humanos. Los chimpancés y los bonobos (antes llamados chimpancés pigmeos) son los primates con los que estamos más emparentados.[43] Las hembras de bonobo y chimpancé se aparean múltiples veces con múltiples machos de forma continua, y crían a los hijos de distintos padres. Los humanos y los bonobos, pero no los chimpancés, tienen relaciones sexuales en la postura del misionero, dándose la cara.[44] Ambas especies nos besamos con detenimiento y nos miramos a los ojos cuando nos apareamos. Las dos estamos preparadas genéticamente para la liberación de oxitocina, que contribuye a unir a los amantes. Los chimpancés solo practican el sexo por detrás; la vulva de la hembra está orientada hacia atrás, no hacia delante como en los bonobos y los humanos.

En las comunidades de bonobos el estatus femenino importa más que el masculino, y las hembras de más edad están jerárquicamente por encima de las más jóvenes.[45] Los bonobos son significativamente menos agresivos que los chimpancés. El sexo sirve para mantener el orden social; el frotamiento genital entre las hembras bonobo es común y se usa para consolidar los vínculos femeninos. Es necesario aclarar que el clítoris de las bonobos es tres veces mayor que el nuestro, ocupa dos tercios de la vulva y está orientado de forma óptima para la estimulación ventral, así que ese frotamiento tiene una clara compensación.[46] En los chimpancés no se observa en absoluto ese matriarcado ni el frotamiento genital para mantener la paz. Del mismo modo, solo los humanos y los bonobos tenemos un porcentaje significativo de relaciones homosexuales y, lo más importante, practicamos sexo al margen de la ovulación, algo fuera de lo común en el reino animal. Los animales monógamos que mantienen vínculos de pareja tienen pocas relaciones sexuales y solo para reproducirse. No se practica sexo para mantener la paz o consolidar la relación.

Entre los primates sociales que viven en grupos, la monogamia no es la norma. El único simio monógamo, el gibón, vive en las copas de los árboles, es solitario y forma parte de la familia de los primates menores.[47] Puesto que los humanos somos los más sociales entre los primates, a excepción tal vez de los bonobos, es poco razonable dar por sentado que somos monógamos por naturaleza. El dimorfismo corporal (distinto tamaño de los distintos géneros) tiene correlación con la rivalidad entre los machos a la hora de aparearse. Si los hombres y las mujeres fuéramos monógamos, tendríamos el mismo tamaño, igual que los gibones. Si fuéramos completamente poligínicos y los hombres tuvieran más de una pareja sexual, el macho doblaría el tamaño de la hembra, como en el caso de los gorilas y los orangutanes. La estatura y el peso de los chimpancés, los bonobos y los humanos macho son un 10-20 % mayores que los de la hembra, lo cual implica que la tasa de promiscuidad es similar.[48]

Biología de la fidelidad: vasopresina y topillos

Los topillos monógamos, ampliamente estudiados, se vinculan a una única pareja mientras cuidan de varias crías. Como en los humanos, el sexo provoca la liberación de oxitocina en las hembras y de vasopresina en los machos. Por otra parte, el topo de Pensilvania es solitario, asocial y promiscuo.[49] El receptor de la vasopresina es muy distinto en las dos especies.[50] Cuando se inyectaron genes del topillo monógamo en el cerebro del topo de Pensilvania, se formaron más receptores de vasopresina y los animales empezaron a fijar la atención en una única hembra y a aparearse solo con ella.[51]

La vasopresina en los machos aumenta durante la excitación sexual. No solo provoca la preferencia por una pareja sino que también tiene que ver con el cuidado parental. Ya sé lo que estás pensando: «¿Puedo inyectarle vasopresina a mi marido?». No, y algunos hombres tienen más vasopresina que otros. Hay diferentes genes que codifican la vasopresina, y algunos hombres tienen genes de los que otros carecen. Aquellos que tienen una variante llamada 334 se quedan cortos en los sentimientos de apego por su mujer y son más propensos a haber experimentado una crisis matrimonial durante el último año o a mantener una relación sin estar casado.[52]

Los niveles de testosterona no solo afectan al apetito y la respuesta sexual sino que también tienen mucho que ver con la fidelidad y el impulso parental. Los hombres casados y con hijos tienen niveles menores de testosterona que los hombres solteros y sin hijos.[53] Justo después del nacimiento del hijo, los niveles de testosterona de un hombre pueden disminuir nada menos que un 30 %.[54] Los hombres que mantienen relaciones con varias mujeres (poliginia) tienen niveles más altos de testosterona que aquellos casados con una sola mujer.[55] No es de extrañar que los hombres casados con niveles más altos de testosterona tengan relaciones sexuales con mayor frecuencia que aquellos con niveles más bajos,[56] y que los hombres que engañan a su mujer tengan niveles de testosterona más altos que los que no lo hacen.[57] Y es posible que, de forma inconsciente, las mujeres lo sepan. En un estudio, las mujeres calificaron a los hombres con la voz más grave (más testosterona) como más propensos a ser infieles y tendían a elegir a esos hombres más varoniles con la voz más grave como parejas temporales y no tanto como compañeros estables.[58]

EL EFECTO COOLIDGE

Se llama así por el presidente de Estados Unidos Calvin Coolidge, y la historia cuenta que el presidente y su mujer estaban visitando una granja por separado. Cuando la señora Coolidge se enteró de que el gallo se apareaba multitud de veces al día, le dijo al guía: «Cuénteselo a mi marido». Más tarde, cuando el presidente supo del comentario que había hecho su mujer, preguntó: «¿Siempre con la misma gallina?». «No. Cada vez con una distinta», fue la respuesta. «Cuénteselo a mi mujer.»

El efecto Coolidge, el hecho de que variar de compañero sexual aumente la libido, ha sido documentado en muchos mamíferos, incluidos los humanos. Sin embargo, a las hembras de primate también les excita la novedad. Los nuevos machos son más atractivos que los conocidos. «Los estudios recogen que lo desconocido es la característica por la que las hembras se decantan con mayor frecuencia que cualquier otra.»[59] La naturaleza ha imprimido en nuestros genes la búsqueda de aventuras amorosas y ha priorizado la estrategia del apareamiento frecuente para aumentar la probabilidad de transmitir esos genes.[60]

Si los donjuanes engendran más bebés, en el acervo génico habrá más donjuanes.

¿Alguna vez te has preguntado por qué hombres que parecen tenerlo todo (fama, fortuna y una familia cariñosa) lo echan todo a perder por un poco de aventura? Es la naturaleza, que se impone tanto a la razón como a la voluntad. La novedad es el mayor atractivo. Muchos de nosotros tendemos a buscar nuevas sensaciones. Disfrutamos yendo a restaurantes nuevos, escuchando música nueva, haciendo amigos nuevos, probando actividades nuevas. Las investigaciones sugieren que las personas que engañan a su pareja, además de buscar nuevas sensaciones es probable que también sean más extrovertidas que ella.[61] Sencillamente, se aburren antes.[62]

EL ESPACIO INTERMEDIO

Las parejas que pasan todo el tiempo juntas pueden acabar sintiéndose excesivamente cerca.[63] Como el fuego que carece de oxígeno, la energía sexual se extingue cuando no hay margen para respirar. Los dos necesitáis aportar a la relación algo distinto y por separado, lo que significa que debes salir y tener tus propias experiencias. Las noches de chicas son buenas para ambos. No confundas el amor con la fusión. El erotismo requiere un espacio de separación: tiene que poder tener lugar la sinapsis.

Es muy típico que un miembro de la pareja se muestre más dependiente y que el otro intente escabullirse.[64] Algunas personas encuentran alivio en la díada, otras en cambio se consuelan solas. La clave es llegar a un acuerdo, ya que todos tenemos nuestro punto óptimo en relación con la intimidad. Algunos queremos compartirlo todo y vivir pegados al otro, mientras que hay quien prefiere un poquito de margen, por favor.

Parte del problema es que nos han inculcado la idea de que el cónyuge debe poder darnos todo lo que necesitamos: amor, seguridad, compañía y sexo ardiente. Pero la intimidad y el confort de una relación con compromiso tienen una carga energética (por no hablar de la química cerebral) completamente distinta de la del erotismo y el placer. Es probable que algunas de las relaciones sexuales más apasionadas que has vivido tuvieran lugar con alguien a quien no conocías demasiado bien, ¿no es así? La excitación que se produce cuando dos personas se unen radica en la incertidumbre de hasta dónde llegaréis y cuánto durará. Una vez que existe el compromiso, la chispa pasa a la historia. La clave está en encontrar el equilibrio entre la necesidad de que la relación sea imprevisible y novedosa y al mismo tiempo regular y fiable. Y no es fácil.

Es posible que el sexo sea menos apasionado si cada cual no lleva una vida propia, pero hay una teoría que afirma que pasar más tiempo juntos redunda en beneficio de la relación. Las parejas que dedican tiempo semanal a charlar o a practicar alguna actividad juntos tienen más probabilidades de ser felices que las que invierten menos tiempo en cuidar el vínculo.[65] Las parejas con amigos comunes pasan más tiempo juntos y el matrimonio les va mejor.[66] Desde la década de 1970 pasamos menos tiempo con nuestra pareja (de treinta y cinco a veintiséis horas a la semana) y más haciendo cosas fuera de casa, sobre todo trabajar. Para las parejas con hijos, la cantidad de horas en compañía del otro ha pasado de trece a nueve.[67]

Nuestras necesidades emocionales piden a gritos pasar más tiempo juntos, pero nuestra parte más animal, más carnal, necesita un espacio de separación para tener la sensación de novedad. Equilibrar la necesidad de intimidad y de aislamiento es todo un reto y una fuente habitual de estrés en las relaciones. El primer paso es valorar con sinceridad cuáles son tus necesidades y deseos y luego comunicárselos a tu pareja con delicadeza. No puede negociarse lo que no está sobre la mesa, así que para ganar vas a tener que mostrar tus cartas. Hay una forma de moderar el debate en que solo uno sale beneficiado: «Hago esto por mí» o «Haz esto por mí», pero hay otra manera de plantearlo en que el beneficio es recíproco: «Hagamos esto el uno por el otro». Vuelca tus esfuerzos en el espacio intermedio y a cambio este te enriquecerá.

Sobrevivir a una aventura

Casi una tercera parte de los matrimonios supera una infidelidad.[68] A veces descubrir que el otro tiene una aventura se salda con resultados positivos en la relación.[69] Puede que haya una predisposición a buscar solución a los problemas o a mejorar la comunicación[70] o la calidad del vínculo.[71] Es una oportunidad para revisar las reglas de tu matrimonio y tomar conciencia de las conductas inconscientes que amenazan con situar cualquier cosa por delante de tu relación. Uno de los dos ha abandonado la burbuja protectora de la relación para satisfacer sus necesidades.[72] Esa información es imprescindible para ayudarte a fortalecer un matrimonio consciente.

Es muy común que el hombre que tiene una aventura se dé cuenta de que la mujer a la que ha dejado cubre mejor sus necesidades y lo cuida más que aquella por la que la ha dejado. Por desgracia, a muchas mujeres se les enseña que deben rechazar a un hombre que ha engañado una vez porque es muy posible que vuelva a hacerlo. La monogamia en serie (dejarse llevar por el placer, crear un vínculo y comprometerse para acabar dejándose llevar por el placer con otra pareja e iniciar de nuevo el ciclo) es nuestra forma de intentar conjugar dos fuerzas opuestas: la biología y la sociedad.

REVISAR LAS NORMAS

Algunas parejas priorizan la sinceridad a la fidelidad. Aceptan que sus compañeros sentirán un interés ocasional por terceras personas y no quieren perder la relación. Tengo unos cuantos pacientes pioneros que aceptan la no monogamia de forma consensuada. Es decir, los dos saben qué se trae entre manos el otro. Algunos participan en intercambios de pareja, otros tienen un matrimonio abierto y unos cuantos califican lo suyo de poliamor. Lo primordial en los tres casos es la transparencia y, me atrevería a decir, la lealtad. Las reglas se verbalizan claramente y su cumplimiento se controla y se comenta. Todo se hace a las claras, lo cual permite que ambos miembros de la pareja vivan el proceso como un todo. Su confianza se basa en la verdad.

A veces las personas tienen relaciones sexuales fuera de la pareja por motivos que no tienen nada que ver con el otro miembro ni con la deficiencia del vínculo.[73] Por ejemplo, ¿qué ocurre si uno de los dos es bisexual? En su libro *Mating in Captivity*, Esther Perel describe a las «parejas que negocian las fronteras sexuales» como «no menos comprometidas que las que mantienen las puertas cerradas. Es el deseo de consolidar la relación lo que las lleva a explorar otras formas de amor duradero».[74]

Es normal y natural que ambos sexos se fijen en otras personas y ansíen la novedad en forma de nuevos compañeros. Fingir que no es así es un engaño. Cómo respondemos a esos deseos depende de cada cual. Por lo menos deberíamos empezar por comunicarle abiertamente a nuestra pareja lo que queremos y necesitamos. Las conversaciones francas pueden revelar muchas sorpresas; por ejemplo, a algunos hombres les excita imaginarse a su mujer con otros. Habla de tus fantasías y comparte las experiencias que has vivido fuera cuando llegues a casa. El engaño y las mentiras solo conllevan vergüenza, estrés y el riesgo de que acaben descubriéndose. No esperes a que las cosas vayan lejos para explicárselo todo a tu pareja. Mantener un vínculo sólido os servirá a ambos para capear el temporal y os ayudará a impermeabilizar la relación.

HACER QUE EL AMOR PERDURE: LA TENTACIÓN DE LA MONOGAMIA

Muchas parejas comprometidas notan que la cosa empieza a hacer aguas hacia los tres o cuatro años, momento en que es común que se produzcan divorcios. Los antropólogos consideran que esto es sobre todo una cuestión biológica. El vínculo, la confianza, la seguridad..., todos esos recursos impulsados por la vasopresina y la oxitocina evolucionan de modo que los miembros de la pareja permanecen juntos el tiempo suficiente para, como mínimo, criar a un hijo. La pareja crea el vínculo y cuida del hijo mientras es pequeño, y una vez que ha pasado el período más difícil de la parentalidad, se siente el impulso biológico de pasar página y formar otra pareja, siempre en busca del mejor material genético para la descendencia. De ahí la monogamia en serie, una secuencia de relaciones comprometidas.

Como cada vez vivimos más tiempo, las parejas pasan muchos más años juntas que en generaciones anteriores. La cuestión es: ¿cómo mantienes vivo el amor y consigues que dure con tantos obstáculos en el camino? Diviértete, practica el sexo y concédele espacio al otro. En este caso la diversión tiene que estar relacionada con la novedad y la adrenalina. Las experiencias novedosas aumentan los niveles de dopamina y el cerebro se pone las pilas para centrar la atención y disfrutar. La dopamina puede producir la liberación de testosterona, así que las actividades novedosas que requieren atención pueden contribuir a que surja el deseo. La dopamina inyectada en el flujo sanguíneo a las ratas macho estimula la conducta de apareamiento,[75] y las ratas excitadas que se aparean con frecuencia tienen niveles más altos de dopamina en circulación.[76] Si encuentras una manera de que tus actividades te infundan una sensación de peligro, ponla en práctica. La norepinefrina, la versión cerebral de la adrenalina, también puede estimular la producción y la liberación de testosterona, la cual aumentará el deseo sexual. De modo que todo lo que te produzca un estrés moderado, que suponga un reto, que resulte transgresor o un poco doloroso es también potencialmente excitante. En las investigaciones sobre sexo, ese fenómeno se denomina transferencia de la excitación, aunque puede que lo conozcas simplemente como «sexo duro».[77]

Las relaciones sexuales pueden liberar las hormonas que necesitas para excitarte. A los pacientes que se quejan de que no tienen ganas de sexo suelo animarles a que se pongan ya manos a la obra y empiecen a mantener relaciones. Una vez que te has puesto en marcha, en el cerebro se producen algunos de los cambios deseados y antes de que te des cuenta lo estarás pasando en grande. Sin duda, aquello de que las cosas se oxidan con la falta de uso puede perfectamente aplicarse al sexo, así que relájate y disfruta. Tener orgasmos con regularidad mantiene en forma a tus hormonas sexuales; cuanto más sexo tengas, más sexo tendrás. La exposición habitual a las feromonas masculinas mantiene unos niveles hormonales más sanos, así que no dejes de oler a tu hombre.[78] Por otra parte, la química que resulta de los orgasmos fomenta la proximidad y la vinculación afectiva e incluso posiblemente la monogamia, lo cual en conjunto dará lugar a más sexo. Pero ahí es donde se complica la cosa.

Se sabe que las cálidas aguas del apego sofocan los ardores de la excitación. La oxitocina puede interferir con la dopamina y la norepinefrina, y reducir su impacto. Y de ahí aquello de que la confianza da asco. ¿Qué decís las casadas? ¿Tengo razón? Para muchos de nosotros, y, claro está, para los animales de laboratorio, la proximidad disminuye el deseo. Los investigadores sobre sexo que dirigen laboratorios donde se experimenta con primates dicen que tienen que ofrecer nuevos machos a las hembras cada tres años más o menos. (¿Celosa?)

Tenemos una tendencia natural a la novedad a la hora de buscar pareja sexual. Biológicamente hablando, entre los mamíferos, «casi todos los individuos de todas las especies documentadas sienten aversión sexual por aquellos con quienes mantienen un vínculo estrecho; prefieren aparearse con extraños».[79] Así pues, dentro de lo posible, mantén la novedad. Sé misteriosa, no te muestres disponible; sorpréndele con lo que aún no sabe de ti. Y asegúrate de crear y mantener un espacio intermedio en tu relación. Haced cosas por separado, tened amigos e intereses propios, así tendréis algo de que hablar cuando paséis tiempo juntos. Y, siempre que podáis, haced algo nuevo y divertido juntos. Viajad a nuevas tierras, probad actividades nuevas, e incorporad el espíritu competitivo cuando resulte apropiado. Se sabe que la competición aumenta los niveles de testosterona, igual que el ejercicio cardiovascular intenso. Así que diviértete. Es posible que eso redunde en grandes relaciones sexuales, lo que a su vez contribuirá a consolidar el vínculo de un gran amor.

Recuerda que vais en el mismo barco. Olvídate de la necesidad de tener razón y destierra los juicios de valor, el control, la culpabilización, las humillaciones y las críticas. La negatividad es una forma de maltrato invisible que resulta tóxica para la relación. La negatividad quebranta la conexión con el otro.[80] Evita esos comportamientos y habrás recorrido más de la mitad del camino que te separa de tu pareja ideal. Además, haz caso de los sabios consejos que ofreces a los demás. Suelen deberse a la proyección, y la persona que más necesita seguirlos eres tú misma.

Tendemos a dar a los demás lo que en realidad necesitamos nosotros. Predicamos con el ejemplo. Sobre el papel es «No lo digas, hazlo», pero en las relaciones es justo lo contrario. Es mejor verbalizar de forma específica cuáles son tus necesidades que demostrarle a tu pareja lo que necesitas dándole algo que ni siquiera te ha pedido. ¿Lo entiendes?

Además, no es posible que os comportéis como niños los dos a la vez. Dos personas pasivas, irresponsables, no pueden sacar adelante un hogar ni criar a los hijos. Si insistís en comportaros así, ninguno logrará satisfacer sus necesidades. Podéis decidir juntos quién va a ser el adulto, y no necesariamente ha de ser siempre el mismo, pero al menos uno de los dos tiene que serlo en una situación determinada. Si te sientes desbordado emocionalmente por culpa de algo de tu pasado que te supone una carga adicional, díselo a tu pareja para que él (o ella) pueda tomar las riendas.

Cuando habléis, ten presentes unas cuantas cosas. Nadie puede explicarse con claridad cuando su sistema límbico está en plena ebullición. El cerebro emocional cortocircuita el cerebro racional. Espera a hablar cuando los dos estéis calmados y podáis miraros a los ojos mientras dialogáis. (Hablar en el coche o en el dormitorio a oscuras no es tan recomendable como hacerlo cara a cara.) Puntea tu discurso con frases que empiecen por «Me siento» en vez de por «Hiciste». Dale a entender a tu compañero que lo escuchas. Muestra empatía para que sienta que lo valoras. «Lo que dices tiene sentido, y yo en tu lugar también me sentiría así.» Esa técnica funciona también con los niños y con los compañeros de trabajo. Dale a entender al otro que lo escuchas, valóralo y empatiza con él.[81]

Aunque desde el punto de vista fisiológico estemos hechos para tener varias parejas, en realidad nos sentimos más felices cuando nos comprometemos con una.[82] Para la mayoría de nosotros, la monogamia es difícil, pero permanecer junto a una misma pareja durante décadas tiene innumerables beneficios. Aprender a conocer y aceptar de verdad a alguien, y saber que te conocen y te aceptan, permite crecer de forma exponencial, como las plantas que florecen con el sol. El amor de larga duración es el entorno más favorable para que nos desarrollemos y florezcamos en todo nuestro esplendor. La vida consiste en cultivar y mantener unos vínculos de riqueza emocional con la familia y los amigos, eso nutrirá tu alma o por lo menos te hará más feliz.[83] El objetivo: convertir a tu cónyuge, que es la base sobre la que se asienta tu familia, en tu verdadero amigo.

5

Cerebrito de mamá

La maternidad influye en el cuerpo y el cerebro de una forma muy profunda que nos afecta de por vida. Al igual que la tremenda reorganización neuronal que se produce cuando nos enamoramos, durante las primeras etapas del embarazo se producen incontables cambios en el cerebro.[1] Para empezar, en mi investigación destacó una cifra sobre cualquier otra: las neuronas se multiplican a una velocidad de 250.000 por minuto, pues la maternidad mejora el aprendizaje y la memoria.[2] Es cierto que durante el embarazo algunas mujeres tienen la sensación de estar volviéndose tontas; el fenómeno del «cerebro sorbido por el bebé» puede afectar tu concentración y tu capacidad multitarea.[3] Dicho de forma simple, tu cerebro está reorganizándose. El aumento de los niveles de estrógeno hace funcionar al máximo la neuroplasticidad en el centro de la memoria del cerebro, el hipocampo, a medida que se prepara para los nuevos comportamientos, como la alimentación, la protección y el cuidado de la descendencia. Nuestra memoria verbal y emocional deben aguzarse para combatir el listado de posibles comportamientos amenazantes de nuestra pareja, como el abandono o la violencia. Sin embargo, la capacidad de aprendizaje espacial se ve afectada especialmente, puesto que es importante que recordemos dónde se encuentra la comida cuando la busquemos. (Insisto, es probable que esta sea la razón por la que las madres localizan las cosas perdidas mejor que ningún otro miembro de la casa; es un vestigio de nuestros días en la sabana.) La neuroplasticidad inducida por la maternidad puede durar años, lo que posiblemente proporcione protección frente a cambios cerebrales producidos por la edad avanzada, entre los que se incluyen déficits de la memoria vinculados con la demencia.[4]

La hormona responsable de esta reorganización neuronal es la oxitocina. La monogamia, el compromiso y el cuidado de los niños están determinados por los cambios neuroplásticos que, en parte, se producen gracias a la oxitocina, la hormona que nos impulsa a aferrarnos a nuestra pareja y dedicarnos en cuerpo y alma al cuidado de nuestros hijos. Durante la concepción, la oxitocina estimula la actividad uterina que contribuye a guiar el esperma hasta el óvulo.[5] Durante el parto, la oxitocina provoca las contracciones uterinas para expulsar el feto.[6] Durante la lactancia, la oxitocina contribuye a que la leche salga por el pezón, lo que llamamos reflejo de bajada de leche. A la oxitocina se le atribuye el beneficio de fortalecer el vínculo afectivo entre madre e hijo, hace que nos sintamos tiernas, mimosas y conectadas. Sin embargo, la oxitocina no nos hace establecer vínculos a tontas y a locas. Nos ayuda a distinguir quién pertenece a nuestra tribu y quién no. En algunos experimentos, con una dosis extra de oxitocina, las personas se muestran incluso más severas con los que creen que no pertenecen a su grupo.[7] La maternidad provoca la aparición de toda una nueva serie de comportamientos en comparación con los experimentados en otras fases de la vida.[8] En el marco de la investigación, la agresión se considera más común en las hembras que están en época de lactancia y de protección de sus crías. Por tanto, es posible que el instinto asesino de mamá osa protectora sea provocado por la «hormona del amor».

La hormona del amor maternal también podría llamarse

hormona amnésica, porque es capaz de borrar comportamientos aprendidos y sustituirlos por nuevos patrones. Algunas veces, relaciones de apego ya establecidas son sustituidas por otras nuevas.[9] Esto explicaría, en parte, por qué te enamoras de tu bebé y el vínculo con tu pareja se debilita. Las parejas que educan hijos juntas están unidas por el lazo de la familia, pero también se enfrentan a nuevos obstáculos.

Desde la concepción y el embarazo hasta el nacimiento, la lactancia y más allá, la maternidad es un momento de profundos cambios. Es una experiencia mágica para muchas mujeres, aunque también es agotadora, difícil y exigente. Comprender la explicación científica de las diferentes etapas de la vida puede ayudarte a soportar esa montaña rusa emocional, y quizá logres disfrutar un poco más del viaje.

EL TICTAC DEL RELOJ

Las mujeres somos creadoras. Creamos orden a partir del caos, ya estemos cocinando, doblando la colada u organizando el hogar. En nuestra condición de creadoras, hacemos bebés y producimos leche. No todas escogemos llevar a cabo estas tareas, pero sí la mayoría. Aunque ahora empezamos más tarde (a los treinta años, en comparación con los veintitrés de media en la década de 1950 en Estados Unidos) y tenemos menos hijos (dos en lugar de tres), la mayoría (alrededor del 80 %) elegimos la senda de la maternidad.[10]

El reloj biológico no es ninguna tontería. A los veinte, cuando veía a las mujeres del Upper East Side empujando el cochecito y con los críos correteando, me burlaba con desprecio de ellas y me decía: «Yo no lo haré» (en plan George Bush padre). Pero a eso de los treinta y uno notaba una fuerte punzada en la pelvis cuando veía un bebé y me di cuenta de que deseaba uno propio. Era como si mi cuerpo estuviera librando una batalla química para engatusarme e impulsarme a procrear. Para muchas de nosotras, esa sensación de que nuestros ovarios se han hecho con el control de nuestro cerebro es abrumadora. Los niveles de estrógeno y testosterona conspiran a mitad del ciclo para hacernos actuar como gatas en celo, y esa sensación se torna más intensa cada mes que pasa y nos resistimos a la llamada de la maternidad.

En las grandes ciudades estadounidenses, la edad a la que se empieza a formar una familia es más elevada que en cualquier otro lugar. Tengo muchas pacientes de casi cuarenta años, e incluso de cuarenta y algo, que todavía esperan dar el paso. Muchas de nosotras decidimos afianzar nuestra vida profesional antes de plantearnos la maternidad, un planteamiento reservado a unas pocas hace solo un par de generaciones. La calidad de los óvulos producidos por los ovarios decae de forma sustancial a los cuarenta y pocos.[11] Por haber esperado más tiempo para ponerse manos a la obra, muchas de mis pacientes pasan de tomar anticonceptivos orales a vivir una docena de años o más tomando medicación para la fertilidad que las ayude a quedarse embarazadas, y apenas han descansado entre ambos períodos.

La medicación para la fertilidad puede tener un efecto tremendo en el estado de ánimo.[12] El Clomid, un medicamento utilizado para que el ovario produzca unos cuantos óvulos más, puede provocar fuertes síntomas de SPM, al igual que muchas otras hormonas y simuladores de la acción de los folículos que se utilizan para ayudar a las mujeres en la concepción. Los sofocos, la excesiva emotividad, la irritabilidad y la depresión son efectos secundarios posibles. También se han dado contados casos de psicosis[13] u obsesión compulsiva.[14]

El síndrome del nido, esa locura que ataca a la mujer durante la última etapa del embarazo, es un fenómeno muy real.[15] Lo que no está tan claro es si algún proceso biológico que ocurre incluso antes del embarazo nos ayuda a poner orden. Mi hermana se puso estupenda antes de quedarse embarazada. Dejó de fumar (y no fue fácil), dejó de beber alcohol y perdió peso; se quedó con un cuerpo perfecto para albergar al feto. He visto repetirse la misma historia en mis pacientes. Quieren dejar la medicación antes de concebir y así lo hacen. En ocasiones los ginecólogos recomendarán a sus pacientes que dejen de tomar ISRS, puesto que la serotonina aumenta los niveles de prolactina, que puede impedir la fertilidad.[16] Yo además recomiendo a mis pacientes que dejen las pastillas de melatonina que toman por la noche, pues también aumenta la prolactina y disminuye el nivel de la hormona que estimula los folículos, y ambos interfieren con la fertilidad.[17]

La decisión de seguir medicándose o de dejarlo todo durante el embarazo es difícil y complicada. Los psiquiatras saben que los niveles elevados de estrés y cortisol que acompañan a la ansiedad extrema y a la bajísima autoestima que se manifiestan durante la depresión son negativos para el desarrollo del feto, pero no está claro hasta qué punto afecta al bebé el seguir tomando esa medicación recetada por el psiquiatra.[18] Los riesgos son pocos, pero existen.[19] Dependiendo del trimestre en que se tomen los ISRS, la exposición a sus componentes se relaciona con los nacimientos prematuros o con el aborto, en el caso de la madre, y con los problemas cardíacos, la hipertensión pulmonar, los ataques epilépticos y los efectos secundarios de la retirada de la medicación en el caso del bebé. Existe cierta preocupación por la relación entre la exposición al ISRS y los trastornos englobados en el espectro del autismo.[20] Según un estudio, es tres veces más probable que los niños con autismo hubieran estado expuestos a los ISRS en el útero, mientras que otro estudio afirma que la probabilidad es del doble.[21] No obstante, otras investigaciones no abordan esta cuestión.[22]

Todas mis pacientes preferían no tomar ninguna medicación durante la gestación, aunque algunas han tenido que seguir medicándose porque sus síntomas eran del todo intratables sin ella. Es especialmente el caso del trastorno bipolar, donde el riesgo de síntomas psiquiátricos graves suele superar al riesgo que puede correr el feto.[23] En la depresión leve o la ansiedad, el embarazo es un momento estupendo para pasar a otros tratamientos, como la psicoterapia, la acupuntura, la estimulación transcraneal con corriente continua o la luminoterapia.

Ante la posibilidad de un embarazo inminente, mis pacientes logran dejar con éxito los ISRS o la medicación para tratar el TDAH, pero además cuidan la dieta, practican más ejercicio y, en general, se estresan menos. De forma instintiva hacemos cosas por nuestros hijos que no haríamos por nosotras mismas, incluso antes de que existan. En conclusión: sí, nuestros ovarios se hacen con el control del cerebro, pero de un modo que nos ayuda a proteger y cuidar a nuestra descendencia.

En realidad, durante el embarazo tus niveles hormonales son más estáticos de lo que lo han sido en toda tu vida. No experimentas el ciclo mensual, así que no sientes ni la calentura provocada por la ovulación ni el mal genio premenstrual. Para muchas mujeres, es una época de estabilidad y serenidad. Me enseñaron que el embarazo «protegía» contra los trastornos psiquiátricos. La incidencia de depresión es menor durante el embarazo en comparación con cualquier otro momento de la edad reproductiva, aunque algunas mujeres pueden experimentar una intensificación de los síntomas del TOC.[24] (Supongo que esto está directamente vinculado con el impulso del síndrome del nido y la reacción química que provoca.) Sin embargo, en el caso de las mujeres más jóvenes que tienen un historial de depresión, menos apoyos sociales o se muestran más ambivalentes con su embarazo, la depresión puede seguir presente.[25]

Determinados síntomas, como la fatiga y el insomnio, se presentan en los embarazos típicos, así como la depresión, lo que puede dificultar diferenciarla de la depresión común. Muchas mujeres afirman dormir peor durante el embarazo.[26] El insomnio se produce hacia el final de la gestación, cuando la mente trabaja a toda velocidad, preocupada por si algo puede salir mal en el parto y por todos los años que vendrán. Además, el útero te presiona la vejiga y cuando intentas volverte a duras penas en la cama te sientes como un manatí.[27] Quizá tu cerebro esté preparándote para lo que ocurrirá a continuación. Tras el parto, la vida con tu bebé está marcada por el sueño interrumpido, lo que tal vez dure meses o incluso años. Mi consejo a las embarazadas insomnes es el siguiente: lee libros sobre lactancia. Dar el pecho no es algo del todo intuitivo, hay cosas que pueden no salir como esperabas y que está bien aprender antes de que los pechos te duelan a rabiar.

NACIMIENTO Y LACTANCIA

La manera de dar a luz hoy en día tiene poco que ver con la naturaleza. Se medica, se programa, se anestesia; hemos perdido el contacto con el ritmo natural y con los tiempos de un parto que progrese dentro de la normalidad. Nos suministran Pitocin para estimular un proceso en extremo intenso y doloroso al ser activado de modo antinatural y que requiere la epidural para que podamos soportarlo. O nos ponen primero la epidural, que paraliza el parto, y nos vemos obligadas a tomar Pitocin para acelerarlo.[28] Una vez más, no estamos en contacto con nuestro propio cuerpo y nuestra intuición sobre cómo debería desarrollarse un proceso totalmente natural, siguiendo los ritmos de la Tierra, no del obstetra. La máxima expresión de una flor es la floración, y el fruto madura a su ritmo. Es la razón por la que, como especialista en medicina, he escogido comadronas para mis dos partos. Los médicos lo pasan fatal cuando no hacen nada. No estamos acostumbrados.

Sé que las intervenciones médicas son necesarias en ocasiones y que salvan vidas, y sé también que este es un tema delicado para muchas mujeres. Cómo damos a luz puede ser motivo de orgullo, y sentimos vergüenza y decepción cuando no ocurre cómo habíamos planeado. Parí a mis dos hijos por parto natural, y aunque fue intensamente doloroso, fue rápido gracias a mis anchas y maravillosas «caderas paritorias», una parte de mi cuerpo que he adorado al menos dos días de mi vida. Durante mi breve parto «natural», me sentía bastante alterada por las endorfinas, los endocannabinoides y la adrenalina. Tenía las pupilas dilatadas, y entre contracción y contracción no paraba de comentarle a mi marido, Jeremy, el subidón que sentía. (Los endocannabinoides nos ayudan a soportar el embarazo,[29] y su nivel se eleva durante la inducción del parto.)[30] Como no me pusieron anestesia, mis dos hijos nacieron despiertos, en estado de alerta y tranquilos. Recuerdo que no conecté del todo con aquel ser caliente y viscoso que me pusieron sobre el pecho en el paritorio. Durante un instante me sentí desorientada. ¿Qué había hecho y qué haría a partir de entonces? Pero me acerqué a mi hija al pecho, ella empezó a mamar, y el aumento de la oxitocina me ayudó a situarlo todo en su lugar de golpe. De pronto era madre y estaba preparada.

Sin embargo, para muchas mujeres la lactancia es difícil y a veces dolorosa hasta que se adaptan a ella. No obstante, mientras escuchas a tu tercera asesora de lactancia o lees el cuarto libro sobre cómo dar el pecho, es importante que recuerdes que la leche materna tiene unos beneficios tremendos. La leche de la madre contiene todo lo que necesita el bebé y muchos elementos que no proporciona la leche de fórmula, como enzimas, anticuerpos, hormonas del crecimiento, proteínas y bacterias. Gracias a esa inmunidad que los bebés reciben por transmisión, los pequeños alimentados con leche materna sufren menos infecciones. Además, los ácidos grasos de la leche materna incrementan el desarrollo neuronal; los bebés alimentados con leche de su madre tienen cocientes intelectuales más elevados que los bebés alimentados con leche de fórmula. La lactancia también es más beneficiosa para ti. Entre las madres que dan el pecho se registran menos cáncer de mama[31] y de ovario.[32]

También se registran menos casos de estrés, debido a los mayores niveles de oxitocina.[33] Pero recuerda que la oxitocina puede potenciar la agresión maternal. Nunca te interpongas entre una mamá osa y sus oseznos, sobre todo si sigue amamantándolos. La oxitocina desactiva la respuesta del miedo cuando llega la hora de mostrarse agresiva, por tanto, no nos da miedo luchar.[34]

La leche materna tiene triptófanos,[35] el elemento generador de la serotonina, que estimula la producción de endorfinas en los niños.[36] También contiene una serie de endorfinas llamadas galatorfinas,[37] y tanto el bebé como la madre registran niveles mayores de endorfinas después de la toma de leche.[38] La leche materna de los mamíferos contiene endocannabinoides, sustancias producidas de forma natural similares al cannabis, y ello independientemente de si la madre es o no fumadora de porros.[39] Los niveles más altos de cannabinoides se hallan en la leche de cabra,[40] y también en la leche humana.[41] Ahora ya sabes por qué los bebés parecen tan felices y adormilados después de mamar. La activación de los receptores de cannabinoides es primordial para la estimulación de los músculos bucales necesarios para la succión en los recién nacidos.[42] Cuando se suministra un antagonista del receptor de cannabinoides[43] a los ratones de laboratorio recién nacidos,[44] inhibe por completo el reflejo de succión y el crecimiento de las crías, y mueren a los pocos días. Los bebés alimentados con leche de fórmula quizá engorden más por la misma razón por la que las fumadoras de porros son de cintura más estrecha que las no fumadoras.[45] Aunque ingieran más calorías, esto no da como resultado un índice de masa corporal más elevado.[46] Los cannabinoides presentes en la leche materna ayudan de la misma forma a regular el metabolismo del bebé.[47]

¿Una desventaja de la lactancia? Debido a nuestro entorno cada vez más contaminado, la leche materna contiene niveles apreciables de contaminantes, como los productos ignífugos y los éteres de difenilo polibromados (PBDE, por sus siglas en inglés).[48] Pueden interferir en la función tiroidea y generar rasgos masculinizantes en las niñas y feminizantes en los niños. Aun así, sigo creyendo que las ventajas de la lactancia, sobre todo por las sustancias beneficiosas que se encuentran únicamente en la leche materna, compensan esta horrible realidad. Pero aquí va otra ventaja: quemas entre 85 y 120 calorías por cada 100 mililitros de leche que produces.[49] Yo comía sin parar durante mis primeros años de maternidad y conseguí perder los «kilos del bebé» bastante rápido. Me sacaba leche e iba contando las calorías a medida que iban acumulándose los mililitros.[50] ¡300 mililitros era como haber corrido casi cinco kilómetros!

VÍNCULO AFECTIVO

El apego es fundamental para nuestra pareja y para nuestros hijos, de ahí el aumento repentino de oxitocina tras el coito y los constantes niveles elevados de esta hormona mientras damos el pecho. La hormona del vínculo, la oxitocina, es el elemento que mantiene unidos a la madre y al niño, a la madre y al padre, e incluso al padre y al bebé. El bebé tiene oxitocina, como su madre. Los arrumacos y la lactancia producen niveles elevados de oxitocina y atenúan las reacciones ante el estrés.[51] Y resulta que el padre también tiene oxitocina. Durante las primeras fases de la paternidad, el padre y la madre que conviven comparten niveles elevados de oxitocina, que suelen estar interrelacionados.[52] Aunque algunos hombres tienden a engañar más a su mujer cuando está embarazada o acaba de ser madre, es posible que si permites pasar más tiempo a tu compañero con el bebé se fortalezcan sus lazos con la criatura y también contigo.[53] La vasopresina es el factor más importante en el comportamiento paternal, ayuda al padre a proteger a su hijo y fortalece el vínculo con la madre.[54] Los hombres también tienen prolactina, que aumenta cuando oyen el llanto del bebé, al igual que ocurre con los niveles de prolactina en la mujer.[55]

Al igual que otros animales, y en especial los primates, sobrevivimos gracias al apego y sin él perecemos. Los monos que se crían sin contacto físico con su madre se vuelven más violentos y tienen dificultades para la socialización en la vida adulta,[56] las sustancias químicas de su cerebro se desequilibran después de solo un par de días de separación de la madre.[57] En los animales de laboratorio, si una madre no responde a las llamadas de malestar de su cría, esta muere aunque sea alimentada.[58] El tipo de apego que recibimos en los primeros momentos determinará nuestro comportamiento emocional en el futuro. Los cuidados maternos en la infancia influyen en cómo el cerebro de nuestros hijos se enfrentará más tarde a la ansiedad.[59]

La separación de la madre puede originar reacciones exageradas en situaciones de estrés en la vida adulta.[60] Las necesidades emocionales no satisfechas activarán reacciones desmedidas ante el estrés no solo en la infancia sino también durante la vida adulta. Es importante recordarlo no solo durante la maternidad, sino también cuando actuamos como mujeres o compañeras atentas. La interrupción del apego provoca toda clase de traumas emocionales y alteraciones en el comportamiento en cualquier momento de la vida.

El sintonizar con los estados y necesidades emocionales de nuestros hijos nos ayudará a tener una buena relación con ellos. Nuestra atención cariñosa influye en sus circuitos cerebrales y también en sus relaciones futuras.[61] Cuando estamos distraídos, estresados o no disponibles, nuestros hijos sufren las consecuencias. En el futuro podrían escoger una pareja que los tratase de igual modo, reproduciendo así esas separaciones tempranas.

Un padre en buena sintonía con sus hijos criará niños saludables. Lo que más necesitan los pequeños es nuestra presencia real. Para los niños de la actualidad puede ser motivo de confusión, incluso traumatizante, ver a su progenitor pegado a la pantalla del ordenador o del *smartphone* gran parte del día. Aunque presentes físicamente, desde un punto de vista emocional no estamos disponibles. Entender esa paradoja, llamada separación de proximidad, les resulta muy complicado. «Estoy aquí, pero en realidad no estoy disponible para ti.» Debemos comprometernos en serio y profundamente con nuestros hijos, dedicarles miradas de reafirmación, ser espejo de cuanto nos expresan, validar sus emociones y experiencias y empatizar con ellas. Esto requiere atención y concentración, que no puede dividirse entre sus caritas y nuestros aparatos deslumbrantes.

Depresión posparto

El desencadenante más importante de ruptura del apego inicial entre madre e hijo es la depresión grave, que puede producirse después del parto. Tengo un colega cuya madre, convencida de que su bebé estaría mejor sin ella, se suicidó cuando él tenía cuatro meses. Esto ha condicionado toda su historia; esa interrupción del apego ha marcado siempre su respuesta a las situaciones de estrés y su carácter.

El posparto es un momento de vulnerabilidad para las mujeres tanto en el plano farmacológico como en el psicológico, y es habitual que se sientan mal. Un porcentaje nada desdeñable de mujeres, el 50-80 %, afirma sufrir una depresión leve,[62] que a veces se llama *baby blues* y que puede durar una o dos semanas. Sin embargo, el 10-15 % sufre una depresión posparto,[63] lo que altera el funcionamiento de diversos aspectos durante como mínimo dos semanas: la energía, el apetito, el sueño y la libido.[64] Un síndrome menos común llamado psicosis del posparto se da en uno de cada mil partos y a menudo genera pensamientos muy peligrosos.[65] En las urgencias de los hospitales Mount Sinai y Bellevue he entrevistado a madres con delirios similares: que su bebé era la semilla de todos los males, y que si pudieran matarlo acabarían con los problemas del mundo. Espeluznante; esas mujeres debían permanecer hospitalizadas, separadas de sus bebés de forma temporal y tratadas con antidepresivos y antipsicóticos de corta duración. Por eso recomiendo que un psiquiatra te asesore y te indique si necesitas tratamiento en caso de que te sientas alicaída durante más días de lo normal y no solo después de haber dado a luz.

La prolactina, la hormona responsable de la producción de la leche, alcanza sus niveles más elevados durante la lactancia. Y eso es bueno para el bebé hambriento pero no lo es siempre para la madre. La prolactina puede hacer que nos sintamos somnolientas y depresivas.[66] Algunas veces la depresión posparto está relacionada con niveles más elevados de prolactina.[67] A diferencia de otros momentos, la causa es una repentina caída del nivel de estrógenos que se produce después del parto.[68] Aunque durante el embarazo experimentamos enormes cambios hormonales, suelen presentarse de forma gradual. Muchos de estos cambios se estabilizan y los niveles hormonales regresan a su punto de partida justo después del parto. En cuestión de días puedes pasar de sentirte superrelajada a ser un manojo de nervios. Si lo piensas, es fácil entender las ventajas biológicas de estar un poco nerviosa e hipervigilante tras el nacimiento de tu bebé. La naturaleza te prepara para que seas una madre en estado de alerta, preparada para mantener a tu bebé a salvo y atender todas sus necesidades. Esas caídas repentinas de los niveles hormonales generan momentos incómodos y de inestabilidad en muchas mujeres. Si añadimos a eso la falta de sueño y la necesidad constante e insatisfecha de ducharte, resulta comprensible que estés irritable y con la lágrima floja.

El momento álgido de la depresión posparto no se produce justo después de dar a luz, sino más bien a las diez semanas de haber tenido al niño.[69] Dependiendo de cuándo destetes al bebé, puedes acabar sufriendo una depresión posparto retrasada cuando se retire la oxitocina. La lactancia materna reduce de forma fiable el riesgo de depresión posparto, aunque en el caso de las mujeres que querían dar el pecho pero no pueden la incidencia de depresión posparto es sin duda más elevada.[70] Por ello, esas madres necesitan más apoyo emocional. Además, si tu bebé sufre de cólicos o llora sin parar de forma inconsolable, la probabilidad de que la depresión se intensifique aumenta de forma significativa.[71] Un historial previo de depresión o episodios muy molestos de SPM también aumenta el riesgo de depresión posparto. Resulta complicado, pero es importante dedicar tiempo al cuidado personal después del parto. Duerme cuanto puedas, come lo más sano posible y sal a dar paseos al aire libre para mantenerte centrada.

Los terribles dos años, los jo#*ıdos cuatro y las neuróticas adolescentes

Este libro no es un manual de crianza para padres, y yo no soy la madre del año, así que seré breve. El cerebro de los niños todavía no está formado del todo. Los lóbulos frontales racionales no inhiben por completo los circuitos límbicos emocionales del cerebro hasta los veintitantos años.[72] Los niños, y sobre todo los adolescentes, suelen tener poco control de sus impulsos y sus estallidos emocionales. No son conscientes de sus reacciones por naturaleza. Eso es cosa nuestra. Tú debes actuar como el entorno acogedor que contiene sus emociones. La forma más fácil es hacer de espejo de sus preocupaciones; no las minimices. «Te gustaría mucho comerte una galleta ahora mismo» funciona mejor que «Ya sabes que no habrá galletas hasta que te hayas comido todo». También desean sentir que tienen el control, por tanto ofréceles opciones que puedas cumplir, como: «¿Quieres bañarte antes o después del cuento?». Por otra parte, intenta ser el hombro en el que tu hija adolescente pueda llorar, no una madre lacrimógena.[73] Conviértete en un refugio de amor en el que pueda descansar y tomarse un respiro. Ella todavía anhela ese apego y conexión contigo, aunque no siempre lo demuestre. Y fíjate en su ciclo. Te ayudará muchísimo a anticiparte a los acontecimientos y a dejarle espacio para sus propios momentos irritables.

Los mantras que empleas para el matrimonio son aplicables para la maternidad. Es el mismo equipo. El conflicto es el crecimiento. Ambos tenéis los planos del desarrollo del otro. Tus hijos te ofrecen lecciones muy valiosas cuando te sacan de quicio. Nuestros demonios emergen cuando nos recuerdan su existencia y perdemos los estribos. Esa pequeña mocosa con mal genio es tu yoga, una activadora de la reflexión personal, no una razón para que empieces a medicarte contra la ansiedad. Primero: no muerdas el anzuelo. Ella sabe cómo buscarte las cosquillas, y tú debes decidir de forma consciente no entrar al trapo. El comportamiento ignorado se autodestruye más rápido que el comportamiento que se encuentra con una reacción exagerada, aunque sea negativo. Permanece conectada con ella lo mejor que puedas sin dejar de ser tú misma. La maternidad consiste tanto en ser una mujer auténtica y empática como en educar a tu hija para que ella misma llegue a ser así.[74]

HACE FALTA UNA TRIBU

Desde la década de 1970 en la que me crié, la prevalencia de las familias nucleares en Estados Unidos ha pasado del 45 al 23 %.[75] El porcentaje de bebés nacidos fuera del ámbito del matrimonio se ha cuadriplicado. Y se aprecia una nueva característica más: parejas que no están casadas viven juntas y educan al niño de otro padre. Esta cifra se ha elevado exponencialmente al 170 % en los últimos veinte años.

Mi consulta privada está llena de mujeres de casi cuarenta años o con los cuarenta ya cumplidos que desean realmente tener un bebé. Anhelan encontrar al hombre adecuado para tenerlo, son conscientes de que el tiempo pasa. He desarrollado la costumbre de hablar con ellas sobre qué ocurriría si siguieran adelante con su sueño y tuvieran un hijo solas; y los hombres, que se vayan con viento fresco. Hay muchas formas de conseguir esperma, ya sea comprado o donado; además, tal como ocurriría en otros casos, tampoco tienes garantías de que el padre vaya a quedarse ni de que te proporcione todo lo que necesitaréis tú y el bebé. Si quieres tener un hijo, te recomiendo que reúnas a tus hermanas, madre, amigas y mentoras y que forméis una tribu. Hay muchas culturas que lo hacen así, y existen numerosos ejemplos en la naturaleza, sobre todo entre los primates, que demuestran que todo sale bien cuando las hermanas se ocupan de todo.

En la actualidad, tres cuartas partes de las mujeres estadounidenses son madres trabajadoras, una cifra que se ha cuadriplicado desde la década de 1950. Y aunque el 40 % de nosotras seamos el sustento principal de la familia, gran parte del peso de las responsabilidades de la crianza sigue recayendo sobre nuestros hombros.[76] A diferencia de lo que ocurría hace muchos años, cuando contábamos con muchísima ayuda cercana por la ampliación de la familia y por la colaboración de otros miembros del clan, ahora estamos prácticamente solas. Nos sentimos abrumadas por las responsabilidades y el tedio, que alternan con las luchas de poder relacionadas con la educación de los hijos.

Antes los niños pasaban más tiempo con los adultos que los cuidaban, y los hogares y las reuniones multigeneracionales eran más frecuentes. Ahora los niños están en el mismo espacio con otros niños, ya sea en una guardería, en el colegio o en un campamento de verano. Aprenden de sus iguales en lugar de tomar ejemplo de los adultos, y están deseosos de experimentar relaciones más cercanas y el apego de sus mayores.[77] La orientación que les puedan proporcionar sus iguales los pone en peligro de acabar consumiendo drogas o de caer en la promiscuidad sexual, por eso te aconsejo que atiendas las necesidades de apego de tus hijos si no quieres que llenen esos vacíos con lo que encuentran en internet o en cualquier otro lugar.

Nuestros antepasados eran «criadores cooperativos».[78] Evolucionábamos en grupos en los que se compartían los recursos y las responsabilidades, incluidos la comida, el sexo y la crianza de los niños. En las sociedades tribales, todo el mundo participa en la educación de los pequeños.[79] En algunos grupos aborígenes existe la paternidad compartida, lo que significa que los hombres no saben con seguridad qué niños son suyos. Eso no solo reduce los conflictos en el seno de la tribu, puesto que la paternidad compartida une a los hombres del grupo, sino que también beneficia a los niños, pues reciben un interés especial por parte de muchos hombres del clan. Hay varias madres criadoras, los niños se comparten, y todos los varones trabajan para los componentes del poblado. El agotamiento parental es «inapropiado para nuestra especie», y se trata de un fenómeno relativamente nuevo porque ahora llevamos el peso solas.[80]

Estamos agotadas. Nuestra fatiga es un problema importantísimo, y afecta a nuestra capacidad de estar ahí para nuestros hijos, para nuestra pareja y para nosotras mismas. Por desgracia, cuando llega el bebé, invertimos toda nuestra energía en sus cuidados. Pero si no dedicamos tiempo a cuidarnos, acabaremos sintiéndonos incluso peor que por la falta de sueño. Además, hay otra cosa que debes encajar en tu agenda:

Sexo durante la maternidad:
hijos pequeños igual a pocas ganas

Mi vida está muy llena, mi lista de tareas es larga. Comprar leche, asegurarme de que Joe haya hecho los deberes, ir de compras con Molly para que tenga un vestido semiformal, y una última gota de energía cuando caigo desplomada en el lecho marital. Algunas noches me da la sensación de que es otra cosa más que tachar de la lista. (Imagino una de esas libretas de notas con rayas con el título: «Otra chorrada pendiente...».) No sé tú, pero cuando yo vuelvo del trabajo, tras haber pasado el día cuidando de mis pacientes, y llego a casa, con los niños, que necesitan atención cariñosa, un lavavajillas por vaciar y la colada por doblar, se me ocurren otras muchas cosas que hacer cuando por fin logro tumbarme. En un estudio realizado con mujeres casadas, el 63 % aseguraba que prefería ver una película, leer o dormir a tener relaciones sexuales con su marido.

Cuando mis hijos eran más pequeños siempre querían estar conmigo, en mi regazo, toqueteándome el pelo, mamando. Me resultaba muy difícil cambiar el chip, me costaba interpretar las caricias de otra forma solo porque procedían de alguien con quien estaba casada. Recuerdo haberme preguntado dónde se había metido esa chica que en el instituto iba siempre a la caza, cuando se suponía que no debía tener relaciones sexuales. ¿No es una bromita pesada y cruel de la madre naturaleza que justo en el momento en que puedo valorar y disfrutar de la intimidad de mi relación haya perdido el interés?

Aunque existen excepciones, las mujeres que se encuentran en las primeras etapas de la gestación o en las primeras del posparto afirman experimentar una importante merma de su sexualidad.[81] Un factor importante para predecir la satisfacción sexual es la satisfacción que nos proporciona nuestra relación. Sabemos que la satisfacción marital cae en picado durante los dos primeros años de crianza de los hijos.[82] La fatiga y la depresión son importantes a lo largo del período perinatal, pero, a los seis meses del posparto, el indicador más claro de la felicidad sexual es la «calidad del papel de madre».[83] Si está yéndote bien o mal como madre es importante, pero no olvides las hormonas.

Después de que nazca el bebé, es posible que des el pecho durante un largo período y que tu vida sexual esté bajo mínimos debido a ello. Los primeros tres meses del posparto son los peores.[84] Existen bastantes razones para una libido casi inexistente.[85] Los niveles de prolactina son elevados, lo que suprime la secreción de testosterona. Además, las mujeres que dan el pecho tienen menos lubricación vaginal debido a los niveles más bajos de estrógeno. La cuestión más importante: es probable que todavía no ovules. La naturaleza intenta ayudarte mientras estás amamantando a tu pequeño asegurándose de que pase mucho tiempo entre bebé y bebé. En cuanto la frecuencia de la lactancia disminuye, es más probable que ovules, y cuando vuelvas a tener la regla, te sentirás de nuevo con ganas, un poco, al menos a mitad del ciclo, cuando seas fértil. Cuando destetas al bebé, la libido regresa con más intensidad, pero no necesariamente como al principio. Tener niños pequeños que se te suben encima puede que mantenga tus niveles de oxitocina altos, lo que hará que baje el nivel de testosterona.[86] Las madres de niños pequeños tienen niveles más bajos de testosterona en comparación con las que tienen niños mayores, que, a su vez, tienen menos testosterona que las mujeres sin hijos. Y las mujeres casadas tienen menos testosterona que las mujeres solteras.[87] Entonces ¿dónde está esa chica de instituto que estaba siempre a punto? Se ha ido, cariño, se ha ido.

Las revistas femeninas dicen que estás «demasiado manoseada». Tienes tanta intimidad física con tus hijos —requieren grandes cantidades de arrumacos, tenerlos en brazos y consuelo físico—, que, cuando por fin te metes en la cama con tu pareja, estás hasta el gorro de tanto toqueteo. Tal vez ya hayas satisfecho tu cupo. La experiencia con tus hijos es muy sensual y emocional, y entre madre e hijo tiene lugar una fusión eufórica muy similar a la que se da entre amantes. Por ello es posible que la razón no sea que no te quede nada para dar al final del día sino que no lo necesitas. Tus hijos acaban siendo tu fuente principal de gratificación física y emocional.[88]

Luego está también la cuestión de la autonomía del cuerpo. Tu cuerpo es tuyo y de nadie más. Cuando tienes niños pequeños es muy probable que sientas que nadie respeta tus límites. Debido a esa pérdida de autoridad, es fácil entender tu deseo repentino de ejercer un poco de control cuando te metes en la cama y sueltas un cortante: «No me toques». (Si fuiste víctima de abusos físicos o sexuales en la infancia, esta sensación puede ser incluso más intensa. La autonomía de tu cuerpo fue violada cuando eras niña, y eso podría actuar en ti como detonante cuando tus hijos muestran esa misma falta de respeto hacia ti.) No importa lo asertivas o dominantes que seamos en el mundo exterior, algunas de nosotras nos volvemos pasivas y reactivas en cuanto por fin nos metemos en la cama. Él lo desea; aceptar o no está en nuestras manos. A veces, como cuando una niña confirma su autonomía respecto a su mamá diciendo «No» a cualquier cosa (incluso a «¿Quieres una chuche?»), negamos a nuestra pareja lo que nos pide simplemente porque podemos hacerlo. Tenemos el poder de rechazarlo y queremos ejercerlo.

No pierdas de vista la pérdida de autonomía psíquica, la «anihilación virtual del yo» que acompaña a la maternidad.[89] Si no tienes un yo, no tienes derecho a luchar por tus deseos. Mientras tu papel cambia de la mujer trabajadora independiente a la mamá que subordina sus deseos a su pequeño, es fácil que te sientas ignorada. Algunas madres aprenden a ocultar o negar sus propias necesidades; escogen gratificar a sus hijos en lugar de a sí mismas anticipando todos sus deseos para que no les falte nada. A menudo bromeo con que la palabra «madre» tiene su origen en la palabra «mártir». Pasamos las noches alimentando bocas que nos muerden, haciendo equilibrios entre trabajo y familia sin tiempo ni espacio para nosotras. Cuando por fin nos metemos en la cama, no estamos solo cansadas, estamos cansadas de tanto dar.

Nuestra frustración por tener que ocuparnos de las tareas domésticas y familiares además de todo el trabajo que tenemos fuera de casa puede ser una de las primeras causas de la disminución del deseo sexual.[90] Hasta que las cuestiones que no tienen que ver con el sexo no se resuelven, son muchas las mujeres que muestran poco o ningún interés por las relaciones sexuales.[91] El resentimiento no es sexy. Muchas mujeres necesitan sentirse seguras, queridas y conectadas con su pareja sexual (no en el deseo por un desconocido; eso es algo totalmente distinto). Es mucho más probable que las mujeres rechacen a sus maridos si se sienten infravaloradas, incomprendidas o no apoyadas. Los hombres, en cambio, pueden dejar de lado todas esas cuestiones en el momento de practicar el sexo.

Pat Love, en su libro *Hot Monogamy*, afirma que más hombres que mujeres se quejan de no recibir suficientes caricias, tanto de carácter sexual como de otra clase. Los papis no están «demasiado manoseados».[92] Para los hombres, el sexo puede ser la única forma de acceder a la vulnerabilidad emocional y de establecer intimidad con el otro.[93] El problema es que tú podrías responder a esas necesidades como si él fuera un niño más del que tienes que cuidar, en lugar de darte cuenta de que él está ofreciéndote algo que ambos necesitáis.

Una discrepancia en el deseo dentro del matrimonio es normal. Tengo pacientes que se quejan del trabajo soporífero que les supone atender las necesidades sexuales de sus maridos cuando preferirían estar haciendo otra cosa. Pero, al parecer, padres y madres saben que el sexo es importante y siguen adelante aunque no les apetezca. En un estudio llevado a cabo por iVillage (un sitio web que trata toda una variedad de cuestiones femeninas) con 2.000 mujeres, las que tenían dos o más hijos practicaban el sexo por obligación mucho más que las que no tenían hijos.[94]

A menudo hablo con mis pacientes sobre la dificultad de las transiciones. Los niños no son los únicos que tienen problemas para pasar de una actividad a otra. Regresar a casa del trabajo y pasar al modo madre ya es bastante duro. Pero más difícil aún es pasar de «mami» a «mujercita». Si no eres capaz de desconectar el radar de mamá, no podrás concentrarte en tus propias sensaciones físicas.

Quizá la maternidad consista esencialmente en dar, pero el sexo consiste a menudo en tomar lo que deseas, e incluso en ser un poco egoísta. Tienes derecho a recibir placer y a liberarte después de todos los cuidados que has estado dando, pero eso implica un cambio de mentalidad. Opino que las transiciones requieren un ritual. Se supone que debes advertir a los niños de que vais a marcharos del parque dos minutos antes de que os vayáis, así que concédete al menos ese mismo margen. Cuando los niños estén dormidos, date una ducha, tómate una taza de té, medita durante diez minutos o inspira hondo unas cuantas veces y haz unos buenos estiramientos. Cualquiera de esas opciones podría bastar para que te centraras de nuevo en tu cuerpo y tu relación. Mejor aún: que él se encargue de bañar a los niños y de acostarlos mientras tú te preparas, mental y físicamente, para volver a conectar con tu pareja y contigo misma.

Algunas veces, la única forma de centrarte de nuevo en ti misma y en tu pareja es que los niños estén dormidos o fuera de casa. Tal vez necesites encerrarte en un cuarto lejos del suyo. El libro *Sexy Mamas* recomienda tener una habitación con pestillo llena juguetes sexuales y aceites de masaje, disfraces sexis y otros accesorios, para echar uno rapidito en el «cuarto de juegos».[95] Como mínimo recomiendo que los padres pongan un pestillo en su dormitorio. Los días pueden centrarse en los niños y en sus necesidades emocionales, pero las noches son para fijarse en el otro. Vuestro dormitorio es una zona exclusiva para adultos.

Los niños deben aprender el concepto de intimidad, que mamá y papá necesitan un tiempo en privado para hablar de cosas de mayores y hacer cosas de mayores. También deberían aprender que el sexo es una parte natural de la vida y de las relaciones. El verte como alguien que adopta una actitud positiva frente al sexo, feliz y sexualmente realizada, les ayudará a tener relaciones sexuales más sanas en la vida adulta.

NOCHE PACTADA *VERSUS* ESPONTANEIDAD

Hay dos formas de llegar hasta aquí, y no tienes que escoger entre una u otra. Fijar una noche concreta en la que prometas tener sexo con tu pareja tiene sus ventajas. Ambos estáis admitiendo que es algo valioso e importante, y consolidáis vuestro vínculo con el otro. Tenéis días para prepararos, fantasear y provocar al otro con e-mails o mensajes de texto subiditos de tono. Son los maravillosos preliminares. La expectación puede ser un gran afrodisíaco. El buen sexo no tiene por qué ser espontáneo.

Sin embargo, muchas personas se quejan de que esta clase de rutina o ritual puede acabar con la excitación que genera lo impredecible. A veces lo excitante es la pérdida de control, o el riesgo de que os pillen.[96] Bienvenida al mundo del polvo rápido. Ya sé que tienes un tiempo limitado. «No tengo tiempo» es el lema de los padres jóvenes. No tienen tiempo, ni energía, ni espacio e intimidad. Pero se puede hacer mucho en muy poco tiempo si estás dispuesta a ser creativa. Y si ambos accedéis a que compartir el placer y la conexión son vuestros objetivos, en lugar de la penetración o el orgasmo, quizá te apetezca incluso más. Sigue tu intuición sexual y haz lo que te diga tu cuerpo. ¿Qué deseas ahora mismo? El autor de *Los hombres son de Marte y las mujeres de Venus*, John Gray, anima a sus lectores a diferenciar entre el sexo para gourmets y el sexo tipo comida rápida. A veces lo que te apetece de verdad son unas patatas fritas. Deja bien claros esos deseos a tu pareja, que no siempre sabe exactamente lo que quieres ni cuándo lo quieres.

LAS MILF

Los hombres con bebés siempre están buenos, ¿a que sí? Están criando y demuestran que son capaces de comprometerse y proporcionar estabilidad. ¿Por qué te sorprende tanto que una madre también pueda resultar sexy? Desde un punto de vista biológico, tiene más sentido invertir en el material genético de alguien que ya ha demostrado que es capaz de reproducirse. Por supuesto que una madre puede atraer sexualmente a un hombre.

Hasta hace muy poco, las madres pasaban de plantearse si estaban buenas o no. No esperaban ser sexis, y a algunas mujeres no les importaba. No tener que preocuparse tanto de su aspecto y de ser deseables les parecía bien. En las culturas más tradicionales, la maternidad está más relacionada con la santidad que con el hecho de ser sexy. A menudo, el convertir a las mujeres en fetiches sexuales es un tema tabú. Esta es mi teoría de andar por casa: mezclar nuestra potencia como madres y como seres sexuales puede ser demasiado abrumador para los hombres, les cuesta manejarlo y eso los incomoda. Demasiado poder concentrado en un solo ser. O tal vez sea una actitud a la defensiva inspirada por el miedo. Los hombres pueden tener problemas en erotizar a la mamá de su bebé porque eso roza las fronteras de algunos temas delicados, como el complejo de Edipo. Y si te crees esas teorías freudianas, la idea de las MILF (madres «follables», por sus siglas en inglés) adquiere más sentido. Desear a alguien que es la madre de otro es una forma más segura de proyectar en ella la energía de los tabúes sexuales relacionados con tu madre.

Hay algo que está claro: a medida que maduramos, también madura la calidad del sexo que practicamos. Ahora que somos madres necesitamos reinventar el sexo y tender un puente entre la mamá gallina y la loba lasciva. Con la experiencia y la madurez llega la sofisticación sexual. Idealmente sabemos qué nos gusta y al compartir esa información con nuestra pareja nos sentimos más seguras. Es lo que se llama «erotismo auténtico».[97] Quizá la razón de que las MILF pongan tan cachondos a los hombres sea, sencillamente, que las madres son mejores amantes. Cuando florecemos y maduramos, alimentamos y educamos, somos más capaces de integrar la intimidad y la espiritualidad en nuestra sexualidad. Y eso resulta profundo y erótico. Por tanto, adelante, mami, sé sexy.

6

Perimenopausia:
la tormenta que precede a la calma

Tal vez te dé la impresión de que con afrontar los altibajos de los ciclos menstruales, los problemas de pareja y las responsabilidades familiares ya tienes de sobra, pero justo cuando empiezas a creer que todo está bajo control aparece un nuevo bache en el camino: la perimenopausia. Y aparece antes de lo que pensabas.

La menopausia en sí dura un día, el mismo en que se cumple un año desde que dejaste de tener la regla. La edad promedio a la que se tiene la menopausia está en los cincuenta y un años, pero se considera normal que se dé entre los cuarenta y los cincuenta y cinco años.[1] Sin embargo, la perimenopausia es la larga e interminable transición de la fertilidad a la infertilidad, y comienza entre siete y diez años antes de la retirada de la regla. Las cosas no suelen resultar problemáticas hasta que rozas la cincuentena, pero se trata de un maratón, no de un sprint, por lo que es probable que todo se intensifique a medida que te acercas a la línea de meta. Aprendes a esperar lo inesperado: un SPM que empeora y con visos de adelantarse cada mes, pierdes los estribos sin motivo aparente, un día quieres sexo y al siguiente estás completamente inapetente, y la regla va y viene sin previo aviso.

No puede decirse que en casa estemos aburridos. Al mismo tiempo que Molly, mi hija adolescente, empieza a sufrir sus cambios de humor cíclicos, su madre los abandona con muy poca dignidad. ¿Quién querría ser mi marido, atrapado entre una cadete que acaba de sumarse a las filas de la nación de la menstruación y una generala en pleno proceso de jubilación? Ambas nos ponemos histéricas y sufrimos altibajos por culpa de nuestros ovarios, pero solo una de nosotras, con sus granos y sus arrebatos, tiene un pase. A la pubertad se le ofrecen concesiones. A la perimenopausia, ni agua.

Cerca del 25 % de las mujeres estadounidenses con hijos adolescentes se encuentran en la cincuentena.[2] Nuestras pequeñas histéricas nos aterrorizan, pero es que además muchas de nosotras cuidamos también de padres mayores. Nos debatimos entre dos generaciones que se disputan nuestra atención, nuestro espacio y nuestro cariño. Me sorprende que mi madre no se volviera loca criando a tres hijas y visitando a sus padres a diario, tras un viaje en coche de una hora, para verlos y asegurarse de que mi abuelo le administraba la insulina a mi abuela y ella le preparaba la comida. En la actualidad, además de intentar conciliar trabajo y familia, las mujeres perimenopáusicas tratan de evitar meter a sus padres en una residencia. No solo produce estrés o ansiedad, es deprimente. A todas nos aterra envejecer y no ser capaces de valernos por nosotras mismas. Ver florecer a nuestras hijas en la primavera de su fertilidad mientras nos marchitamos en el otoño de la nuestra y tomamos conciencia de lo que nos aguarda más adelante, viendo cómo nuestra madre se consume y debilita, es doloroso y casi insoportable.

Los altibajos y los ciclos hormonales forman parte intrínseca de lo que significa ser mujer. Cuando uno de esos ciclos se detenga para siempre, después de capear los sofocos y los cambios de humor, ¿cómo nos sentiremos? Según muchísimas mujeres mayores, genial. Me aferro a una encuesta realizada por Gallup en 1998 en la que se les preguntaba en qué momento de su vida se habían sentido más felices y realizadas, y una estrecha mayoría de mujeres decidieron que entre los cincuenta y los sesenta y cinco años.[3] Así que, ¡todavía hay esperanza! Los cincuenta están a la vuelta de la esquina. Mientras tanto, mujer prevenida vale por dos. Saber que cabe la posibilidad de que pierdas la cabeza y los estribos podría ayudarte a soportar mejor todo el proceso, y existen medios fiables de aprovechar los cambios profundos que tu cuerpo te tiene preparados.

ASPECTOS PRÁCTICOS: SÍNTOMAS Y DOLENCIAS

Durante la perimenopausia, los síntomas cambian de día en día, de mes en mes; aumentan poco a poco hasta llegar a un punto culminante, justo antes de la retirada de la regla. Y cuando menos te lo esperas, vuelta a empezar. Los niveles hormonales absolutos son importantes, pero lo que de verdad afecta al cerebro son los cambios bruscos de dichos niveles. Cualquier pequeña fluctuación desencadena un síntoma. Entre las quejas más comunes durante este período se encuentran el aumento de peso, el cansancio, una libido baja y la sequedad y la irritación vaginales.[4] No, espera, peor que eso. El colágeno es sensible al estrógeno, pierde elasticidad a medida que envejeces, así que saluda a las arrugas y despídete de las braguitas secas; el 75 % de las mujeres entre cuarenta y cinco y cincuenta y cuatro años sufren episodios de incontinencia urinaria.[5] El esfínter, debilitado y con menos colágeno, pierde elasticidad. El insomnio es el mayor problema, ya que aparece al principio de la transición y dura años. Puede presentarse por sí solo o provocado por los sudores nocturnos, los sofocos que te asaltan mientras duermes.

Los sofocos afectan al 80 % de las mujeres durante la perimenopausia, duran entre uno y cinco minutos y se producen a lo largo de cerca de una década.[6] Comienzan unos años antes y desaparecen unos años después de la retirada de la regla.[7] Una reducción acusada y repentina de los niveles de estrógeno causa una reducción en los valores de referencia del hipotálamo, el regulador de temperatura del cerebro.[8] Acto seguido, el cerebro le dice al cuerpo que está sobrecalentándose y se dispone a reducir la temperatura corporal del único modo que sabe hacerlo: transpirando y dirigiendo sangre a la piel. Te ruborizas a medida que los vasos sanguíneos se dilatan, y la parte superior del cuerpo arranca a sudar, a lo que suelen acompañar los escalofríos. Algunas mujeres experimentan un «aura» antes de un sofoco, una sensación de miedo, de debilitamiento, o tienen palpitaciones, todo debido al súbito aumento de los niveles de norepinefrina, la adrenalina del cerebro. Si te ocurre algo así, es normal. Tu cerebro intenta avisarte de que estás a punto de sobrecalentarte, como la lucecita de advertencia del salpicadero.

DOMINANCIA ESTROGÉNICA: NI TANTO NI TAN CALVO

Para la mayoría de las mujeres, la perimenopausia consta de dos fases. Al principio existe una superabundancia relativa de estrógeno debido a unos niveles de progesterona en caída libre. Dado que estas dos hormonas se compensan, a este fenómeno se lo conoce como estrógeno sin oposición o dominancia estrogénica. Más adelante, los niveles de estrógeno caen de manera definitiva y dan lugar a una serie de síntomas un tanto distintos.

Al inicio de la perimenopausia, cuando todavía ovulas, los ciclos suelen acortarse y pasan de veintiocho o treinta días a veintiuno o veinticuatro días. Es la forma que tiene tu cuerpo de darte más oportunidades para quedarte embarazada una última vez. La primera mitad del ciclo, la fase folicular, se reduce de catorce a diez días. En este momento te encuentras más o menos bien, puede que incluso te sientas atraída por tu pareja gracias a que los niveles de estrógeno y testosterona son relativamente altos. A continuación ovulas, el óvulo muere y, a partir de ahí, todo va cuesta abajo en cuanto a humor y libido se refiere.

A partir de los cuarenta, la calidad del óvulo liberado empieza a caer en picado, al igual que el cuerpo lúteo, la parte residual que produce progesterona. Los niveles bajos de esta hormona pasan a ser la norma. La progesterona es lo que estabiliza las paredes del útero, de modo que espera reglas más largas y abundantes, y más calambres. El aumento de peso, la retención de líquidos, los dolores de cabeza, la sensibilidad mamaria, los quistes, los cambios de humor y los ciclos de sueño irregulares son síntomas que caracterizan este período de estrógeno alto y progesterona baja. Cuanto más próxima estés a la menopausia, momento en que se retira la regla, más probable será que tengas ciclos anovulatorios, en los que no se libera un óvulo.[9] Te ves atrapada en la fase folicular, en la que se produce una acumulación de estrógeno sin oposición. Te duelen los pechos, te sientes hinchada y, cielos, qué cambios de humor... Es el SPM de las chicas mayores.

Los niveles de estrógeno y progesterona descienden con la edad, pero primero lo hace la progesterona, y la caída es brusca. Una mujer menopáusica solo conserva el 5 % de la progesterona que tenía con veinte años, pero, gracias a las células adiposas, que continúan produciendo estrógenos toda su vida, es posible que todavía conserve el 40 % del estrógeno.[10] Esto significa que el sobrepeso agrava el problema de la dominancia estrogénica.[11] Como es habitual, se trata de un círculo vicioso. El estrógeno estimula la acumulación de grasa y el aumento de peso, y las células adiposas producen más estrógeno.[12] Si a esto se suman los xenoestrógenos, fuentes externas de estrógeno que proceden de carnes, plásticos, pesticidas y jabones, y que se depositan en las células adiposas, el desastre está asegurado.[13] El estrógeno sin oposición no es solo un incordio, es un peligro, pues te arriesgas a sufrir cáncer de útero, de ovarios, de mama y de colon.[14]

En la segunda fase de la transición perimenopáusica, tus ovarios acaban rindiéndose y los niveles de estrógeno descienden en picado. La dominancia estrogénica desaparece y aflora una nueva serie de síntomas, derivados de un estrógeno bajo, no de una progesterona baja, aunque los cambios de humor y la irritabilidad, incluso los arrebatos de ira, siguen encabezando la lista.[15] La reducción del nivel de estrógeno se traduce en pérdida de memoria, menor concentración, pérdida de tejido óseo (osteoporosis) y más sofocos y sudores nocturnos. El apetito aumenta, no así el apetito sexual, que disminuye. La necesidad de mimar o cuidar, que durante tantos años ha dependido del estrógeno, empieza a dar paso a pensamientos del tipo: «¿Por qué tengo que hacerlo todo yo?», «¿Cuándo será mi turno?». Abordaremos este tema más adelante. Antes hablemos de mi barriga.

LA MENOPANZA: OBESIDAD ABDOMINAL EN LA PERIMENOPAUSIA

Soy incapaz de librarme de mi menopanza y eso es algo que me trae por el camino de la amargura. Siempre he sido de caderas anchas y piernas robustas, pero solía tener un vientre relativamente plano. Pues se acabó. Tras dos niños y cada vez menos hormonas, en estos momentos soy la no tan orgullosa dueña de un «flotador». Puedo cogerme un michelín e imitar el acento de Tony Montana en *El precio del poder* mientras digo: «Saluda a mi amiguito». En la edad fértil, el estrógeno dictamina que la grasa se deposite en los pechos y en las caderas, lo que da lugar a la forma ginoide.[16] La cintura no aumenta en exceso, lo que crea esa proporción cintura-cadera por la que no hay hombre (heterosexual) que no pierda la cabeza. Cuando se entra en la cuarentena infértil, todo se vuelve tripa y michelines.

Las mujeres entre los treinta y cinco y los cuarenta y cuatro años ganan peso más rápido que en cualquier otro momento de su vida. Al llegar a los cincuenta, la mayoría tienen sobrepeso o son obesas, y esto se debe principalmente a que durante la menopausia nuestras necesidades calóricas se reducen al 65 % respecto a cuando teníamos veinte años. Además, no se trata de un declive progresivo, sino de un cambio bastante brusco. Tendrás que volver a aprender a comer. El riesgo de padecer diabetes aumenta a medida que empeoran los sofocos, y los carbohidratos pueden hacerte engordar como nunca antes.[17] Igual que el estrés.[18] A medida que descienden los niveles de estrógeno, el vientre se vuelve más sensible a la acumulación de grasas, estimulada por el cortisol. Las mujeres menopáusicas sufren un incremento de dicha grasa, lo cual aumenta el riesgo de padecer una enfermedad cardíaca.[19]

¿Dónde está la progesterona cuando se la necesita? La progesterona puede ayudarte a perder peso y a mejorar la acción de las hormonas tiroideas, lo cual activa la aceleración del metabolismo.[20] Durante el embarazo, las mujeres suelen sentirse acaloradas porque la progesterona indica al hipotálamo que se acelere. La perimenopausia, con sus niveles bajos de progesterona, consigue lo opuesto. El metabolismo se ralentiza, por eso cuando no estás ardiendo, estás muerta de frío.

Si no ovulas, te sentirás incluso más inflada, porque el estrógeno sin oposición se traduce en una mayor retención de líquidos e hinchazón.[21] Peor aún, los niveles altos de estrógeno indican al hígado que ha de producir una proteína llamada globulina fijadora de tiroxina, que reduce de manera drástica la hormona tiroidea libre disponible,[22] algo que necesitas para que el metabolismo siga funcionando. Así pues, si te sientes sin fuerzas, la cabeza te va lenta, pasas frío a todas horas, tienes la piel seca y aumentas de peso, intenta que tu médico compruebe tus niveles de hormonas tiroideas libres y no solo tu TSH, el típico análisis que se pide cuando se sospecha que existe algún problema con la tiroides.[23] La probabilidad de encontrar un déficit de hormonas tiroideas es quince veces mayor en las mujeres que en los hombres.[24] Los problemas de tiroides sin diagnosticar son bastante frecuentes entre mis pacientes de cualquier edad, pero la cifra se dispara en la perimenopausia. Las mujeres de cincuenta años producen la mitad de hormonas tiroideas que las de veinte.[25] El hipotiroidismo también comparte muchos síntomas depresivos: poco ánimo, poca energía, poca libido y problemas de concentración. Otra razón para no subirse al tren de los ISRS de buenas a primeras. Pide un análisis de tiroides.

Por si no tenías suficiente con los efectos de un metabolismo lento, da la bienvenida a tu nuevo compañero: un apetito voraz. Las ratas de laboratorio con los ovarios extirpados para emular la menopausia tienen mayor necesidad de comer y de beber, pero el apetito se normaliza cuando se les administran suplementos estrogénicos.[26] ¿Sabes el hambre que te entra durante el SPM? Pues se parece un poco, pero no se limita a un par de días al mes.

REVISIÓN DE LA DEPRESIÓN REPRODUCTIVA

En cierto momento de mi formación psiquiátrica oí un término para referirse a la perimenopausia que me encanta: «psicosis climatérica». El climaterio es la fase menopáusica, y lo de psicosis, bueno... La verdad es que la perimenopausia puede volverte loca. Es el momento en que se disparan las visitas al psiquiatra. Con frecuencia recibo en la consulta pacientes que rozan la cincuentena que nunca han ido al psiquiatra y que están desesperadas por culpa del insomnio, de los sudores inducidos por ataques de pánico, porque cualquier cosa las hace llorar o porque ya todo les da igual. A menudo, la depresión se presenta como uno de los primeros síntomas de la perimenopausia, antes incluso que los sofocos o el sueño irregular.[27] El riesgo de sufrir una depresión prácticamente se triplica en la transición perimenopáusica.[28] El predominio de este trastorno es mayor en mujeres de edades comprendidas entre los cuarenta y los cuarenta y nueve años, y menor en mujeres mayores de sesenta, de ahí la tormenta que precede a la calma.[29]

Cuando a una rata de laboratorio se le extirpan los ovarios y su estrógeno se reduce, muestra conductas ansiosas y depresivas, las cuales pueden revertirse con la administración de estrógenos.[30] Los niveles bajos de estrógeno reducen la actividad total de la serotonina.[31] Recuerda, si eres propensa a sufrir depresiones reproductivas (si suele afectarte el SPM o has tenido una depresión posparto), es más probable que tu estado anímico se vea afectado durante la perimenopausia.[32] Las depresiones reproductivas responden bien a las hormonas. Una vez superada la menopausia, las depresiones mayores deben tratarse con antidepresivos porque las hormonas no dan tan buen resultado.[33]

INSOMNIO Y ANSIEDAD

En cierta ocasión estaba hablando por teléfono con una terapeuta acerca de un paciente mutuo cuando la conversación no tardó en derivar hacia los problemas de la propia terapeuta. Tiene cincuenta años y se siente mal, más desasosegada que deprimida. Durante el día se nota angustiada, y por la noche suele despertarse varias veces con ataques de pánico.

La fase de dominancia estrogénica de la perimenopausia puede resultar un período de angustia y depresión por un par de razones. Cuando los niveles altos de estrógeno impiden que la tiroides funcione con normalidad, acaban inhibiendo la actividad de un neurotransmisor que produce sosiego, el GABA.[34] Los niveles bajos de progesterona también condicionan la actividad del GABA y, por lo tanto, producen mayor ansiedad. En la última fase, cuando los niveles de estrógeno se desdibujan, la ansiedad puede llegar a convertirse en un problema. Tanto la amígdala (el centro neuronal del miedo y el pánico), como el hipocampo (la memoria) y el sistema límbico (el control emocional) disponen de receptores estrogénicos. Cuando el centro de control hormonal del cerebro, el hipotálamo, detecta niveles bajos de estrógeno, es como si entrara en pánico, reduce la producción de serotonina y dopamina y aumenta la de norepinefrina.[35] Resultado final: bajo estado anímico, insomnio y cansancio, todo aderezado con un toque de ansiedad e inquietud. Es más una irritación constante, a menudo dirigida hacia la pareja, que un temor angustioso. Cualquier nimiedad te saca de tus casillas. En realidad se trata de una «furia hormonicida»: una inquietud provocada por un cambio en las hormonas esteroideas.

El insomnio es un gran problema durante la menopausia. A lo largo de la vida, las mujeres sufren más episodios de insomnio que los hombres, pero la incidencia pasa del 36 % en las mujeres treintañeras al 50 % en las mujeres de cincuenta y cuatro años.[36] Los factores responsables son varios. El cortisol ayuda a establecer ritmos circadianos (de modo que tu cuerpo sabe cuándo es de día y cuándo de noche); cuando el cortisol desciende durante la perimenopausia, no solo se ve gravemente afectada tu capacidad para sobrellevar el estrés, sino también tu ciclo de sueño.[37] Los niveles altos de estrógeno en la primera fase de la perimenopausia pueden agotar el magnesio; en muchos casos, los suplementos de magnesio resultan eficaces en el tratamiento del insomnio y la ansiedad, así como en el del síndrome de las piernas inquietas.[38] Mientras que la progesterona sosiega el cerebro, el estrógeno lo estimula. La dominancia estrogénica agrava el insomnio; la administración de progesterona facilita la recuperación del sueño.[39] En las primeras fases de la perimenopausia, los suplementos de progesterona natural pueden aliviar el insomnio. Una vez que alcanzas la fase en que los valores de estrógeno disminuyen, es probable que tu sueño mejore utilizando suplementos estrogénicos.

El cerebro femenino en proceso de envejecimiento: estrógeno, testosterona y cognición

Las mujeres suelen decir que la menopausia viene acompañada de una «niebla» mental, y no es ninguna tontería, ya que el cerebro está lleno de receptores estrogénicos. El estrógeno está relacionado con el aprendizaje, la memoria, la coordinación motriz y la sensibilidad al dolor,[40] y ayuda a mantener los niveles de acetilcolina, un neurotransmisor que se reduce en la demencia. Cuando el estrógeno mengua, es normal que se produzcan problemas de memoria y concentración.[41] La administración de estrógeno puede mejorar la función verbal,[42] la atención, el razonamiento y la velocidad motora.[43]

La testosterona también resulta esencial para el aprendizaje y la memoria, sobre todo en la cognición espacial.[44] Esta hormona puede afectar al rendimiento cognitivo de manera directa al actuar sobre los receptores androgénicos del cerebro, o de manera indirecta al acabar transformada en estrógeno.[45] Las mujeres posmenopáusicas obtienen mejores resultados en los tests de memoria a largo plazo y de razonamiento lógico cuando se les administra únicamente estrógeno, únicamente testosterona o una combinación de ambos.[46] El estrógeno ayuda a regenerar las neuronas dañadas y previene la acumulación de beta-amiloide y placas seniles, que aparecen en el alzhéimer. Las mujeres posmenopáusicas que toman estrógeno tienen la mitad de probabilidades de padecer alzhéimer que las que no.[47] La testosterona también reduce la acumulación de beta-amiloide,[48] y tiene una función neuroprotectora durante el envejecimiento.[49]

El BDNF, como tal vez recuerdes, es el «fertilizante» del cerebro que te ayuda a producir neuronas; es la base del aprendizaje y la memoria. Los estudios realizados con animales demuestran que si tienes unos niveles altos de estrógeno, tienes más BDNF y, por tanto, más neuroplasticidad en el cerebro. En el caso de las mujeres, el estrógeno aumenta los niveles de BDNF en las regiones del cerebro dedicadas al aprendizaje y la memoria.[50] Quizá esta sea una de las razones por las que la aplicación de una terapia de sustitución estrogénica en los años menopáusicos podría impedir o prevenir la demencia.

COUGARS Y MUJERES DESESPERADAS: SEÑAL DE UNA TESTOSTERONA (RELATIVAMENTE) ALTA

Mis pacientes más jóvenes que toman la píldora y antidepresivos se quejan de no sentirse sexualmente excitadas, pero, desde luego, eso no les ocurre a mis amigas cuarentonas. Se dice que la mujer alcanza su plenitud sexual a los cuarenta y el hombre a los dieciocho. Cuando cumplí cuarenta años, tuve la sensación de que algo había cambiado; experimenté esa «plenitud sexual». A mis amigas también les ocurrió lo mismo. Estaban más predispuestas y eran más coquetas que nunca, y algunas incluso tenían aventuras o fantaseaban con tenerlas.

Hay algo evidente: las razones que nos llevan al sexo varían a medida que maduramos. Entre las mujeres menores de treinta y cinco años, el 61 % afirma que su motivación principal es más emocional que física. Entre las mayores de treinta y cinco años, ese porcentaje desciende hasta un 38 %.[51] Según las encuestas, las mujeres mayores de sesenta años están menos dispuestas a adoptar un compromiso a largo plazo con alguien que cumpla todos sus requisitos salvo el del atractivo sexual.[52] Es probable que la explicación del fenómeno de las *cougars* tenga en parte un componente psicológico, no biológico. Las mujeres de cuarenta años se sienten poderosas, ya no les turba ni les avergüenza lo que desean en el terreno sexual y los medios para conseguirlo, y esa confianza las hace atractivas.

Del mismo modo que las treintañeras empiezan a oír la llamada de sus ovarios, que les dicen que necesitan un bebé cuanto antes, las cuarentonas sienten que se les acaba el tiempo. Apenas queda margen para tener otro bebé y todas las hormonas se arremangan en un último esfuerzo para que te quedes embarazada antes de apagar la maquinaria. Los ovarios hacen lo que pueden para no quedarse atrás y el cerebro trabaja más que nunca en la expulsión de un último óvulo, un mes tras otro.

Tal vez recuerdes una escena de *La última película* en la que Ellen Burstyn, en el papel de madre, le explica la relación *cougar*/jovencito a su hija, interpretada por Cybill Shepherd, diciendo: «Es una edad agitada». Los cuarenta son una edad agitada, y también peligrosa, porque para muchas de nosotras el objetivo no es la pareja que habíamos escogido, sino un modelo más actual. A las mujeres, igual que a los hombres, nos excita la novedad. Las relaciones nuevas son incitantes, y los pensamientos incitantes pueden provocar subidas en los niveles de testosterona.[53] La función sexual podría depender más de un cambio en la situación de la pareja que de los niveles hormonales.[54]

Estamos programadas para buscar a un macho alfa con los mejores genes posibles, no al encantador príncipe azul que está desplomado a nuestro lado. Todos hemos visto que los hombres de cierta edad prefieren mujeres más jóvenes que ellos cuando buscan una amante o forman una nueva familia. Los óvulos más jóvenes suelen dar bebés más sanos.[55] Bueno, pues nosotras somos iguales. Las mujeres de cierta edad suelen excitarse más en compañía de hombres más jóvenes, en plena segregación de feromonas y que resulten una novedad. Perseguimos especímenes más jóvenes de manera instintiva porque la probabilidad de daño genético en su ADN es menor. El riesgo de autismo y esquizofrenia se eleva a medida que el esperma envejece.[56]

Lo que desconcierta de este problema es que nuestros hombres nos parecen cada vez menos atractivos cuando levantamos la cabeza para ver quién más hay por los alrededores. Los niveles de testosterona masculina empiezan a reducirse a partir de los cuarenta, lo que atenúa la motivación y la libido.[57] Tanto hombres como mujeres pueden transformar la testosterona en estrógeno, de modo que los hombres mayores acaban teniendo el doble de estrógenos que las mujeres posmenopáusicas.[58] Estos cambios hormonales no solo afectan a la composición orgánica (menos músculo y más grasa), sino también a la función sexual (erecciones menos firmes y frecuentes y menor libido). Nuestros hombres pasan por una «andropausia» mientras nosotras pasamos por una «androrreanimación». Muchas de nosotras no obtenemos lo que queremos en casa, ya sea sexo o amor, y nos convertimos en mujeres desesperadas que ansían conectar con otras personas.

En la primera fase de la perimenopausia, los valores de testosterona son relativamente constantes, mientras que otros niveles hormonales decaen,[59] dando como resultado lo que se llama dominancia de la testosterona.[60] Iniciada la cuarentena, puede que algunas mujeres descubran que les salen granos y se vuelven más peludas gracias a estos mayores niveles androgénicos; tal vez tengan que arrancarse más pelitos solitarios alrededor de los pezones, en el bigote y la barbilla. Como es habitual, todo reside en el equilibrio. Por lo general, el estrógeno y la oxitocina mitigan los efectos ardorosos de la testosterona y te ayudan a seguir siendo fiel y femenina. Este exceso relativo de andrógenos en comparación con los estrógenos puede durar años, ya que la testosterona es la última hormona que desaparece del panorama, años después de la menopausia. El descenso brusco se produce entre los veinte y los cuarenta años, momento en que los niveles de testosterona se reducen a la mitad, pero entre los cuarenta y los sesenta años los valores de la testosterona apenas sufren ningún cambio.[61]

Cuando los niveles de estrógeno son altos, sobre todo si se toman suplementos orales, el hígado produce la proteína SHBG, que se fija a la testosterona y reduce la cantidad disponible.[62] A medida que los niveles de estrógeno se reducen en la última fase de la perimenopausia, los de SHBG disminuyen y secretan la testosterona fijada, por eso la libido puede recibir una sacudida no solo a los cuarenta, sino también alrededor de los cincuenta.[63] La testosterona, además de influir en la conducta sexual, también afecta a los pensamientos. Aquellas de mis pacientes que toman suplementos de testosterona aseguran que tienen más pensamientos y fantasías libidinosas, y además se excitan con mayor facilidad. Les resulta más sencillo llegar al orgasmo, que suele ser más largo e intenso. Una advertencia sobre el uso de geles o parches de testosterona: a esta hormona le da igual lo que le prometiste a tu marido el día que os casasteis. La testosterona es la hormona de la novedad, no de la fidelidad. Los andrógenos harán que te sientas atraída por cualquiera (el jardinero, el primo de tu marido, el profesor de tus hijos...). Cuando hablo con mis pacientes sobre los posibles efectos secundarios del uso de testosterona, les menciono el acné, el aumento del vello facial, la infidelidad y uno más: la masturbación. Una vez, una paciente me llamó desde el trabajo para decirme riendo que su dosis de testosterona tal vez era demasiado alta, pues acababa de encerrarse en su despacho para masturbarse. Los niveles altos de testosterona femenina guardan una correlación demostrada con la necesidad de masturbarse, pero no necesariamente con la necesidad de fundirse con alguien.[64] En cuanto a la influencia de la testosterona en el estado de ánimo, parece ser bimodal, los síntomas de depresión aparecen en ambos extremos del espectro,[65] tanto si los niveles son muy altos como muy bajos.[66]

LIBIDO BAJA EN LA PERIMENOPAUSIA: LO QUE SUBE, TIENE QUE BAJAR

No todo el mundo pasa por la fase *cougar*, pero si es tu caso es probable que tampoco dure mucho; son más las mujeres que experimentan un descenso de la libido durante la transición menopáusica. El 15-20 % de las parejas estadounidenses practican el coito menos de diez veces al año.[67] En muchos de los matrimonios de mis pacientes no hay sexo, y la perimenopausia no siempre tiene la culpa, aunque a menudo se encuentra de por medio. La falta de interés por el sexo es el motivo de queja principal entre las mujeres de edades comprendidas entre los dieciocho y los cincuenta y cinco años, así lo expresa cerca del 40 % de las encuestadas, siendo el porcentaje aún mayor entre las mujeres de edad avanzada.[68]

Son muchos los factores que influyen en lo que excita a una mujer. La presión inherente a la crianza de los hijos, el cuidado de unos padres mayores o la monotonía de acostarse todas las noches con la misma persona podrían explicar en parte este decaimiento de la energía sexual. Las mujeres mantienen relaciones sexuales por una gran variedad de razones, desde el deseo de disfrutar de una proximidad física y emocional hasta la certeza de que es lo único que va a quitarte a tu marido de encima (literalmente) para poder dormir. En ocasiones, las parejas llevan tanto tiempo juntas que se sienten más hermanos que amantes. Es probable que la aversión por todo lo que nos resulta demasiado familiar sea un reflejo del instinto biológico que nos empuja a buscar la novedad, tal vez sea la manera que tiene la naturaleza de evitar el incesto y el estancamiento genético. Podría tratarse de un eco de algo llamado el efecto Westermarck, un fenómeno que se ha observado en niños que han crecido juntos, por ejemplo en un kibutz israelí, cuyos miembros no se casan con personas de su mismo grupo si jugaban juntos de pequeños. Si tienes la sensación de haber crecido junto a tu marido, tal vez no te apetezca tanto hacer el amor con él.

Sin embargo, también existen claras influencias biológicas. En primer lugar, si tu libido está por los suelos, sería conveniente que te hicieran una analítica de la tiroides.[69] Es innegable que el funcionamiento deficiente de la tiroides puede provocar problemas sexuales. Luego está el magnesio. De ahí el manido tópico de «Esta noche no, cariño, que me duele la cabeza». Cuando el estrógeno reduce los niveles de magnesio, los dolores de cabeza son bastante comunes.[70] Además, el estrógeno mantiene los vasos sanguíneos abiertos, y el estrechamiento de dichos vasos produce jaquecas. Por eso, en la última fase de la transición, en que los niveles de estrógeno son bajos,[71] pueden aparecer migrañas.[72] Un ejemplo más de la relación entre las hormonas y esta molestia: las progestinas sintéticas como la Provera, o las que se encuentran en los anticonceptivos orales, pueden producir dolores de cabeza, sobre todo durante los primeros meses.[73] Las progesteronas naturales y bioidénticas no suelen causar tantas migrañas.[74]

Más adelante, cuando el estrógeno disminuye, se produce

una reducción del flujo sanguíneo hacia la vagina y el área circundante, lo que se traduce en una respuesta menor en las terminaciones nerviosas del clítoris y, por tanto, en menor sensibilidad.[75] A medida que nos adentramos en la menopausia, los orgasmos pierden intensidad o desaparecen porque los receptores de estrógenos no reciben la estimulación adecuada.[76] La sensibilidad de los pezones disminuye a consecuencia del envejecimiento y de los cambios hormonales.[77] En una fase más avanzada de la perimenopausia puede que también experimentes más ciclos anovulatorios, en los que no se expulsa ningún óvulo.[78] Los desequilibrios hormonales son habituales en esta fase, en que el tiempo se alarga entre una regla y la siguiente en comparación con los ciclos ovulatorios normales. En cuanto a la libido, la gran diferencia reside en que la ausencia de ovulación conlleva la desaparición del aumento de testosterona a mitad del ciclo.

Si tu libido se ha desplomado, lo más probable es que se deba a la testosterona, cuyos niveles empiezan a disminuir de un modo lineal en las mujeres alrededor de los treinta años, y alcanzan su punto más bajo a los cuarenta y ocho, la edad que tengo mientras escribo estas líneas.[79] En estos momentos, mi fase *cougar* es un recuerdo lejano. Los suplementos de testosterona aumentan la sensibilidad genital y la intensidad de los orgasmos, pero debo señalar que la libido no solo depende de la testosterona.[80] Un estrógeno bajo también apagará la llama. Un estudio realizado con mujeres menopáusicas demostró que el suplemento estrogénico mejoró la libido de la mitad de ellas.[81] A la otra mitad se les administró, además, testosterona, y el 90 % de ellas experimentaron una mejora.

Para las mujeres, la testosterona es la hormona olvidada. Dado que no está relacionada con el ciclo menstrual, muchas mujeres y sus médicos no saben si sus niveles son bajos. Cuando es así, no solo se ve afectada tu libido, sino que también sufres depresión, cansancio y desmotivación. El sexólogo Irwin Goldstein es un ferviente defensor de la testosterona como parte de la terapia hormonal sustitutiva, junto con el estrógeno y la progesterona. «Si a las mujeres les importan sus huesos, sus músculos, su vagina y su cerebro, deberían tomar esta hormona», asegura.[82] El suplemento de testosterona reduce la osteoporosis y el riesgo de sufrir fracturas óseas,[83] al tiempo que mejora el efecto estrogénico[84] en la densidad ósea.[85] También aumenta la masa muscular.[86] La testosterona podría ayudar a reducir el riesgo de demencia y, además, prevenir la atrofia vaginal (véase más adelante). Si quieres conservar más testosterona, aquí tienes algunos consejos: deja los anticonceptivos orales o la terapia de sustitución estrogénica, ambos reducen los niveles de esta hormona libre al incrementar la proteína fijadora SHBG.[87] Además, las progesteronas sintéticas reducen los niveles de testosterona, lo cual significa que la mayoría de las píldoras anticonceptivas (dado que contienen progestinas) y la inyección de progesterona, Depo Provera, no beneficiarán a tu libido.[88] Y no te pases con el alcohol. Una enzima llamada aromatasa transforma la testosterona en estrógeno. Cuanto más alcohol ingieres, más alto es el índice de conversión.[89] Es una de las razones por las que se anima a beber, con moderación, a las mujeres posmenopáusicas, para mantener altos sus niveles de estrógeno. De ahí que también se anime a los hombres con un engrandecimiento patológico de las glándulas mamarias a dejar de beber. Algunos científicos, yo entre ellos, estamos convencidos de que los xenoestrógenos que se encuentran en plásticos, pesticidas y muchos otros productos químicos alteran la producción de testosterona o contrarrestan sus efectos.[90] Tal vez lo más conveniente sería hacer un poco de limpieza y deshacerte de esos productos, siempre que sea posible.

La vagina senil

Los sofocos y los sudores nocturnos desaparecerán tarde o temprano. El envejecimiento de tu vagina es otro cantar. La atrofia vaginal, el adelgazamiento de las paredes, la deshidratación de las membranas mucosas y el colapso general del sistema, en el que se incluye el tracto urinario inferior, a menudo son progresivos y requieren tratamiento.[91] Un día topé con un artículo en el que se hacía referencia a este problema con la expresión «vagina senil» y me hizo gracia, pero solo al principio. Una vagina senil no es ninguna broma.[92] Un sexólogo me advirtió que para muchas mujeres llega un momento en que las relaciones sexuales se vuelven muy incómodas, tanto que les gustaría gritar a su pareja sexual: «¡Sal de mí!».

Una vez más me remito al estrógeno, la hormona de la acomodación. Una cantidad menor de estrógeno se traduce en menos lubricación, menos elasticidad y acomodación y bastante menos placer durante el sexo. En la perimenopausia, uno de los problemas habituales es la irritación, la sequedad y el escozor vaginales, que pueden derivar de unas relaciones sexuales dolorosas.[93] Entre los cambios menopáusicos se incluyen alteraciones del pH vaginal y una disminución del flujo sanguíneo que llega a la vagina.[94] El sexo es uno de los medios que garantiza un aumento de dicho flujo sanguíneo, y ya sabes que las cosas se oxidan por falta de uso, así que, una vez más, relájate y disfruta. Tener relaciones sexuales de manera regular podría contribuir a mantener unos niveles de estrógeno perimenopáusico más altos y retrasar la llegada de la menopausia, seguramente a través de la señalización de las feromonas.[95] Si la lubricación es un problema, el aceite de coco o los lubricantes hidrosolubles pueden ser de ayuda, y a veces quizá ciertas cremas enriquecidas con estrógenos, como Estrace.[96] También tienes el Estring, un anillo de silicona que se coloca en el cuello del útero y libera una dosis continua de estrógeno. El estrógeno vaginal es superior a la dosis oral para los síntomas vaginales.[97] El tratamiento hormonal local aplicado directamente en la vagina mediante cremas o supositorios no tiene asociado el mismo riesgo de padecer derrames cerebrales y ataques al corazón que las hormonas orales.[98] La progesterona y la testosterona también pueden aliviar unas relaciones sexuales dolorosas y mejorar la lubricación. Si quieres probar algún remedio natural, te recomiendo la maca para los problemas de lubricación (véase a continuación).

Viagra y VENIS

A medida que los hombres envejecen, los problemas para tener erecciones y mantenerlas aumentan. Cualquier cosa que interfiera en el flujo sanguíneo, como la diabetes, las enfermedades cardiovasculares o la medicación para regular la presión sanguínea, no hará más que empeorar el asunto. Mantener relaciones sexuales de pie puede ser de ayuda, pero no es para todos. Otra opción es usar medicamentos como la Viagra. En este caso, el problema es que el sexo se convierte en algo centrado en un objetivo, que es la penetración.[99] Todos hemos oído que los geles lubricantes como el K-Y empezaron a volar de los estantes cuando la Viagra comenzó a comercializarse. Muchas mujeres menopáusicas volvieron a estar en el punto de mira de sus parejas, les gustara o no.

¿Lo que es bueno para el ganso es bueno para la oca? Sí y no. A las mujeres que se habían sometido a chequeos previos y el flujo sanguíneo había disminuido pero no así la libido, la Viagra las ha ayudado a alcanzar el orgasmo y a experimentar mayor sensibilidad genital.[100] Si eres una mujer en proceso de envejecimiento y cada vez llega menos flujo sanguíneo a tu vagina y a tu útero, la Viagra no aumentará tu deseo, pero a veces la mejora del funcionamiento sexual y una mayor lubricación y afluencia de sangre mejorarán tu respuesta sexual, y el sexo gratificante sí redundará en mayor deseo. Otra alternativa sería el tipo de prácticas sexuales (llamadas VENIS por las siglas en inglés de «sexo muy erótico pero sin penetración») que enseñan las doctoras Berman.[101] No se necesita una erección para este tipo de contacto total, al que se le llama en broma «lucha erótica» y en el que se incluyen la masturbación y los masajes mutuos, la estimulación manual y los besos por todo el cuerpo. Es evidente que debe haber una renegociación y un replanteamiento de la vida sexual cuando el cuerpo de ambos envejece. ¿Por qué deberías mantener el mismo tipo de relaciones sexuales que a los veinte años cuando prácticamente ya nada es lo mismo?

TERAPIA HORMONAL SUSTITUTIVA

Existen miles de libros que hablan sobre la administración de hormonas para el tratamiento de la perimenopausia y la menopausia, y la bibliografía médica evoluciona a marchas forzadas sobre la mejor estrategia que ha de seguirse. Como en muchos otros casos cuando se trata de medicina, la misma talla no vale siempre para todas, e independientemente del tratamiento que escojas, es importante que controles tus niveles hormonales cada pocos meses mediante análisis de sangre, reconocimientos y charlas con tu médico.

Debemos ser muy conscientes de los inconvenientes y de las posibles opciones que se nos presentan. Por un lado, es probable que estemos sobremedicalizando una transición natural, y en muchos casos tal vez sería mejor no hacer nada. Por otro lado, las mujeres viven una media de ochenta y cinco años, y estar treinta de ellos sin hormonas sexuales acaba pasando factura. Los suplementos de estrógeno y testosterona pueden prevenir la demencia, la pérdida de masa ósea y muscular y las enfermedades cardiovasculares y neuronales. Además de la atrofia vaginal.

En cuanto al peso y el metabolismo, la terapia hormonal sustitutiva (THS) podría convertirse en un salvavidas. Tomar estrógeno disminuye el riesgo de sufrir diabetes y ofrece a las mujeres diabéticas la posibilidad de controlar mejor el azúcar en sangre.[102] La THS atenúa la acumulación de grasa abdominal[103] y, por lo tanto, reduce el peligro de padecer problemas cardíacos y ayuda a normalizar el peso y el apetito.[104]

En la primera fase de la perimenopausia, cuando los síntomas derivados de la dominancia estrogénica se convierten en un problema, la progesterona es una gran aliada. Más adelante, cuando los sofocos empeoran, el estrógeno puede resultar útil. Algunos médicos recetan dosis bajas de anticonceptivos orales en esta fase y aconsejan la terapia hormonal sustitutiva una vez que aparece la menopausia. La mayoría recomiendan hormonas bioidénticas; las sintéticas pueden provocar un aumento de peso e hinchazón y suelen influir más en el estado de ánimo.[105] Por ejemplo, la Provera y otras progestinas sintéticas suelen causar depresión en el 30 % de sus consumidoras.[106] Las hormonas sintéticas también pueden reducir la vitamina B6 y el ácido fólico, vitaminas que se necesitan para el mantenimiento del estado de ánimo.[107]

También existe una clase relativamente reciente de medicamentos añadidos a las hormonas que se llaman moduladores selectivos de los receptores estrogénicos o SERM (por sus siglas en inglés). Fármacos como el tamoxifeno o el raloxifeno son SERM. Funcionan igual de bien que la progesterona en la protección del útero pero sin los efectos secundarios de la progestina, como la depresión, la ansiedad y el abotargamiento. También es posible usar SERM de origen vegetal como el lino, el cannabis o la soja, llamados fitoSERM.

En cuanto a los suplementos estrogénicos, existen pastillas, parches, cremas y gotas sublinguales. El hígado descompone las pastillas y estas pueden aumentar el riesgo de la aparición de coágulos, mientras que los parches, cremas y gotas sublinguales van directamente al torrente sanguíneo sin pasar por el hígado.[108] Por lo que se refiere a los suplementos de testosterona, existen cápsulas de testosterona micronizada de liberación controlada, gotas sublinguales y geles y parches transdérmicos.[109] De nuevo, seguramente lo mejor es evitar las dosis orales.

Algunos ginecólogos consideran que el momento ideal para empezar a tomar suplementos hormonales es cuando todavía menstrúas, antes de la menopausia. En cuanto empiezan los sofocos, una dosis constante de hormonas hace desaparecer las fluctuaciones que causan la mayoría de los síntomas. Otros están convencidos de que deberías tomar hormonas solo si los síntomas perimenopáusicos te causan problemas. Lo cierto es que si empiezas demasiado tarde, no solo pierdes la oportunidad de protegerte contra el alzhéimer, sino también la de disfrutar de los beneficios cardiovasculares.

El tema del cáncer es un asunto delicado que conviene que consultes con tu médico. El programa Women's Health Initiative (WHI), un conjunto de estudios dirigidos a la salud femenina, siguió la evolución de cerca de 42.000 mujeres posmenopáusicas de edades comprendidas entre los cincuenta y los setenta y nueve años.[110] Cerca de la mitad recibieron Premarin y progestina, dos hormonas sintéticas. A pesar de los beneficios del uso de estas hormonas, como una menor incidencia del cáncer de colon y de fracturas óseas, el estudio se abandonó tres años antes de lo previsto debido a unos resultados cada vez más preocupantes que indicaban un incremento del riesgo de padecer cáncer de mama, enfermedades coronarias, infartos y embolias pulmonares entre las participantes en el estudio. La incidencia del cáncer de mama fue del 0,42 % en el grupo de control y del 0,6 % en el grupo que tomaba hormonas, lo cual tampoco es tanto si se tiene en cuenta que en la actualidad no hay ni una sola mujer estadounidense que no tema iniciar una terapia hormonal sustitutiva por miedo a padecer cáncer de mama. El programa Million Women Study, en Gran Bretaña, utilizó los mismos fármacos con resultados similares.[111] El riesgo de aparición de cáncer de mama se triplicaba en las mujeres que habían empezado a tomar hormonas pocos meses después de la menopausia en comparación con las mujeres que habían empezado a tomarlas diez años después.[112] No se aprecia un aumento del riesgo de padecer cáncer de mama en aquellas mujeres a las que se les ha extirpado el útero y se les ha administrado estrógeno sin progesterona.[113] Tal vez se deba a la progestina sintética.

La dominancia estrogénica conlleva el peligro de padecer cáncer de mama. Y lo mismo puede decirse del déficit de progesterona. Un estudio realizado con mujeres estériles con déficit de progesterona ha demostrado que las probabilidades de desarrollar este tipo de cáncer son un 540 % mayores.[114] Muchos médicos e investigadores a los que he entrevistado son del mismo parecer; consideran que el estudio WHI no hizo ningún favor a las mujeres. Los resultados se exageraron, millones de mujeres dejaron la terapia hormonal sustitutiva de golpe y, como consecuencia, los síntomas menopáusicos regresaron con fuerza. Desde la cancelación de dicho estudio, millones de mujeres han optado por no iniciar una THS.[115]

Lo que es seguro es que las mujeres posmenopáusicas que toman hormonas sintéticas tienen problemas. Se necesitan más estudios sobre mujeres perimenopáusicas que toman bioidénticos. Cuanto más se alarga la exposición al estrógeno sin oposición, mayor es el riesgo de padecer cáncer de mama; sin embargo, para la prevención primaria de enfermedades del corazón, deja de resultar efectivo si empiezas con un retraso de diez años. Lo comúnmente aceptado es que las mujeres deberían hacer una terapia hormonal sustitutiva el menor tiempo posible, pero ¿eso qué significa? ¿En qué momento renuncias a una respuesta sexual y un funcionamiento neuronal óptimos? ¿O a una buena salud vaginal y unos huesos y unos músculos robustos? Una sexóloga a la que entrevisté sigue menstruando con setenta años gracias a sus hormonas sublinguales.

EL GOBIERNO NO QUIERE SALIDAS, SOLO SALIDOS

Si vas a sustituir las hormonas sexuales en la perimenopausia o en la menopausia, no deberías olvidar la testosterona. Entonces, ¿por qué la FDA no está por la labor? Los productos masculinos con testosterona se aprueban con rapidez y apenas se requieren estudios a largo plazo. En estos momentos existen veintiséis productos disponibles, entre parches, inyecciones, gotas sublinguales y espráis nasales, para que los hombres no pierdan su vigor. Comparemos este dato con los cero productos destinados a las mujeres que ha aprobado la FDA. A pesar de los estudios de larga duración que demuestran la seguridad y la eficacia de la testosterona para las mujeres, los médicos se ven obligados a recetarla para un uso distinto al indicado, lo que significa que las aseguradoras no la cubren. Muchos facultativos no se sienten cómodos con esta práctica, por lo que millones de mujeres no reciben el tratamiento adecuado.

El parche Intrinsa para mujeres es un buen ejemplo. Procter & Gamble ha invertido millones de dólares en el desarrollo de un producto efectivo, destinado a las mujeres, que contiene testosterona.[116] A pesar de la eficacia demostrada y de un estudio de seguridad realizado a lo largo de cuatro años, algo inusitado en la mayoría de los fármacos en desarrollo, el comité de la FDA, compuesto en su totalidad por hombres, les dijo a los investigadores: «Las mujeres no lo necesitan». Nada de que fuera peligroso o ineficaz, simplemente no era necesario. Y se equivocan. En la actualidad, la FDA exige estudios de cinco a diez años de duración que evalúen el riesgo que tienen de sufrir cáncer de mama, derrames cerebrales o ataques al corazón las mujeres que consumen testosterona, pero no existen pruebas de ninguno de estos riesgos, y menos aún con las dosis mínimas requeridas por las mujeres. Hoy por hoy no esperes un fármaco con testosterona aprobado por la FDA destinado a las mujeres. Las probabilidades de que una empresa invierta millones de dólares en el desarrollo de un fármaco cuando la oposición institucional es tan rotunda, por prejuicios de género, son mínimas.

CUIDADO PERSONAL: EJERCICIO, DIETA Y REMEDIOS NATURALES

La perimenopausia es un período de grandes cambios y mucho estrés, por eso es importante que vigiles tu salud al máximo. La tercera parte de este libro, «Guía para sobrevivir a tus cambios de humor», te ayudará a cuidarte durante esta etapa tan complicada. Siempre insisto a mis pacientes en la importancia de una buena alimentación y de hacer ejercicio, pero en la perimenopausia ambos factores son cruciales. La obesidad aumenta el riesgo de sufrir ciclos anovulatorios y sofocos,[117] dos buenas razones para vigilar la dieta e ir al gimnasio.[118] El yoga y el pilates pueden contribuir a fortalecer el suelo pélvico, importante en el placer sexual y en la continencia urinaria (qué sexy), y realizar un ejercicio moderado puede aliviar los sofocos.[119] El deporte ayuda una barbaridad a combatir la apatía y el insomnio, y no olvides que también ayuda a aumentar la libido.[120] Prueba a hacer treinta minutos de cardio tres veces a la semana y antes del mediodía. (Hacer ejercicio a horas tardías podría impedirte conciliar el sueño.)

Se sabe que el ejercicio mejora las relaciones sexuales, pero resulta que el sexo también cuenta como ejercicio. Tal vez deberías empezar a considerar el sexo no solo como algo que practicas por tu pareja, o por tu relación, sino como una actividad sana que realizas por ti, por tu salud cardiovascular y por tu vagina.[121] El sexo contribuye a que vivas más,[122] y existe una correlación entre los orgasmos y un descenso de la mortalidad.[123]

En cuanto al tipo de alimentación o de suplementos que puedes tomar, aquí van algunos consejos. La vitamina D es fundamental para que los ovarios produzcan estrógeno y testosterona, por lo tanto procura que te dé el sol o tomar un suplemento de vitamina D3.[124] La leche de soja contiene componentes que se fijan a los receptores de estrógeno sin provocar un ascenso repentino de los niveles de dicha hormona.[125] Si tus niveles de estrógeno son altos, tienes reglas difíciles y sueles sufrir calambres, es mejor que evites los productos con soja, ya que pueden prolongar la fase lútea y producir un sangrado menstrual mayor, sobre todo si tienes baja la progesterona, que ayuda a proteger las paredes del útero.[126] Sin embargo, en una fase más avanzada, después de la retirada definitiva del período, la soja podría resultar beneficiosa. Los fitoestrógenos (compuestos vegetales que emulan lejanamente el estrógeno) se encuentran en la soja, el regaliz, el trébol rojo, el tomillo, la cúrcuma, el lúpulo y la verbena. Las plantas con mayor capacidad de fijación de una actividad similar a la de la progesterona son el orégano, la verbena, la cúrcuma, el trébol rojo y la damiana.[127] Los germinados, en especial el de brócoli, son una buena fuente de fitoestrógenos. El cannabis también posee actividad estrogénica, hablaré de ello más adelante.

En el campo de las plantas medicinales son más los artículos científicos que demuestran la eficacia de la *Actaea racemosa* que de muchos otros suplementos. Existen estudios aleatorios controlados con placebo que avalan su capacidad para aliviar los sofocos y los sudores nocturnos; uno de ellos incluso afirma que funciona mejor que los estrógenos recetados.[128] El extracto de corteza de pino, también conocido como Pycnogenol, ha resultado efectivo en el alivio de múltiples síntomas en ensayos clínicos.[129] Asimismo, el aceite de onagra y las vitaminas B6, B12 y el ácido fólico contribuyen a mejorar los sofocos. En ciertos casos, las mujeres responden mejor a las progesteronas naturales que a los estrógenos.

Luego está la maca.[130] Se trata de una raíz que se cultiva en los Andes y se utiliza para tratar las molestias perimenopáusicas de las mujeres peruanas. Muchos estudios han demostrado que resulta útil en el equilibrio de las hormonas y el alivio de varios síntomas perimenopáusicos. No presenta problemas de tolerancia y puede usarse en el tratamiento de la disfunción sexual originada por la administración de ISRS y, por tanto, mejorar la libido.[131] La maca puede ayudarte a sentir deseo y suele aumentar la lubricación vaginal. Un punto importante es que esta raíz obra sus milagros sin variar los niveles hormonales, por lo que ninguno de los riesgos que se derivan de la THS son un problema.[132] Otra de las razones por las que me gusta: es probable que su capacidad protectora contra el daño cerebral actúe a través del sistema endocannabinoide.[133]

El árbol casto, también conocido como vitex,[134] alivia el SPM y resulta útil en la primera fase de la perimenopausia, además de ayudar a mantener los niveles de progesterona.[135]

Cannabis para los síntomas perimenopáusicos

La planta hembra del cannabis da unas flores que se han utilizado como remedio medicinal durante miles de años. El cannabis contiene componentes que muestran una actividad similar a la del estrógeno,[136] y existen testimonios históricos de su efectividad en el tratamiento de una serie de molestias perimenopáusicas.[137] El cannabis aumenta los niveles de hormona luteinizante de las mujeres perimenopáusicas, lo que podría contribuir a mejorar los niveles de progesterona en la fase inicial de este período.[138] Las semillas de cannabis añadidas a la dieta de las ratas de laboratorio a las que se les habían extirpado los ovarios redujeron la ansiedad y mejoraron los niveles de colesterol.[139]

Algunas de mis pacientes, amigas y colegas tienen una fe ciega en la eficacia de la maría para el alivio de los problemas hormonales, ya se trate del SPM, los calambres menstruales o el insomnio y los sofocos perimenopáusicos. El cannabidiol (CBD), el componente del cannabis que puede producir efectos medicinales sin colocarte, se fija al receptor de estrógeno, igual que la apigenina, un fitoestrógeno presente en el cannabis.[140]

Existe una pomada vaginal hecha con aceite de coco y cannabis llamada Foria, aunque no contamos con estudios clínicos que demuestren su eficacia en la mejora de la respuesta sexual o en la recuperación de una vagina senil. Lo que sí sabemos es que existen receptores cannabinoides en las células de los huesos, llamados receptores CB2, y que cuando algo se acopla a estos receptores se estimula la formación ósea.[141] Los estudios realizados con animales indican que un agonista sintético de CB2 evita la pérdida de masa ósea en animales a los que se les han extirpado los ovarios.[142] Además, las mujeres cuyos receptores CB2 no funcionan como deberían a causa de un problema genético son más propensas a padecer osteoporosis menopáusica.[143] ¿Eso significa que ingerir cannabinoides ayuda a fortalecer los huesos? Podría ser, desde luego.

ENVEJECIMIENTO VITAL: SIN TAPUJOS

En la actualidad, la esperanza de vida de las mujeres se sitúa en los ochenta y cinco años, lo que significa que somos posmenopáusicas durante un tercio de nuestra vida.[144] El mayor grupo demográfico estadounidense está compuesto por mujeres de edades comprendidas entre los cuarenta y los sesenta años, y en 2020 el país contará con cerca de 60 millones de mujeres perimenopáusicas y posmenopáusicas. Espero que la mayoría de nosotras veamos recompensados nuestros esfuerzos por envejecer con salud, energía y vitalidad.

En Estados Unidos da la impresión de que es prácticamente imposible envejecer sin perder la dignidad por el camino. Cirugía plástica, Botox, tinte, depilación del bigote con cera... Mantenerse resulta agotador. Y cuando el sendero empieza a bajar, la pendiente se vuelve muy resbaladiza. El Botox hay que renovarlo cada pocos meses, y los rellenadores sintéticos, como el Restylane, se desplazan con el paso del tiempo. Es difícil hacerse mayor de manera digna con estos cuerpos en cambio constante, pero, señoras, no queda otro remedio. Mi regla para mí misma es: «No empieces». No quiero nada plástico ni sintético en mi cuerpo. Me habré ganado hasta la última arruga y la última cana, y quiero mostrarlas con orgullo, como trofeos de una vida bien vivida.

Tanta insistencia y tanto afán por el aspecto y el envejecimiento físico y, por otro lado, tan poca atención a la madurez y la libertad emocionales que acompañan a esta etapa. Lo más interesante de la menopausia es lo que ocurre después. Las mujeres se hacen valer. Se trata de una época en la que redefinimos y pulimos lo que deseamos hacer con el tiempo que nos queda. Los ciclos continuos que han dominado la primera mitad de nuestra vida han sido sustituidos por algo más estable y permanente, aunque aconsejo mantener la inviolabilidad del ciclo con un momento de relax mensual.[145] Ojalá dispusiéramos de una especie de tienda roja donde las mujeres pudiéramos reunirnos para aprender unas de otras y crecer juntas, un lugar al que acudir cuando estuviéramos menstruando, dando el pecho o pariendo. Detesto el secretismo y el pudor que envuelven a la menstruación y la menopausia. No es justo, y no es sano.

La menopausia es una época de poda. Es nuestra versión de la crisis de la mediana edad, en la que necesitamos desprendernos de aquellos a los que consideramos «tóxicos», en la que priorizamos y seguimos perfilando nuestra misión, sea la que sea.[146] Sí, tal vez tus ovarios se hayan dado de baja, al menos en buena medida, pero las glándulas suprarrenales continúan a pleno rendimiento, lo que significa que aún puedes echar mano del cortisol, la hormona del estrés, cuando necesites un poco de acción, en cambio la hormona de la acomodación, el estrógeno, ha disminuido. Además, dado que el estrógeno estimula la producción y los receptores de oxitocina, nos iremos alejando cada vez más de la conducta protectora y amistosa. En los años de emparejamiento parece que vivimos para nuestra familia; «lo que tú quieras, cariño» es el mantra que entonamos ante nuestra pareja e hijos. A la mayoría nos acaba encantando esta conducta. Nos sentimos realizadas cultivando relaciones y cuidando de los nuestros. Los años estrogénicos nos vuelven conciliadoras, entregadas y muy poco dadas a delegar, porque haciéndolo todo nosotras sabemos que al menos estará bien.

Cuando los niveles de estrógeno se reducen, iniciamos la lenta transición de un sufrido «Vale, cariño, ya me encargo yo» a un «Hazlo tú, ¿no te parece?» más asertivo. Dejar de amoldarnos a los demás es mejor para nosotras, pero también lo es para nuestros hijos. Tal vez sea el momento de que estos (sobre todo los adolescentes) asuman más responsabilidades, de este modo el cambio de dinámica familiar beneficiará a todos. Si los tuviste de joven y ya han volado del nido, entonces solo estáis tu amado y tú, si es que todavía puedes llamarlo así sin echarte a reír ahora que las hormonas que lubricaban la comunicación, el cuidado y la fobia al conflicto se han tomado unas vacaciones indefinidas. Es el momento álgido de los divorcios en los matrimonios tardíos, o el momento de sentarse en serio y replantear la relación de arriba abajo. En Estados Unidos, la mayoría de los divorcios, el 60 %, los solicitan mujeres de edades comprendidas entre los cuarenta y los sesenta años.[147] Una vez más, puede que este fenómeno responda a conductas menos moldeables y más «Ahora me toca a mí, colega». Lo óptimo sería hallar un término medio entre destruir la familia que has creado y mantener el statu quo. El truco está en transformar la ira y la seguridad en ti misma en hechos, en realizar cambios que seguramente te beneficiarán a ti pero también redundarán en el bien de toda la familia.

Para las mujeres trabajadoras, tal vez represente una segunda oportunidad. Estos cambios aparecen en un momento en el que la mayoría de las mujeres cuentan con gran experiencia en su haber. Quizá ha llegado la hora de abrirse paso y adoptar un papel de mayor liderazgo, saltar a un nuevo ruedo o emprender el camino tú sola. Mi madre fue un gran modelo en su perimenopausia, se tomaba los síntomas con calma y llamaba a los sofocos «subidas de voltaje». Se sacó otra carrera y cambió de profesión, algo que me sirvió de aliciente siendo yo adolescente. Ahora veo esta asunción de poder como una vía para canalizar una nueva energía, incluso una nueva rabia, y darles un buen uso para realizar ciertos cambios necesarios que llevaban años pendientes.

He dedicado este libro a la madre de Jeremy, Sara, que ha dirigido un grupo de mujeres de edad avanzada en el centro cívico de su localidad y ha escrito acerca de sus experiencias en *Vital Aging*.[148] Durante mi práctica privada, he contemplado el tercer acto de las mujeres en pleno envejecimiento en repetidas ocasiones. Sara, en concreto, ha sido una verdadera inspiración: sigue con su trabajo de terapeuta y se ha convertido en autora a la edad de ochenta años. Por otra parte, en los medios de comunicación cada vez veo a más mujeres que nos enseñan a envejecer bien, y se lo agradezco. Espero que, gracias a ellas, el nuevo patrón por el que se guíen las mujeres en proceso de envejecimiento gire alrededor de la vitalidad, la fuerza y la seguridad en sí mismas. Ya no se trata de amoldarse a los demás; lucha por la autenticidad.

Todo esto vale también para el aspecto. A medida que envejecemos, nuestro físico cambia; es algo natural. Cada vez veo más mujeres mayores con menos maquillaje. Desprenderse del yugo del embellecimiento resulta liberador y te permite ofrecer una imagen más relajada, natural e incluso más bella. Sustituye una ingenuidad candorosa por una inteligencia deslumbrante. Es nuestro momento de brillar mientras nuestra esencia se desprende de lo accesorio. En el folclore popular, las mujeres mayores suelen encarnar poderes místicos o mágicos, son receptoras de la fuerza y de los conocimientos que acompañan a la edad.

La mujer menopáusica encierra una sabiduría desbordante. Si todavía no eres una de ellas, acude a tus mayores. Las mujeres sabias que sirven de guía a otras establecen una sólida cadena de enseñanza y curación.

TERCERA PARTE

Guía para sobrevivir a tus cambios de humor

7

Inflamación: la clave de todo

Todos sabemos que inflamación y daños van juntos. Si te golpeas la rodilla con la mesita de centro, verás qué pronto se hincha. Pero la inflamación también tiene lugar dentro del organismo, y comprender cómo actúa es un factor clave para conservar la salud física y mental. Cuando el cuerpo percibe una presencia extraña, el ejército de los glóbulos blancos se une para atacar. Ante un invasor, como un virus o una bacteria, el sistema inmunológico se organiza y concentra toda la atención en él. Sin embargo, cuando los estímulos se producen de forma difusa o constante, la respuesta inmunológica se transforma en algo que ya no resulta de ayuda ni es saludable: inflama o destruye maquinaria que es importante para el cuerpo. Este tipo de inflamación crónica es el principio de muchas enfermedades: las cardiopatías, el asma, el alzhéimer, la obesidad, la artritis, la diabetes, las enfermedades autoinmunes y otras dolencias inflamatorias.

La inflamación influye en el funcionamiento de diversos sistemas del cuerpo, incluido el cerebro, y cuando se ha iniciado es difícil prever cuáles serán las respuestas en cascada. Si la inflamación se debiera a una sola causa, sería más fácil hacerle frente, pero no es así. La inflamación tiene muchos desencadenantes y muchos compinches. El estrés y la inflamación se alimentan entre sí. Y lo mismo vale para la obesidad y la inflamación. La falta de sueño agrava la inflamación y la obesidad. Es más, inflamación y depresión son codependientes. Para las mujeres que sufren esos problemas, puede ser una pesadilla desentrañar dónde empieza y dónde acaba cada cosa. Por eso es importante comprender que la inflamación es el denominador común de gran cantidad de dolencias que minan a las mujeres.

Mantener la inflamación a raya puede ser tu mejor seguro de salud. Pero ¿cómo? Los capítulos que siguen abordan la dieta, el sueño, el ejercicio y el sexo, poderosas prácticas para fomentar la resiliencia y combatir la inflamación.

INFLAMACIÓN, ESTRÉS Y DEPRESIÓN

Siempre que se da un factor estresante, el cortisol (la hormona del estrés segregada por las glándulas suprarrenales) invade el torrente sanguíneo, desactiva el sistema inmunológico y provoca una respuesta de inflamación. Dado que responder a una situación altamente estresante puede requerir que te mantengas alerta, las glándulas suprarrenales también secretan adrenalina, aumentando el ritmo cardíaco y respiratorio. El estrés agudo ocasional nos mantiene vigilantes y preparados para entrar en acción. Nuestro organismo se ocupa de la situación y luego vuelve a la normalidad.

Como en muchas otras cosas relativas al cuerpo, un poco está bien pero demasiado es un desastre. Los factores estresantes y las oleadas de cortisol resultantes bloquean brevemente la respuesta inmunitaria, pero luego esta se recupera. Sin embargo, el estrés crónico es otra cosa. El cortisol se desbarata.[1] Las enfermedades autoinmunes (como el lupus, la artritis reumatoide y la esclerodermia) reflejan agotamiento y un desajuste de los mecanismos normales de control del estrés. Así que el estrés crónico acaba aumentando la reactividad inmunológica y crea inflamación crónica. En el mundo moderno el estrés no tiene fin. Por eso todos estamos más inflamados de lo que deberíamos. Y, entre otras cosas, esa inflamación puede provocar depresión. El estrés crónico puede preceder a una depresión o agravarla, y es un factor de riesgo tanto para enfermedades orgánicas como psiquiátricas.[2]

Si provocas reacciones inflamatorias, desencadenarás síntomas relacionados con los trastornos del estado de ánimo.[3] Un animal de laboratorio con estrés crónico se comporta igual que una persona deprimida y se normaliza cuando se le administran antidepresivos.[4] Las personas que sufren enfermedades inflamatorias tienen más probabilidades de mostrar signos y síntomas de depresión que las que padecen otras enfermedades; y algo muy interesante: los agentes antiinflamatorios tienen efectos antidepresivos.[5]

En las personas deprimidas, aunque es posible que gocen de buena salud orgánica, los indicadores de inflamación suelen ser elevados.[6] Esos indicadores, llamados citocinas, son más altos en los pacientes deprimidos[7] y más bajos en aquellos que han recibido tratamiento con éxito.[8] Los pacientes deprimidos con pensamientos suicidas tienen niveles significativamente más altos de citocinas proinflamatorias.[9] Los pacientes que sufren estrés con ansiedad también presentan niveles de citocina altos.[10] La sustancia para el tratamiento de la hepatitis llamada interferón es, en realidad, una citocina que a veces tiene efectos secundarios psiquiátricos como depresión, ansiedad, irritabilidad e incluso tendencias suicidas.[11]

Ciertas áreas del cerebro están implicadas en los circuitos neuronales de la depresión.[12] La circunvolución del cíngulo anterior, a veces llamada sistema de alarma neuronal, es responsable de la regulación y del procesamiento emocionales. La administración de citocinas proinflamatorias activa esa área, y cuando la actividad es excesiva, se produce una depresión resistente al tratamiento.[13] La actividad se normaliza en pacientes que responden al tratamiento con antidepresivos, a la terapia conductual cognitiva o a la estimulación cerebral profunda.

Que el estrés cause inflamación tiene sentido, pero ¿por qué la inflamación lleva a que nos sintamos estresados, ansiosos, deprimidos?[14] La inflamación es la forma que tiene el cuerpo de animarte a que te comportes de determinada manera durante una enfermedad. Tienes que moderarte y conservar energía para combatir una infección. Si te metes en la cama, evitas contagiar a otros. La fatiga, la apatía, las pocas ganas de relacionarte, la falta de apetito y el aumento de horas de sueño son formas naturales de contribuir a que te recuperes más deprisa. Nuestra manera de proceder durante una enfermedad y durante una depresión se parecen muchísimo, ¿verdad? Lo normal es que una vez que la infección haya desaparecido el cuerpo vuelva a su estado inicial y reanude su habitual actividad. Cuando ese proceso se tuerce, la inflamación persiste tras la desaparición de la infección y te mantiene en un estado deprimido. Si el comportamiento adoptado durante una enfermedad se prolonga puede acabar transformándose en una depresión.

Hace unos cuantos siglos, mucha gente moría antes de cumplir los dieciséis años, principalmente a causa de infecciones. Es muy importante para el cerebro saber cuándo el cuerpo padece una infección o puede contraerla y actuar en consecuencia. Incluso observar a personas enfermas que tosen o estornudan puede provocar una respuesta inflamatoria.[15] Si el cuerpo aumenta de temperatura, se inflama con facilidad y puede eliminar a un invasor con rapidez, sobrevivirá y podrá transmitir ese código genético para los estados inflamatorios agudos. Un cerebro que capte rápidamente el peligro o el riesgo de contagio formará parte de la selección, lo que explica por qué los trastornos de ansiedad se han mantenido en el acervo génico. La amígdala, nuestro centro del miedo y la ansiedad, entra en acción cuando estamos en peligro, y eso desata en nosotros el modo evitación si existen señales exteriores negativas. La amígdala también está relacionada con las pocas ganas de relacionarnos durante una enfermedad. Si se inyectan toxinas bacterianas en humanos voluntarios, la inflamación resultante conduce a una mayor respuesta por parte de la amígdala ante imágenes sociales amenazadoras y a sentimientos de desapego social.[16] Más investigaciones están demostrando la relación entre la ansiedad y la inflamación.

Sin embargo, no se trata solo de ansiedad. La inflamación produce cambios en el cerebro que hacen que te sientas fatal. En primer lugar, las citocinas inciden sobre los mecanismos cerebrales que evitan la depresión, saboteándolos.[17] Incrementan la síntesis y la activación de la proteína transportadora de la recaptación de serotonina (SERT), el centro del receptor que los ISRS bloquean. Eso conduce a un aumento de la recaptación de serotonina, así que queda menos disponible para la sinapsis, lo cual es exactamente lo contrario a como actúan los antidepresivos. Las citocinas también degradan el triptófano, el componente principal para la liberación de serotonina, y hacen que genere una sustancia llamada quinurenina.[18] El problema de la quinurenina es que los productos de su metabolización pueden provocar más inflamación. Y ya tenemos el círculo vicioso de la inflamación patológica. Más citocinas, menos serotonina; más quinurenina, más inflamación; justo la combinación que no deseas si estás batallando contra la ansiedad y la depresión.

Para empeorar las cosas,[19] algunas citocinas disminuyen la motivación y el deseo.[20] También son antagonistas del glutamato, el neurotransmisor necesario para la formación de nuevas células cerebrales y que fomenta su crecimiento, la neurogénesis y la neuroplasticidad.[21] Menor neuroplasticidad implica menor aprendizaje y crecimiento. Las personas que responden a los antidepresivos suelen mostrar más neuroplasticidad, por lo que aquí el cerebro está tomando una dirección errónea, alimentada por la inflamación, y está volviéndose estúpido.

Casi una tercera parte de las personas deprimidas no suele responder a la medicación con antidepresivos.[22] Se ha descubierto que las personas que no responden a la medicación tienen niveles más altos de indicadores proinflamatorios, lo que implica que un examen de citocinas antes del tratamiento puede ayudar a predecir quién responderá a los fármacos antidepresivos y quién no.[23] Algunos investigadores han utilizado fármacos antiinflamatorios, como los empleados para tratar los trastornos autoinmunes, con el objeto de aliviar muchos síntomas de la depresión, tales como la ansiedad, la fatiga, los problemas del sueño, la ralentización del movimiento y la anhedonia o incapacidad para sentir placer.[24]

La inflamación provoca excesiva permeabilidad de las membranas celulares. Las partículas que deberían mantenerse alejadas de ciertas áreas del cuerpo acaban colándose a través de las barricadas. La excesiva permeabilidad de la barrera protectora[25] tiene un papel importante en la inflamación y la aparición de depresión o ansiedad.[26] La teoría del «intestino permeable» sugiere que una alimentación pobre y otros factores pueden inflamar el intestino, permitiendo que las toxinas entren en el torrente sanguíneo. Por eso, todo lo que podamos hacer para disminuir la inflamación del intestino ayudará a que nuestro cerebro funcione mejor. Como el intestino, el cerebro tiene su propia barrera inmunitaria y es muy selectivo con respecto a lo que deja pasar. Una vez que la inflamación se ha iniciado, no hay nada que hacer. Las infecciones y las enfermedades autoinmunes provocan una permeabilidad excesiva de la barrera hematoencefálica, igual que ocurre con el intestino.[27] Eso permite que los anticuerpos entren en el cerebro y aparezcan reacciones inflamatorias.

Cuando el sistema inmunológico del organismo empieza a atacarse a sí mismo, el problema es grave.[28] Un aumento así de la reactividad inflamatoria se ha observado en subgrupos de pacientes con depresión grave. Las enfermedades autoinmunes graves, como la esclerosis múltiple y el lupus, se asocian con una excesiva inflamación del cerebro y las afecciones anímicas.[29] Así que si padeces infecciones o trastornos autoinmunes,[30] tienes un riesgo mayor de acabar sufriendo una depresión.[31]

ESTRÉS EMOCIONAL Y SALUD

Cuando estaba en la facultad de medicina estudiaba como una loca, hacía los exámenes y luego me marchaba de vacaciones. Y mientras estaba por ahí recuperándome, siempre me resfriaba. Tumbada en la cama del hotel, rodeada de kleenex usados, bromeaba con mis padres diciéndoles que mi sistema inmunológico también estaba de vacaciones. Pero resulta que no era ninguna broma. El estrés crónico aumenta el riesgo de contraer infecciones y puede sabotear el funcionamiento inmune.[32] Las células NK, o células nulas, son células antiinflamatorias; son los buenos de la película.[33] La depresión y el estrés disminuyen su actividad, mientras que los antidepresivos aumentan sus capacidades de combatir a los invasores.[34] Las defensas inmunes y la cantidad de células NK son menores en los estudiantes de medicina bajo la presión de los exámenes finales.

El estrés provoca inflamación, y los factores que más estrés producen son los emocionales.[35] Las personas que sufren situaciones de estrés extremo tienen una probabilidad cuatro veces mayor de empeoramiento en enfermedades inflamatorias como la esclerosis múltiple.[36] En los niños asmáticos se observa una importante correlación entre la capacidad de hacer circular el aire a través de los conductos inflamados y su estado emocional.[37] En las mujeres perimenopáusicas que sufren infartos, lo más frecuente es que el ataque al corazón se produzca a causa de un factor emocional y no físico, al contrario que los hombres.[38] Por desgracia, las arterias coronarias de las mujeres presentan una mayor reactividad al estrés que las de los hombres.[39] Es sumamente importante que las mujeres sean conscientes de la relación entre estrés y enfermedad. Este es el mensaje con el que debes quedarte: si quieres salvar la vida, mantén la calma.

Los principales factores que pueden desencadenar una respuesta de estrés son la incertidumbre, la falta de información, la pérdida de control y la sensación de impotencia.[40] Las descargas eléctricas que no se pueden evitar inhiben la función inmunitaria, pero no así aquellas evitables.[41] Si se bloquea la capacidad de una rata de laboratorio de responder a un factor estresante, su enfermedad inmunitaria inducida de modo artificial empeorará.[42] Las personas que desarrollan un mayor grado de control sobre sus problemas de salud experimentan una reducción de los síntomas depresivos con el tiempo.[43]

La sensación de impotencia pone la salud en peligro. Los monos hembra en situación de subordinación segregan más cortisol que los dominantes, y si se intercambian los roles, la química cambia.[44] Cuanto más alta sea tu posición social, más sano estarás, con independencia de tu estatus socioeconómico.[45] La percepción de la propia posición en la escala jerárquica es importante. Es uno de los motivos por los que las redes sociales, como Facebook, pueden no ser saludables.[46] Si, desde la inseguridad de tu fuero interno, te comparas con otros más seguros de sí mismos y, como resultado, te sientes un perdedor, tu estado de ánimo y tu nivel de estrés se verán afectados negativamente, lo que puede tener efecto en tu inmunidad y tu longevidad.

Ser una «buena chica» también pasa factura. Conductas que tienen que ver con reprimirse y que se consideran una muestra de abnegación, como la docilidad y la diligencia, pueden provocar enfermedades o agravarlas.[47] Reprimir emociones como la ira o la necesidad afectiva influye en el equilibrio hormonal, en el estado inmunológico, en el sistema gastrointestinal y en la piel, por enumerar solo unos pocos desórdenes. Un estudio concluye que el mayor factor de riesgo de muerte, sobre todo a causa del cáncer, es la «racionalidad y antiemocionalidad», o sea, negar o reprimir los componentes emocionales de la enfermedad.[48] En las pacientes con cáncer de mama que son capaces de expresar la ira y adoptar una postura batalladora, las células NK están más activas, lo cual lleva a los autores del estudio a concluir que los factores emocionales son potencialmente más importantes para la supervivencia que el grado de enfermedad.[49] El mensaje que se deriva es: sobrevive la más temperamental. Permítete demostrar tus verdaderos sentimientos y preserva tu cordura y tu buen estado físico.[50] Actuar con autenticidad y en sintonía con tus emociones, hacer lo que sientes en lugar de lo que crees que deberías hacer, puede mejorar tu salud.

RESILIENCIA: ¿QUIÉN ES TU MAMÁ?

La resiliencia es un componente clave de la salud mental.[51] Consiste en la capacidad de reponerte, de adaptarte a las adversidades y, en particular, de recuperarte de los traumas, físicos o psicológicos. Mayor resiliencia implica conservar la salud frente a la tragedia y las situaciones de estrés. Menor resiliencia implica que la situación te supere, te paralice, consiga que te derrumbes y caigas enfermo.

¿Cómo fomentamos la resiliencia? Como todo lo demás, requiere práctica. La exposición a factores ligera o moderadamente estresantes en los primeros años de vida proporciona oportunidades para dominar la adaptación a la respuesta de estrés y potencia la resiliencia.[52] Ese proceso se conoce como inoculación de estrés. Necesitas algunas pequeñas victorias durante la infancia que te preparen para afrontar dificultades mayores a medida que te haces adulto. Los universitarios criados en una burbuja por sus padres helicóptero son menos resilientes porque están menos preparados para los inevitables fracasos que se producen durante los estudios.[53]

Las crías de ratas de laboratorio a las que se separa de sus madres durante quince minutos adquieren mayor resiliencia que aquellas que no han sufrido la separación;[54] están menos ansiosas y sus niveles de cortisol regresan a la línea base con mayor rapidez después de un episodio estresante.[55] No obstante, si la separación dura un tiempo excesivo, surgen problemas.

La seguridad del vínculo afectivo temprano es fundamental para constituir unos niveles elevados de resiliencia en los humanos.[56] Así como los problemas y el estrés moderados mejoran la resiliencia, el trauma crónico la destruye, ya que provoca una activación continua de los circuitos del pánico y el estrés.[57] Las personas que han sido traumatizadas[58] de forma repetida tienen la amígdala excesivamente activa, más inflamación de base[59] y respuestas inflamatorias mayores.[60]

La investigación sobre la resiliencia muestra que, como ocurre con la mayoría de las conductas, tanto los genes como el entorno tienen que ver en el resultado final. Tu naturaleza, tu sensibilidad al estrés determinada genéticamente, está influida por tu crianza y tu educación, por el número e intensidad de situaciones desfavorables que viviste mientras madurabas. Prioridad número uno: la buena crianza del bebé. La calidad del entorno parental en los primeros años de vida es clave en el desarrollo de la resiliencia.[61] Los circuitos límbicos se programan durante la infancia, y son el vínculo entre el cerebro, el sistema endocrino y el sistema inmunológico. La forma en que una madre cuida de su hijo programa la respuesta de estrés en la descendencia al alterar el desarrollo de los sistemas neurológicos que regulan el miedo.[62] Las ratas de laboratorio adultas que han sido más lamidas y aseadas por sus madres muestran más receptores de benzodiacepinas en la amígdala que aquellas que han recibido menos cuidados.[63] El entorno parental al principio de la vida también puede tener efectos sobre la inflamación. Un estudio reciente muestra de forma concluyente que los niños que reciben más cuidados en la infancia tienen los indicadores de inflamación más bajos.[64]

Resulta interesante observar que si apartas a la cría de una madre despreocupada y la ofreces en adopción a una madre que de verdad la cuida, acaba obteniendo los indicadores del grupo adoptivo, a pesar de que su carga genética no la predispusiera inicialmente a ello. Así pues, el entorno parental en la primera etapa de la vida puede influir en gran medida sobre la expresión genética que comporta una mayor resiliencia cuando el niño alcanza la edad adulta.[65]

Es posible incluso que la influencia del entorno sea superior a la biológica. En estudios realizados con monos rhesus, los que mostraban más reactividad a causa de la separación de su madre modificaban su conducta con un cambio de entorno.[66] Si se ofrecían en adopción y los criaban madres especialmente preocupadas por su cuidado, alcanzaban los primeros puestos en la jerarquía. En generaciones posteriores, las hembras adoptadas seguían el estilo maternal típico de la madre adoptiva preocupada por su cuidado a la hora de encargarse de sus propias crías. Es decir, el entorno puede influir más que la naturaleza, y el amor de una madre lo puede todo.

Pero no te apresures a descartar la genética. Las madres ansiosas tienen probabilidades de criar también hijos ansiosos.[67] Las madres con estrés postraumático grave tienen hijos con mayor deterioro de la regulación del cortisol.[68] Los hijos, e incluso los nietos, de quienes han sufrido episodios de estrés grave presentan los mismos cambios hormonales y conductuales que si hubieran experimentado esos episodios en primera persona.[69] He visitado a varios pacientes que son hijos de supervivientes del Holocausto. Todos son extremadamente ansiosos, y muchos de ellos sufren depresión a pesar de no haber estado expuestos al trauma de forma directa. Esto puede observarse también en animales de laboratorio; los efectos de un estrés sufrido hace mucho tiempo se trasladan a las siguientes generaciones.[70] Si se aparea a una rata de laboratorio estresada con una no estresada, los cambios causados por el apareamiento se observan en la segunda e incluso en la tercera generación, sobre todo cuando se examina el comportamiento exploratorio, es decir, la curiosidad y la búsqueda de novedad del roedor.[71] Cuanto más estresado, más se esconde y menos explora.

La reactividad al estrés está determinada genéticamente. Si has heredado unas réplicas específicas de genes que codifican la producción de serotonina,[72] el riesgo de depresión, tendencias suicidas y agresividad aumenta,[73] sobre todo después de sufrir estrés.[74] Si heredas los genes malos que controlan el espacio de fijación de los ISRS, SERT, es menos probable que seas resiliente y adaptable, y tus niveles de optimismo, felicidad, satisfacción con la vida y control de los impulsos se verán afectados.[75] A causa de los genes heredados, los pacientes que son más propensos a la depresión[76] también son más propensos a las afecciones inflamatorias y a deprimirse cuando sufren una enfermedad orgá-nica.[77] Existe una importante correlación entre ser emocional-mente reactivo a los factores estresantes y ser orgánicamente reactivo a los desencadenantes de la inflamación; y la causa prin-cipal es la genética.

No dejes que el estrés te estrese y todo irá bien

Lo que pienses del estrés importa. Si te ves frente a un tigre ham-briento en la selva, darás gracias por que la respiración rápida envíe oxígeno a la sangre, y por que el corazón te lata fuerte e impulse la sangre al cerebro y los músculos. Eso es exactamente lo que necesitas para escapar rápidamente y con sensatez. Si consigues redefinir tu actitud frente a la reacción natural de es-trés de tu cuerpo, te mantendrás mucho más sana. Una reacción típica del estrés aumenta el ritmo cardíaco pero contrae los va-sos sanguíneos, lo que supone las condiciones perfectas para un aumento de la presión sanguínea, un ataque al corazón o un de-rrame cerebral. Cambia las ideas que tienes sobre el estrés y po-drás cambiar la respuesta de tu cuerpo ante él.[78] Si das la bienve-nida a la reacción, recordándote que tu cuerpo te está ayudando a afrontar ese reto, conseguirás que los vasos sanguíneos se man-tengan relajados y dilatados, que no se contraigan. La dismi-nución de la ansiedad ante el estrés se traduce en una mayor confianza en tu valentía. Un estudio demostró que en sujetos que experimentan mucho estrés, cuando creen que este es malo, el riesgo de muerte prematura es un 43 % superior.[79] El riesgo disminuye si consigues redefinir tu actitud. Considera que el factor estresante es un desafío, no una amenaza, y verás cómo te sientes.

La investigación psiquiátrica demuestra lo que es obvio: sentirnos bien reduce las probabilidades de sentirnos mal. Las emociones positivas impiden o reparan los efectos del estrés;[80] mejoran la flexibilidad cognitiva y la capacidad de soportar la situación. Desarrolla tu capacidad de experimentar emociones positivas y pararás los golpes del estrés y de la depresión.[81] Las mujeres con más emociones positivas en el día a día presentan menor reactividad emocional los días de mayor estrés.[82] Si sonríes, lo superarás antes. Las emociones positivas durante la exposición al estrés contribuyen a una recuperación más rápida. Las personas más resilientes tienen más probabilidades de experimentar emociones positivas junto con la ansiedad que acompaña a las experiencias estresantes, y también muestran una recuperación cardiovascular más rápida del estrés.[83] Para los pacientes con depresión, centrarse en estrategias o en actividades que mejoran las emociones positivas puede ser la clave para prevenir las recaídas en la depresión.[84] Yo siempre pregunto a mis pacientes qué les produce felicidad y qué les hace sonreír. «¡Pues hágalo más!», respondo (es lo contrario del: «Doctora, cuando hago esto me duele». «Pues no lo haga.»). Sea sacar a pasear al perro, bailar claqué o cantar y tocar la guitarra, persigue lo que te hace feliz para aumentar la resiliencia y reducir el estrés.

El estrés y la inflamación hacen que tu cuerpo envejezca

El estrés crónico deteriora los extremos de los genes, la parte conocida como telómero.[85] A medida que las células se reproducen, esos telómeros resultan más cortos, lo cual es un signo normal de envejecimiento. En un estudio con mujeres que se ocupaban de niños con enfermedades crónicas, cuanto más tiempo llevaba la mujer cuidando del niño, más corta era la longitud de sus telómeros.[86] Tal vez fuera más importante la percepción de la carga que el tiempo de cuidados en sí. Las mujeres con percepciones más negativas de su situación estresante tenían la longitud del telómero correspondiente a la de mujeres una década mayores.[87]

La inflamación crónica puede acortar la longitud del telómero.[88] Si tus células inmunológicas siguen teniendo que responder de forma repetida, se dividen más y empieza a notarse en ellas el efecto de la edad, por lo que acabas teniendo un sistema inmunológico viejo en un cuerpo joven. Cada vez se reparan y se enmiendan menos cosas y cuesta más identificar patógenos. A medida que las células inmunológicas envejecen, tienden a producir citocinas proinflamatorias que retroalimentan el ciclo inflamatorio.[89] Los telómeros cortos son un signo corporal de envejecimiento y de estrés que ayuda a predecir la aparición de enfermedades como el cáncer[90] y la demencia.[91]

Queremos encontrar formas de alargar nuestros telómeros, o por lo menos de retrasar su acortamiento. La obesidad abdominal reduce la longitud del telómero,[92] pero el ejercicio ayuda a conservarlo largo.[93] Menos estrés y un sueño de mayor calidad ayudan a alargar los telómeros, como los ácidos grasos omega-3 y otros antioxidantes.[94] Numerosos estudios sugieren que las prácticas basadas en la conciencia plena impulsan la actividad de la telomerasa y alargan el telómero.[95] La conciencia plena también mejora los niveles de los indicadores inflamatorios. Expertos en meditación muestran, tras ocho horas practicando la conciencia plena, muchas diferencias moleculares y genéticas en comparación con los sujetos de control, incluidas la menor expresión de los genes proinflamatorios y una recuperación física más rápida del estrés inducido de forma experimental.[96] Un beneficio extra de las prácticas de conciencia plena y meditación es que aprendes a que el estrés no te estrese.

La oxitocina es una hormona del estrés

Mi amigo Jay está batallando contra un cáncer de testículo. Referirnos a las enfermedades con terminología militar nos resulta fácil, y ese marco mental tiene sus pros y sus contras. Lo que más me impresiona de Jay y su cariñosa mujer, Katie Rose, es su llamamiento a las armas a través del e-mail y de Facebook para que la familia y los amigos vayan de visita, lleven sopa, acompañen a Jay a quimioterapia y prodiguen su presencia terapéutica. Juntos han tejido una red sanadora formada por sus amigos, y eso ha beneficiado a todos los implicados, no solo a Jay. El estrés puede desarrollar tu potencial social, la capacidad de pedir ayuda. Puede fortalecer los vínculos y llevarte a ofrecer más apoyo a las personas que te importan. La sustancia que permite que todo eso suceda es la oxitocina, la hormona que subyace al vínculo afectivo y a las caricias. Recuerda que las reacciones del estrés no solo implican al cortisol y la adrenalina; no se trata solo de luchar o huir. En especial para las mujeres, la reacción al estrés a menudo incluye el cuidado y la cercanía, promovidos por la oxitocina.

El apoyo social te mantiene sano y contrarresta los efectos del estrés. Los vínculos sociales mejoran la resiliencia y evitan los problemas de salud mental.[97] Las interacciones sociales positivas tienen efectos de protección frente al estrés, y la oxitocina puede impulsar esas interacciones.[98] El apoyo social puede reducir los niveles de cortisol[99] y disminuir la reactividad cardiovascular[100] en respuesta al estrés. También puede mejorar los síntomas de la depresión.[101] La oxitocina tiene actividad antiinflamatoria[102] y dilata los vasos sanguíneos.[103] Los abrazos frecuentes[104] se asocian con una mayor cantidad de receptores de oxitocina en el corazón[105] que lo ayudan a curarse de los daños causados por el estrés.

El aislamiento es un castigo cruel y fuera de lo común

El aislamiento es un factor de estrés por sí mismo y produce complicaciones médicas desastrosas cuando se combina con otros factores de estrés. El aislamiento puede agravar tanto la respuesta al estrés como la intensidad de la dolencia física. Los adultos que sufren aislamiento social tienen tasas más altas de mortalidad y mueren antes que los que gozan de una sólida red social.[106] Las personas solitarias duermen peor,[107] tienen la presión sanguínea más alta y la función cardíaca más deteriorada que las personas no solitarias, y también presentan más síntomas de depresión[108] y una menor percepción de bienestar. El aislamiento también perjudica la función inmunológica.[109]

El aislamiento produce estrés, el estrés puede provocar inflamación, y la inflamación te vuelve tonto. O sea, el aislamiento puede volverte tonto. Estudios sobre estrés, aislamiento y neuroplasticidad en roedores[110] concluyeron que el aislamiento interfiere en el aprendizaje y la formación de la memoria.[111] El aislamiento también produce un peor control emocional descendente,[112] así que puedes añadir «no dejar de relacionarte» a la lista de las cosas que impiden que pierdas tu encanto. El apoyo social es un mecanismo de resiliencia primario que te ayuda a recuperarte manteniendo la inflamación baja y conservando la neuroplasticidad y, por tanto, la capacidad de aprendizaje. Formar vínculos sociales sólidos permite al cerebro florecer y formar nuevas conexiones neuronales.

Lo verde contribuye a la resiliencia ante el estrés

El cannabis y los cannabinoides naturales del cuerpo pueden ayudarte a contrarrestar los efectos del estrés y aumentar la resiliencia. Los cannabinoides son antiinflamatorios, pero es que podríamos decir que todo el sistema endocannabinoide es un sistema antiinflamatorio.[113] Los cannabinoides alteran las reacciones inmunológicas en el cuerpo y en el cerebro[114] e influyen sobre los glóbulos blancos y la producción de citocina. Las células inmunológicas pueden sintetizar sus propios endocannabinoides, o pueden recibir influencia de la administración de cannabinoides, ya que muchas células inmunológicas del cerebro y del cuerpo tienen receptores de cannabinoides en la superficie celular.

La anandamida, nuestra molécula de cannabis interna,[115] ayuda a rebajar la respuesta de estrés y recuperar el equilibrio u homeostasis de las hormonas y el sistema nervioso. Niveles altos de anandamida se asocian con una mejor tolerancia al estrés.[116] Cuando se libera cortisol, los niveles de anandamida aumentan para intentar forzar que las cosas vuelvan a su sitio.[117] Ese es un ejemplo de cómo funciona el sistema endocannabinoide: recupera el control del barco después del oleaje.

Es cierto que la marihuana afecta a la memoria.[118] El funcionamiento de la memoria a corto plazo disminuye cuando vas puesto, y de hecho eso puede resultar beneficioso. Los endocannabinoides son necesarios para eliminar los recuerdos emocionales negativos del cerebro. El aumento de anandamida puede ayudar a ese proceso de eliminación, mientras que niveles bajos de anandamida promueven el almacenamiento de recuerdos negativos.[119] La alteración de las señales endocannabinoides puede provocar una excesiva activación de la respuesta de estrés. La hipersensibilidad al estrés es un rasgo principal de los trastornos de ansiedad y la depresión. Muchos de mis pacientes se «automedican» con cannabis en el intento de desestresarse. Algunos veteranos de guerra con estrés postraumático fuman cannabis para olvidar lo que han visto por el mundo[120] e intentar recuperar el equilibrio de un sistema endocannabinoide alterado.[121]

Muchos trastornos psiquiátricos[122] y enfermedades inflamatorias tienen su base en un funcionamiento deficiente del sistema endocannabinoide. Los niveles endocannabinoides son significativamente más bajos en las mujeres deprimidas que en los sujetos de control.[123] Los ratones criados para no tener receptores de cannabis[124] presentan el cerebro y cambios de conducta similares a los que observas en alguien que sufre estrés crónico, y pueden representar un buen modelo animal para la depresión.[125] Los estudios con animales muestran que aumentar la señalización del receptor endocannabinoide produce efectos similares a lo que se observa cuando se sigue un tratamiento con antidepresivos convencional.[126]

Como el sistema endocannabinoide ayuda a regular la ansiedad y las respuestas al miedo, algunas empresas farmacéuticas están estudiándolo para tratar la ansiedad. Un posible foco de acción es la enzima amida hidrolasa de ácidos grasos (FAAH, por sus siglas en inglés), que metaboliza la anandamida.[127] Cuando estamos expuestos a un gran estrés, la FAAH se moviliza para descomponer la anandamida y así ayudar al cuerpo a responder a los estímulos y prepararse para actuar. Inhibir la FAAH, lo cual eleva los niveles de anandamida, ayuda a calmar la ansiedad y paliar los efectos del estrés traumático.[128] Las variaciones en el gen humano de la FAAH pueden ayudar a explicar las diferencias individuales en relación a cómo la amígdala procesa las amenazas y cómo afrontamos el estrés en general.[129] Las personas con una variante del gen que causa menores niveles de FAAH, de manera que la anandamida se descompone menos, presentan valores más bajos de reactividad al estrés; su amígdala se recupera antes tras reaccionar a una amenaza.

El tópico del fumador de canutos apalancado que pasa de

todo tiene sentido en términos de reactividad al estrés. Si fumas mucha marihuana, tu resiliencia aumenta y hay menos probabilidades de que te colapses ante un trauma menor. Los fumadores de porros no se apuran ante los pequeños contratiempos porque su sistema endocannabinoide está preparado para ser resiliente.

Las mujeres y el cannabis gozan de una relación especial.[130] Los niveles de anandamida fluctúan a lo largo del ciclo menstrual y alcanzan niveles máximos durante la ovulación.[131] Eso puede explicar en parte por qué en mitad del ciclo todas nos sentimos estupendamente. El aumento de estrógeno también tiene que ver con ello, pero puede actuar indirectamente a través del sistema endocannabinoide. El estrógeno inhibe la actividad de la FAAH, aumentando así la señalización de la anandamida y manteniéndonos calmadas.[132] Esa misma interacción estrógeno/FAAH tiene lugar en el útero,[133] que está lleno de receptores cannabinoides,[134] lo que ayuda a explicar las últimas recomendaciones sobre el consumo de cannabis:[135] un papiro egipcio del año 1550 a.C. explicaba de forma detallada el tratamiento del dolor menstrual con un supositorio vaginal de cannabis y miel. El médico real sir Joshua Reynolds recetó cannabis a la reina Victoria para aliviar sus soberanos dolores.[136] Otro uso muy antiguo de los cannabinoides es el tratamiento de las náuseas y los vómitos en el embarazo.[137]

Aprender más cosas sobre el cannabis y el sistema endocannabinoide no cuesta nada. El cannabis es una antigua planta medicinal con potentes efectos antiinflamatorios y moderadores del estrés, y es de particular interés para las mujeres. Cada vez son más los países que han aprobado leyes que permiten el uso médico de la marihuana. Por sus efectos positivos sobre el metabolismo energético y sus propiedades de alivio del estrés, muchas personas inhalan el vapor de los cogollos secos. Si no quieres colocarte, puedes exprimir el jugo de toda la planta o ingerir solo el CBD, el componente del cannabis que no te desconectará del mundo pero que produce muchos de los efectos beneficiosos sobre el metabolismo y la inflamación. Decidas compartirlo o no, por tu cuerpo circulan cannabinoides que te ayudan a conservar la salud. No obstante, no es ni de lejos el único remedio antiinflamatorio. En los capítulos siguientes encontrarás diversas técnicas para combatir la inflamación y fomentar la salud y el bienestar.

8

La comida: una droga a la que no podemos resistirnos

Muchas mujeres luchan por mejorar su peso o su relación con la comida tanto como por mejorar su estado de ánimo. En el caso de las mujeres, está claro que la comida y el estado de ánimo están íntimamente relacionados. Son muchas las mujeres que han dejado de usar la comida como combustible y han empezado a consumirla como una droga, para calmar sus ansiedades o para que las ayude a desconectar de su vida estresada. No se dan cuenta de que la comida, usada de forma correcta, puede ser la mejor medicina para estabilizar el nivel de azúcar en sangre, las reacciones químicas del cerebro y el estado de ánimo. En este capítulo aprenderás a alimentar la mente; a confiar en una dieta con grasas buenas y rica en vegetales que te ayudará a combatir la inflamación y a elevar la cantidad de neurotransmisores cerebrales que generan bienestar. Es simple, pero no es fácil. El comer está vinculado con emociones intensas, y de pequeños a todos nos consolaban por la vía oral, ya fuera dándonos el pecho, el biberón o poniéndonos un chupete. Mis pacientes ahogan sus penas con alimentos que las consuelan; muchas veces son los mismos alimentos que les ofrecían sus madres cuando habían tenido un día duro. Ser querido, cuidado y alimentado es la primera experiencia formativa de la infancia.[1] Casi todos nosotros asociamos estrechamente la comida y el amor, lo que en la vida adulta nos lleva a buscar el bienestar consumiendo un montón de calorías.

Estas malas costumbres son difíciles de cambiar, pero la primera norma de alimentación que debería cumplirse es la de: «Combustible que entra, energía que sale». Si comes alimentos ricos en nutrientes, tendrás más vitalidad.

Cerebro programado para los atracones

Nuestro cuerpo fue diseñado para almacenar calorías en previsión de futuros momentos de escasez. En la actualidad sufrimos una discordancia genética: los genes antiguos nos dicen que nos atraquemos siempre que podamos, con el fin de estar preparados para la próxima hambruna, pero en realidad esa posibilidad de pasar hambre ya no existe. Nuestro cuerpo y nuestro metabolismo no han cambiado mucho desde que éramos cazadores-recolectores hace diez mil años, pero los recursos alimentarios con los que contamos han cambiado por completo. De asar patas de bisonte en una hoguera cuando la caza era buena, hemos pasado a comer hamburguesas y burritos, a mil calorías la unidad, a diario.

En la sabana, si contabas con una fuente de alimento, la marcabas de inmediato como importante (destacada) y cazabas o recolectabas tanto como podías. La circulación de dopamina se encendía como una bombilla y se activaba como una máquina de *pinball* para ayudarte a recordar dónde habías obtenido ese alimento, para animarte a hacer acopio de él y para recompensarte con placer para que siguieras comiendo, todo con tal de sobrevivir. Adelantemos la película hasta los tiempos actuales, en los que los alimentos hipercalóricos abundan, y solo con mirarlos se activa el mismo circuito de dopamina. Recuerda que la dopamina es una de las piedras angulares de la adicción. Oír «brownie de chocolate» o ver fotos de alimentos ricos en calorías es suficiente para que se activen los centros de recompensa de dopamina, sobre todo en las personas que ya tienen problemas con la alimentación.[2]

Los alimentos procesados, con la sinfonía perfecta de azúcar, grasas y sal, están diseñados de forma explícita para sacar partido de nuestras preferencias alimentarias innatas y acaban actuando como drogas. La comida basura es literalmente adictiva, y cambia la química del cerebro de igual forma que lo haría el crack o el speed. De hecho, en un estudio donde se comparaban las galletas Oreo con la cocaína,[3] las Oreo ganaron, pues activaban una respuesta de dopamina mayor que la cocaína en las ratas. La comida basura no solo nos engancha, sino que desarrollamos tolerancia, con lo que necesitamos dosis mayores, y nos provoca mono cuando la dejamos.[4]

El azúcar genera un «momento de felicidad» que activa el circuito de recompensa que nos impulsa a volver a por más.[5] Las grasas provocan el exceso de ingesta al generar una sensación placentera en la boca, y la sal aumenta, todavía más, la atracción por las comidas procesadas. El contenido graso es difícil de identificar cuando no está visible en los alimentos, tan visible como en un filete veteado.[6] Si añadimos azúcar a la ecuación, el resultado aún es peor. Cuanto más azúcar se añade a los alimentos procesados, mayor es el momento de felicidad. Si los niños crecen bebiendo zumos de frutas envasados y refrescos en lata, el agua les parece aburrida. Los alimentos procesados son tan salados, que el brócoli nos sabe a cartón. Se trata de un comportamiento aprendido, y comer de forma más sana requerirá que reeduques tus papilas gustativas (y las de tus hijos).

Los edulcorantes artificiales también pueden engancharnos y, a diferencia de la cocaína y las metanfetaminas,[7] ofrecer una posible pareja sexual o un paseíto en una rueda giratoria no impide que sigamos consumiéndolos.[8] Un estudio básico sobre los comportamientos alimentarios demuestra que nuestro sistema receptor de morfina interno, el circuito de la endorfina, se activa gracias a determinados alimentos. Las ratas de laboratorio alimentadas con una dieta rica en azúcar que se interrumpe de forma abrupta muestran una química cerebral similar a la que se activa con la retirada del opiáceo, con síntomas clásicos como el castañeteo de dientes y temblores.[9] Administrar naloxona, el antagonista de los opiáceos, a las mujeres que se pegan atracones reduce la compulsión a atiborrarse de alimentos ricos en azúcares y grasas.[10] Esto significa que el sistema de la endorfina actúa de forma similar a ese tren desbocado conocido como atracón.[11]

Sabemos que la alimentación afecta a nuestra salud física. Y cada vez está más clara la conexión que existe entre la comida y la salud mental. Lo que comemos influye en nuestro estado de ánimo y, por supuesto, nuestro estado de ánimo influye en cómo comemos. El estrés y las emociones afectan al sistema gastrointestinal, y viceversa.[12] Los nervios de los intestinos que afectan al cerebro superan en número a los nervios del cerebro que afectan a los intestinos. Esta comunicación bidireccional puede ayudarnos a explicar por qué se nos «revuelven las tripas» ante algo desagradable o por qué sentimos «un cosquilleo en el estómago» cuando nos enamoramos.[13] Además, los neurotransmisores se crean tanto en las tripas como en el cerebro. Lo que significa que lo que comes puede afectar directamente en tu estado de ánimo.

Cuando estamos estresados, a menudo sentimos el deseo de comer carbohidratos, lo que puede aumentar los niveles de dopamina y serotonina, neurotransmisores que, además de hacer que nos sintamos bien, reducen los niveles de cortisol. Se trata de un bucle de retroalimentación negativo. Los niveles elevados de cortisol nos llevan a comer azúcares y féculas, lo que provoca el aumento de serotonina, que a su vez reduce los niveles de cortisol. Los aperitivos salados también aumentan los niveles de endorfina y de endocannabinoides. Por eso se les llama alimentos reconfortantes. Con todos esos neurotransmisores que provocan bienestar, los alimentos que engordan consiguen que nos sintamos de maravilla.

Esa amalgama neurológica de recompensa nos estimula, y una vez que hemos empezado ya no podemos parar. Los alimentos con la proporción justa de dulce, salado y graso llevan al cerebro a un viaje de euforia, y en el camino hacia el atracón se rompen los frenos. Un experimento con monos estresados que se dan atracones demuestra que tienen los sistemas de dopamina comprometidos. Se «automedican» con comida para estimular los sistemas de recompensa con dopamina; como resultado de estas recompensas derivadas del alimento manifiestan menos control inhibitorio y reflejan una respuesta reducida a la saciedad.[14] Más recompensa y menos control son distintivos de la adicción. La capacidad del cerebro para registrar los aumentos de dopamina es mucho menor en los individuos obesos, algo muy parecido a lo que ocurre en el cerebro de los cocainómanos.[15]

Entonces ¿por qué tomamos cartas en el asunto cuando la gente arruina su vida con las drogas o el alcohol pero no cuando abusa de la comida? La adicción a la comida es un problema de salud importantísimo en Estados Unidos, donde dos tercios de la población adulta tiene sobrepeso o sufre obesidad. En mi consulta suelo decir que el azúcar es el «otro polvo blanco», tan adictiva y poco saludable como la cocaína y la heroína. Y no es ninguna broma. El cerebro reacciona al consumo de azúcar de forma similar a como lo hace ante el consumo de drogas.

No es raro que un adicto que haya pasado a estar limpio o sobrio gane muchísimo peso. Las drogas y la comida compiten en el cerebro en las mismas zonas de refuerzo.[16] Así pues, si la comida manufacturada se idea específicamente para tocar la tecla de la adicción, ¿qué podemos hacer? Conviene que analices tu comportamiento alimentario personal igual que lo harías para combatir una adicción. Existen pruebas contundentes de que los programas de doce pasos son una herramienta maravillosa para reorganizar una alimentación desordenada.[17] Si tu forma de alimentarte se asemeja a una adicción, aplica el enfoque de los doce pasos y empieza por el primero: reconoce que te sientes impotente ante la adicción a la droga que has escogido. La fuerza de voluntad aquí no tiene nada que ver.

Una forma creativa de plantearte poner fin a los atracones implica usar la mente para saciar el estómago. Distintas partes de la senda de la recompensa de la dopamina se obtienen como anticipación de ese premio (en contraposición a la experimentación en sí), y resulta que ambas sensaciones son placenteras.[18] La química de tu cerebro cambia tanto por la anticipación del placer como por su experimentación. Si a tu cerebro se le hace la boca agua solo con pensar en tus comidas preferidas, adelante, imagínate comiendo un helado enorme o un pastel tremendo. Piensa en cómo huele, en su aspecto y en su textura cuando tus labios lo llevan de la cuchara a la lengua. Tómate todo el tiempo que quieras y disfruta de la fantasía de la comida en lugar de perderte en el auténtico laberinto azucarado. La experiencia real jamás será tan perfecta como la hayas podido imaginar. Y, más importante, una vez que empieces, te será difícil parar.

Los ataques de hambre, te hayas fumado un porro o no

El sistema endocannabinoide es una de las razones por las que los humanos seguimos vivos. Desempeña un papel vital en la regulación de los comportamientos alimentarios. Al igual que los fumadores de porros se fumarían cualquier cosa que tuvieran a mano, cuando este sistema se activa, te entra hambre y no puedes parar de comer.[19] La función del sistema es animarte desde el primer bocado a que sigas comiendo. Esto es estupendo para pacientes dolorosamente delgados que sufren cáncer o sida y fuman marihuana, puesto que la medicación que toman les provoca náuseas, pero no es en absoluto recomendable para el resto de las personas.

La hormona leptina te ayuda a parar de comer.[20] La leptina intenta mantenerte delgada señalando al hipotálamo del cerebro que reduzca el apetito, porque te sientes llena, y que queme más calorías. Cuantas más células grasas tienes, más leptina se segrega. En ese sentido, actúa como un sensor que dice a tu cuerpo lo gorda que realmente estás: es una buena amiga.[21] Pero aquí es donde todo se complica: cuanta más grasa corporal tienes, más leptina, y en cierto momento los receptores del cuerpo dejan de escuchar. Te vuelves tolerante a las señales que te indican que dejes de comer y, más importante, a los niveles elevados de leptina. Se trata de la resistencia a la leptina, y es una mala noticia, porque las células grasas del vientre generan todo tipo de reacciones químicas indeseables para el cuerpo, lo que provoca una inflamación leve que acaba trastornando el metabolismo.

Los niveles bajos de leptina indican al sistema endocannabinoide que se ponga en marcha y sientas hambre. Los niveles altos de leptina reducen los niveles de endocannabinoides en el hipotálamo y desactivan el ataque de hambre repentino. Cuan-

do te das un atracón, tu cerebro está anegado en endocannabinoides. Así pues, ¿por qué no bloquear estos receptores para
que el peso se reduzca? Tal vez el sistema endocannabinoide
pueda fortalecerse para combatir la resistencia a la leptina. Sería
una gran idea de no ser porque, en realidad, este sistema funciona de forma muy distinta. El medicamento Rimonabant actúa
bloqueando el receptor de cannabis CB1. Al actuar como antagonista del sistema endocannabinoide, se trata de una medicación que impide los ataques repentinos de hambre. El Rimonabant se creó y se comercializó como inhibidor del apetito.[22] El
problema era que, cuando esta medicación se usaba en humanos, los consumidores se sentían deprimidos y llegaban a mani-
festar tendencias suicidas. Al final fue retirada del mercado.

El sistema endocannabinoide hace muchas más cosas por ti
aparte de alentarte a que te des un festín. Te ayuda a ser feliz.
Una investigación reciente sugiere un estudio más detallado de
los receptores de endocannabinoides en los intestinos, lo que
podría reducir el exceso de ingesta de alimentos sin efectos psicológicos secundarios.

LAS HORMONAS NO SIRVEN SOLO PARA EL SEXO

El sistema endocannabinoide es solo uno de los bucles de retroalimentación inteligente que informa de nuestro apetito.
Nuestros cuerpos están calibrados para gestionar el apetito y el
peso. Tres hormonas trabajan para modificar el nivel de azúcar
en la sangre, el hambre y el metabolismo energético en general.
Entender cómo influyen estas hormonas en el hambre que sientes te proporciona las armas necesarias en tu viaje hacia una alimentación saludable. Ya has aprendido algo sobre la leptina;
vamos ahora con la insulina, que te ayuda a regular el metabolis-

mo del carbohidrato y la grasa. La insulina te protege evitando que la descomposición de la grasa se utilice como fuente de energía y, en cambio, garantiza que las células usen el azúcar. Cuando comes, el nivel de azúcar en sangre aumenta, el páncreas (localizado debajo y detrás del estómago) libera insulina, extrae el azúcar del torrente sanguíneo y la lleva a las células. Como resultado, el nivel de azúcar en sangre disminuye. Todo va bien. El problema llega cuando el páncreas reacciona de forma exagerada y libera demasiada insulina, lo que da como resultado niveles más bajos de azúcar en sangre en comparación al instante de inicio de la ingesta. Esto ocurre cuando comes carbohidratos simples que se convierten en azúcar enseguida. O cuando los bebes.[23] Las bebidas edulcoradas hacen que las ratas de laboratorio sientan más hambre, no menos.

Los alimentos dulces activan la reacción de la insulina y, además, te dan hambre. Los edulcorantes artificiales no sacian como lo hacen los azúcares[24] pero provocan un pico de insulina que a largo plazo activa el apetito y puede llegar a engordarte.[25] ¿Te sientes irritable? Es posible que tu nivel de azúcar en sangre esté por los suelos, lo que se llama hipoglucemia, y eso te hace estar gruñona, temblorosa, sudorosa, con náuseas y hambrienta. En ocasiones, estos síntomas se confunden con ansiedad o pánico. Con menos azúcar en la sangre, empiezas a desear azúcar y carbohidratos para normalizar esos niveles. Comienza el día con alimentos dulces, y te encontrarás buscando el subidón de azúcar a lo largo de toda la jornada con el único resultado de que volverás a experimentar bajones en tu estado de ánimo.

Puesto que los carbohidratos simples suelen provocar la caída en picado del nivel de azúcar en sangre, conviene ingerir alimentos que activen una liberación más lenta de insulina, como carbohidratos complejos, proteínas o grasas. Los carbohidratos complejos son los alimentos integrales como la avena, la quínoa, el farro y el mijo, que ayudan a estabilizar el nivel de azúcar en sangre y contribuyen a mejorar los niveles de serotonina y la memoria. Los carbohidratos más complejos son ricos en vitaminas del grupo B (B1, B6 y B12), necesarias para el buen funcionamiento del cerebro. Sé lista: come granos ricos en fibra. Te ayudarán a estar de mejor humor.

Una dieta rica en proteínas y pobre en carbohidratos[26] te ayudará a perder peso, a disminuir el riesgo de enfermedad coronaria y a estabilizar al máximo el nivel de azúcar en sangre.[27] Cualquier alimento con un índice glucémico bajo (es fácil encontrarlo en internet) contribuirá a estabilizar el nivel de azúcar en sangre, como lo hace la canela y el suplemento picolinato de cromo. El exceso de azúcar siempre es malo. Se almacena en forma de grasa y puede aumentar el riesgo de sufrir una enfermedad coronaria y diabetes. La diabetes tipo 1 suele diagnosticarse durante la infancia. El páncreas no produce insulina, y esta debe ser inyectada como medicación de por vida. Mucho más frecuente es la diabetes tipo 2, una resistencia a la insulina o una deficiencia de insulina debida a las exigencias de una dieta rica en azúcares. Con el tiempo, las células se tornan más sensibles a la señal emitida por la insulina para que absorban el azúcar del torrente sanguíneo. La diabetes tipo 2 se trata ajustando la dieta y haciendo más ejercicio, o tomando una medicación que reduzca el nivel de azúcar en sangre. Las inyecciones de insulina solo se suministran en estadios avanzados de la enfermedad.

La resistencia a la insulina es un problema tremendo cuando hablamos de salud y peso saludable. Si eres resistente a la insulina, sufrirás con frecuencia síntomas de hambre, grasa abdominal y somnolencia después de las comidas. Quizá también sientas «bruma mental» y depresión. La obesidad y la inactividad son factores de riesgo que provocan resistencia a la insulina, al igual que una dieta rica en azúcares y carbohidratos. El ejercicio combate la resistencia a la insulina, puesto que mejora la sensibilidad del cuerpo a esta hormona. También contribuye a que los músculos absorban el azúcar del torrente sanguíneo sin ayuda de la insulina. Numerosos estudios sugieren que los ácidos grasos omega-3 del aceite de ricino también combaten la resistencia a la hormona en cuestión.[28]

¿Qué más puede invertir este proceso de resistencia? El cannabis. El sistema cannabinoide está estrechamente relacionado con el azúcar y el uso de la energía.[29] Los fumadores crónicos de hierba tienen cinturas de menor diámetro,[30] mejores niveles de colesterol y ácidos grasos, y menos resistencia a la insulina que las personas que no consumen esta droga.[31] El sistema endocannabinoide es fundamental en el mantenimiento del metabolismo, y la sensibilidad a la insulina y la resistencia son críticas cuando se trata de controlar el peso.

La tercera hormona, la grelina, se produce en el estómago.[32] La grelina activa el hambre, la búsqueda de comida y su consumo mediante el aumento de la motilidad orgánica y las secreciones gástricas, lo que hace que te rujan las tripas. Los niveles de grelina crecen con la expectación de la comida; el simple hecho de pensar en lo que quieres comer ya estimula el apetito. La grelina ralentiza el metabolismo y disminuye la capacidad corporal para quemar grasas. Quizá seas capaz de suprimir la secreción de grelina bebiendo un vaso de agua antes de comer o comiendo una manzana. Los niveles de grelina aumentan por la noche, justo cuando estás deseando pegarte un atracón, gracias. Por otra parte, la privación del sueño aumenta los niveles de grelina durante el día y reduce los niveles de leptina, por eso se dice que si quieres pesar menos tienes que dormir más.

En las personas obesas, el comer no afecta a las señales que lanzan la grelina y la leptina como en los sujetos delgados objeto de estudio.[33] El peso es, ante todo, genético. Los gemelos,[34] tanto si crecieron juntos como si se les separó al nacer,[35] mantienen casi el mismo índice de masa corporal, y los niños adoptados tienen los índices de masa corporal de sus padres biológicos, no los de sus padres adoptivos.[36] Todos partimos de una historia genética personal y una serie de bucles de retroalimentación en lo referente a las hormonas.

Como ya debes de saber, tras haber perdido peso, te enfrentas a una dura batalla. Un equipo de investigadores australianos estudió a cincuenta adultos con sobrepeso después de que hubieran perdido una media del 14 % de grasa corporal.[37] Sus niveles de leptina y grelina habían variado de forma notable, lo que había ralentizado su metabolismo e intensificado la sensación de hambre. Esos niveles alterados duraban al menos un año, y la mayoría de los sujetos volvió a recuperar casi la mitad del peso que había perdido, a pesar de seguir haciendo dieta. Este es el punto de partida desde el que se debe actuar. Sin embargo, existen alternativas, beneficiosas para tu salud en general, a las que puedes recurrir. Por ejemplo fijarte en qué comes y en cómo lo comes.

Qué comer

Las comidas que realizas son solo el combustible para que la máquina funcione. Lo que comes debería tener buen aspecto y buen sabor, por supuesto, pero también debería ser adecuado para tu maquinaria. No llenarías de nata el depósito de tu coche, estoy segura, y tal vez tampoco deberías acercarte ese espray a la boca y llenártela de nata.[38]

Solo el 25 % de nosotros comemos tres porciones de verduras al día, y la verdad es que necesitamos mucho más que eso.

Por conveniencia y falta de tiempo, optamos a menudo por las hamburguesas y cocinamos pocas verduras frescas. La tendencia a comer alimentos procesados es una amenaza para la vida. En países como Estados Unidos, con los porcentajes más bajos de calorías obtenidas de alimentos no refinados e integrales, se registran los niveles más elevados de cáncer y enfermedades coronarias. Cuanto más tiempo llevan viviendo los inmigrantes en Norteamérica, más aumentan los casos de diabetes entre los miembros de su comunidad, así como la hipertensión y las enfermedades cardiovasculares. Los niños nacidos en Estados Unidos de padres de otros países no viven tanto como sus progenitores.[39]

Esto es lo que digo a mis pacientes para que les resulte sencillo. Hay que preferir las verduras a la fruta, los alimentos naturales a los procesados, y las proteínas a las féculas. Esta dieta podría ser tu mejor apuesta, no solo para estabilizar el peso y el apetito, sino también para tener un estado de ánimo equilibrado. Una investigación que dividió a los sujetos de estudio en dos tipos de dieta, de alimentos integrales y de alimentos procesados, concluyó que el riesgo de sufrir depresión era un 58 % mayor en el segundo grupo.[40]

La naturaleza es más sabia que las grandes empresas. La industria alimentaria ha separado los componentes de los alimentos y los ha procesado, con lo que su consumo te traerá problemas. No estamos hechos para consumir azúcares sin fibra. Estamos hechos para consumir alimentos naturales, integrales y equilibrados. Los componentes de las plantas trabajan en equipo para mantenernos saludables. Las plantas transforman el sol en energía. Esa energía aporta el combustible para realizar los procesos químicos de tu cuerpo. Las vitaminas y los minerales también son necesarios para esas ecuaciones químicas. Es mejor encontrarlos en los alimentos que en el botiquín del baño. (Tengo una paciente que bromea diciendo que su botiquín está la mar de sano, porque todas las vitaminas están en su interior en lugar de en su organismo.)

La paleodieta, rica en proteínas y grasas y pobre en carbohidratos, está ganando adeptos, y es una buena alternativa para mantener el peso y un estado de ánimo equilibrado.[41] Quizá convendría que te preguntaras lo siguiente: ¿qué comería una mujer de las cavernas? Hay algo que está claro: la guerra contra las grasas ha terminado. En la década de 1990 intentamos consumir poca grasa y, al sustituirla por más carbohidratos y azúcares, engordamos más y sufrimos más diabetes. La grasa nos llena y nos sacia; la mayoría de nosotros nos damos atracones de dulces y no de filetes. He aquí la gran sorpresa: con una dieta rica en grasas y pobre en carbohidratos se pierde más peso, y sobre todo más grasa abdominal, que con una dieta baja en grasas.[42] Además, reduce los niveles de azúcar en sangre y de insulina y disminuye el riesgo de sufrir diabetes.[43] Las nuevas investigaciones contradicen el consejo que nos han dado durante décadas. Las grasas saturadas y el colesterol no aumentan el riesgo de sufrir infartos ni enfermedades cardiovasculares.[44] El azúcar sí. Los países donde se comen más grasas saturadas tienen los porcentajes más bajos de enfermedades coronarias, de ahí la «paradoja francesa».[45]

Las dietas bajas en hidratos de carbono pueden reducir los factores de riesgo de enfermedad cardiovascular,[46] al tiempo que mejoran el índice de colesterol y los niveles de triglicéridos.[47] En cuanto a las grasas buenas y las grasas malas, el consejo también ha cambiado. Las grasas saturadas, como las que se encuentran en la mantequilla, la carne y los derivados lácteos, se consideraban malas pero ahora vuelven a recomendarse.[48] Las grasas trans, o insaturadas, siguen siendo malas.[49] Son grasas fabricadas por el hombre, tóxicas y muy vinculadas a las enfermedades coronarias. Entre ellas se incluyen la margarina, la grasa alimentaria para cocinar Crisco, y cualquier componente parcialmente hidrogenado que se añada a los alimentos procesados como las galletitas saladas, las galletas tipo *cracker*, las patatas fritas y los donuts. Las patatas fritas y las palomitas de los cines suelen cocinarse con grasas trans. Las grasas monoinsaturadas, que se encuentran en los frutos secos, siguen siendo buenas.[50] Los frutos secos también contienen muchas proteínas, fibra y ácidos grasos omega-3; tres razones por las que deberían convertirse en un aperitivo frecuente (además, sacian).

Me crié oyendo que el aceite de palma y el de coco eran malos para la salud.[51] Y ahora resulta que el aceite de coco está de moda.[52] Es una manera de endulzar un poco sin inducir una subida repentina de insulina, puede reducir la grasa abdominal y mejora los niveles de colesterol.[53] Puedes usarlo para cocinar a temperaturas elevadas sin que sus moléculas se descompongan, como le ocurre al aceite de oliva, y tarda más en estropearse que los demás aceites. Me gusta saltear las verduras de color verde oscuro con aceite de coco. Su suave dulzura equilibra el amargor de las verduras. Si ese sabor no te gusta, usa aceite de oliva virgen extra si lo fríes a temperatura baja o media, y aceite de pepitas de uva si la temperatura es alta.

Si puedes, come a diario una buena ensalada. Las verduras crudas son importantes.[54] Las personas que comen siete raciones al día tienen menos posibilidades de enfermar o morir de cáncer o de alguna afección coronaria. Si no quieres dejar de comer carbohidratos, al menos añade vegetales a todas las comidas. He aprendido a adorar las ensaladas. Durante mucho tiempo las aliñé con limón y aceite de oliva. El limón puede alcalinizarte el cuerpo,[55] y existen estudios que sugieren que el estar alcalinizado es saludable, lo que incluye mantener la buena salud de los huesos[56] y reducir el riesgo de padecer obesidad,[57] diabetes y enfermedad coronaria.[58]

En la actualidad estoy convencida de que el vinagre de manzana es mucho más saludable que el limón para mantenerse alcalinizado; es lo que uso ahora para aliñar las ensaladas. Existen pruebas sólidas de que el vinagre de manzana reduce las respuestas a la insulina[59] y los niveles de glucosa después de una comida y puede ayudar a mantener a raya la diabetes.[60] También ayuda a conservar la línea tras la dieta,[61] mejora los niveles de colesterol[62] y reduce la inflamación.[63] El ácido acético del vinagre inhibe la digestión de las féculas y los azúcares, por lo que pasan por el sistema digestivo como fibras indigeribles.[64] Además, como el vinagre ayuda a la digestión, no te sentirás tan hinchada después de comer.[65] Muchas culturas incluyen el consumo de encurtidos como aperitivo, lo cual es una forma inteligente de iniciar la ingesta. Es posible que algunos beneficios de la dieta mediterránea tengan que ver con el consumo de encurtidos al principio de las comidas.

Tu cuerpo necesita azúcar para funcionar, pero no todos los azúcares se crean de igual modo. Muchas células del cuerpo pueden usar grasa y proteína como fuente de energía, pero el cerebro es más selectivo y usa solo el azúcar de la glucosa.[66] La glucosa no necesita que el hígado la descomponga; es absorbida por el estómago y, mientras la insulina esté presente, será captada por las células del cerebro. El azúcar de la fructosa es única en su necesidad de ser descompuesta por el hígado, y en el proceso se generan triglicéridos grasos. La fructosa, más que otros azúcares, crea hígados grasos. Una investigación demuestra que el consumo de fructosa genera resistencia a la insulina, disminuye los niveles de leptina, perjudica la tolerancia a la glucosa, eleva los niveles de ácidos grasos y provoca hipertensión en los animales. El consumo crónico de fructosa puede favorecer el aumento en el consumo de calorías, incremento de peso y hasta obesidad.[67] También puede aumentar los triglicéridos en la sangre, el colesterol LDL, y una proteína sérica o vinculadora de los ácidos grasos, todos causa de enfermedad coronaria.[68]

Antes la fructosa se consumía solo cuando se comía fruta, con lo que el conjunto incluía mucha fibra y antioxidantes, lo que compensaba el efecto de los triglicéridos. En la actualidad, por culpa del sirope de maíz rico en fructosa, que se encuentra en casi todos los alimentos procesados, consumimos grandes cantidades de fructosa sin fibra, y el torrente sanguíneo, el hígado y las células cerebrales reciben un aluvión de grasa como derivado de su metabolismo. Los niveles altos de triglicéridos generan hígados grasos y aumentan el riesgo de sufrir déficits cognitivos y alzhéimer. El estrógeno puede paliar algunos de estos efectos;[69] las dietas ricas en fructosa tienen peores consecuencias en las ratas macho de laboratorio que en las hembras.[70] Mujeres, atención: los niveles altos de triglicéridos debidos a una dieta rica en fructosa no solo incrementan el riesgo de tener problemas de memoria, además interfieren en la producción y función de los neurotransmisores y pueden aumentar el riesgo de sufrir una depresión.[71]

La solución es dejar de tomar completamente zumos de fruta y sirope de maíz rico en fructosa y plantearse el limitar el consumo de fruta en general. Una decisión inteligente: come solo fruta de temporada, no la que llega en avión desde Sudamérica. Melones en verano, manzanas y peras en otoño. Tener mangos todo el año no es natural. No es lo previsto por la naturaleza, y no estamos diseñados para comer así.

La obesidad, la diabetes, la hipertensión, la embolia y el infarto a menudo se consideran enfermedades relacionadas con el estilo de vida, lo que supone que si lográramos cambiar las opciones vitales poco saludables, evitaríamos la enfermedad en cuestión. Por desgracia, en nuestra cultura, obsesionada con el consumo de pastillas, en vez de combatir las rutinas dañinas nos limitamos a tomar un medicamento que anule sus efectos. Nos resulta mucho más fácil tomar una pastilla para reducir el colesterol o el nivel de azúcar en sangre que hacer cambios en nuestra ingesta nutricional. Al 25 % de la población de Estados Unidos se le ha recetado estatinas. Si te han dicho que tienes el colesterol alto y que deberías tomar estatinas, por favor, plantéate consumir menos carbohidratos y menos fructosa antes de ingerir un medicamento que podría causarte pérdida de memoria,[72] aumentar el nivel de azúcar en sangre, dañar tu musculatura y provocarte pinchazos y hormigueo en las extremidades.[73] Las estatinas, además, merman la cantidad de nutrientes fundamentales para el organismo,[74] y, quizá lo más alarmante, nuevos estudios sugieren que la gente que toma estatinas desarrolla una falsa sensación de seguridad y come más alimentos poco saludables.[75]

Y ya que estamos con el tema del colesterol, te diré una cosa: los huevos son una maravillosa fuente de proteínas y tienen toda la vitamina B que necesitas.[76] Los huevos aumentan el nivel de HDL (el colesterol bueno) y no están relacionados ni con el aumento del riesgo de sufrir una afección coronaria ni de padecer una embolia. Nuestro cuerpo genera colesterol y, en la mayoría de los casos, si tenemos el hígado sano, este órgano producirá menos colesterol cuando comamos más. Además, los huevos son ricos en colina, nutriente que se agota a toda velocidad cuando estás estresada o los niveles de cortisol son altos, por ello los huevos son una buena forma de proteger tu cuerpo si llevas un estilo de vida estresante.[77] Son muchas las mujeres que no consumen suficiente colina, necesaria para los neurotransmisores y para generar membranas celulares en todo el cuerpo.[78] Otra alerta para las mujeres: los niveles bajos de colina están relacionados con la ansiedad y la depresión femenina.[79] Mi consejo en este punto es sencillo: come huevos.[80]

Cuando empiezo el día con proteínas, como el huevo, en lugar de con hidratos de carbono, como las tortitas, tengo más energía, me concentro mejor y mantengo el hambre a raya. Como ya he dicho, los carbohidratos engendran carbohidratos. Los carbohidratos simples (donuts, magdalenas, crepes, cruasanes, y cualquier combinación de harina, azúcar y grasa, básicamente) aumentan muchísimo los niveles de insulina, lo que hace que el nivel de azúcar en sangre caiga, lo que provoca hambre... de más carbohidratos. Es la razón principal para no beber refrescos azucarados.

QUÉ BEBER

Intento minimizar el consumo de harina, azúcar y lácteos en mi dieta y animo a mis pacientes a unirse a mí en este empeño. Cada vez hay más pruebas de que la proteína de la leche, la caseína, hace estragos en el cuerpo y el cerebro. Los bebés están hechos para crecer y desarrollarse por la ingesta de la leche materna, no de la leche de vaca. No existe ninguna otra especie en el planeta que succione las mamas de las hembras de otras especies. No somos terneros, no estamos genéticamente diseñados para tomar leche de vaca y, desde luego, no estamos diseñados para seguir consumiéndola en la vida adulta. La nata, la mantequilla, el queso... Sé que todo eso tiene un sabor maravilloso y hace que la vida valga la pena, pero yo aconsejo a mis pacientes que finjan ser intolerantes a la lactosa. Es la única intolerancia que aliento. Si vas a beber leche, elige la que tenga un 1 o un 2 % de grasa; la leche desnatada acaba generando una subida mayor de insulina debido a su porcentaje relativamente más elevado de azúcar.

La leche de almendra no edulcorada es una alternativa más

saludable a la leche de vaca, porque tiene más proteína que la leche de arroz, que es rica en azúcar y carbohidratos. La leche de coco sin edulcorar y la leche de soja son otras opciones. Evita la soja si tienes mucho nivel de estrógeno (consulta el capítulo sobre la perimenopausia), si tienes la tiroides más bien vaga, o si estás tomando Synthroid. Los ftalatos que se encuentran en la soja interfieren en la absorción de yodo, que la tiroides necesita para realizar su trabajo.

¿Refrescos *light*? Ni hablar. Los edulcorantes artificiales activan la secreción de insulina tanto o más que los edulcorantes naturales. Numerosos estudios demuestran que dar bebidas *light* a los sujetos analizados termina provocando un aumento de peso y una posible resistencia a la insulina por el alto nivel de azúcar en sangre crónico.[81] Las ratas a las que se suministra aspartamo con el pienso tienen niveles más elevados de azúcar en sangre que las que solo comen pienso normal,[82] y las ratas que beben agua con sacarina están más gordas que las que toman agua con azúcar.[83] Además, las calorías líquidas no suelen activar la sensación de saciedad como lo hacen las calorías sólidas, por ello debes tener especial cuidado con las bebidas que sean *ligth*. Nuestro cuerpo es menos consciente de la ingesta excesiva de calorías cuando se trata de líquidos y no de sólidos.

La solución es sencilla: bebe agua.

LA COMIDA COMO MEDICINA: ENTENDER (Y PREVENIR)
LA INFLAMACIÓN

Lo que comemos no es lo único importante; cómo nos sentimos repercute enormemente en nuestro apetito. Bienvenida al triángulo de las Bermudas formado por el estado de ánimo, la obesidad y la inflamación. El estrés causa inflamación y conduce a la sobrealimentación; la grasa corporal causa inflamación, lo que a su vez conduce a la obesidad y a la depresión; y todo el conjunto pone nuestra salud en peligro.

La inflamación entorpece la función del estómago, y esa es una mala noticia para el cerebro. Algunos neurotransmisores, como la serotonina y la dopamina, se producen principalmente en el estómago usando vitaminas y aminoácidos (los ladrillos de las proteínas) de los alimentos que ingieres. Si existe inflamación, la producción de estos neurotransmisores básicos se verá afectada. Además de sufrir problemas digestivos, como hinchazón o diarrea, podrías sentirte malhumorada o deprimida. Ingerir alimentos que no te convienen puede alterar de manera drástica cómo te sientes tanto mental como físicamente.

¿Estás depre e hinchada? Prueba una dieta antiinflamatoria y mira a ver si te sientes mejor. En las culturas indígenas en las que no existen alimentos procesados, la prevalencia de la demencia, las enfermedades coronarias o la artritis es mínima.[84] Si deseas prevenir muchas de las enfermedades o dolencias que acompañan a la edad, evita polvos blancos malsanos como el azúcar y la harina, y come en colores. «Sé racista con la comida: segrega el blanco», suelo decirles a mis pacientes. Plantéatela como una dieta de discriminación positiva. Los alimentos de color rojo o naranja vivo, como la remolacha, el pimiento y la calabaza; las verduras de hojas oscuras, como la col rizada y las espinacas, y la fruta de un morado intenso, como las granadas y los arándanos, tienen propiedades antiinflamatorias. Prescinde de la comida procesada e inclínate por los alimentos frescos; mejor aún, come alimentos crudos: verduras, frutos secos y semillas. La harina y el azúcar blancos y refinados pueden provocar una respuesta inflamatoria,[85] igual que la carne grasa,[86] las bebidas azucaradas[87] y los refrescos bajos en calorías, por lo que deberían evitarse.[88] Un estudio realizado en Harvard demostró que las mujeres que comían pan y pasta (alimentos blancos) presentaban marcadores inflamatorios más elevados y mayores síntomas depresivos que las que no. Empieza por cambiar ese desayuno al que echas mano siempre. Olvídate de los bollos, los donuts y los cereales. Prueba los huevos con verduras, pero sin tostada. O toma un yogur con semillas y frutos secos. Sobre todo, escoge alimentos ricos en nutrientes que tengan un alto contenido en fibra y sean bajos en calorías, también conocidos como verduras. Casi todas poseen propiedades antiinflamatorias beneficiosas. El jengibre y la cúrcuma son dos plantas con efectos antiinflamatorios[89] con las que puedes ser generosa.[90]

La acumulación de radicales libres, los productos de desecho derivados de la función metabólica del organismo, es capaz de provocar una reacción en cadena que puede dañar las células. Es lo que se conoce como estrés oxidativo, y produce inflamación. Los antioxidantes, como los betacarotenoides (que se hallan en las verduras amarillas y anaranjadas), el licopeno (tomates), las antocianinas (arándanos), las catequinas (té verde),[91] la teaflavina (té negro) y los polifenoles (vino tinto, té verde y chocolate) protegen los tejidos orgánicos del estrés oxidativo, de ahí que se los haya etiquetado como «antiinflamatorios».[92] Las vitaminas C y E y el selenio son antioxidantes, igual que el cannabis.

Los ácidos grasos omega-3 son antioxidantes[93] que reducen la inflamación.[94] Cerca del 70 % de los estadounidenses padece un déficit de ácido graso omega-3, y ello se debe a la ingesta insuficiente de pescado, sobre todo pescados de agua fría, como el salmón, el bacalao negro de Alaska y el halibut. Las algas, el pescado, las semillas de lino y de cannabis y los aceites derivados de estos contienen omega-3. Hace mucho que se dice que el pescado es bueno para el cerebro, y con razón. Los pacientes ansiosos o deprimidos tienen niveles bajos de omega-3, y un suplemento de estos ácidos grasos mejora los síntomas.[95]

Cada vez son más los estudios que afirman que los aceites de pescado son eficaces para disminuir la impulsividad y alargar los tiempos de reacción, además de resultar útiles en el tratamiento del TDAH, el trastorno bipolar[96] e incluso algunos síntomas esquizofrénicos.[97] Los ácidos grasos omega-3 también pueden retrasar el acortamiento del telómero para combatir los efectos del estrés y el envejecimiento.[98] ¿Más razones para su consumo? Los ácidos grasos omega-3 producen endocannabinoides que se acoplan a los receptores CB1 y CB2, lo que ayuda a contener la inflamación.[99] Las semillas de cannabis (que pueden comerse tal cual) y el aceite de semillas de cannabis (fabuloso en una vinagreta) son deliciosas fuentes de ácidos grasos omega-3, además de proteínas vegetales tan adecuadas para los animales como para los humanos.[100] Suelo añadir semillas de cannabis al muesli de las mañanas y me deja saciada para todo el día.[101]

LOS PROBIÓTICOS CONTRIBUYEN A ALIVIAR LA INFLAMACIÓN Y LA DEPRESIÓN

Nuestro cuerpo alberga una comunidad muy variada de bacterias llamada bioma. Solo una de cada diez células de nuestro organismo es propia de los mamíferos; las células bacterianas superan a las células humanas en una proporción de nueve a uno. Nuestro aparato digestivo está habitado por billones de bacterias productoras de sustancias químicas que nos ayudan a digerir los alimentos y a regular el apetito.[102] ¿Cómo consigues que un ratón gordo adelgace o que un ratón delgado engorde?[103] Trasplantándole las bacterias intestinales del otro. La flora intestinal está directamente relacionada con la obesidad.[104] Las personas obesas y las delgadas poseen niveles distintos de ciertas bacterias.[105] La sensibilidad a la insulina de los humanos que reciben microbios de un donante delgado, lo que se conoce como trasplante fecal (mejor no preguntes), mejora a medida que estos microbios intestinales reparan el metabolismo disfuncional.[106] Los probióticos ayudan a detener el aumento de peso y la resistencia a la insulina que a veces deriva del consumo de olanzapina (Zyprexa), un antipsicótico, por lo que es posible que también sean efectivos con otros fármacos psiquiátricos que producen aumento de peso.[107]

Las personas a las que se les ha colocado un balón gástrico suelen perder unos dos tercios de su exceso de equipaje, y existen varias razones que lo explican. Un estómago más pequeño se llena antes, y la operación reduce los niveles de la hormona grelina, que estimula el apetito.[108] Sin embargo, un descubrimiento reciente demuestra que esa intervención también altera el equilibrio de las bacterias intestinales. Cuando se transfiere el contenido de los intestinos de un animal sometido a una cirugía bariátrica a otro, el receptor también pierde peso a pesar de no habérsele realizado ninguna operación.[109]

Por desgracia, la típica dieta occidental, basada en alimentos procesados ricos en azúcares y bajos en fibra, altera las bacterias intestinales con las que hemos nacido y reduce su diversidad. (Las tandas de antibióticos que recibimos durante la infancia y la sobreexposición a productos antibacterianos también afectan a nuestra flora.) Edulcorantes artificiales como Splenda, Equal y Sweet'n Low eliminan bacterias intestinales beneficiosas[110] y trastornan el metabolismo de la glucosa.[111] La mejor forma de activar y mantener una flora intestinal saludable es comer verduras, fermentados como el yogur, el kimchi, el chucrut y otros alimentos ricos en fibra. También existen bebidas fermentadas, como el kéfir y la kombucha. La fibra acelera el proceso de fermentación en los intestinos, por eso añadir salvado, avena, alubias y frutos secos a la dieta contribuye a contener la inflamación.

Los suplementos probióticos son cápsulas llenas de bacterias beneficiosas que pueden reducir los niveles de citocina inflamatoria y mejorar tu equilibrio nutricional.[112] Alivian la diarrea, la hinchazón, los gases y el síndrome del intestino irritable, y reducen las reacciones alérgicas al modificar el sistema inmunitario. Estudios recientes sugieren que tomar suplementos probióticos al mismo tiempo que alimentos prebióticos ayuda a perder peso.[113] Los probióticos son alimentos de los que se nutren las bacterias. El consumo de cebollas, alcachofas, espárragos, tupinambos y probióticos te ayudará a adelgazar[114] y a contener la inflamación.[115]

Asimismo, nuestra flora intestinal desempeña un papel fundamental en la producción de neurotransmisores (entre ellos la serotonina), enzimas, vitaminas (en particular las B y la K) y otros nutrientes esenciales, algunos tan importantes como los aminoácidos y los ácidos grasos de cadena corta. Estos últimos, derivados de la fermentación, también actúan para prevenir la inflamación, por eso resulta tan beneficioso añadir alimentos fermentados a la dieta. Algunos de estos compuestos podrían influir en la regulación del nivel de estrés e incluso en nuestro temperamento: cuando los microbios intestinales de ratones despreocupados y atrevidos se trasplantan a los intestinos de ratones ansiosos y tímidos, estos últimos se vuelven más intrépidos.[116]

En todo organismo existe un equilibro entre bacterias buenas y malas. La levadura y las bacterias nocivas crecen sin control cuando no hay bacterias beneficiosas que las contengan, lo que a veces da lugar a la aparición de lipopolisacáridos (LPS), una endotoxina que puede hacerte enfermar. En estudios realizados con animales, la administración de LPS produce síntomas similares a los que se observan en los trastornos depresivos: apetito escaso, movimientos ralentizados, cansancio, malestar y apatía.[117] La respuesta inmunológica al LPS de una persona puede aumentar el riesgo de una depresión crónica.[118] Además, el LPS descompone el triptófano, el precursor de la serotonina, y eleva las citocinas relacionadas con la depresión, las cuales reducen aún más los niveles de triptófano.[119] Así, el desequilibrio bacteriológico en el sistema puede tener un efecto negativo en el estado de ánimo.

Ingerir probióticos podría contribuir a aliviar la depresión y la ansiedad.[120] Los pacientes depresivos muestran niveles elevados de citocinas proinflamatorias y una absorción de nutrientes limitada debido a la alteración de su flora intestinal. La manipulación de las bacterias que se hallan en el estómago y los intestinos puede alterar el funcionamiento neuronal,[121] el estado de ánimo y la conducta.[122] El tratamiento con probióticos reduce los índices en tres áreas: somatización (quejas sobre achaques y dolores), depresión, e ira y hostilidad.[123] Los probióticos pueden ayudarte incluso a ser más racional, pues aumenta el control descendente y la inhibición frontal. En las mujeres que comen yogures probióticos dos veces al día se aprecia mayor actividad en la red neuronal que conecta la corteza prefrontal (relacionada con la toma de decisiones y el control emocional) con el tronco cerebral (relacionado con la respuesta al miedo y los estímulos emocionales).[124] De esto se deduce que los probióticos te ayudan a estar relajada. Afectan al aminoácido GABA,[125] un neurotransmisor que calma el sistema nervioso al reducir la ansiedad, estimular el sueño y protegernos ante el estrés.[126] La nutrición tiene una nueva consigna: los psicobióticos. La idea de que las bacterias pueden reducir la ansiedad y la depresión está empezando a arraigar, pero no olvides que ha sido aquí donde has oído hablar de ellos por primera vez.

SÍNDROME DEL INTESTINO PERMEABLE

Dada la relación existente entre la inflamación y la depresión, lo lógico es evitar los alimentos que desencadenan reacciones alérgicas u otras respuestas inflamatorias. Cada persona reacciona de manera distinta a distintos alimentos. Ciertas intolerancias únicamente se dan en poblaciones dentro de una misma área debido, tal vez, a algo llamado genotipaje regional. Los indios americanos se han alimentado de maíz durante generaciones, y cuando incorporan harina o azúcar a su dieta sufren inflamación. Por el contrario, en otras poblaciones que se han alimentado de trigo las inflamaciones vienen originadas por la ingesta de maíz. Así pues, trasladarse a otro país y adoptar su dieta puede plantar la semilla de enfermedades con una base inflamatoria, como la cardiopatía, la diabetes y el cáncer.

El gluten (la proteína del trigo, la cebada y el centeno) resulta alérgeno para muchas personas, aunque no se les haya diagnosticado un trastorno celíaco, como ocurre con la lactosa (el azúcar de los lácteos). No se trata de un fenómeno binario, todo el mundo tolera en mayor o en menor medida estos componentes alimenticios. En muchas personas, el consumo de pan, pasta o productos lácteos provoca una inflamación que hace permeables las paredes del intestino, lo que permite el paso al torrente sanguíneo de partículas que por lo general no habrían llegado hasta allí.

Los intestinos son kilométricos y se recogen en el vientre. Sus paredes constituyen una barrera que solo permite el paso al torrente sanguíneo de partículas debidamente digeridas. Las células deciden qué las cruza y qué no, pero si las uniones entre dichas células son débiles,[127] el paso queda abierto a sustancias no deseadas. Ciertas bacterias con forma de tirabuzón y la cándida, una levadura, son capaces de abrirse camino entre las células intestinales y hacer las uniones más permeables.[128] De nuevo, si existe un desequilibrio entre las bacterias beneficiosas y las nocivas, dicha inestabilidad acabará convirtiéndose en un problema. Cuando se padece una inflamación del intestino, es probable que se tenga un intestino permeable. Y cuando el intestino se vuelve permeable, la inflamación es cada vez mayor, lo que puede llevar a la obesidad y a la depresión, así como a la aparición de otros síntomas.

Cuando el intestino es permeable, bacterias, alimentos no digeridos y otras toxinas acaban en el torrente sanguíneo, lo que estimula la respuesta de los anticuerpos, fenómeno que a su vez causa mayor inflamación. Además de retortijones e hinchazón, la inflamación puede producir cansancio crónico, migrañas, cambios de humor y comprometer el sistema inmunológico. Tampoco se producen ni se absorben de manera adecuada los neurotransmisores que necesita el cerebro. Las alergias alimentarias, la artritis reumatoide y muchas otras enfermedades autoinmunes podrían surgir a partir de un intestino permeable; una teoría que explicaría por qué la eliminación del gluten de nuestra dieta no solo ayuda a combatir las enfermedades autoinmunes y las dolencias del aparato digestivo, sino también los cambios de humor y el metabolismo.

El estrés, la obesidad, una mala nutrición y un intestino permeable pueden aliarse para crear un estado proinflamatorio que cause o empeore una depresión.[129] Siempre animo a mis pacientes con depresión, artritis (articulaciones doloridas), fibromialgia (dolores musculares), síndrome de fatiga crónica o síndrome del intestino irritable (caracterizado por episodios de diarrea y estreñimiento) a que se planteen llevar una dieta antiinflamatoria. En la lista de los alimentos o sustancias con mayor capacidad para desencadenar una reacción alérgica e inflamatoria los primeros serían el gluten, los lácteos, los huevos, el maíz, la soja, los frutos secos y el marisco. El maíz y la soja se encuentran en prácticamente todos los alimentos empaquetados, y es increíble la frecuencia con que la harina de trigo aparece entre los ingredientes, de modo que si consumes productos elaborados, vas a tener que dedicar un buen rato a leer listas de ingredientes para descartar algunos alérgenos potenciales. Otra ventaja de cocinar y preparar tus propios platos con vegetales frescos y reconocibles es que no hay que leer tanta letra pequeña.

Muchos pacientes y bastantes amigos y colegas me han comentado que su estado de ánimo mejoró de forma milagrosa cuando dejaron el gluten. Sin embargo, puede que no resulte tan sencillo. Los dos mayores grupos de proteínas presentes en el gluten se consideran exorfinas.[130] Ya hemos hablado de las endorfinas, esas sustancias internas y similares a la morfina que pueden tenerte en éxtasis y ajeno al dolor. Cuando ingieres exorfinas, estas activan tu sistema endorfínico. Es lo que hace, por ejemplo, el gluten. Existe un compuesto específico en el gluten llamado gluteomorfina que viaja hasta el cerebro y se acopla a los receptores endorfínicos.[131] Por lo tanto, sí, entiendo perfectamente que el pan calentito y la pasta al dente te hagan feliz, incluso que te den un subidón, pero que seas adicto al trigo no implica que no puedas dejarlo. Cada vez hay más panes integrales que se elaboran sin harina, y en la actualidad se están creando constantemente productos sin gluten para dar respuesta a esta nueva forma de alimentarse. El problema radica en que suelen estar muy elaborados. Insisto, es más sencillo consumir alimentos no procesados, reales y reconocibles.

Cómo comes

De pequeña empecé a comer alimentos prohibidos a escondidas de mi madre y llegó un momento en que terminé haciéndolo a escondidas de mí misma. Engullía todo lo que fuera tabú deprisa y corriendo para no darme cuenta, y comía en una especie de estado de fuga, evadida, como si no estuviera presente. Muchos de mis pacientes que comen de manera compulsiva (el término médico es hiperfagia) dicen que se sienten en una especie de estado alterado de conciencia mientras se atiborran. Esta forma de alimentarse es un modo de esconderse de los demás y de uno mismo.

Cuando llegué a la facultad de medicina, los platos preparados, la adicción al pan recién horneado que hacía yo misma, y permanecer largas horas sentada para estudiar se aliaron contra mí hasta que me puse fofa. Al acabar el tercer año, tenía unos catorce quilos de sobrepeso, momento en que descubrí dos cosas importantes: el ejercicio y las verduras. Averigüé que ciertos alimentos me hacían sentir fatal, no solo a nivel emocional sino también físico. Me acercaba a la treintena, momento en que el metabolismo celular pasa de crear a descomponerse. Los niños en edad de crecimiento y los adolescentes pueden permitirse alimentarse de esta manera, pero yo no.

Lo que realmente me ayudó en la lucha por alcanzar el objetivo de *En 30 días piernas más esbeltas* (un libro que tenía) fue aprender a entender y a aceptar mi apetito. Los libros de Geneen Roth supusieron un verdadero hallazgo.[132] Sus consejos son sencillos: come cuando tengas hambre, exactamente lo que quieras y suelta el tenedor antes de que te sientas llena. Para alguien que se ha mantenido delgado toda su vida sin esfuerzo, es un poco como si le dijeran: «inspira, espira», pero para millones de mujeres, «come cuando tengas hambre» es precisamente lo que no hacemos. Tememos confiar en nuestro cuerpo cuando tiene ganas de comer, por eso buscamos pastillas para matar el apetito. El camino hacia una alimentación sana empieza por hacer las paces con tu apetito. Aquí tienes algunos consejos para empezar.

No te evadas mientras comes. Sé consciente, hazte responsable. Presta atención al alimento que te llevas a la boca, a la textura de lo que masticas, al sabor mientras te deleitas con cada bocado. Come delante de una mesa, sentada, sin distracciones (ni televisión, ni revistas, solo la comida y tú). Así no te «despertarás» después de haber devorado un plato lleno de algo preguntándote si lo has disfrutado.

Saborear de verdad lo que ingieres tiene dos funciones. Cuando eres consciente de lo que estás comiendo y disfrutas de cada bocado, es más probable que ingieras una cantidad de alimento menor. Si engulles la comida a toda prisa para que nadie se dé cuenta, tú incluida, no saboreas nada y acabas sintiéndote culpable y avergonzada por haberte atiborrado de manera compulsiva, sin haber disfrutado de la satisfacción que produce una buena alimentación. Solo lograrás sentirte física y emocionalmente incómoda, ¿y qué haces cuando te sientes mal? Intentas subsanarlo con más comida. Y me incluyo.

Examínate, como si fuera para nota. Céntrate, respira hondo y a continuación come de manera consciente una pequeña porción de lo que te apetezca. Para que esa conciencia sea aún mayor, prepárate algo y siéntate, no cojas lo que sea, no comas de pie delante de la nevera abierta. Lo peor: masticar de modo mecánico delante del televisor, medio hipnotizada. Crea un espacio sagrado, tanto física como mentalmente, para comer. Utiliza fronteras visibles, como un salvamanteles individual y una servilleta, incluso una vela. Si puedes dejar tu puesto de trabajo para comer, perfecto. Si no es así, apaga el teléfono y el ordenador y come, nada más. Mira lo que te llevas a la boca. Haz un esfuerzo consciente por saborearlo, por apreciar su textura y únicamente presta atención a la comida. Son solo quince minutos, el ordenador puede arreglárselas sin ti.

¡Ese tenedor, más despacio! En serio. Si te paras a pensar en cómo te sientes, sueles notar tensión o malestar en el estómago, como si tuvieras mariposas, llevaras un cinturón demasiado apretado o te pesara como una piedra. Si estás estresada, el estómago no está en condiciones de asumir una responsabilidad tan grande como la de hacer la digestión, de la que suele encargarse el sistema nervioso parasimpático. Si su opuesto, el sistema nervioso simpático, está activo (como cuando te sientes ansioso o estresado), el corazón y los músculos necesitan todo el riego sanguíneo y la energía celular posibles, de modo que la digestión queda relegada a un segundo plano. ¿Llenas el depósito de gasolina mientras vas como un bólido por la autopista? No, paras en la gasolinera y apagas el motor. Tu cuerpo no puede reponerse adecuadamente si estás en modo lucha o huida. Aminora la marcha y detente antes de comer.

La manera más sencilla de poner el cuerpo en modo parasimpático es mediante el aparato respiratorio. Respirar honda y pausadamente a través de la nariz indicará al cerebro que ha llegado el momento de apagar el interruptor.[133] (Mi profesor de yoga Bikram siempre nos recuerda que respirar por la boca activa el sistema simpático y agudiza el pánico.) Aunque te pases todo el día de aquí para allá, intenta entrar en modo tortuga cuando te sientes a comer. Relájate, cálmate e, insisto, sé consciente de ti misma. Cuando lo consigues, todo tu cuerpo se relaja, incluido el abdomen.

Cuanto más tranquila estés, más delgada estarás. El estrés, ya sea físico o emocional, lleva a ingestas compulsivas altamente calóricas.[134] Es lógico atiborrarse en una situación crítica; los alimentos altos en calorías te permiten enfrentarte o huir ante un depredador. El problema es que hoy en día la mayoría de las situaciones estresantes no exigen que movamos ni un músculo, por lo que nos damos atracones para nada. El estrés, al activar la secreción de cortisol, te impulsa a atiborrarte. Los repuntes de cortisol aumentan los niveles de grelina, disminuyen los de leptina y hacen que una proteína llamada péptido Y te provoque antojo de carbohidratos. El triplete hormonal de los atracones.[135]

El estrés agudo mantiene la locomotora en marcha, pero el estrés crónico casi la vuelve imparable. Los monos subordinados y mangoneados tienen un exceso de cortisol,[136] y los que ocupan los últimos puestos de la escala jerárquica se comen sus heces de manera incontrolada.[137] Los funcionarios británicos de categorías inferiores son más obesos que aquellos que ocupan puestos superiores.[138] Las personas más estresadas picotean más alimentos dulces y calóricos a lo largo del día.[139] Comemos y volvemos a comer para sentirnos reconfortados. Cada vez más estudios demuestran que reducir el estrés mediante la meditación o el yoga puede contribuir a perder peso aun sin cambiar demasiado la dieta. El estrés no solo nos hace comer de manera compulsiva,[140] además, los niveles altos de cortisol relacionados con el estrés causan mayores niveles de azúcar en sangre y un exceso de grasa abdominal.[141]

Suelta el tenedor entre bocado y bocado y ve despacio. El estómago tarda veinte minutos en indicarle a tu cerebro que ya estás; si ingieres mil calorías en cinco minutos, desaprovecharás la sabiduría de la naturaleza en tu perjuicio. Intenta dejar de comer cuando hayas llenado dos tercios del depósito; tu cuerpo no tardará en darte alcance y descubrirás que ya no necesitas seguir comiendo. Si nos parecemos en algo, seguro que comes cuando tienes comida delante, aunque no estés hambrienta. Igual que cuando haces la maleta de manera compulsiva y metes de todo por si las moscas, comes ahora por si no puedes comer más adelante. Desde el punto de vista psicológico, lo que intentas es enmascarar el miedo a encontrarte en una situación de necesidad.

Desde el punto de vista biológico, se trata de una disonancia genética. Pero ahora que tenemos comida disponible a todas horas debemos dominar de manera consciente esa ansiedad por comer siempre que sea posible. Debemos aprender a prestar atención a esa vocecita lejana que nos dice «¡Basta!» aunque todavía quede comida en el plato y en los armarios.

Come de manera intuitiva, no emocional. A lo largo de la vida, a las chicas se nos enseña a no confiar en nuestro cuerpo, a pensar que tenemos un hambre insaciable y que debemos aprender a ponerle freno si no queremos acabar hechas unas focas. Se nos enseña a desoír nuestros deseos, por eso crecemos alienadas de nuestro apetito, tratándolo como un saboteador traicionero. Por esa razón, como nos privamos de tantas cosas tan a menudo, cuando por fin comemos algo que nos gusta, casi nos resulta imposible parar. No comemos cuando tenemos hambre y no paramos cuando estamos llenas. De ahí que «come lo que quieras» equivalga a una herejía. A lo largo de nuestra adolescencia y juventud se nos recuerda constantemente lo que debemos y lo que no debemos comer. Los consejos sobre la forma de alimentarnos van implícitos en las miradas desaprobadoras de nuestra madre, aparecen explícitos y en letras bien grandes en las portadas de las revistas y se intercambian entre las amigas del gimnasio.

El mío: escucha a tu cuerpo y respeta lo que te dice. Solo cuando te permites comer cualquier cosa con la que fantaseas, sin alimentos prohibidos, podrás empezar a alimentarte con lo que tu cuerpo realmente anhela. Después de leer los libros de Roth pasé por una breve etapa en la que comía helados para cenar y tallarines con salsa alfredo en el almuerzo, poniendo a prueba eso de que no había ningún alimento prohibido, hasta que mi estómago empezó a informarme de que en realidad ansiaba ensaladas con salmón y col salteada o espinacas. No es broma.

Comer de forma intuitiva significa prestar verdadera atención a esa voz interior que te dirá con sinceridad lo que tu cuerpo necesita para estar sano. Significa confiar y creer en lo que te apetece y en realizar elecciones saludables. Cuando proporcionas a tu cuerpo lo que necesita, no lo que tu boca quiere, no lo privas de nada, lo alimentas. La calidad de la gasolina afecta al motor. Fíjate en cómo te sientes después de comer pasta y después de comer verduras; evalúa tu energía después de un bollo de hojaldre glaseado y después de una tortilla francesa. Intenta decidirte por lo que hará que te sientas bien después, no por lo que sabe bien ahora. Para ello tienes que concentrarte en lo que sientes y ser consciente de ti misma, prestar atención a tu cuerpo y, luego, elegir lo que hace que te sientas mejor físicamente.

Es fácil malinterpretar las señales que te envía el organismo. En ocasiones, en vez de hambre lo que tienes es sed, y acabas abriendo la nevera sin pararte a pensar qué está ocurriendo en realidad. Bebe un vaso de agua o una taza de té y siéntate un momento antes de decidirte por un tentempié. También es posible que no estés ni hambrienta ni sedienta. Tal vez lo que necesitas es un «descanso» que no implique engullir nada, ya sea un paseo por el parque o salir a que te dé el sol y el aire. Si no prestas atención, podrías malinterpretar la información.

Si respondes a tus deseos con honestidad, proporcionas a tu cuerpo justo lo que quiere y a continuación lo vives plenamente, sin convertirlo en una experiencia extracorpórea, ingerirás una cantidad menor. Es un poco como rascarse justo donde pica en lugar de alrededor. Además, los primeros bocados siempre son los más sabrosos, por eso es mejor vivir esa experiencia de manera deliberadamente consciente que como un maratón de placer menguante mientras te acabas el plato con aire distraído.[142]

Cuidado con la hora de las brujas. Muchos pacientes me cuentan que a menudo «se portan bien» todo el día, no se saltan sus planes de comida, incluso van al gimnasio, pero por la noche, en esa tierra de nadie que se extiende entre la cena y la hora de acostarse, lo echan todo a perder. Cuando iba a la universidad, ese era el momento de la cuarta comida del día, ya se tratara de una pizza o de unos huevos en la cafetería. Después de ser madre, se convirtió en algo distinto. Había estado pendiente de los demás todo el día, dedicada a ellos, y cuando por fin estaba sola me daba atracones, igual que mis pacientes. La noche es ese momento en que por fin podemos dedicarnos a nosotros mismos, aunque solemos hacerlo de una manera que no resulta ni saludable, ni nutritiva, ni sosegada.

A menudo comemos con ánimo distraído, desganado y destructivo. Estamos embobados delante del televisor, o peor, borrachos. Bastante peor. El alcohol desinhibe muchas de nuestras conductas apetitivas, como mantener relaciones sexuales o comer, de manera que acabamos saltándonos la dieta o escogiendo parejas sexuales que podrían equivaler a la comida basura.

Lo contrario a una ingesta responsable se realiza con el piloto automático puesto, en una especie de estado alterado de conciencia. La mecanización repetitiva del acto de comer nos resulta relajante, es hipnótica y rítmica. Nos ayuda a evadirnos, justo lo que deseamos hacer cuando las cosas se ponen feas. La ingesta compulsiva libera dopamina, endorfinas y cannabinoides, de esta manera el cuerpo se asegura de que comer te resulte placentero para que continúes haciéndolo. La noche también es el momento en que estamos menos ajetreados y distraídos, por lo que las emociones empiezan a aflorar a la superficie. Muchos optamos rápidamente por entretenernos con el correo electrónico, la televisión o limpiando la cocina para no tener que sentir nada, pero te aconsejo lo siguiente: siéntate, calla y SIENTE, ¡maldita sea! Quizá hayas oído alguna vez eso de «No es lo que comes, sino lo que te reconcome». Nada más cierto. Por algo la imagen de una chica sentada en el sofá encontrando consuelo en un tarro de helado es un cliché. Los estudios demuestran que las emociones intensas afectan a las papilas gustativas; somos más sensibles a los sabores dulces, amargos o salados, y menos a la cantidad de grasa o calorías que ingerimos cuando estamos bajos de ánimo.[143]

Con frecuencia comemos porque algo nos reconcome. Cuando me asalta el hambre, me pregunto de manera reflexiva: «¿Qué quiere aflorar a la superficie que intento acallar?». Para muchos de nosotros, se trata de una sensación de aislamiento o soledad. En mi opinión, han acertado de pleno con ese cartel de Starbucks en el que aparecen unos cafés con leche decorados con caramelo y en el pie de foto se lee: «Some Friends You Can Depend On» («Esos amigos de los que no puedes prescindir»).

Los monos que ocupaban los últimos puestos en la escala jerárquica realizaban las ingestas compulsivas principalmente de noche.[144] A pesar del componente psicológico que explica esta conducta, la biología tiene un peso inmenso. La grelina, la principal hormona que estimula el hambre, aumenta por la tarde y continúa su ascenso hasta la noche, y la galanina, una hormona que nos empuja a buscar alimentos altos en calorías, se dispara de noche para asegurarse nutrientes suficientes hasta el día siguiente. Procura solventar la cena con una combinación sana de proteínas y verduras para mantener a raya el azúcar en sangre, bebe mucha agua y luego aléjate de la cocina hasta la mañana. Y lo más importante: busca algo que realmente te relaje y que no esté relacionado con la comida.

Cuando te alejes de esa pizza, recuerda: no estás privándote de nada, estás regalándote satisfacción, placer y salud durante años. El crecimiento emocional implica inclinar la balanza hacia

la autoconservación y alejarse de la autodestrucción y el sabota-
je. Cuando se trata del cuidado de la salud física y mental, la alimentación debe formar parte de la ecuación. La calidad de la
gasolina con que alimentas el motor afecta a su rendimiento. Si
quieres tener más energía y vitalidad, debes comer vegetales que
hayan captado la energía del sol mientras crecían al aire libre.
Los animales herbívoros son nuestros primos lejanos, y los animales criados en granjas y alimentados con antibióticos, maíz,
soja y otros animales son parientes aún más lejanos. Ten presente que el equilibrio de tus hormonas y bacterias intestinales dictamina tu salud metabólica. Y no te olvides del sueño. Resulta
que cuanto más duermas, más delgado podrás estar. Así que pa-
semos al siguiente capítulo.

9

Aceleradas de puro cansadas

Las mujeres somos más sensibles a la falta de sueño que los hombres, y más propensas a despertarnos de mal humor y a mostrarnos gruñonas y hostiles si no hemos dormido bastante.[1] Las mujeres también somos más propensas a padecer insomnio, debido, sobre todo, a las fluctuaciones hormonales.[2] Ser madre y la hipervigilancia que conlleva tal responsabilidad provoca insomnio en muchas mujeres. La otra época problemática es la perimenopausia, en que uno de los primeros síntomas, y de los que más persisten, es la dificultad para conciliar el sueño y para no despertarse durante las horas de sueño. Visto lo cual, no debería sorprenderte saber que tres de cada cuatro pacientes con insomnio en las clínicas del sueño son mujeres y que tomamos el doble de somníferos que los hombres.[3] Casi un 30 % de las mujeres estadounidenses dicen tomar algún tipo de ayuda para dormir por lo menos algunas noches a la semana, y un 80 % de las mujeres entrevistadas dicen estar demasiado estresadas o preocupadas para dormirse con facilidad.[4]

El sueño es una de las funciones vitales más importantes del organismo. La calidad del sueño es por sí sola un gran predictor de la longevidad, más que la dieta o el ejercicio físico. Es crucial para muchas de las funciones orgánicas, incluidos el equilibrio hormonal, la inmunidad y el metabolismo. Cuando hay alteraciones del sueño pueden surgir un montón de problemas, entre los que se cuentan el aumento del riesgo de formación de trombos, enfermedades cardiovasculares, diabetes, trastornos autoinmunes, cáncer, obesidad e inflamación.[5] «No dormir suficiente produce sobrepeso, hambre, impotencia, hipertensión y cáncer, además de problemas de corazón.»

Y ya se sabe que cuando algo no funciona bien en el cuerpo, lo demás también se estropea. La falta de sueño produce más inflamación y menos resiliencia frente al estrés.[6] Todo junto puede ser la trampa que te haga caer en una depresión. Incluso dormir mal una sola noche puede afectar a tus funciones cerebrales al día siguiente y dar como resultado niveles más altos en pruebas de ansiedad, estrés y estado de ánimo depresivo. Esos niveles elevados de estrés conllevan una mayor frecuencia cardíaca en reposo.[7]

Con frecuencia se observan trastornos del sueño en personas con problemas de depresión y ansiedad, dolor crónico y estrés, sobre todo estrés laboral. Cuando mis pacientes tienen problemas en el trabajo, acaban reflejándolos inevitablemente en la cama, y no me refiero al sexo. Pasan la noche dando vueltas a lo sucedido durante el día y preocupados por lo que sucederá al día siguiente. Los niveles más altos de cortisol que resultan de la exposición bilateral a la luz de una vela perturban la conciliación del sueño y su mantenimiento, y si el aumento de los niveles es crónico, conlleva más grasa acumulada en el vientre, niveles más altos de azúcar en sangre y la posibilidad de diabetes. Tal como verás más abajo, la falta de sueño está estrechamente vinculada con el control del peso, o sea que mantener el estrés a raya y dormir bien es fundamental para conservarse en buena forma física.

Dormir poco forma parte de la cultura estadounidense.[8] En 1910, un adulto dormía una media de diez horas al día. En 1960, había bajado a nueve. Ahora tenemos suerte si conseguimos dormir siete horas al día.[9] Pero no por dormir menos perdemos el mundo de vista en cuanto nos echamos en la cama. La falta de sueño crónica produce un aumento de los niveles de cortisol al caer la tarde, por eso al final del día estamos acelerados. Cuando llega la hora de acostarnos, no logramos relajarnos y acabamos con la sensación de que necesitamos sedantes. En Estados Unidos, los fármacos para dormir son un gran negocio. Una cuarta parte de los adultos estadounidenses dice tener dificultades ocasionales para conciliar el sueño,[10] y casi la mitad de ellos recurren a un somnífero para lograrlo; y las mujeres de mayor edad con un nivel de estudios más alto encabezan la lista. Al año se rellenan casi 70 millones de recetas de fármacos hipnóticos como el Ambien, el que consigue más ingresos, con más de 2.000 millones de dólares de ventas en el mundo en el año 2011.

La alimentación y el sueño están interconectados. Los animales que pasan hambre duermen menos, y los animales que duermen menos comen más. Si no has dormido ocho horas, es más fácil que acumules sobrepeso y te costará más eliminarlo. La falta de sueño crónica tiene tres efectos indeseados en el metabolismo.[11] Aumenta el apetito, disminuye el gasto de energía y altera la capacidad del cuerpo para administrar la glucosa. Si estás cansado, el cuerpo empieza a necesitar hidratos de carbono para mantenerse activo. Es más probable que te lances a por azúcar, no solo a por cafeína, para mantenerte despierto después de una mala noche. Tanto los estudios con animales como con humanos muestran que la limitación del sueño conduce a la hiperfagia, el término médico que designa la necesidad de atracarse.[12] Menos horas de sueño profundo llevan a un aumento de la ingesta calórica, sobre todo picando entre horas. Las investigaciones con sujetos obesos muestran casi una relación lineal inversa entre el peso y las horas de sueño.[13]

El cuerpo se esfuerza por obtener energía cuando no has dormido suficiente, y tus hormonas están en primera línea de defensa contra la fatiga. La falta de sueño crónica baja los niveles de leptina y sube los de grelina, de modo que tienes más hambre y adquieres más peso.[14] Incluso dormir poco una sola noche es suficiente para disparar los niveles de grelina y las ganas de comer, sobre todo alimentos ricos en calorías y en carbohidratos.[15] Se ha relacionado de forma causal el sueño con un aumento de la resistencia a la insulina y una mayor propensión a padecer diabetes de tipo 2.[16] Menos de una semana de sueño reducido puede tener como resultado un estado prediabético en sujetos jóvenes y sanos.[17]

Aquí tienes otro dato que debería motivarte: las horas que no duermes podrían matarte o llevarse por delante a otra persona. Sí, la velocidad mata, pero conducir mal dormido también. La falta de sueño produce resultados horrorosos en las simulaciones de conducción.[18] Hasta una tercera parte de los accidentes mortales podrían estar relacionados con conducir con sueño, y algo más del 4 % de los conductores estadounidenses admite que se han quedado dormidos unos instantes al volante por lo menos una vez durante el último mes.[19]

Los de mayor riesgo son los camioneros, los trabajadores de turnos de noche y las personas sin tratamiento para trastornos del sueño como la apnea, así como todo aquel que no haya dormido suficiente la noche anterior, es decir, cualquiera de nosotros.

Comprender el funcionamiento y los beneficios del sueño, y cómo la falta de este puede ser causa de más problemas de los que crees, es un factor clave para conservar la salud física y mental. Adquirir buenos hábitos en relación con el sueño, prestar atención a la exposición a la luz y tener como máxima prioridad dormir ocho horas diarias supondrán un gran avance para reducir los cambios de humor y estabilizar los patrones de alimentación.

LA ESTRUCTURA NORMAL DEL SUEÑO

Dormir entre siete y nueve horas en total sería lo ideal, aunque hay muchas personas que necesitan alguna más o alguna menos. Lo mejor es tener una pauta fija. A mis pacientes que por la tarde están cansados les digo que intenten no echarse una siesta para así asegurarse un sueño ininterrumpido durante la noche. Pero si no te queda otro remedio, sigue esta estrategia: duerme veinticinco o noventa minutos, no una cantidad intermedia, e intenta que sea antes de las tres de la tarde.

Lo normal es que los ciclos de sueño se agrupen en cuatro fases. La primera y la segunda son de un sueño más ligero y más fácil de interrumpir. La tercera y la cuarta corresponden a los niveles de sueño más profundos, en los que el cerebro está relativamente inactivo, y se conocen como sueño de onda lenta.[20] Después de la cuarta fase viene aquella en la que se sueña, conocida como REM (movimiento ocular rápido, por sus siglas en inglés), y luego se sigue adelante hasta el despertar a través de las fases cuarta, tercera, segunda y primera. La fase REM es la única en que tienen lugar los sueños.[21] Durante esta los ojos se mueven rápidamente en una y otra dirección y el cuerpo está paralizado, lo cual es una ventaja porque de otro modo actuarías según lo que te dictan tus sueños.

Tanto la fase de onda lenta como la REM son cruciales, aunque no se sabe exactamente por qué. El sueño es reparador para el cuerpo y para el cerebro; el sistema inmunológico se sirve del tiempo de sueño para hacer limpieza y un trabajo de reparación a conciencia.[22] Los espacios entre las neuronas se amplían y permiten a las células inmunológicas del cerebro, las microglías, eliminar los residuos de las sinapsis y las células muertas.[23] En los humanos, la falta de sueño crónica crea un estado proinflamatorio[24] y altera la función de las microglías.[25] Eso es malo por dos motivos. Las microglías son las únicas células inmunológicas que tiene el cerebro, pero también tienen una doble función como células que contribuyen al aprendizaje y la neuroplasticidad, ayudando a formar nuevas conexiones entre neuronas. Como verás a continuación, la falta de sueño puede volverte tonto. Pero la cosa es aún más seria.

El sueño previene los ataques epilépticos, más probables en individuos que no duermen lo suficiente.[26] Los animales de laboratorio mueren cuando se les priva del sueño de onda lenta. Si te has visto privado de sueño, cuando por fin caes como un tronco, tanto la fase de onda lenta como la REM se presentan de forma excesiva (lo cual se conoce como efecto rebote). Normalmente las fases de sueño no REM y REM se van alternando durante toda la noche. Hay más sueño no REM durante las primeras horas y más REM hacia el final, cuando el despertador interrumpe un sueño delicioso. La mayoría de los adultos pasan todas las noches por fases REM que duran en total entre una hora y media y dos, en cuatro o cinco fases que se van prolongando de forma progresiva. Unas tres cuartas partes del sueño es no REM.[27] Las personas de mayor edad duermen menos horas en total y pasan menos tiempo en sueño de onda lenta, lo que significa que se despiertan con más facilidad de las fases de sueño ligero.

Despertarse durante la noche no siempre se considera insomnio. A veces es perfectamente normal. Cuantas más horas pases en la cama, más probable es que parte de ese tiempo no estés dormido sino en un estado más parecido a la meditación, lo cual también es muy sano para tu cuerpo y tu cerebro. La mayoría de nosotros nos despertamos en mitad de la noche al final de un ciclo de sueño. A veces apenas eres consciente; otras, te despiertas por completo, das la vuelta a la almohada, a lo mejor incluso vas al cuarto de baño, pero lo ideal es que vuelvas a entrar en otro ciclo de sueño. El truco consiste en no activar el cerebro. Si te despiertas entre ciclos de sueño y empiezas a pensar en todo lo que tienes que hacer por la mañana, tendrás problemas. Yo he aprendido a bloquear los circuitos y no permito que mi cerebro se ponga en marcha. Me digo «¡Inmersión! ¡Inmersión! ¡Inmersión!», como si fuera la voz de alarma de un submarino. Fuerzo a mi cerebro a volver a entrar en la primera fase del sueño. Aunque vaya al cuarto de baño, repito para mis adentros un mantra: «No pienses. No pienses. No pienses», hasta que regreso a la cama y me sumerjo en otro ciclo de sueño con «¡Inmersión! ¡Inmersión! ¡ Inmersión!».

SUEÑO Y DEPRESIÓN

El insomnio y los trastornos del estado de ánimo están entrelazados. Perder horas de sueño puede ponerte gruñón e irritable y a veces desinhibirte. Si te han diagnosticado una enfermedad bipolar, dejar de dormir una sola noche puede desencadenar un episodio maníaco.[28] El insomnio puede provocar recaídas en relación con los síntomas anímicos, y una depresión grave puede causar alteraciones del sueño. Despertarse anormalmente temprano está relacionado específicamente con los trastornos depresivos. Hay personas que se quedan dormidas sin problema o con bastante facilidad pero que se despiertan a las tres o las cuatro de la madrugada y no pueden volver a conciliar el sueño. Ese es uno de los primeros síntomas que desaparece cuando una depresión se trata de forma adecuada, sea con medicación o con terapia lumínica. La manipulación circadiana y la privación del sueño son medidas no farmacológicas para tratar la depresión que han pasado de moda pero que funcionan.[29]

Despertarse temprano podría ser la respuesta del cerebro a la depresión. Te anima a levantarte a primera hora, salir a la calle, ver amanecer y aumentar las horas de exposición a la luz solar. La exposición a luz intensa por la mañana ha demostrado ser un tratamiento fiable de la depresión que no conlleva los típicos efectos secundarios de la medicación.[30] Lo ideal es que a la noche siguiente te acuestes más temprano. Irse a dormir temprano y levantarse temprano es, en realidad, una terapia natural estupenda para la depresión. Una buena forma de mejorar tu estado de ánimo es seguir los ritmos naturales de la Tierra a la hora de acostarte y despertarte en lugar de imponerte un horario de locos que te obligue a permanecer despierto hasta tarde y luego levantarte a rastras después de haber parado la alarma del despertador varias veces.

SUEÑO Y FUNCIÓN COGNITIVA

Cuando estaba en la facultad de medicina y tenía que pasar muchas horas estudiando solía despertarme y dar vueltas en la cama, consciente de que mi cerebro todavía estaba procesando todo lo que había memorizado. Mientras dormimos, fijamos los recuerdos, desechamos los hechos antiguos que ya no nos hacen falta y trasladamos datos nuevos al espacio de almacenaje a largo plazo. Tanto el sueño de onda lenta como el de la fase REM son imprescindibles para fijar la memoria.[31] Por eso es necesario dormir para que la nueva información adquiera verdadera solidez, y ese es uno de los motivos por los que siempre recomiendo a mis hijos que duerman bien antes de un examen. Las noches en blanco no ayudan a memorizar. Dormir noventa minutos bastará para que el sistema se reinicie, y entonces el cerebro será capaz de absorber material nuevo.[32]

Muchos estudios han encontrado una disminución del desempeño cognitivo proporcional a la falta de sueño, por lo que si crees que tienes un TDAH con quien mejor puedes consultarlo es con la almohada. Perder horas de sueño de forma repetida da como resultado menos vigilancia, menor capacidad de concentración, más dificultades para mantener o dividir la atención y déficits en la memoria verbal.[33] Las pruebas cognitivas también revelan más errores de juicio y peor control de los impulsos.

¿Sabes cómo se ponen los niños cuando no pueden dormir? De somnolientos nada, ¿verdad? Tienen los nervios de punta, están de mal humor, su tolerancia a la frustración es mínima y la capacidad de concentrarse es aún menor. En algunas personas, y en particular los niños, la falta de sueño causa lo opuesto al letargo, algo que se parece más a la hiperactividad. Muchos niños a los que se ha diagnosticado TDAH en realidad sufren falta de sueño debido a trastornos como la apnea o el síndrome de las piernas inquietas, en el cual se altera el sueño de onda lenta. Un estudio demostró que el cien por cien de los niños con un diagnóstico de TDAH tenían un déficit de sueño de onda lenta, en contraste con bastante sujetos del grupo de control.[34] La mitad de los niños a los que se les practica una amigdalectomía dejan de necesitar la medicación para el TDAH cuando, gracias a la intervención quirúrgica, dejan de roncar y su sueño mejora.[35]

RITMOS CIRCADIANOS Y SALUD

Todas las plantas y todos los animales del planeta, incluidos los seres humanos, tienen un sistema para detectar la luz y la oscuridad, lo cual nos ayuda a saber en qué lugar del planeta nos encontramos, si ha pasado un día y qué estación del año es. Y el cuerpo se ajusta en consecuencia. Disponemos de células sensibles a la luz en la piel e incluso en los huesos y el flujo sanguíneo. Necesitamos prepararnos para los rigores de cada estación, y la información necesaria nos la proporciona la cantidad de luz que nos ofrece un día en concreto. La exposición a la luz marca nuestros ritmos circadianos, y el funcionamiento del cuerpo se rige en gran parte por esos ritmos.

Nuestro cuerpo se comporta de forma cíclica a lo largo del día; la temperatura es más baja por la mañana; la presión sanguínea y el metabolismo hepático son más bajos durante la noche.[36] Los niveles de testosterona son más bajos a última hora de la tarde, lo que implica que es un mal momento para ir al gimnasio o para lucirte en el trabajo, y más altos por la mañana (ahora comprendes por qué por la mañana vuestro deseo sexual es más fuerte que al caer en la cama por la noche, ¿no? ¿Te parece una buena razón para programar el despertador un poco antes?). La fuerza muscular y la destreza mejoran a última hora del día. Eso explica por qué siempre te cuesta abrochar los botones cuando estás preparando a los niños para ir al colegio. Y, hablando de niños, la leche materna de la noche tiene más componentes que inducen el sueño que la de la mañana.[37]

Nuestros ritmos circadianos nos ayudan a sintonizar el cerebro y el cuerpo con la naturaleza, y respetarlos es esencial para conservar la salud. Los ciclos de luz y oscuridad activan y desactivan la producción hormonal, activan el sistema inmunológico y programan la liberación de neurotransmisores. La hormona circadiana más importante, la melatonina, aumenta de forma repentina por la noche con el objetivo de fomentar el sueño. La melatonina se forma en la glándula pineal, un órgano diminuto de las profundidades del núcleo cerebral.[38] Necesitamos luz durante el día para activar su correcta liberación por la noche. La serotonina es el precursor de la melatonina. Niveles saludables de serotonina conllevan niveles saludables de melatonina y una mejor calidad del sueño.[39] Así que procura estar al aire libre durante el día.

Y ¿qué altera nuestros ritmos y la producción de melatonina? Los cambios de turno en el trabajo, para empezar. Trabajar de noche y dormir de día es muy duro para el cerebro y para el cuerpo. El jet lag también altera los ritmos.[40]

Viajar de una zona horaria a otra es una buena manera de provocar insomnio y sintomatología psiquiátrica. En el hospital de Bellevue atendíamos a menudo a viajeros procedentes del extranjero que sufrían un episodio maníaco a causa de la alteración de sus ritmos circadianos. Otro factor que afecta a los ritmos es la exposición a la luz durante la noche. La luz solar dictamina gran parte de tus ritmos, así que la exposición lumínica durante la noche los altera de modo significativo. Hasta que se inventó la bombilla, la gente pasaba unas doce horas a oscuras, dependiendo de la estación del año. Con la luz artificial hemos dejado de estar en sincronía con la naturaleza y con las estaciones. Y más vale que no hable de eso de cambiar el reloj dos veces al año. Pocas cosas tienen un impacto más negativo en el estado de ánimo de mis pacientes que las manipulaciones del tiempo para ahorrar luz.

Desde que empezamos a alargar la duración del día con luz artificial, dormimos menos horas de las que necesitamos y lo pagamos bien pagado con dinero y con la salud en general. La exposición a la luz de noche altera la secreción de melatonina y reinicia el reloj corporal. El cáncer de mama se ha relacionado con la exposición lumínica durante la noche;[41] las mujeres ciegas presentan tasas más bajas de cáncer de mama que incluso las que tienen la visión limitada.[42] Dormir en una habitación a oscuras y evitar la exposición a la luz durante la noche puede disminuir el riesgo de contraer cáncer.[43] También es un factor primordial para gozar de un sueño de calidad y conservar la salud.

VERANO SIN FIN

En la actualidad estamos expuestos a mucha más luz de lo que lo estuvieron nuestros ancestros. Y eso repercute en nuestro metabolismo y en el mantenimiento del peso. Estamos programados para almacenar grasa durante el verano con el objeto de prepararnos para la falta de comida durante el invierno. La exposición prolongada a la luz advierte al cuerpo de que se acerca la época de escasez y es mejor comer hidratos de carbono para no morir de hambre después. Un exceso de luz por la noche inhibe la liberación de melatonina y hace creer al cerebro que siempre es agosto.

Piensa en la insulina como en una hormona esencial para producir aislamiento térmico. El almacenamiento de grasa gracias a la acumulación de hidratos de carbono y los posteriores niveles elevados de insulina forman parte de la normalidad del ciclo que nos prepara para la escasez de comida y la hibernación. Es natural comer azúcares y fécula durante el verano. Es la época de la sandía y el maíz. El problema es que comemos hidratos de carbono todo el año. Sería más saludable seguir una dieta rica en hidratos de carbono en verano y otra rica en grasas durante el invierno. El invierno es la estación en la que, si comes pocos hidratos de carbono, el cuerpo es capaz de quemar las reservas de grasa. En los mamíferos de apareamiento estacional, el hipotálamo desarrolla de forma natural resistencia a la leptina durante los días más largos y con más luz y sensibilidad a la leptina en los días más cortos.[44] Recuerda que la leptina te ayuda a dejar de comer, así que resistencia a la leptina significa que sigues comiendo.

Existe una compleja relación entre el sueño y las hormonas que te provocan hambre y saciedad. Por desgracia, nuestro cuerpo está programado de modo que comer hidratos de carbono induce al sueño. El aumento de los niveles de grelina a última hora de la tarde es una de las señales que indica al cuerpo que es hora de dormir; la falta de sueño eleva los niveles de grelina en un esfuerzo por promover el descanso.[45] El problema es que también puede alentar los festines nocturnos de hidratos de carbono.

Los niveles de melatonina aumentan durante la noche, lo mismo que los de leptina. La melatonina puede incrementar los efectos de supresión del apetito de la leptina.[46] Esa es una razón por la que dormir más te ayuda a mantenerte delgada. En las ratas de laboratorio alimentadas con dietas hipercalóricas, la melatonina ayuda a moderar el aumento de peso, la elevada cantidad de azúcar en sangre y los niveles de insulina resultantes, al mismo tiempo que mejora los niveles de leptina, triglicéridos y colesterol.[47] La falta de sueño se asocia con una disminución de los niveles de leptina.[48] Las mujeres con niveles más bajos de secreción de melatonina son más propensas a contraer una diabetes de tipo 2.[49] El mensaje con el que debes quedarte es el siguiente: la exposición a la luz afecta a la melatonina, y la melatonina afecta al metabolismo. En los largos días de verano, se supone que debemos comer bien y prepararnos para la temporada de escasez. En invierno, se supone que debemos comer menos y dormir más. Como la melatonina se segrega durante el sueño y ayuda a equilibrar las hormonas del hambre, más sueño significa un metabolismo más sano.

Los ritmos circadianos y la luz lo son todo en relación con la obesidad. El hígado se paraliza cuando cree que tenemos los ojos cerrados, así que comer en mitad de la noche comporta un aumento de peso mayor que hacerlo durante el día. En un estudio con ratones a los que se alimentaba durante el día o durante la noche, los últimos engordaron más. Otro círculo vicioso: una vez que has ganado peso, dejas de seguir los ritmos. En los ratones obesos, los genes responsables de programar el reloj del cuerpo quedan afectados y son más irregulares que los de los ratones más delgados. La imposición de ritmos circadianos estrictos a la hora de comer y dormir puede ayudar a prevenir o tratar la obesidad. La exposición a la luz intensa por la mañana aumenta las concentraciones de leptina y disminuye las de grelina en individuos con el sueño restringido.[50] Así que la fototerapia (luz intensa por la mañana y oscuridad por la noche) probablemente no solo sea efectiva para tratar la depresión y el insomnio sino también la obesidad.

SUEÑO Y BACTERIAS

Dormir toda la noche ayuda a que tu sistema inmunológico funcione correctamente.[51] Mientras dormimos, el sistema inmunológico hace su guardia nocturna en busca de patógenos. El cuerpo mata a las bacterias y los virus durante el sueño. Si duermes menos de siete horas al día, tienes tres veces más probabilidades de caer enfermo por un resfriado.[52]

La melatonina se segrega durante el primer sueño, y la prolactina, una hormona que también está implicada en el mantenimiento del sueño, se segrega más tarde. Tanto la melatonina como la prolactina actúan de mediadoras de la función inmunológica. La oscuridad durante la noche favorece la secreción de melatonina y, por tanto, la función inmunológica. Tu sistema inmunológico y las bacterias del intestino necesitan ese patrón de luz y oscuridad para funcionar de forma correcta.

Alrededor del 80 % del sistema inmunológico reside en el intestino, algo lógico ya que muchos patógenos y toxinas entran por la boca. Las bacterias del intestino se desarrollan durante la exposición lumínica. Cuando la temperatura corporal baja por la noche, contribuye a eliminar algunas bacterias del cuerpo. La melatonina ayuda a disminuir la temperatura corporal mientras duermes, lo cual no solo ralentiza el metabolismo para que no tengas hambre sino que también hace lo propio con el metabolismo de las bacterias. En las fases iniciales del sueño, la melatonina aumenta, la temperatura corporal baja y tu sistema inmunológico hace limpieza.

LA VIDA EN LA GRAN CIUDAD: CAFEÍNA, SIRENAS Y PANTALLAS

Aquellos de mis pacientes que viven en Manhattan hacen jornadas muy largas, y la mayoría visita Starbucks a las tres o las cuatro de la tarde para poder aguantar más. Llegan a casa tarde, comen, beben, o quizá se acerquen al gimnasio, y luego pasan horas delante de la pantalla del ordenador, de la televisión o del móvil, para desconectar. El efecto de la cafeína que han tomado por la tarde puede durar perfectamente ocho horas o más, y las pantallas luminosas alteran la capacidad del cerebro de segregar melatonina. Por eso mis agotados pacientes no pueden conciliar el sueño. El capuchino los reanimó, y la pantalla luminosa hace que a su cerebro le resulte imposible saber que es de noche.

La cafeína interfiere en la conciliación del sueño. A medida que las mujeres se hacen mayores, la metabolizan y toleran peor. No es raro oír decir a una mujer perimenopáusica que ya no puede tomar tanto café como antes. Le resulta demasiado estimulante y le desvela, y en cambio a los veinte años eso no le ocurría. Muchos medicamentos o estados hormonales pueden afectar al tiempo que tarda el cuerpo en metabolizar la cafeína. El estrógeno en particular está implicado en el metabolismo de la cafeína.[53] Como la vida media de la cafeína es de ocho horas, si tomas una segunda taza de café a primera o última hora de la tarde, por la noche conservarás cierta cantidad de cafeína en el flujo sanguíneo.

La cafeína dispara la adrenalina y libera hormonas del estrés como el cortisol.[54] También reduce el sueño REM y el de onda lenta.[55] Siempre que atiendo a un paciente con insomnio, lo primero que toca es analizar el consumo de cafeína y eliminarlo después de las dos de la tarde. Recuerda dos cosas: descafeinado no siempre quiere decir sin cafeína, sobre todo si se trata de un espresso, y un té verde no es lo mismo que una tisana. La cafeína contrae los vasos sanguíneos, y una disminución repentina los dilata y provoca dolores de cabeza.[56] Si no quieres subirte por las paredes, abandona la cafeína de modo paulatino.

Si el entorno en el que duermes no está del todo oscuro y en silencio, tendrás problemas para conciliar y mantener el sueño. En Nueva York, suenan alarmas de coches y sirenas, pasan camiones de la basura antes del amanecer con un ruido tremendo, y hay farolas que no se apagan nunca. La respuesta a todo eso no tiene por qué ser tomarse una pastilla. Algunos de mis pacientes han aceptado cambiar la receta de Ambien por unos tapones para los oídos y un antifaz; un cambio de lo más saludable, por cierto. Un generador de ruido blanco puede obrar maravillas en un entorno ruidoso. Y a los maridos cuyos ronquidos no dejan dormir a mis pacientes les recomiendo las tiras Breathe Right o un dispositivo CPAP que elimine ese ruido que a ella la desajusta. La apnea del sueño es una de las mayores causas de insomnio, así como el síndrome de las piernas inquietas. Busca a un experto en temas de sueño para que valore la situación si crees que tu compañero de cama sufre alguno de esos problemas.

Sabemos que la melatonina se inhibe con la luz, sobre todo con la de los días claros y soleados. La exposición a luz artificial por la noche altera la producción de melatonina y retrasa el momento de conciliar el sueño. Pero eso no pasa solo con las bombillas. Dos horas delante del iPad con el brillo al máximo bastan para inhibir la liberación nocturna normal de melatonina,[57] y dos horas delante del ordenador no solo disminuyen la secreción de melatonina sino que además fuerzan el desempeño cognitivo y la atención continuada.[58] Entiendo por qué todos mis pacientes me hablan de un segundo momento de activación por la noche cuando llegan a casa y se quedan despiertos hasta tarde. El problema es que no necesitamos ese segundo momento de activación. Lo que necesitamos es dormir. Cada vez hay más estudios que respaldan el consejo que hace ya tiempo que doy a mis pacientes: nada de pantallas encendidas durante como mínimo la última hora antes de irse a dormir.[59] Atenúa las luces y apaga el televisor. No te lleves el portátil a la cama, y deja tranquilo el iPhone. Si vas a leer, elige libros o revistas en papel, no leas en la pantalla del iPad. Los lectores electrónicos pueden alterar las señales de tus ritmos circadianos y retrasarlas, prolongando así el tiempo que tardas en quedarte dormido.[60]

Hay un programa, llamado f.lux, que regula la luz de la pantalla del ordenador según la hora del día que sea.[61] También existe la opción de utilizar por la noche gafas con cristales de color ámbar para filtrar el espectro de luz que se cree estimula los receptores circadianos.[62] Ese tipo de gafas puede mejorar de forma significativa la calidad del sueño, las emociones positivas y el estado de ánimo.[63]

¿Qué? ¿Ni ordenador ni televisión de noche? ¿Y qué voy a hacer? Intenta salir del ciberespacio y meterte en tu cuerpo. Respira. Haz estiramientos. Reduce la actividad, relájate. Date un baño caliente. Tómate una tisana y simplemente quédate sentado un buen rato. Escucha música.[64] Medita. Escribe en tu diario, sobre todo sobre esas cosas por las que tienes que dar gracias;[65] la gratitud es buena para el estado de ánimo.[66] Y lo más importante: deja a un lado los dispositivos y simplemente sé. (Encontrarás más información sobre este punto en el capítulo «Tómatelo con calma», p. 328.)

CRONOTERAPIA

Los ritmos circadianos pueden ser fuentes poderosas para la sanación del cuerpo. La cronoterapia utiliza esos ritmos como forma de tratar o prevenir enfermedades. En los trastornos del sueño, la cronoterapia se utiliza para cambiar los hábitos a la hora de acostarse. A las personas que experimentan retraso en la conciliación del sueño y que normalmente no logran quedarse dormidas hasta las tres o las cuatro de la madrugada, un médico puede tratarlas con cronoterapia de la fase del sueño. La fase del sueño se adelanta a fuerza de retrasarla más y más hasta que se establece la pauta normal. También hay una estrategia avanzada que recibe el nombre de privación controlada del sueño con adelanto de la fase, en la que el sujeto renuncia a dormir durante una noche entera y al día siguiente retrasa todo lo posible el momento de conciliación del sueño, y así sucesivamente a razón de unas horas cada día, hasta que se alcanza la pauta ideal. Estos procedimientos son experimentales y requieren supervisión clínica; existe un riesgo real de que provoquen un episodio maníaco en pacientes bipolares. Pero para algunos la prescripción es todo un acierto. La privación del sueño bien programada puede funcionar como mínimo para tratar a corto plazo los episodios depresivos.[67]

Comprender los propios ritmos circadianos puede mejorar

el sueño y el estado de ánimo. Algunas personas son como los búhos: se activan durante la noche y a la mañana siguiente les gusta dormir hasta tarde. Otras son como los gallos: se acuestan temprano y se levantan temprano. Los niños pequeños son así. Los adolescentes sufren una metamorfosis que los transforma en búhos. Las personas mayores suelen volverse gallos, aunque de jóvenes fueran una *rara avis*. Tu ritmo natural te indicará el momento ideal para irte a dormir, y si lo ignoras o te lo saltas porque estás embobado frente a una pantalla iluminada, luego te costará conciliar el sueño. Al igual que para subirse a la ola con una tabla de surf, el momento oportuno lo es todo. Lo ideal es que tu reloj interno esté sincronizado con el de la pared. En caso de que no sea así, utiliza la luz intensa por la mañana y la melatonina por la noche para ajustar tu ritmo circadiano.

La prescripción de somníferos

Encontrarás muchos más detalles en el apéndice, pero yo receto bastante Ambien, unas pastillas para dormir que ayudan a mis conciudadanos a desconectar la mente, relajarse y dejarse llevar. Las mujeres necesitan dosis menores que los hombres, 5 miligramos en lugar de 10.[68] No funciona bien con el estómago lleno, y puede desarrollarse tolerancia si se toma con regularidad. Algunas personas dicen que han caminado o comido dormidas, pero el efecto secundario más frecuente es el «cerebro de teflón». Cuando el Ambien hace su efecto, es imposible consolidar recuerdos nuevos hasta que se ha eliminado del organismo. Además, como tiene una vida media muy corta, es frecuente despertarse cuando se ha pasado el efecto, al cabo de tres o cuatro horas. Me gusta un poco más un fármaco que se llama Lunesta. Funciona mejor con el estómago lleno, es más fiable y dura un poco más; pero alrededor del 10 % de las personas que lo toman notan un sabor metálico a la mañana siguiente, y eso suele disuadirlos.

El magnesio ayuda muchísimo con el insomnio. El calcio también es estupendo. Inténtalo con eso primero, sobre todo si tienes el síndrome de las piernas inquietas. Vale la pena explorar la melatonina, y hay muchas plantas medicinales que te ayudarán a dormir, como la valeriana, el lúpulo y la manzanilla.

Algunos tranquilizantes (la familia de las benzodiacepinas, como Xanax, Klonopin, Halcion, Ativan, Valium y otros) suelen inducir más al abuso y crean más tolerancia y dependencia que otros medicamentos (la trazodona, la gabapentina o Benadryl), así que tiendo a evitar recetarlos para dormir. Muchos de mis pacientes se quejan de un estado de ánimo depresivo al día siguiente de tomar Xanax, y también presenta un mayor riesgo potencial de abuso porque produce un efecto rebote de ansiedad, lo que significa que cuando se pasa el efecto sufres más ansiedad que cuando lo tomaste. Si desarrollas dependencia a los sedantes es fundamental que bajes la dosis de forma paulatina para evitar el síndrome de abstinencia. Lo mejor es que pidas consejo al médico. Para ayudar durante el proceso de disminución de la dosis, yo suelo recomendar un suplemento de fitoterapia, como Deep Sleep (de Herbs, etc.) o melatonina.

Cada vez hay más pruebas de que algunas pastillas para dormir presentan riesgos que vale la pena tener en cuenta. Un estudio del gobierno de Estados Unidos informó de que las visitas a urgencias en relación con el zolpidem (Ambien) se habían triplicado entre 2005 y 2010 (de 6.111 a 19.487), y las mujeres constituían dos terceras partes de esas visitas. Las mujeres tomamos ese tipo de pastillas con más frecuencia que los hombres, y los fármacos pueden tener mayores efectos en nuestro cuerpo. A principios de 2013, la FDA recomendó que las mujeres tomaran la mitad de la dosis habitual de 10 miligramos de Ambien, ya que metabolizan la sustancia de forma distinta a los hombres. Yo ya hace años que recomiendo a mis pacientes mujeres que tomen solo 5 miligramos, así que me sentí aliviada (vale, me sentí satisfecha) al verlo por fin en *The New York Times* después del anuncio de la FDA. Las personas de edad también necesitan una dosis mucho menor de Ambien. Una tercera parte de las visitas a urgencias tienen que ver con adultos de sesenta y cinco años o más (una dosis de 10 miligramos es excesiva para tu madre; llámala).

El consumo crónico de somníferos se ha relacionado con un aumento de riesgo de caídas con daños, demencia[69] y casi el quíntuple de probabilidades de muerte prematura.[70] En un estudio con más de veinte mil consumidores de distintos somníferos de Pensilvania, cuatro años después habían muerto el 6 % de los consumidores, en comparación con el 1 % de los no consumidores. Y cuantos más años se toman pastillas para dormir, más aumenta el riesgo. Pero el peligro no está solo en tomar dosis altas; aquellos que consumían menos de dieciocho pastillas al año tenían tres veces más de probabilidades de morir que los no consumidores. Además del 450 % de aumento del riesgo de mortalidad, la investigación señalaba un 35 % de aumento del riesgo de contraer un cáncer grave durante el estudio para aquellos que tomaban somníferos. El riesgo era el mismo si las personas estaban o no enfermas al empezar la investigación.

Por supuesto, los fabricantes de Ambien discreparon con ese estudio y se apresuraron a afirmar que los diecisiete años de demostrada seguridad clínica hablaban por sí mismos. Sin embrago, a mí esos datos me afectaron bastante. Suelo recetar ese tipo de medicamentos, como la mayoría de los médicos en Estados Unidos. Pero después de que se publicara esa investigación empecé a recomendar con más frecuencia el uso de antifaces, tapones para los oídos, suplementos de plantas medicinales y melatonina.

Higiene del sueño y remedios naturales

Hay muchas formas de tratar el insomnio que no necesitan receta médica. La acupuntura, la aromaterapia y algunos remedios con plantas medicinales pueden resultar de gran ayuda. También están la terapia conductual cognitiva, la conciencia plena, la meditación y las técnicas de relajación.

Lo mejor para empezar es tener una buena higiene del sueño. Eso significa dormir en una habitación tranquila, a oscuras, con buena temperatura, y no llevarse el trabajo a la cama. En el dormitorio solo tiene que haber sueño y sexo. También es fundamental que mantengas el mismo horario de sueño los siete días de la semana. Si quieres dormir una hora extra el fin de semana, de acuerdo, pero no más. Si duermes horas y horas el domingo por la mañana, por la noche te costará conciliar el sueño, más aún si te preocupan cosas de las que tienes que ocuparte el lunes por la mañana.

Lo esencial es disminuir la exposición a la luz una hora o dos antes de acostarse. Nada de pantallas iluminadas. Nada de cafeína después de las dos de la tarde. El ejercicio debe practicarse antes de las cuatro horas previas al sueño. Fumar en la cama no es buena idea. La nicotina es estimulante, no ayuda a conciliar el sueño, aunque permanecer sentado e inspirar hondo y despacio te tranquilizará; por eso los cigarrillos parecen calmar tanto. (Para pautas sobre dejar de fumar, consulta la guía de fármacos en el apéndice.)

Algunos de mis pacientes toman alcohol como ayuda para dormir, pero eso tampoco es buena idea. Puede que el alcohol te ayude a caer rendido, pero al cabo de pocas horas, cuando el azúcar te llegue por fin al cerebro, te despertarás reactivado.[71] Pequeñas cantidades de alcohol también reducen el tiempo total de sueño, y la sensación al despertarse es horrible.[72] El alcohol puede hacer empeorar la apnea, motivo por el que al día siguiente tendrás una resaca tremenda.[73] El alcohol retrasa e inhibe la reparadora fase REM del sueño, lo que deteriora su calidad, y eso significa que al día siguiente tu capacidad de concentración lo pagará.[74]

Si tienes la sensación de que necesitas tomar algo que te ayude a regular los ciclos de sueño, ten en cuenta que todo esto consiste en gran medida en el ensayo y error. Si tienes problemas para conciliar el sueño, toma por la noche de 0,5 a 1 miligramo de melatonina de liberación inmediata, y exponte a la luz intensa a primera hora de la mañana. Si tienes problemas para dormir toda la noche, tal vez quieras probar la melatonina de liberación controlada. El principio es el mismo para la medicación con receta. Utiliza las más rápidas, de efecto menos duradero, como ayuda para conciliar el sueño, y las de efecto sostenido si el problema es que te despiertas a media noche. Hay muchas plantas medicinales y remedios homeopáticos que puedes probar antes de lanzarte a los fármacos con receta. Estos deben ser tu último recurso.[75] Si necesitas que tu médico te recete pastillas para dormir, por favor utilízalas como una manera de volver a aprender a dormir según una pauta saludable y poco a poco ve disminuyendo el consumo mientras continúas con los remedios más naturales para mantener una buena higiene del sueño.

10

Una guía sexual que realmente funciona

El buen sexo te sienta bien. Como todo ejercicio, te ayuda a relajarte,[1] reduce la tensión y el riesgo de sufrir una enfermedad cardiovascular,[2] además de estimular tu sistema inmune.[3] Las endorfinas liberadas durante la relación sexual y el orgasmo pueden ayudarte a disminuir el dolor y mejorar el riego sanguíneo en los genitales, lo que previene la atrofia vaginal, el adelgazamiento de los tejidos vaginales que puede producirse durante la menopausia. ¿Recuerdas la vagina senil? Es una de las razones por las que muchos ginecólogos recuerdan a sus pacientes de mayor edad que usen la vagina si no quieren perderla para siempre.

Casi todos los animales practican el sexo solo para reproducirse; se aparean solo cuando son fértiles y suelen hacerlo por detrás. Recuerda, los humanos y los bonobos copulan también por otros motivos, y las hembras de ambas especies tienen la vagina inclinada para poder practicar el sexo de frente. Para nosotros, el sexo no solo sirve para crear vida. Se trata de un medio de comunicación, es un reflejo de nuestras relaciones humanas, una señal de intimidad y una forma de valorarla. Además, el sexo tiene un impacto importantísimo en nuestro estado de ánimo: el buen sexo puede relajarte o animarte, y puede mejorar tu autoestima.

El mal sexo es harina de otro costal. Deseamos amor, conexión, apoyo y cariño. Deseamos que nos abracen y queremos sentir que le importamos muchísimo a alguien, así que a veces intercambiamos sexo por amor, y casi siempre nos sabe a poco. Como ocurre con las drogas, la comida basura e internet, si no nos satisface del todo, nos convertimos en consumidores compulsivos, a la espera de que la próxima vez nos complazca o la cantidad compense la falta de calidad.

Hay muchísimas mujeres que o no disfrutan de sus relaciones sexuales o simplemente no pueden tenerlas; el 43 % de las mujeres padece alguna disfunción sexual, y la cifra asciende a más del 50 % en las mujeres de más de cuarenta años.[4]

¿Qué se interpone entre nosotras y el placer sexual? La lista es larga. Estrés, depresión, ansiedad, mala circulación de la sangre, lubricación inadecuada, toneladas de medicamentos distintos y cambios en las hormonas durante el ciclo menstrual. Todos estos factores desempeñan un papel en la insatisfacción sexual. La depresión, la ansiedad, el estrés crónico provocan la disminución de la libido, la respuesta sexual y la capacidad para alcanzar el clímax. Todos estos estados de ánimo se producen con niveles más elevados de cortisol que inhiben la excitación sexual, puesto que, supuestamente, estos niveles deben descender durante la experiencia sexual.[5] Con depresión o estrés crónico, es fácil que una mujer prefiera dormir a mantener relaciones sexuales. También hay menos probabilidades de que haga prevalecer sus propias necesidades si tiene la autoestima por los suelos, pues supone que no es merecedora del tiempo y la atención que requiere para alcanzar el orgasmo.

La excitación (lubricación y congestión de las paredes vaginales) requiere una adecuada circulación sanguínea que llegue hasta la vagina, por lo que cualquier problema de salud que la restrinja provoca síntomas de trastornos sexuales o se suma a ellos.[6] En estos casos ayuda el consumo de un medicamento como la Viagra, pues mejora la circulación sanguínea genital.[7] Otros requisitos para una excitación adecuada son la lubricación genital, la sensación de normalidad y unos niveles hormonales saludables. Tanto los anticonceptivos orales como los antidepresivos pueden afectar de forma negativa a la lubricación, el deseo y la capacidad de alcanzar el orgasmo. Los descongestivos y los antihistamínicos pueden secar las secreciones vaginales naturales, y otros medicamentos dificultan la llegada al clímax, incluidos los que se usan para tratar la hipertensión, los ataques epilépticos y las alergias estacionales.

Si hay tensiones en la pareja, el ambiente en el dormitorio estará más bien frío. El enfado y la irritación disminuyen la libido y la receptividad sexual. Es más probable que los hombres olviden las pequeñas riñas a la hora de practicar sexo, pero las mujeres somos como los elefantes: no olvidamos jamás. Dedicamos más espacio en el cerebro a los recuerdos relacionados con el comportamiento de los hombres que ellos al nuestro. Los investigadores sexuales bromean diciendo que para las mujeres los preliminares son las veinticuatro horas previas a la relación sexual. Cualquier cosa que te ponga triste, o el sentirte agotada o no valorada, tendrá consecuencias a la hora de mantener relaciones sexuales. Que tu pareja se entere: ¡que realice su parte de las tareas domésticas mientras tú miras puede ser el mejor juego preliminar!

¿POR QUÉ NARICES NO ME CORRO?

Hay una buena razón para que tantas mujeres finjan el orgasmo: puede ser difícil de alcanzar y es a menudo imposible sin una conversación sincera con tu pareja. En primer lugar, debes estar centrada en el tema. Un mal olor (¿quizá feromonas mal escogidas?), un comentario insensible, una uña demasiado larga, y la magia se esfuma. Aunque los hombres pueden seguir con su trayectoria hacia el orgasmo, la misión de una mujer puede abortarse en cualquier momento. Cualquier interrupción (sobre todo por parte de los niños), cualquier inseguridad o cualquier recuerdo de algo que olvidaste añadir a la lista de la compra puede cortarnos el rollo por completo. Los hombres alcanzan un punto «sin retorno» en el que la eyaculación es inevitable, ocurra lo que ocurra, pero las mujeres no experimentamos esa inevitabilidad. En cuanto desaparece la excitación, necesitamos volver a la casilla de salida, mientras que los hombres son capaces de retomar el juego donde lo dejaron.

Diversos mecanismos neuronales deben entrar en acción y en un orden determinado para alcanzar el clímax. Una ligera ansiedad o miedo, o incluso la vergüenza, pueden resultar excitantes, pero en demasiada cantidad se vuelven en nuestra contra. El relajante sistema parasimpático es el encargado de la lubricación y la congestión de las paredes vaginales, y luego el sistema nervioso simpático se pone en alerta para provocar el orgasmo. Algunas personas necesitan más adrenalina que otras para encender ese interruptor. Es el motivo por el que muchos disfrutan del sexo en lugares públicos o engañando a sus parejas. La emoción que provoca el miedo a que te pillen puede ser la chispa que necesitan. Por ello, un poco de adrenalina es buena, pero el estrés crónico supone un nivel alto de cortisol. El cortisol bloquea la acción de la oxitocina en el cerebro, por eso, cuando estamos viviendo un momento de tensión, es posible que no queramos que nos hagan arrumacos o que nos toquen siquiera. Además, el exceso de adrenalina hace descender en picado los niveles de testosterona, por lo que no queremos saber nada de meneítos.

Como ocurre con muchas cosas en la naturaleza, los tiempos lo son todo. Las mujeres, que inevitablemente se excitan más despacio que los hombres, suelen ponerse nerviosas porque les parece que están tardando demasiado e intentan llegar al clímax lo antes posible. Este estrés y esta ansiedad bloquean las reacciones químicas cerebrales necesarias para alcanzar el orgasmo y toda esa tensión constriñe los vasos sanguíneos necesarios para ello.[8] Muchas mujeres necesitan unos treinta minutos para pasar del deseo a la excitación y llegar finalmente al orgasmo. Los hombres son más rápidos en excitarse y alcanzar el clímax. Son muchos los hombres que pueden conseguirlo en cinco minutos o menos. Comunicar esta desigualdad básica a tu pareja es un buen punto de partida para empezar a hablar de sexo.

El ciclo menstrual importa. Normalmente nos cuesta menos excitarnos durante la primera mitad del ciclo, y alcanzamos un grado máximo de deseo durante la ovulación, cuando somos más fértiles. Durante la segunda mitad del ciclo menstrual, el óvulo ya no es viable y nuestro interés por el sexo disminuye, como ocurre con la lubricación natural. Algunas mujeres experimentan un aumento repentino del deseo justo antes de que empiece el período, cuando los niveles de serotonina descienden lo suficiente para aumentar la libido y hacer que el orgasmo sea ligeramente más fácil de alcanzar. Por la misma razón, los ISR, que aumentan los niveles de serotonina, provocan que las mujeres se sientan menos interesadas por el sexo y tengan más problemas para alcanzar el clímax. El SPM, que provoca un descenso en los niveles de serotonina, puede tener el efecto contrario. El SPM es un momento en el que nos sentimos desasosegadas y con deseos de recibir consuelo, y para muchas mujeres el sexo es una forma de satisfacer esas necesidades. Sin embargo, para los millones de mujeres que toman antidepresivos que conllevan un aumento de los niveles de serotonina el sexo es algo de lo que podrían prescindir durante todo el mes.

Cómo afectan al sexo los antidepresivos

El placer sexual implica una compleja interacción entre lo farmacológico y lo psicológico. Si piensas que la dopamina es el acelerador y la serotonina es el freno, entenderás por qué los medicamentos antidepresivos que aumentan los niveles de serotonina hacen más difícil excitarse y llegar al clímax. La serotonina es el compuesto químico que entra en acción al final de la relación sexual y te indica que se ha terminado: recoge tus cosas y vuelve al trabajo. Si los niveles de serotonina son elevados desde un principio, habrás terminado antes incluso de empezar.

La mayoría de los antidepresivos serotoninérgicos (ISR y SNRI, por sus siglas en inglés) tienen dos efectos principales: hacen que tengas menos ganas y dificultan la llegada al clímax. Qué bien, ¿no? «Cariño, ya no estoy deprimida, pero esta noche te las apañas solo.» Y mañana también. Cuando el prospecto indica como posible efecto secundario la disfunción sexual, lo que realmente quiere decir es: «En cuanto al orgasmo, pueden pasar dos cosas, que tardes una barbaridad o que no llegues». Los médicos suelen recetar ISR a los hombres que padecen eyaculación precoz. También pueden frenar la masturbación compulsiva. (Mi teoría es la siguiente: los hombres se relajan con los orgasmos como las mujeres con la comida. La broma que suelo hacer en mi consulta es que los hombres que toman ISR tienen más tiempo en sus manos, por decirlo de alguna manera.) Algunos ISR hacen que sientas la pelvis entumecida, con lo que, además de que es prácticamente imposible llegar al orgasmo, es difícil sentir placer sexual.[9]

Durante la fase de meseta, un delicado equilibrio entre la dopamina y la serotonina contribuye a aportar la propulsión y la demora necesarias para que el sexo resulte excitante, para mantener la erección y para intensificar el orgasmo gracias a la expectación. La dopamina posibilita las erecciones y la eyaculación, y la serotonina reduce la subida de dopamina para evitar la eyaculación precoz. Si hay demasiada serotonina, el clímax se retrasa o resulta imposible, por ello los ISR tienen efectos secundarios sexuales. Sin embargo, los antidepresivos que mejoran la transmisión de dopamina, como el bupropión (Wellbutrin, Aplenzin), se consideran favorables para el sexo, puesto que intensifican el impulso sexual y la habilidad para llegar al orgasmo.[10]

La prolactina y la dopamina son como los dos asientos de un balancín. Cuando una está arriba, la otra suele estar abajo. Algunos antidepresivos generan altos niveles de prolactina que reducen los niveles de dopamina y disminuyen la libido.[11] La prolactina es parte de ese mecanismo de información negativa que te avisa de que el sexo ha terminado.[12] Tras llegar al clímax, cuando es difícil sentirse excitada en ese estado más bien frío, la serotonina controla la inhibición y la saciedad sexuales. Al igual que la prolactina, la serotonina informa al cerebro de que ya has terminado. Quizá las personas que toman ISR ya se sientan satisfechas, incluso sin haber realizado el acto sexual.[13] En el caso de los animales de laboratorio, el ISR fluoxetina (Prozac) disminuye la intensidad del interés sexual, la lordosis (la espalda arqueada) y la ciclicidad ovulatoria.[14]

El acto sexual es un equilibrio entre los instintos animales más bajos y una mayor capacidad cerebral de disuasión. Las funciones de planificación y ejecución deciden pisar el freno de las funciones impulsivas motoras. Cuando se tienen demasiadas cosas en la cabeza, resulta más difícil concentrarse en la excitación y el placer. Esto ocurre por la influencia de la serotonina en el córtex prefrontal, en el sistema límbico. Si no puedes dejar de pensar y centrarte en lo que siente tu cuerpo, la culpa es de la serotonina. El investigador Jim Pfaus explica que demasiada inhibición serotoninérgica puede adormecer las sensaciones de intimidad y vínculo con el otro y hacer que el sexo parezca una actividad basada en «ir pasando de una casilla a otra».[15]

Hay algo que está claro: se trata de un fenómeno que varía según la dosis, por lo que vale la pena reducir la cantidad de ISR que tomas para ver si logras un equilibrio entre los efectos deseables del antidepresivo y los efectos secundarios sexuales menos deseables. Por supuesto, eso es algo que debes hacer con el beneplácito de tu médico y con seguimiento profesional. Yo suelo recomendar lo que llamo «calendario para unas vacaciones de sexo».[16] ¿No te encanta el concepto «vacaciones de sexo»? Unas vacaciones sin medicación es cuando dejas de tomar las pastillas por diversos motivos, por ejemplo para evitar la tolerancia al medicamento en cuestión. Unas vacaciones de sexo es dejar de tomar la medicación para disfrutar del sexo un poco más. Otra alternativa es pasar de un ISR a un medicamento no serotoninérgico, como Wellbutrin, que es el que tiene menos efectos secundarios sexuales de todo el espectro (y el que te hace ganar menos peso).[17] Las mujeres que toman Wellbutrin en lugar de un ISR no suelen quejarse sobre un decaimiento del deseo ni de que les cueste más llegar al orgasmo. De hecho, algunos psiquiatras consideran que Wellbutrin es una medicación que favorece el sexo. Es muy común que estos profesionales añadan Wellbutrin a un tratamiento ya existente de ISR para reducir los efectos secundarios sexuales generados por este.

EL DOBLE PALO

Sabemos que los ISR reducen el deseo sexual y la respuesta sexual. Sabemos que los anticonceptivos orales tienen los mismos efectos, porque evitan la ovulación y, cuanto más tiempo lleves tomando la píldora, más bajos serán tus niveles de testosterona libre. Además, debes tener en cuenta que los niveles artificialmente elevados de estrógenos provocados por la píldora aumentarán, también de modo artificial, los niveles de serotonina. Cuanto más altos sean los niveles de serotonina, más te costará alcanzar el orgasmo. Muchas de mis pacientes sufren el «doble palo» de la libido baja por dos frentes, los antidepresivos y los anticonceptivos. Se trata de unos efectos farmacológicos difíciles de superar para cualquier mujer, y para unas pocas con cierta vulnerabilidad genética resulta especialmente fastidioso.[18] Si el placer sexual es una prioridad para ti, pero no puedes prescindir de los antidepresivos, te pido por favor que consideres usar un método anticonceptivo no hormonal.

Si debes tomar anticonceptivos por razones médicas, deberías plantearte tomar un antidepresivo no serotoninérgico o seguir algún tratamiento natural que no implique la toma de medicación. (O puedes seguir con la combinación de medicamentos y hacerte monja. Tú decides.)

LAS DROGAS Y EL ALCOHOL HACEN EL SEXO MENOS PLACENTERO

Cualquier cosa que te relaje podría ayudarte a alcanzar el orgasmo, por lo que un masaje o una ducha de agua caliente serán preludios excelentes para el sexo. Sin embargo, muchos sedantes, incluido el alcohol, tienen una «ventana terapéutica». Si consumes demasiado, despídete de todo.

Además de la serotonina, los sistemas opioide y endoncannabinoide contribuyen a inhibir el impulso sexual. Estos compuestos químicos deberían hacer acto de presencia al final del sexo para tranquilizar el ambiente y «echar el cierre», pero también pueden echar el cierre al deseo y a la respuesta sexual. La dosis justa de opiáceos naturales del cuerpo contribuye a que sintamos deseo y alivia los mensajes de dolor e incomodidad durante la excitación. El aumento de endorfinas provocado por la satisfacción sexual que produce el orgasmo garantiza que anhelemos la práctica de sexo una y otra vez. Las ratas de laboratorio a las que se administra un inhibidor del receptor de opiáceos interrumpen el comportamiento sexual.[19] No obstante, demasiada estimulación del receptor de opiáceos tampoco es buena, que es lo que ocurre cuando te inyectas un chute de algo o tomas un montón de las muchas variedades de calmantes que existen; es una clara señal de que no vas a llegar al orgasmo. Una de las explicaciones de que resulte difícil alcanzar el clímax cuando vas hasta arriba de calmantes es que, si inhibes el dolor, también inhibes parte de las sensaciones placenteras necesarias para llegar al orgasmo.

Además del sistema de endorfinas, nuestro sistema endocannabinoide natural también participa en el disfrute sexual. Este sistema nos ayuda a mantener la excitación sexual y a considerar placentero el sexo, por lo que una caladita de porro puede aumentar la diversión, pero si fumas más canutos de la cuenta estarás pisando demasiado a fondo el acelerador del sistema endoncannabinoide. Existe la posibilidad de que no puedas llegar al orgasmo.

El THC, uno de los ingredientes activos del cannabis, puede tener efectos similares al alcohol, es decir, relaja las inhibiciones. El problema es que el THC también puede actuar como un analgésico, alivia el dolor o, lo que es peor, atenúa las sensaciones y reduce tu capacidad para ser consciente de ellas. Cuando una paciente me dice que tiene problemas para alcanzar el clímax, repaso la lista de medicamentos que pueden estar interfiriendo en el proceso (los antidepresivos y los anticonceptivos orales son dos grandes problemas en mi consulta). Si resulta que la paciente en cuestión es fumadora de porros, la animo a no fumar los días en que desea tener sexo o a pasarse a una cepa de marihuana con dosis más alta de cannabinoide y ver si así se resuelve el problema.

Sin embargo, tengo muchos pacientes, tanto hombres como mujeres, que juran que una caladita de cannabis o hachís los hace ponerse a tono. El cannabis puede ayudarte a ser más consciente de tu cuerpo, aumentar la intensidad de las sensaciones y la relajación.[20] En un estudio realizado con quinientas mujeres, el 81 % afirmó que el cannabis mejoraba sus experiencias sexuales, que tenían más sensibilidad cuando las acariciaban y que se sentían más relajadas.[21] Las mujeres son más coherentes que los hombres cuando informan sobre los efectos beneficiosos del cannabis en las relaciones sexuales.[22]

Un último comentario sobre las drogas y el sexo: la desinhibición. Las drogas como el alcohol, la cocaína y el speed quizá te ayuden a excitarte, no solo sexualmente, y a sentirte más proclive a comportamientos peligrosos en los que probablemente no incurrirías si no estuvieras bajo los efectos de esas drogas. Por favor, ten cuidado. Mantener la mente fría y permanecer sobria es la mejor defensa contra las malas decisiones que pueden tener consecuencias negativas de por vida, como no utilizar preservativo o escoger una pareja sexual inapropiada.

Las agresiones sexuales, entre personas que se conocen o por parte de un desconocido, están en auge, sobre todo en los campus universitarios estadounidenses. Muchos lo achacan al porno de internet, pero yo culparía además a la cultura en la que ponerse hasta arriba de alcohol es la norma y consumir bebidas alcohólicas se publicita cada vez más. Las mujeres se emborrachan y pierden toda responsabilidad sobre su cuerpo. El mensaje «"No" significa "no"» debería revisarse e incluir: «La omisión de la negación no es un sí». El presidente Obama hizo cuanto pudo cuando lanzó la campaña «Está en nuestras manos» para combatir las agresiones sexuales en los campus universitarios: «La sociedad todavía no valora lo suficiente a las mujeres», declaró.

El porno

Una chica que acudió a mi consulta me contó su experiencia sexual con un chico al que acaba de conocer: él le había restregado el pene erecto por la cara. «¿Por qué creería que eso podía gustarme?», me preguntó. «Por el porno», me limité a contestar. Es uno de esos casos en que la vida imita al arte, así de simple. El porno de internet ha enseñado a muchos hombres a ignorar la experiencia de la mujer porque, a menudo, en el mundo del porno, las mujeres, en el mejor de los casos, son accesorios sexuales que gimen de placer con independencia de lo que se les haga.

Para los hombres, el porno de internet es adictivo. Según el psiquiatra Norman Doidge, el porno es una trampa perfecta para la neuroplasticidad o el recableado del cerebro. La atención exclusiva es uno de los prerrequisitos para el cambio neuroplástico, y el mirar una pantalla provoca un estado ligeramente alterado similar a la hipnosis. Alimentar el cerebro con imágenes de alta estimulación sexual cambiará sus motivaciones para sentir excitación sexual. Las neuronas que se disparan a la vez se conectan entre sí: si la estimulación depende siempre de los mismos circuitos cerebrales, empiezan a crearse nuevas redes. Se forman muescas, y esas muescas acaban abriendo surcos.[23]

Internet proporciona una fuente inagotable de novedades: nuevos actos sexuales que mirar y, lo que es más importante, nuevas mujeres a las que comerse con los ojos. El cerebro masculino ve una actriz porno como una nueva compañera sexual a la que poder preñar, lo que recompensará al observador en la misma medida, con las subidas de dopamina que lo animan a ir a por la chica, a darle caza. El porno estimula el cerebro tanto como el sexo con una mujer de carne y hueso. La misma recompensa de dopamina, y los circuitos del placer se activan por la expectación del sexo; cuando el observador se excita visualmente secreta la misma cantidad de norepinefrina y feniletilamina (FEA), como ocurre con el amor a primera vista. También se produce la misma descarga de endorfinas que se da durante el orgasmo. Lo más preocupante es que la oxitocina, que en la naturaleza se estimula gracias a los besos y los abrazos, se secreta gracias al sexo visto en el ordenador.[24]

Una página como Pornhub ofrece una exhibición de más tías buenas en diez minutos de las que podría llegar a ver un hombre medio en el mundo real en toda su vida. No es natural, por decirlo suave. Al igual que las ratas de laboratorio con acceso ilimitado a la comida basura que se vuelven obesas de forma inevitable, los hombres que reciben esas versiones extremas de imágenes gratificantes acaban con unos niveles tan elevados de dopamina que el cerebro tiene que desconectarlos. Su capacidad de respuesta al placer acaba aturdida, y, como resultado, pasan por ciclos de atracones y deseo incontenible. El cerebro se recablea para asimilar esa abundancia de posibles parejas y se vuelve muy selectivo. Los hombres que se vuelven adictos al porno de internet descubren que necesitan imágenes de una intensidad visual mayor y más explícita para llegar al clímax. Generan una tolerancia a la estimulación brutal. El problema más grave es la disfunción eréctil. En ocasiones, les sorprende descubrir que sus novias de carne y hueso ya no les excitan como lo hacen los vídeos *hardcore*.[25] Doidge, experto en neuroplasticidad, recomienda el síndrome de abstinencia como la mejor forma de remediar la adicción al porno y evitar el consiguiente daño a la relación de pareja. Sus pacientes dejaron de usar el ordenador durante un tiempo para debilitar las redes neuronales, y según Doidge: «Su hambre de porno fue decreciendo hasta desaparecer».[26] Mi consejo para los que están colgados del porno es doble: deja de mirar la pantalla del ordenador y empieza a mirar a tu pareja (o, al menos, sal de casa). Añadir intimidad a vuestro repertorio sexual contribuirá a aumentar el placer.

El sexo aprendido en una pantalla de ordenador es visual; todo se basa en las miradas a cámara o en el hecho de que alguien esté mirándote. Es muy distinto a lo que se siente con el sexo real, a los olores, los sabores y las sensaciones de conexión, apego e intimidad. Tengo muchas críticas que hacer al porno, pero la más importante es que está generando una nueva normalidad para todos. Las mujeres aprendemos que debemos estar gimiendo y jadeando de placer a lo largo de la relación sexual y tener repetidos orgasmos con una estimulación nimia del clítoris. Los hombres aprenden que el sexo consiste, sobre todo, en un mete y saca, como si el pene fuera un pistón, en el orificio que elijan. Las mujeres casi siempre tienen el pubis depilado y pechos de silicona. Los hombres casi siempre tienen el pubis depilado, una erección dura como una piedra y tardan mucho en eyacular porque han tomado un montón de Viagra. Las situaciones de sexo sádico, humillante y degradante abundan en internet.

Es normal y común tener esa clase de fantasías (véase el siguiente apartado), pero no son muchas las mujeres a las que les gusta que las traten así en la vida real. De cada una de nosotras depende el comunicar con sinceridad a nuestra pareja qué nos excita. Sé concreta en cuanto a tus límites. Defiende lo que deseas, no aceptes el sexo duro de la pornografía si no es eso lo que quieres. En los últimos diez años, más o menos, he observado una tendencia preocupante entre mis pacientes femeninas. Realizan prácticas sexuales que jamás habrían imaginado que intentarían y, lo que es más importante, no las disfrutan. Se adaptan a los deseos de sus parejas sin luchar por sus propios deseos. Por favor, no lo hagas. Si no quieres sexo anal ni sexo oral agresivo, debes decírselo de inmediato a tu pareja. Es una de esas situaciones en las que debes anular tu inclinación natural a amoldarte a lo que quieren los demás. Os irá mejor a ambos.

La comunicación es fundamental durante los juegos sexuales. Someter tus deseos y tu poder de decisión a lo que él quiere, ya sea interpretar un papel en su fantasía o incluso tener relaciones sexuales cuando no lo deseas, no es de recibo bajo ninguna circunstancia. Quizá sea demasiado pronto en la relación y no te sientas preparada, o tal vez llevas años casada y justo esta noche no te apetece. Dilo en voz alta, comunica tus deseos y necesidades, sobre todo cuando el deseo es «Ahora no». De lo contrario, el resentimiento acabará enquistándose en tu interior, te provocará estrés y depresión, y acabarás enfadada y reaccionando de manera agresiva. La rendición genera claudicación, y eso no es en absoluto sexy.

UN CUERPO CREADO PARA EL PLACER

Supongo que te habrás dado cuenta de que los hombres tienen sus partes muy visibles y accesibles. Las mujeres, como criaturas esquivas que somos, ocultamos nuestro tejido eréctil en nuestro interior. Hablaré claro: el principal órgano sexual de una mujer es el clítoris, no la vagina, que es el canal del parto. La palabra «falo» se refiere tanto a la parte externa del clítoris como al pene.[27] Durante la fase de excitación, al ser estimulado, el tejido erecto de una mujer se llena de sangre, como el tejido del pene. Nosotras también tenemos erecciones, pero, inevitablemente, tanto en las investigaciones científicas como en el porno la excitación de las mujeres se mide y se describe por el grado de humedad.

El glande del clítoris, con nada más y nada menos que ocho mil terminaciones nerviosas, es la parte con más nervios y más sensible del cuerpo femenino.[28] A diferencia del pene, utilizado para expulsar tanto residuos como ADN, el clítoris tiene una sola función: proporcionarte placer sexual. Un diseño inteligente, ¿verdad? En cuanto a la igualdad de géneros, nuestro tejido erecto tiene casi el mismo tamaño que el de un hombre. Ese pequeño bultito del clítoris llamado glande, visible bajo la capucha protectora, es solo la punta del iceberg. Detrás del glande hay un área enorme de tejido sensible llamada cuerpo del clítoris, o raíz, y existen una serie de prolongaciones (llamadas bulbos vestibulares y piernas del clítoris), orientadas hacia el exterior y hacia abajo, como una espina de pescado, que rodean la vagina y la uretra por dentro del cuerpo, y miden entre nueve y once centímetros en total.[29] Para apreciar por completo tu potencial sexual debes familiarizarte con el clítoris. Tienes que volverte clitoriana. Me encantaría que compartiéramos información las unas con las otras sobre el descubrimiento relativamente nuevo y tridimensional del clítoris. ¡Difunde la clitoristura! (Gracias a la artista conceptual Sophia Wallace por este concepto tan maravilloso.)[30]

Para que el sexo sea satisfactorio debemos combatir la vergüenza y la incomodidad que sentimos con nuestro propio cuerpo. Nos preocupa que nuestros labios internos sean demasiado grandes o estén muy flácidos, que nuestro clítoris sea muy pequeño o difícil de localizar, y que olamos mal o tengamos un sabor raro. La observación detallada y la aceptación de nuestros genitales únicos, tan bellos y perfectos en su imperfección, es fundamental para relajarse y recibir placer sexual.[31] Muchos terapeutas sexuales recomiendan que te sientes en un lugar bien iluminado con un espejo que no tengas que aguantar con las manos para que observes de cerca y con atención la belleza que tienes entre las piernas. Y si tu pareja no te dedica cumplidos y no expresa en voz alta cuánto le gusta tu maravilloso sexo, dile (a él o a ella) que se ponga las pilas. Tu pareja no solo debería conseguir que te sintieras tranquila con cómo sabes, cómo hueles y cómo eres, sino que debería asegurarte que no tiene prisa y que hará lo necesario y esperará lo que haga falta para que disfrutes de las oleadas de placer sexual que se intensificarán hasta convertirse en espasmos orgásmicos. Es un derecho que tienes por nacimiento y quiero que lo ejerzas.

Tener conciencia total de tu cuerpo e inspirar con fuerza por la nariz te ayudará muchísimo a alcanzar el orgasmo. Céntrate en tus sensaciones corporales y en lo que te gusta; deja de preocuparte por tu aspecto, por si estás tardando demasiado o por lo que estará pensando tu pareja. A muchas mujeres les cuesta recibir placer. En lo referente al sexo, debemos luchar contra nuestra necesidad compulsiva de dar. En el sexo a veces hay que ser un poco egoísta. Considera la posibilidad de practicar la meditación orgásmica, que cultiva la concentración en tus sensaciones y te da permiso para recibir.[32]

Mujeres omnisexuales

Cada una de nuestras experiencias sexuales y románticas van puliendo nuestra idea de lo que queremos obtener de la siguiente. Los hombres gais suelen mantenerse firmes en su orientación y hay pocos hombres realmente bisexuales, pero las mujeres somos más flexibles con nuestra orientación sexual. Es mucho más probable que una mujer vacile entre parejas masculinas o femeninas. Algunas mujeres se sienten atraídas por personas en particular más que por los géneros.[33] Más de un tercio de las mujeres que se definen como heterosexuales han tenido alguna experiencia con mujeres o se han excitado pensando en ellas.[34] Quizá la evolución ha favorecido a la mujer con la capacidad de intimar con ambos sexos porque eso amplía las opciones de compartir el cuidado de los niños (lo que se llama crianza aloparental) si no hay hombres disponibles.[35]

Nuestro deseo es adaptable, sobre todo porque está al servicio del apego y de la conservación de las relaciones con compromiso. Piensa, por ejemplo, en tus padres. Eran jóvenes y vitales, ahora tienen el pelo cano y arrugas, y aun así, después de tantos años y aunque te cueste imaginarlo, siguen haciéndolo. Su deseo y su libido se han adaptado para conservar el vínculo. Lo mismo ocurre en todas las relaciones duraderas. Descubrimos cosas que todavía nos excitan, y estas pueden variar con el paso del tiempo.

Es el secreto de las relaciones con compromiso. En un principio somos especiales y selectivos, pero luego aprendemos a adaptarnos para mantener el apego. En lo que se refiere a la lujuria y al sexo, la cosa cambia. Los criterios son mucho más laxos. Y también nosotros. Las mujeres somos criaturas omnisexuales, puede excitarnos casi todo. Las mujeres consumimos tanto porno como los hombres, y nos fascina por igual.[36] En los estudios realizados con mujeres mientras veían porno y el análisis del riego sanguíneo en la vagina, se descubrió que todo las excitaba: el porno heterosexual, el gay, los hombres masturbándose y nuestros primos los bonobos manteniendo relaciones sexuales.[37] Todo las ponía a tono. Incluso a las mujeres lesbianas les gustaba el porno gay. (Los hombres gais analizados eran los más selectivos en cuanto a las categorías.) Seas consciente o no, respondes a toda clase de estímulos sexuales. Y, al contrario de lo que se suele creer, en nosotras el deseo sexual (la lujuria) no se enciende necesariamente «como una chispa o se mantiene gracias a la intimidad o seguridad emocionales».[38]

Las mujeres no son en absoluto sinceras en cuanto a qué las excita o cuánto sexo practican. En una serie de estudios que medían la lubricación y la congestión vaginales, las conclusiones fisiológicas no coincidían con las declaraciones personales sobre el grado de excitación.[39] Las mujeres en estos estudios no admitían qué las excitaba tanto como a los hombres, lo que sugiere una discordancia entre lo que ocurre en su cuerpo y en su mente. Pero, claro, el pene erecto es un indicador muy visible. Las mujeres tal vez somos menos conscientes de qué nos excita debido a la naturaleza oculta de nuestros genitales y nuestras reacciones sexuales. También es posible que dieran las respuestas que imaginaban que los investigadores deseaban escuchar. Las mujeres conectadas a un falso detector de mentiras reconocieron masturbarse más que las mujeres no conectadas a la máquina, y admitieron haber tenido más parejas sexuales que las que reconocieron los hombres.[40] ¿Qué está pasando? En lugar de estar en contacto con nuestro cuerpo, estamos en contacto con la sociedad y con lo que creemos que se supone nos debe excitar. Insisto, no estamos viviendo para nosotras y no estamos escuchando los mensajes que nos envía nuestro cuerpo. Para disfrutar del sexo, hay que ponerse a ello.

Fantasías: olvida tus prejuicios y ponte a tono

Tu mente puede interponerse en el camino de la excitación sexual, pero también puede ayudarte a entrar en el juego y a no abandonar la partida. Si deseas mejorar tus relaciones sexuales, es importante que respetes tus fantasías. Tranquila, se lo que sea lo que te excite estará bien. Fantasear con violaciones colectivas, el bondage, el incesto... es normal y habitual. Si te pone el porno gay, no eres la única. Si ver a dos chicas en acción te excita y no te consideras lesbiana, sigue siendo normal. Es absolutamente natural y muy corriente tener fantasías sexuales que incluyan sumisión, humillación e incluso sexo no consentido. El número de mujeres dispuestas a admitirlo ronda en el 30-60 %. La cifra real (por la vergüenza que da confesarlo) probablemente sea incluso mayor.[41]

Las mujeres (y los hombres) que controlan hasta el último aspecto de su vida, verdaderos superhéroes y superheroínas tanto en el trabajo como en casa, suelen ser quienes tienen fantasías sexuales relacionadas con la cesión del control. Todo el mundo sabe que quienes más derrochan en las mazmorras de una dominatrix son los altos ejecutivos. No es ningún misterio por qué *Cincuenta sombras de Grey* ha vendido tropecientos millones de libros. Sus escenas de sumisión y subordinación excitan a lectoras de todo el mundo. Para muchas mujeres el calentón está garantizado. Parte del atractivo reside en que no existe la culpa si no has sido tú quien ha iniciado el juego, de modo que la vergüenza es menor. Y otra parte reside en el puro narcisismo. Sentirte tan deseada por tu pareja que esta es incapaz de controlar sus instintos animales proporciona placer y satisfacción. Ser deseada y deseable es un tema recurrente en cuanto a qué excita a las mujeres, aunque hay algo más que casi siempre funciona.

En cierta ocasión asistí a un almuerzo auspiciado por la industria farmacéutica en el que me sentaba enfrente de la coordinadora, una especialista en el tratamiento de mujeres embarazadas con enfermedades psiquiátricas. Cuando terminó de hablar, llegó el turno de hacerle preguntas y, mientras atacábamos el segundo plato, le pedí consejo al tiempo que ella pedía un bollito. «¿Qué haces con una libido baja?», le pregunté. «¡Probar con otra pareja!», contestó sin pensárselo. «No, no me refiero a ti... Me refiero a qué les dices a tus pacientes.»

Una nueva pareja sexual obra maravillas en una libido tambaleante. La novedad es un avivador del deseo más fiable que muchos otros factores. En el contexto del amor comprometido la novedad también es posible, pero requiere mayores esfuerzos (véase el capítulo 4). Tal vez te sientes culpable por fantasear con alguien distinto a tu pareja, pero te sorprendería saber que es algo que ambos compartís. En los hombres es frecuente fantasear con la infidelidad de su pareja (ver a su mujer con otro hombre). En las mujeres, las violaciones múltiples. La razón tiene una base biológica. Esas situaciones nos excitan porque estamos programados para competir por el esperma, para que gane el mejor hombre. La forma del pene, el tamaño de los testículos y la composición del semen avalan esta teoría.[42]

¿Alguna vez te has preguntado por qué cuando él termina tú tienes la sensación de que el motor sigue en marcha y de que podrías volver a empezar sin problemas, pero resulta que él se ha quedado dormido? Al menos desde un punto de vista evolutivo, las mujeres estaban programadas para tener varias parejas y competir por el esperma, una reliquia de nuestros días en la sabana, cuando vivíamos en grupos igualitarios y polígamos y lo compartíamos todo, no solo la comida y el techo.[43] Por eso no debes sentirte mal si fantaseas con tener varias parejas; es natural, en el sentido estricto de la palabra.

Lo verdaderamente importante de las fantasías es que no tienes por qué desear que se hagan realidad. Deja claro a tu pareja que te apetece hablar de ello y divertirte, pero que eso no significa que quieras realizarlas. A menudo, lo que nos excita está prohibido, y eso es justo lo que nos pone. La descarga de adrenalina asociada con sensaciones como el miedo o la humillación puede avivar los circuitos neuronales y corporales que contribuyen a alcanzar el clímax.[44] El problema viene cuando nuestras fantasías nos avergüenzan y empezamos a cuestionarnos lo que nos excita. Deseamos que no nos excitara porque creemos que no debería hacerlo.

Las fases de excitación y meseta son el momento indicado para solazarte en cualquier tipo de pensamiento que encienda tu deseo. Y ten presente que, en la misma medida que los personajes de tus sueños suelen representar distintas partes de ti, tú también eres quien interpreta todos los papeles de tus fantasías sexuales. A una parte de ti le excita la idea de que te aten y a otra la de ser quien ata.

Nadie tiene por qué saber qué ocurre en tu cabeza mientras mantienes relaciones sexuales o te masturbas, y la mayoría de las veces no tienes la menor intención de hacer realidad dichas fantasías, sobre todo si pueden resultar dolorosas. Sin embargo, si acabas compartiéndolas con un amante y deseas incorporar alguna a tus juegos sexuales, prepárate para los fuegos artificiales.[45] Dentro de la seguridad y de la intimidad de una fantasía compartida, lo que más tememos en la vida real se permea de una potencia erótica extraordinaria.

Unos nos sentimos más cómodos siendo el agresor sexual y otros preferimos ser más pasivos. Tengo una paciente que se considera pasiva y no se siente cómoda iniciando el acto sexual, pero resulta que, sin saberlo, se ha casado con otra persona pasiva. Un día me comentó en broma que para su marido los preliminares consisten en tumbarse de espaldas. Reímos un buen rato, pero luego convinimos en que ahí había un problema. Ella quiere que él se desviva por ella y la haga sentirse deseada, pero él se siente más cómodo siendo el que recibe. En las relaciones sexuales hay que negociar, y a veces toca turnarse. Sin embargo, si no eres capaz de hablar del tema todo seguirá igual. Lo mismo ocurre con la técnica. Tu pareja, sea un hombre o una mujer, no sabe qué te gusta exactamente. La clase de educación sexual depende de ti.

La masturbación es nuestra primera experiencia con el placer sexual y una forma primaria de expresión personal,[46] una de las maneras mediante las que aprendemos a querernos. Wilhelm Reich, psiquiatra vienés de principios del siglo xx, aseguraba que tu actitud ante la masturbación refleja tu actitud ante el sexo en general. Para mejorar tu respuesta sexual, tienes que establecer una relación sexual contigo misma. Tu cuerpo está hecho para el placer. Nunca se cansa. Y seamos claros: los orgasmos llaman a más orgasmos. Tu libido no tiene un límite, no se agotará si te masturbas. Sentirte cómoda masturbándote mejorará las relaciones sexuales y facilitará que alcances el orgasmo con una pareja. Tienes derecho al éxtasis sexual tanto a solas como acompañada. Betty Dodson, venerada educadora sexual y encantadora de orgasmos, defiende que la masturbación es la piedra angular de la liberación de las mujeres.

Tanto si prefieres utilizar los dedos, un vibrador, un chorro de agua regular o una almohada contra la que frotarte, experimenta con distintos tipos de estimulación hasta que te hagas una idea de qué es lo que te da placer. Puede que primero necesites que te acaricien de cierta manera y después, cuando te sientas sexualmente más estimulada, de otra distinta, e incluso es posible que vuelvas a cambiar para llegar a la línea de meta. Hay personas que se echan atrás cuando se acercan al orgasmo por miedo a lo desconocido o porque les angustia el placer o la pérdida de control. Descarta el impulso de retirarte. A aquellas de mis pacientes que nunca llegan al clímax o que les cuesta mucho alcanzar el orgasmo suelo recomendarles el uso simultáneo de un vibrador y cualquier fantasía o estimulación visual que les resulte incitante en un decidido intento por salvar ese obstáculo. Y sí, a veces implica ver en internet porno dirigido a mujeres.[47]

La estimulación del clítoris es lo que a la mayoría nos lleva al clímax. Si quieres tener un orgasmo, estás obligada a entrar en contacto, literalmente, con tu clítoris y descubrir qué te da placer. En términos mecánicos, un pene entrando y saliendo de una vagina no provoca un orgasmo a la mayoría de las mujeres (algunos investigadores elevan la cifra hasta el 80 %). Según Betty Dodson: «Mi tasa de éxito a la hora de enseñar a las mujeres cómo tener un orgasmo únicamente a través del coito ha sido cero», y ha trabajado con miles.[48]

La penetración peneana no estimula el clítoris, salvo que seas una de las escasísimas afortunadas que tienen el clítoris inusualmente cerca de la entrada de la vagina. (Por lo visto, menos de tres centímetros es el número mágico.) Además, según Alfred Kinsey, la duración media de la penetración es de dos minutos y medio, y muy pocas mujeres son capaces de conseguir nada en ese tiempo, salvo, tal vez, vaciar el lavavajillas.[49] Masters y Jonhson han calculado que los hombres tardan una media de cuatro minutos en alcanzar el clímax, pero que las mujeres necesitan de diez a veinte minutos... cuando están con una pareja.[50] Curiosamente, si la mujer se masturba sola, la duración media también es de cuatro minutos. Un dato importante. Las mujeres llegan mucho más rápido al orgasmo cuando están solas que cuando están acompañadas. ¿Nos enseñan desde pequeñas a ocultar nuestro placer y actividad sexuales, ya sea a solas o en compañía? ¿Nos avergüenza nuestra sexualidad, la manera en que reaccionamos, la cara que ponemos cuando llegamos al orgasmo? ¿Nos han lavado el cerebro para que creamos que deberíamos ser capaces de alcanzar el clímax sin más ayuda que la penetración? Creo que la respuesta es afirmativa en todos los casos.

PONERSE A TONO

Con una pareja, tu ascensión hasta el orgasmo puede durar cuatro veces más que la de él, y eso incluso estando relajada y entonada. Las revistas femeninas aciertan en algo en cuanto a consejos sexuales: mimarte un poco, encender unas velas, aplicarse aceites o lociones y destinar unos minutos a respirar, centrarte y desestresarte son pasos importantes. Un baño o una ducha de agua caliente contribuye a mejorar la circulación de la sangre. Las madres necesitarán más tiempo aún para cambiar el chip. Es probable que tengas incluso que fantasear. Mucho. Empieza con tiempo, métete mentalmente en el juego antes de que tu cuerpo te siga. Deja que tu cabeza imagine cualquier situación que te excite. No te juzgues.

No pasa nada si te masturbas antes de que tu pareja entre en el juego, sobre todo si es de los rápidos en desenfundar. A la mayoría de los hombres les excita ver a una mujer tocándose, así que no seas tímida. Además, ¿qué mejor forma hay de enseñarle lo que te gusta? Y si disfrutas del estímulo de diversas zonas eró- genas al mismo tiempo, como les ocurre a muchas mujeres, siempre puedes pedirle que te eche una mano. Por ejemplo, mientras tú te acaricias el clítoris, él puede introducir uno o dos dedos en tu vagina y acariciar la pared anterior, o chuparte los pezones.

El ejercicio es la Viagra de la naturaleza. Un momento ideal para mantener relaciones sexuales es justo cuando llegas a casa después de haber hecho ejercicio. El aumento del flujo sanguíneo es lo que necesitas para ponerte en marcha. Un estudio demostró que la hinchazón genital era mayor en las mujeres que habían hecho ejercicio antes de ver porno que en aquellas que no habían hecho ejercicio.[51] Hacer deporte con asiduidad ayuda a mejorar la libido de las mujeres cuyas experiencias sexuales se ven afectadas por los antidepresivos.[52] Y luego está el esquivo (y eficaz, ¡dos pájaros de un tiro!) orgasmo inducido por el ejercicio.[53] Es poco común y suele asociarse con ejercicios abdominales, levantamiento de pesas y la práctica del alpinismo.

¿Qué más puede ponerte en marcha? ¿Qué me dices del atractivo de tu pareja? Porque resulta que importa. Las mujeres afirman que tienen orgasmos con mayor frecuencia y rapidez cuando están con hombres a los que consideran masculinos, dominantes y atractivos.[54] Sé que es algo que cae por su propio peso, pero ahora ya tienes un estudio que lo respalda.

Pesas vaginales, ¿alguien se anima?

Seguramente has oído hablar de los ejercicios de Kegel, muy recomendables para todas las mujeres. Mediante dichos ejercicios contraes los músculos pubococcígeos, que integran la mayor parte del suelo pélvico,[55] unos músculos que deben fortalecerse, sobre todo después de un parto, durante la perimenopausia y tras la menopausia. El método más sencillo para localizarlos consiste en intentar detener el flujo de la orina. En las clases de Pilates a menudo te animan a «tirar del suelo pélvico hacia arriba». En yoga se le llama *mula bandha*. Los ejercicios de Pilates y el yoga contribuyen al fortalecimiento del suelo pélvico y a mejorar la calidad y la facilidad con que llegas al orgasmo. Ahora ya sabes por qué los yoguis siempre parecen extasiados.

Una vez que hayas localizado el músculo pubococcígeo, intenta contraerlo y aguantar dos o tres segundos antes de relajarlo. Repítelo diez veces. El objetivo consiste en realizar cinco tandas de diez ejercicios de Kegel de manera espaciada a lo largo del día. Aumenta la duración de la contracción de manera gradual hasta los ocho o los diez segundos. Durante las relaciones sexuales, puedes contraerlos y relajarlos para aumentar la excitación de ambos. Betty Dodson comercializa unas pesas especiales llamadas Kegelcizer, un dildo metálico de medio kilo que te ayuda a fortalecer los músculos vaginales.[56] Dodson recomienda realizar ejercicios de Kegel durante las relaciones sexuales o la masturbación para aumentar el placer y facilitar el clímax. Cuanto más sanos y fuertes tengas los músculos pubococcígeos, más potente será el orgasmo. Así que ¡en marcha!

VIBRADORES

Los vibradores empezaron a utilizarse en medicina para provocar «paroxismos histéricos» a las mujeres que padecían una frustración sexual crónica.[57] Todo lo que fueran síntomas de irritabilidad, cansancio, achaques, dolores y malestar general solía diagnosticarse como histeria, término que en 1952 se eliminó del manual de diagnóstico de manera definitiva. Recordemos que era un mal que trataba un médico haciendo lo que las mujeres no podían o no se atrevían a hacer por sí mismas: masturbarse. En 1873, el 75 % de las mujeres estadounidenses necesitaban este tipo de tratamientos, se convirtió así en uno de los mayores mercados de servicios terapéuticos. Muchos facultativos utilizaban sus propias manos para aliviar los «síntomas», pero en la década de 1880 el vibrador se puso de moda en las consultas médicas para aplicar el tratamiento de manera más eficiente. En

1917, el número de vibradores superaba al de tostadoras en los hogares estadounidenses.

Los vibradores ayudan a algunas de mis pacientes a alcanzar el orgasmo con mayor facilidad y rapidez que con la estimulación manual o incluso la oral. A otras, el zumbido les resulta demasiado molesto o no lo ven con buenos ojos. Antes de decidir que lo del vibrador no va contigo, envuelve el cabezal del aparato en una toallita para minimizar las vibraciones, pruébalo a una velocidad más baja o coloca el cabezal contra el pubis o la vulva (los labios vaginales mayores) para amortiguar la estimulación que recibe el clítoris. Recuerda que el clítoris es muy sensible y se irrita a las primeras de cambio, sobre todo cuando estás en la primera fase de excitación. Demasiada presión te desconectará al instante. El clítoris se entumece fácilmente. Házselo saber a tu pareja con suma delicadeza; al ego masculino le ocurre otro tanto. A medida que aumenta la excitación, durante la fase meseta, el clítoris empieza a retraerse bajo el prepucio para protegerse de la sobreestimulación. Tal vez sea el momento de retirar la toallita o de pasar a una velocidad mayor.

Empezar poco a poco y con suavidad es mejor que lanzarse de buenas a primeras a la intensidad y la presión. Es importante hacerlo de manera gradual, pero el quid está en no acelerar cuando crees que te acercas o aplicar demasiada fuerza. Está muy bien combinar al principio, pero a medida que te aproximas a la meta la regularidad es crucial.

Cada clímax es único. No existe una sola manera o una manera adecuada de alcanzar el orgasmo. La clave reside en ser plenamente consciente de lo que ocurre. No te evadas, pon toda tu atención y concentración en las sensaciones. Respira hondo y contrae y relaja tu músculo pubococcígeo.

TÉCNICA DEPURADA

Una estimulación erótica previa adecuada es importante si se desean obtener los mejores resultados, por lo que te aconsejo que compartas esta información con tu pareja.

En cuanto a la estimulación de los pechos, es mejor empezar por los lados y la parte inferior y no lanzarse de cabeza al pezón. Una vez que la sangre empieza a afluir a esta zona, los pezones están preparados para recibir toda la atención necesaria, pero si se empieza demasiado pronto, puede que estén un poco entumecidos. Algunas mujeres se vuelven locas cuando les chupan o succionan los pezones, una reacción íntimamente ligada a factores hormonales.[58] Las mujeres que dan el pecho suelen sentirse menos excitadas por la estimulación de los pezones y con menos ganas en general.[59] Es posible que las perimenopáusicas o premenstruales prefieran que no se acerquen a ellos si están demasiado sensibles en ciertos momentos del ciclo, sobre todo en la segunda mitad.

Lo mismo ocurre con los genitales: lanzarse de cabeza al clítoris no es lo más aconsejable. Antes de estimularlo, conviene prestar atención a la parte interior de los muslos, a los labios mayores y menores y a la vagina. Es mejor empezar a tocarlo de manera indirecta, tal vez por los labios mayores o al menos por el prepucio del clítoris, que recubre el glande, cuya estimulación debería posponerse hasta más adelante. Se trata de una zona muy sensible para muchas mujeres, por eso menos es más. Una caricia delicada y lubricada funcionará mejor que si se aplica mayor presión, velocidad o intensidad, sobre todo al principio.

Para la estimulación oral, conviene mantenerlo muy húmedo y de vez en cuando que tu pareja lance una bocanada de aire caliente. Besar, chupar y succionar alrededor de los labios menores y el clítoris, cambiando la velocidad, la presión y el tipo de estimulación. Combinar la estimulación oral y la manual introduciendo uno o dos dedos en la vagina y, sobre todo, masajear el punto G, que se encuentra justo detrás del clítoris. Que intente empujarlo hacia delante, hacia su boca, desde atrás. Después que pruebe a presionar la lengua contra la zona inmediatamente posterior al clítoris y luego, mucho más tarde, cuando este se haya hinchado, que coloque la punta debajo del prepucio. Sin olvidar que es mejor reservar la presión para más adelante, si es que llegáis a necesitarla. Casi siempre es más conveniente una caricia delicada. Y lo mismo ocurre con la velocidad: despacio al principio y, en todo caso, más rápido después.

En cuando al coito, vale la pena plantearse algunas posturas nuevas. La del misionero es la más habitual y, para muchas mujeres, la más íntima, pero no la óptima para la estimulación del clítoris. Gracias a la técnica del alineamiento coital, realizando unos pocos cambios en la postura del misionero puede obtenerse un contacto mayor con el clítoris, lo que aumenta la probabilidad de un orgasmo.[60] Él debe adelantar su cuerpo unos centímetros, hacia tu nariz, de modo que o bien su pubis o bien la base del pene no pierda nunca el contacto con tu clítoris.[61] El movimiento rítmico se realiza de norte a sur, una cadencia que requiere de la coordinación de ambos. Como dijo su creador, Edward Eichel: «Menos penetración y más balanceo». Al no centrarse todo en la penetración, el hombre también dura más.

Otra opción es colocarte una o dos almohadas debajo del trasero o de la zona lumbar y que él doble las piernas y queden debajo de las tuyas. A continuación, él te alza las caderas hasta sus muslos y tú plantas los pies en la cama, con las piernas dobladas. Cuanto más inclines la pelvis para conseguir una mayor estimulación del clítoris (usando los pies como punto de apoyo), mejor. En lugar de apuntalarse sobre los antebrazos, él se apoya en las manos, con los brazos estirados. También puedes modifi-

car el ángulo recogiendo las rodillas sobre el pecho. Experimenta con lo que te sientas más cómoda.

Cuando seas tú la que está encima, más vale que tu pareja se
siente, en lugar de estar estirada, de modo que su barriga o su
pubis te rocen el clítoris. Busca el mejor ángulo, pero cuanto
más vertical mejor; él puede apoyar la espalda en la pared o en el
cabecero de la cama con un par de almohadas. Las sillas sin brazos son estupendas para que la mujer pueda sentir mayor presión en el clítoris y tener más control.

Cualquier postura es buena para incorporar un vibrador o la
estimulación manual a tus juegos sexuales; la vaquera inversa (tú
encima, de espaldas a él), la penetración desde atrás o la postura
descansada (él tumbado de lado y tú de espaldas, con una pierna
sobre su cadera) dejan el camino libre para una manipulación
directa del clítoris.

Distintos tipos de orgasmo

¿Y qué es exactamente un orgasmo? La liberación de la tensión
muscular y la sangre acumuladas en la zona pélvica, que causa
entre cinco y quince contracciones rítmicas e involuntarias del
útero, el tercio externo de la vagina, el músculo pubococcígeo y
el esfínter anal. Las primeras contracciones son más fuertes y seguidas y van haciéndose más espaciadas, cortas y débiles a medida que el orgasmo remite.[62]

El placer que proporciona un orgasmo puede localizarse en
la zona genital, que es lo más habitual, o extenderse a todo el
cuerpo. (Las prácticas de sexo tántrico van dirigidas a la obten-
ción de un orgasmo total y dedican mucho más tiempo a la fase
previa, en la que se incluyen ejercicios de respiración profunda,
relajación y concentración.) La excitación sexual hace que la

sangre se agolpe en los genitales, y un orgasmo expulsa la sangre y la tensión de todos los órganos pélvicos, lo que devuelve el cuerpo a su estado de calma original, llamado fase de resolución.

Sigmund Freud, psiquiatra aficionado a los puros y la cocaína, creía que los orgasmos clitorianos eran inmaduros y que una mujer más equilibrada alcanzaba el clímax a través de la estimulación vaginal, de donde nació la idea del orgasmo vaginal. Sin embargo, cuando Freud propuso esta teoría era un hombre virgen de treinta años sin el menor tipo de experiencia sexual coital.[63] Masters y Johnson han determinado que todos los orgasmos se derivan de la estimulación del clítoris, y Betty Dodson coincide con ellos.[64] No obstante, todavía hay sexólogos que clasifican los orgasmos dependiendo del tipo de estimulación.[65] Por ejemplo, la doctora Berman defiende la existencia del orgasmo del «suelo pélvico» producido por la estimulación del punto G.[66]

Todo tipo de estimulación puede conducir a un orgasmo. Hay mujeres capaces de alcanzarlo sin intervención del clítoris, y se han documentado casos de personas que lo logran mediante la estimulación de prácticamente cualquier zona erógena imaginable; incluso la estimulación oral de los pies puede llevar a algunas personas al límite.[67] Hay mujeres con parálisis a causa de una lesión en la médula espinal que pueden tener orgasmos.[68] También hay quienes lo alcanzan a través de la estimulación de los pezones,[69] y otras que solo necesitan pensar en que les tocan los pechos o los genitales para conseguirlo.[70] Durante la investigación realizada por Masters y Johnson no se encontraron sujetos capaces de alcanzar el orgasmo sin mayor ayuda que sus fantasías, pero el estudio Kinsey[71] ha establecido el porcentaje de orgasmos femeninos espontáneos (sin estimulación física) en el 2 %.[72] ¿Alguna vez te has despertado en medio de un sueño y has descubierto que acababas de correrte? Muchas mujeres tienen este tipo de «sueños húmedos». Dos investigadores han establecido la cifra en el 37 %.[73] Los orgasmos nocturnos se relacionan con la «neurosis» o la ansiedad, lo que significa que si estás muy estresada es probable que tu cerebro esté intentando hacer lo posible para proporcionarte un pequeño y balsámico descanso orgásmico.

Orgasmos en serie es un término más apropiado para los orgasmos múltiples. En muchas mujeres, el clítoris está extremadamente sensible y «prohibido» después del clímax. Se trata del período refractario, mejor definido en los hombres que en las mujeres. Sin embargo, si tu pareja continúa estimulando otras zonas erógenas y consigue llegar al clítoris antes de que las cosas se calmen demasiado, pueden producirse más réplicas. Si contraes y relajas el músculo pubococcígeo, te concentras en una respiración profunda y balanceas la pelvis adelante y atrás, es posible que te abras camino hacia una nueva tanda de espasmos sexuales.

DOCTOR, VEO PUNTOS

El interior de la vagina dispone de múltiples puntos que estimular. El punto G (el punto Grafenberg, llamado así por su «descubridor») se halla en la parte posterior de la raíz del clítoris, una zona sensible localizada en la pared anterior de la vagina, a unos 5 u 8 centímetros de profundidad. Gran parte de la pared vaginal tiene un tacto bastante desigual y rugoso, pero existe una zona más suave, del tamaño de un guisante, que, si se masajea, al principio produce la sensación de tener ganas de orinar, pero luego empieza a resultar agradable. Más que un punto se trata de una zona,[74] una región que se hincha y que resulta más fácil de encontrar una vez que el resto del tejido eréctil ha sido estimulado.[75]

Si tu pareja continúa acariciándolo con un dedo doblado, como si dijera «ven aquí», y es paciente, puedes tener un orgasmo. Las mujeres que atiendo en mi consulta y experimentan orgasmos del punto G dicen que son más difíciles de alcanzar que los clitorianos y cualitativamente distintos. Existen estudios, distintos a los que se llevan a cabo en Rutgers, que respaldan esta idea. En estos, las mujeres se masturban mientras les realizan una resonancia magnética, con lo que han de permanecer completamente quietas. ¿Te lo imaginas? Los datos recabados que comparan la estimulación clitoriana y la del punto G sugieren que su procesado se realiza en regiones distintas del cerebro.[76] Los orgasmos del punto G difieren de los clitorianos en que a veces se «eyacula» fluido por la uretra (por donde sale la orina). Este fluido se produce en las glándulas de Skene, también llamadas glándulas parauretrales, situadas junto a la uretra y homólogas a la próstata masculina. En cuanto a si solo algunas o todas las mujeres pueden eyacular y cuál es la composición del fluido, son temas objeto de polémica entre los sexólogos.

También existe el punto A, o zona erógena del fórnix anterior (AFE, por sus siglas en inglés), una cavidad vaginal que se sitúa entre el cuello uterino y la pared anterior, y cuyo acceso requiere un ángulo completamente distinto. Algo que tal vez conviene recordar es que, si estás un poco seca, puedes obtener mayor lubricación vaginal mediante la estimulación de la zona AFE. La mejor manera de conseguir la estimulación del fórnix posterior (también conocido como el callejón sin salida, la cavidad que se localiza entre el cuello uterino y la pared posterior de la vagina) es por detrás.[77] A muchas mujeres no les gusta que les estimulen el cuello uterino, pero hay quien disfruta con estas caricias. Existe un fenómeno llamado golpeteo cervical capaz de provocar un placer intenso o un orgasmo en mujeres mayores que han trabajado esta sensación.[78] Descubre qué te gusta y luego comunícaselo a tu pareja. Para los amantes de los dildos, existen todo tipo de formas y tamaños diseñados con la idea de lograr masajear todos estos puntos de manera adecuada.

Existen muchísimas zonas erógenas además de la genital, como detrás de la oreja, a ambos lados del cuello, por los lados de los pechos, detrás de las rodillas y, sobre todo, la parte inferior de la zona lumbar. Casi todos tenemos un punto débil, así que no seas tímida y comparte esa información con tu amante.

Tal vez te incomode lo siguiente, pero no debería. El cableado neuronal de la estimulación genital se encuentra justo al lado de la zona que procesa la estimulación anal, por lo que resulta del todo normal sentirse excitada sexualmente por el juego anal. Algunas mujeres prefieren únicamente la estimulación oral o manual de la zona exterior y otras se sienten cómodas con la penetración. Mucha lubricación, ir muy despacio al principio y que sea el receptor quien dicte la velocidad y el ritmo son factores fundamentales. A diferencia de la vagina, el ano no produce su propia lubricación, por lo que el uso de un lubricante es indispensable. Sin embargo, hay que ir con mayor cuidado porque las bacterias rectales pueden causar infecciones vaginales: cambiad el condón cuando paséis de la zona anal a la vaginal, o lavad el dildo o el pene en cuestión. Túmbate de espaldas para que el lubricante que resbale del recto no llegue a tu vagina. Además, el tejido rectal se rasga con mayor facilidad que la flexibilísima vagina, por lo que el riesgo de transmisión del VIH es mucho mayor en el sexo anal que en la penetración vaginal. Lo más seguro son los condones lubricados.[79]

Ojalá no hiciera falta decirlo, pero es algo que me veo obligada a recordar a mis pacientes con frecuencia: si no quieres hacer algo, di claramente que no. «No» significa «no», ya se trate de una práctica concreta o del sexo en general. Un hombre es perfectamente capaz de acabar solo si no deseas ir más allá. Lo hacen casi a diario.

Y ahora, unas palabras sobre el semen

Resulta que el semen vale para algo más que para hacer niños. Algunos de sus componentes aparecen en tu sangre pocas horas después de haber sido depositado en la vagina. El semen contiene testosterona y estrógeno, y ambos contribuyen a que te sientas más excitada y, por tanto, a alcanzar el orgasmo. Ahora ya conoces una de las razones por las que te sientes bien después de que él se corra. El esperma también contiene dopamina, norepinefrina y tirosina, un aminoácido presente en la dopamina, lo que ayudaría a explicar por qué estás más despierta después de haber mantenido relaciones sexuales. Además, gracias a las hormonas foliculoestimulantes y luteinizantes del esperma, este contribuye a regular tu ciclo menstrual. El sexo semanal podría ayudar a las mujeres a regularizar sus períodos.[80]

El semen incluso podría actuar como un antidepresivo natural, ya que contiene endorfinas.[81] Un estudio demostró que el uso de preservativos por parte de las mujeres universitarias (o su no uso) tenía efectos en su estado de ánimo: las mujeres expuestas al esperma obtenían puntuaciones más bajas en los inventarios de depresión y entre ellas se registraban menos síntomas depresivos e intentos de suicidio, todo en proporción al uso o no del condón.[82] Sin embargo, todos sabemos que los preservativos prestan un servicio esencial, como proteger de ETS y reducir la probabilidad de embarazo, por lo que no recomiendo el semen como antidepresivo salvo que tengas una pareja estable y seas posmenopáusica o estés utilizando otro método anticonceptivo.

El sexo también es un antidepresivo natural, y las razones por las que unas relaciones sexuales satisfactorias nos hacen sentir bien son tanto físicas como emocionales. Unirte a tu amante, disfrutar del espacio y el tiempo como uno, resulta una poderosa experiencia espiritual. Al principio, la química es algo maravilloso e incluso podría ayudarte a recorrer el arduo camino de una relación comprometida, pero las relaciones íntimas alcanzan cotas de profundidad infinitas. La senda hacia el logro de las sensaciones de cercanía y seguridad ofrece una gran recompensa. Recibir el cariño del otro te ayuda a amar y a aceptarte.

11

Tu cuerpo: o lo amas o lo dejas

Cada vez que disocias mente y cuerpo estás buscándote problemas. Una de las claves para gozar de buena salud es meterte en tu cuerpo y no abandonarlo. No te evadas, dedícate atención plena y sé consciente de tu respiración. La corporeidad es el camino hacia la salud. Pasea, baila, nada, haz estiramientos. Tu cuerpo es un templo, créeme. Haz lo posible por entrar y ríndele culto.

La inactividad física es el mayor riesgo para tu salud y un grave problema de salud pública. Nuestro estilo de vida, cada vez más sedentario, es la cuarta causa de muerte en todo el mundo, por encima del tabaco.[1] La inactividad impone al cuerpo una carga tan pesada como la obesidad, pues acorta la esperanza de vida y aumenta el riesgo de padecer enfermedades coronarias, diabetes y algunos cánceres.[2] En la actualidad, dos tercios de la población estadounidense tienen sobrepeso o son obesos, y de estos, uno de cada cinco sufre obesidad mórbida. Los cinturones de los aviones se alargan y las mesas de los TAC se ensanchan para dar cabida a nuestro contorno en expansión. En la última década la salud infantil ha disminuido un 10 % en Estados Unidos.[3] Parte de esa obesidad se debe a que nos sentamos. Y permanecemos sentados. En el coche, delante del escritorio, en el sofá, una inercia que se cobra un precio. Recuerda: si tienes la cabeza metida en una pantalla, tu cuerpo está inmóvil. (Aunque mejor así. En Manhattan, enviar mensajes y cruzar la calle equivale a jugarse la vida.)

En el caso de los adultos, el CDC (Centro para el Control y la Prevención de Enfermedades) recomienda un mínimo de dos horas y media de ejercicios aeróbicos moderados (cardio) a la semana y setenta y cinco minutos de ejercicios aeróbicos enérgicos.[4] También anima a realizar ejercicios de resistencia, como levantar pesas, al menos dos veces a la semana. Sin embargo, cerca del 80 % de nosotros no realizamos la cantidad de ejercicio recomendado.

El ejercicio fortalece el tejido muscular del corazón y mejora el riego sanguíneo de todo el cuerpo. Reduce los niveles de colesterol, previene la acumulación de grasa en las arterias y ayuda a mantener un peso adecuado. También contribuye a prevenir la hipertensión, las enfermedades coronarias, los derrames cerebrales, la diabetes y la osteoporosis.[5] El estado del sistema cardiorrespiratorio es un indicador de salud tan importante como la obesidad; de hecho, las personas físicamente activas pero con sobrepeso tienen una morbilidad y una mortalidad menores que aquellas sedentarias y sin problemas de peso.[6]

Las mujeres tienden a pensar en su cuerpo en términos estéticos y establecen comparaciones perjudiciales con modelos idealizados. Cuando pones tu cuerpo en marcha, la percepción que tienes de este cambia. Yo doy la lata a mis pacientes para que hagan cardio. Mucho. Porque es bueno para el cuerpo y para la mente. El ejercicio te proporciona una sensación de autonomía y mejora tu estado de ánimo. Por no hablar de los efectos químicos. Todos hemos oído que los ejercicios aeróbicos liberan endorfinas, tu morfina interna, haciendo que te sientas feliz y relajado.[7] Bueno, pues resulta que eso no es todo. También mejora los niveles de serotonina,[8] dopamina[9] y norepinefrina, neurotransmisores relacionados con la depresión y la ansiedad.[10]

Un ejercicio aeróbico moderado reduce el estrés, alivia la ansiedad y combate la depresión.[11] Mejora la actividad cognitiva, te ayuda a centrar la atención[12] y aumenta el bienestar.[13] También contribuye a dar marcha atrás o a prevenir los efectos del envejecimiento en el cerebro[14] y a sobrellevar muchos de los efectos que tienen las fluctuaciones hormonales en las mujeres, incluida la libido.[15] Respecto al sexo, cuanto más cómoda te sientas con tu cuerpo, mejor. Además, cuanto más lo muevas y hagas circular la sangre, con más facilidad te excitarás. Hacer ejercicio justo antes de mantener relaciones sexuales mejora el deseo, la respuesta sexual y los orgasmos de manera significativa, sobre todo en aquellas mujeres que padecen una disfunción sexual,[16] y realizarlo de forma regular puede ser una buena manera de combatir los efectos secundarios sexuales de los antidepresivos.[17]

El ejercicio es beneficioso para el corazón, es beneficioso para la cabeza y es beneficioso para la vida sexual. ¿Ya estás en el gimnasio? Pues espera, que todavía hay más. Resulta que tu cerebro crece con el ejercicio, mientras que la obesidad produce cierto tipo de inflamación que interfiere con el aprendizaje y te vuelve tonta. Así que no pares y conserva tus facultades.

FERTILIZANTE CEREBRAL

Cuando mis pacientes me preguntan cómo pueden dejar los antidepresivos, lo primero que les recomiendo es que hagan ejercicio y, sobre todo, ejercicio aeróbico. La respuesta del cerebro a la estimulación se asemeja ligeramente a la de los músculos. Aumenta con el uso y se encoge con el desuso. El ejercicio hace que las ramificaciones de las neuronas desarrollen nuevos brotes y conexiones, y que se acoplen unos a otros. El cerebro vive un recableado constante, crece y cambia, y el ejercicio fomenta esa plasticidad.[18]

Piensa en tu cerebro como en una exuberante selva de ramas entrelazadas. Desde la infancia hasta la primera edad adulta, el cerebro se vuelve frondoso, lleno de brotes y retoños. Los senderos se ensanchan y se recorren con mayor rapidez cuando se utilizan con frecuencia. La neuroplasticidad, el mecanismo que permite un cambio de conducta, se produce fundamentalmente en el centro de la memoria del cerebro, en el hipocampo. Puesto que la actividad física crea conexiones neuronales nuevas en el hipocampo, el ejercicio aeróbico tiene efectos beneficiosos en la memoria.[19]

Con la práctica regular de ejercicio, el cerebro empieza a mostrar los mismos cambios que se observan en personas que toman antidepresivos, en concreto, más BDNF, la sustancia química que precede al crecimiento de nuevas células nerviosas. El BDNF fomenta el brote de nuevas ramificaciones, que mejoran la función de las neuronas y las protegen de la muerte celular. Una de las razones por las que un antidepresivo puede tardar en hacer efecto podría estar relacionada con el tiempo que tarda en establecerse la neuroplasticidad.[20] En las personas que responden a los antidepresivos suelen observarse niveles elevados del factor de crecimiento BDNF[21] y nuevas conexiones neuronales.[22] Podría ser que el BDNF en sí actuara como un antidepresivo.[23] Si de verdad quieres que tu cerebro crezca, combina el ejercicio con los antidepresivos.[24]

Otra razón para conservar la calma: el estrés crónico no solo dinamita el estado anímico sino que además afecta a la neuroplasticidad y al BDNF.[25] El sistema endocannabinoide influye en gran medida en la manera en que las neuronas[26] brotan y las sinapsis se conectan en el hipocampo[27] a la hora de combatir los efectos del estrés. Como leerás más adelante, el ejercicio aeróbico puede dar un empujón al sistema endocannabinoide.

TU CEREBRO Y LA OBESIDAD

Una de las razones por las que animo a mis pacientes con depresión a perder peso es para reducir la inflamación. Las células adiposas secretan citocinas y producen inflamación,[28] y en los pacientes con mayor peso la respuesta a los antidepresivos es menor.[29] Las personas obesas tienen niveles superiores de quinurenina e inferiores de triptófano, una mala combinación que deriva en más inflamación y menos serotonina.[30] Cuando el peso se normaliza, también lo hace la proporción de ambas sustancias y mejora el estado inflamatorio y anímico.[31]

Ser obeso (sobre todo en el caso del tejido adiposo abdominal) aumenta el riesgo de depresión, y estar deprimido aumenta la probabilidad de sufrir una obesidad posterior.[32] La obesidad también se relaciona con trastornos de ansiedad[33] como ataques de pánico, ansiedad generalizada y fobias específicas.[34] En ocasiones, las personas que padecen ansiedad o depresión graves acaban engordando con el tiempo, independientemente de la mejora o el empeoramiento de su estado anímico.[35] El estrés y la inflamación alimentan la obesidad. Y ahí no acaba todo.

Las ratas de laboratorio llevan años diciéndonos que el sobrepeso no es bueno para el cerebro. Los animales de laboratorio obesos muestran unas curvas de aprendizaje más lentas y peor memoria que los animales de peso normal.[36] La razón podría residir en la interferencia de la inflamación en la neuroplasticidad. Las células adiposas crean una citocina proinflamatoria llamada IL-1β que puede atravesar la barrera hematoencefálica hasta el hipocampo, el centro de la memoria fundamental para el aprendizaje.[37] Los ratones gordos sufren muchos problemas de memoria debido a esta citocina. Si se les practica una liposucción, los niveles de citocina descienden en picado y los resultados de los exámenes de coeficiente de inteligencia repuntan. Si en lugar de pasar por un quirófano adoptan un régimen de ejercicios aeróbicos, como correr en una rueda, las pruebas cognitivas mejoran y su hipocampo muestra menor inflamación y mayor neuroplasticidad. La parte escabrosa: cuando los investigadores introdujeron en ratones delgados los bloques de grasa extraídos quirúrgicamente, el rendimiento cognitivo de los ratones descendió. Obesos y sin sesos.

Haz lo que te guste

Al principio, animo a mis pacientes a que sigan con la medicación y hagan ejercicio, pero con el tiempo, una vez que la rutina de ejercicios aeróbicos está consolidada, podemos empezar a disminuir poco a poco la medicación y ver cómo se sienten. Lo fundamental es encontrar algo con lo que disfrutes. La vida es demasiado corta para ir al gimnasio amargado y rezongando. Si el ambiente del gimnasio no te gusta, ¡no vayas! Cálzate las zapatillas de deporte y sal de casa. La mayoría de las veces, una caminata de unos pocos kilómetros obrará maravillas en tu cintura y en tu estado de ánimo. Si no te sobra el tiempo, la solución más eficiente es salir a correr. Correr fomentará el crecimiento neuronal más rápido y de manera más fiable que muchos otros deportes. Cuando mis pacientes me dicen que no tienen tiempo, les recomiendo una tanda diaria de ejercicios de siete minutos.[38] No importa qué elijas, lo importante es que lo hagas con regularidad, incluso me atrevería a decir religiosamente.

Cuando trabajaba en el hospital de Bellevue los fines de semana, solía ir a una academia de ballet todos los lunes por la mañana para una clase de Pilates. Después de trabajar dos noches seguidas, estaba hecha polvo y había visto cosas que deseaba olvidar cuanto antes. Cuando entraba arrastrándome y veía a todas esas niñitas vestidas con mallas y leotardos de color rosa, llevaba a cabo el ritual de apagar el móvil y el busca, como si estuviera entrando en una iglesia. Para mí aquella academia era un lugar sagrado donde podía dedicar toda mi atención a mi cuerpo y borrar lo que bullía en mi mente. En la actualidad voy a una escuela de yoga Bikram y, semana sí, semana no, veo a la misma gente sudorosa, mi parroquia. Considero que el yoga, la danza y cualquier tipo de ejercicio es tan importante como la psicoterapia para la salud de mi psique.

Busca algo que te haga sonreír. Pueden ser clases de zumba, hip-hop, saltar a la comba o kayak. Lo que de verdad importa es que lo hagas, que aumentes el ritmo cardíaco, aceleres la respiración y seas constante. Cuando tu cerebro esté completamente oxigenado, cuando respires hondo y llenes de oxígeno los pulmones, el torrente sanguíneo y las neuronas, ten por seguro que te sentirás mejor. Sobre todo si sufres algún trastorno de ansiedad o ataques de pánico. La probabilidad de que tu cerebro entre en pánico es menor si dispones de suficiente oxígeno. Nunca subestimes el poder del oxígeno.[39]

Desde mi punto de vista, cualquier deporte realizado al aire libre tiene beneficios adicionales. Cuando el sol te baña, respiras aire fresco y te expones a la naturaleza y sus efectos terapéuticos, tachas varias cosas de la lista. Otra manera de que el ejercicio entre en tu vida es vivir como un colono: corta leña, ve a buscar agua, tiende la ropa fuera de casa y haz las cosas a la antigua. Sube y baja por las escaleras en lugar de en el ascensor. Ve a los sitios caminando o en bici. Si incorporas actividades físicas enérgicas a tu vida diaria de manera natural, no tendrás que arañar tiempo para hacer «ejercicio».

Una vez pregunté a una de mis pacientes si hacía yoga y me contestó lo siguiente: «Para mí, todo es hacer yoga. Voy al gimnasio, me pongo mi música preferida y vacío la mente». Para ella, al igual que para muchas otras personas, el deporte constituye un ejercicio de meditación. Cuando los centros motor y sensorial del cerebro necesitan sangre, esta tiene que provenir de algún lugar. Las zonas del cerebro dedicadas al pensamiento y la planificación pueden desconectarse mientras te mueves. Durante la práctica de ejercicio se produce una hipofrontalidad transitoria, la sangre se desvía de los lóbulos frontales y se dirige hacia estas otras estructuras.[40] Este fenómeno podría explicar la «evasión» que algunos experimentamos mientras corremos o ese «fluir» en el que entramos con movimientos más complejos, como la danza. Cuando hago yoga, aprovecho para practicar la meditación en movimiento, y antes, cuando corría, desconectaba del todo y me sentía completamente relajada.

EL SUBIDÓN DEL CORREDOR

Muchos de nosotros creemos que las endorfinas explican el subidón que experimenta el corredor, pero el origen del placer que proporciona el ejercicio aeróbico podría ser otro. Hacer deporte coloca. Activa el sistema endocannabinoide,[41] que desempeña un papel importante en los efectos gratificantes que se producen tanto durante como después de hacer ejercicio.[42]

Los músculos cuentan con receptores CB, igual que las células adiposas, en cantidades prácticamente similares. El sistema endocannabinoide consigue reducir la percepción del dolor y la inflamación en los músculos. En las ratas de laboratorio, una única sesión de ejercicio basta para activar este sistema y disminuir así la percepción del dolor.[43] Sabemos que el deporte consigue que los músculos esqueléticos segreguen citocinas antiinflamatorias gracias al movimiento. La manipulación miofascial, un tipo de masaje profundo, puede aumentar la actividad endocannabinoide en los músculos, lo que te deja en un estado extático y relajado.[44] También es posible que el simple movimiento de los músculos ayude a activar el sistema endocannabinoide y libere estas sustancias psicoactivas.

El hecho de que el ejercicio aeróbico te vuelve más listo también depende del sistema endocannabinoide, así como los efectos positivos de la práctica de deporte sobre la memoria, vehiculados por el BDNF.[45] Cuanto más ejercicio hagas, más receptores CB1 y BDNF tendrás en el hipocampo. El bloqueo del receptor CB1 de los ratones que corren en la rueda impide la mejora de la memoria favorecida por el ejercicio y la expresión del BDNF. Sin embargo, si se bloquea la descomposición de la anandamida, un endocannabinoide, mejora la formación de la memoria favorecida por el ejercicio.[46]

EL EJERCICIO REORGANIZA EL CEREBRO PARA QUE SEA
MÁS RESILIENTE AL ESTRÉS

La práctica regular de ejercicio mitiga la respuesta neuronal al estrés y regula el sistema nervioso simpático. Las dos áreas del cerebro que ayudan a aplacar la respuesta de lucha o huida son el hipocampo y los lóbulos frontales. Al mismo tiempo que el ejercicio favorece la neurogénesis (crecimiento de neuronas) en el hipocampo y mejora la función ejecutiva (la inhibición del lóbulo frontal de estructuras inferiores y emocionalmente reactivas como la amígdala), te ofrece dos vías para optimizar tu resiliencia al estrés. Los ratones de laboratorio a los que se deja correr en la rueda de manera obsesiva muestran un crecimiento neuronal en el hipocampo, una región del cerebro capaz de disminuir la sobreexcitación.[47] El cerebro de los ratones inactivos reacciona de manera exagerada ante un factor desencadenante de estrés, mientras que los que practican ejercicio mantienen la calma. No solo reduce la ansiedad, sino que además ayuda a prevenir la hipertensión y a normalizar la inflamación.[48] El ejercicio también contribuye a mejorar el control descendente desde la corteza prefrontal al resto del cerebro. El entrenamiento y la ejercitación de las habilidades motrices facilitan y mejoran la función ejecutiva y podrían tener cabida en el tratamiento de la demencia y los derrames cerebrales.[49]

La actividad física nos ayuda a aprender. Nuestros ancestros estaban obligados a localizar la comida y a recordar dónde estaba. Si no te mueves, el cerebro da por sentado que dispones de todo el alimento necesario y que no precisas aprender nada. La inactividad encoge físicamente el cerebro y sus conexiones,[50] mientras que el ejercicio fomenta la neurogénesis de manera espectacular.[51] La inactividad también provoca un crecimiento neuronal anormal, por lo que las neuronas son más sensibles y más «propensas a enviar mensajes sin ton ni son al sistema nervioso»,[52] algo que, en ocasiones, puede derivar en una sobreestimulación del sistema nervioso simpático y contribuir de manera potencial a padecer hipertensión, enfermedades coronarias, ansiedad y estrés.

El BDNF estimula el crecimiento de las neuronas serotoninérgicas, y los ISRS mejoran la expresión génica del BDNF,[53] una de las razones por las que resulta buena idea combinar los ISRS con el ejercicio aeróbico. La serotonina ayuda a controlar la impulsividad, la ira y la agresividad y a mejorar el estado de ánimo. Mientras que el estrés y la depresión crónicos pueden eliminar las conexiones entre las neuronas y, por tanto, encoger el hipocampo, el ejercicio genera un torrente de neurotransmisores y factores de crecimiento que pueden invertir el proceso y reforzar la infraestructura del cerebro.[54] Hacer ejercicio es como conseguir el triplete de los neurotransmisores, ya que dispara los niveles de norepinefrina (excitación sexual y atención), dopamina (recompensa y motivación) y serotonina (felicidad y relajación). Cierto autor compara salir a correr con tomarse un Prozac y un Ritalin.[55]

Ejercicio e inflamación

El ejercicio tiene propiedades antiinflamatorias.[56] Aumenta la circulación de citocinas antiinflamatorias que segregan los músculos esqueléticos y reduce la grasa corporal,[57] que produce citocinas proinflamatorias.[58] Una de las razones por las que el ejercicio ayuda a protegerte contra problemas cardiovasculares, la diabetes, la artritis y la depresión es que se trata de enfermedades que prosperan en un estado inflamatorio crónico de bajo grado. Reduce la inflamación y disminuirás el riesgo de padecerlas.[59]

Entre las personas con depresión que no responden bien a la medicación, aquellas con elevados marcadores inflamatorios responden mejor al ejercicio. Cuando la depresión mejora mediante el ejercicio, algunos de estos marcadores caen.[60]

Tejido adiposo blanco, tejido adiposo marrón e irisina

En el cuerpo existen dos tipos de células adiposas, las blancas y las marrones. El tejido adiposo marrón es metabólicamente más activo, genera calor, lo que significa que puede quemar más calorías. También ayuda a que el cuerpo sea más sensible a la glucosa, cosa deseable; la insensibilidad a la glucosa es el caldo de cultivo ideal para la diabetes y la acumulación de grasas. La irisina es una hormona de reciente descubrimiento que contribuye a convertir el tejido adiposo blanco en marrón. El ejercicio aumenta los valores de irisina en los animales de laboratorio y en los humanos, lo que explicaría por qué puede ayudarte a perder peso. Los ratones alimentados con una dieta alta en calorías a los que también se les administra irisina no ganan tanto peso y muestran mayor resistencia a la insulina que el grupo de control, incluso sin ejercicio.[61] Si estás pensando en que en el futuro todos acabaremos tomando pastillas de irisina en vez de ir al gimnasio, tal vez tengas razón, pero por el momento haz el favor de levantar el culo del asiento y ponerte las pilas.

REPÍTETE QUE TE GUSTA HACER EJERCICIO, Y DÍSELO TAMBIÉN A TU TELÉFONO

Una amiga de mis tiempos universitarios, Alex, ha entrado a formar parte de un grupo de gente que por las mañanas van a correr al parque que hay delante de su casa. En cierta ocasión me envió un curioso correo electrónico en el que me decía que, cada vez que se movía, una voz en su cabeza repetía: «Cómo odio esto, cómo odio esto». Aquello me llevó a preguntarme si existía algún estudio que demostrara que los monólogos interiores afectan a la manera de vivir la práctica del ejercicio. Y sí. Los monólogos motivacionales pueden tener un efecto significativo no solo en la resistencia física sino también en la percepción del esfuerzo que se realiza. Tras recibir información de los músculos, el cerebro tiene la última palabra en cuanto al cansancio re-

lacionado con el ejercicio. Los participantes en el estudio peda-
leaban más tiempo y aseguraban que les resultaba más fácil si sus
«voces» les decían que lo estaban haciendo bien y que se sentían
bien.[62] Así que, Alex, prueba lo siguiente: «¡Soy un pibón de armas tomar!», «¡Me levanto a la seis de la mañana con las pilas
puestas!».

Piensa en positivo cuando pienses en el ejercicio y sustituye
el «tengo que» por un «voy a». Plantéate como un privilegio el
tiempo que dedicas a tu cuerpo, a cuidarte. E incorpora tu horario de ejercicios a la agenda del teléfono. Conviértelo en una cita
ineludible, como la visita al dentista, y añade algunos consejos
útiles y saludables. Utiliza el móvil como si fuera el ángel de la
guarda que te susurra palabras sabias y sensatas al oído.[63] Moni-
tores de actividad como el de FitBit y el Apple Watch no solo
animan a la gente a hacer ejercicio, sino también a levantarse y a
caminar más para evitar un sedentarismo excesivo. Aquellas de
mis pacientes que utilizan este tipo de dispositivos aseguran
que, gracias a su obsesión por estos aparatitos, se mueven más.

BONITO ADEFESIO

¿Qué te parece esta reflexión sobre lo feo?: «La belleza interior
no existe. Eso es algo que se han inventado las mujeres que no
son guapas para justificarse».[64] Son palabras de Osmel Sousa, el
hombre a cargo de la organización del concurso de belleza de
Miss Venezuela, hablando acerca de la popularidad de la cirugía
plástica en su país. Por desgracia, las chicas aprenden desde
muy jóvenes que se las juzgará por su aspecto, sobre todo por su
atractivo sexual, y no por su personalidad o por sus méritos.[65]
«Ya que a las mujeres [...] se les exige que moldeen su cuerpo
para complacer las miradas de otros.»[66]

Muchas veces la alta costura aleja a las mujeres de lo que resulta natural. Christian Dior dijo en una ocasión: «Mi sueño es salvar a las mujeres de la naturaleza». Cejas depiladas, labios turgentes rellenos de colágeno o zapatos de tacón de aguja que arquean nuestra espalda de forma artificial son solo unos cuantos ejemplos.[67] Incluso cruzar las piernas, una postura que se nos enseña desde niñas para comunicar castidad, no es bueno para nosotras, ya que aumenta la tensión arterial y el riesgo de padecer varices.

En nuestra cultura actual, solemos valorar a las demás mujeres y a nosotras mismas por el aspecto. La imagen que tenemos de nosotras está excesivamente influenciada por el aspecto que creemos tener: nos queremos cuando decidimos que estamos guapas, pero con la misma facilidad podemos pasar a odiarnos si nos sale un grano, el pelo no nos queda bien o no hemos acertado con el jersey. Nos comparamos con modelos retocadas por ordenador para parecer chicos pubescentes, altos y delgados. Queremos champús y acondicionadores con «más cuerpo», queremos coches de líneas contundentes, pero cuando se trata de nuestro cuerpo, parece que deseamos justo lo contrario. En lugar de hacer las paces con las curvas de nuestras caderas y nuestros muslos, estamos en guerra constante. Queremos líneas rectas, sin bultos ni arrugas. Queremos unos muslos separados que se correspondan con las imágenes retocadas que vemos en las revistas. Es poco saludable, antinatural y, para la mayoría de nosotras, imposible.

Las mujeres necesitan al menos un 17 % de grasa corporal para que el período pueda iniciarse en la pubertad, y un 22 % para tener ciclos menstruales regulares.[68] Los maniquíes han ido adelgazando a lo largo de las décadas y sus proporciones son muy distintas de las formas de las mujeres jóvenes que menstrúan.[69] Si las esqueléticas muñecas de plástico de los escapara-

tes de las tiendas de ropa se volvieran de carne y hueso por arte
de magia, no menstruarían. Las modelos también han ido perdiendo peso de manera progresiva con el paso del tiempo, igual
que las chicas que aparecen en los pósters centrales de *Playboy*.[70]
Barbie, la muñeca a la que muchas hemos vestido y desvestido
en nuestra infancia, posee unas proporciones que solo comparte
con una de cada cien mil mujeres.[71] El cuerpo de Ken se observa
en uno de cada cincuenta hombres.

Las chicas reciben muchos mensajes acerca del peso y la forma de un cuerpo «normal», pero en realidad ese cuerpo ni es
natural ni está a su alcance. Nuestra cultura consumista trata de
convencernos continuamente de que lo que tenemos no es lo
bastante bueno.[72] Más de la mitad de las mujeres encuestadas
por la revista *Glamour* estaban insatisfechas con su cuerpo, y el
40 % había pasado más de un tercio de su vida haciendo régimen.[73] Un tercio de ellas aseguraba que sentirse gordas les impe-
día mantener relaciones sexuales y que los halagos verbales
obraban mejores efectos en ellas que el sexo. Las mujeres que no
se sienten bien consigo mismas necesitan reafirmarse a través de
los demás, lo que las vuelve vulnerables no solo a los cumplidos
sino también a la manipulación.[74]

AMA ESE CUERPO: CADERAS, PECHOS Y VELLO PÚBICO

Las caderas y los muslos de las modelos de trajes de baño y de las
famosas son inalcanzables para la mujer media que sigue los patrones de la dieta estadounidense sin un entrenador personal,
un cocinero personal, un cirujano plástico y, sobre todo, el Photoshop. Los brazos y las piernas se aplanan y las arrugas y las
imperfecciones desaparecen en la pantalla del ordenador; sin
embargo, nuestras hijas miran esas imágenes como si fueran rea-

les y se sienten mal. Las chicas que leen revistas de moda acaban más deprimidas, tanto de manera aguda como crónica.[75] Existe un gran corpus médico que relaciona las imágenes centradas en el «ideal de delgadez» que publican los medios de comunicación con el descontento con el propio cuerpo, la vergüenza, la depresión y los trastornos alimentarios.[76] Por favor, no te dejes arrastrar por la «seducción de la escasez».[77]

Una vieja amiga de Jeremy, Kate, trabajaba de modelo. Es delgada por naturaleza, siempre lo ha sido, y come como una lima. Un día, cuando apenas nos conocíamos, me dijo como disculpándose: «Lo llevo en los genes». La mayoría de las modelos son valores estadísticos atípicos; hasta cierto punto incluso podríamos decir que son mutantes genéticos (lo siento, Katie). Otro aspecto que no debemos olvidar es que muchos diseñadores de moda, directores artísticos y estilistas son auténticas reinonas que tienen en el más alto concepto la figura grácil y estilizada de un chico prepubescente. ¿Y qué puede hacer una chica tipo Rubens ante eso? ¿Qué tal disfrutar plenamente de su belleza natural, con la seguridad de que su figura excitará a los hombres heterosexuales más de lo que pueda imaginar?

Los guardias de seguridad del hospital de Bellevue consiguieron que me gustara mi culo. Las caderas anchas informan de la capacidad para gestar y dar a luz a un bebé, y esa forma lleva miles de años arraigada en los hombres. Los estudios en el campo de la neuroimagen demuestran que los hombres están programados para responder a la curvas femeninas igual que un yonqui al siguiente chute.[78] Los centros de recompensa se activan, y ninguna montaña de revistas de moda puede superar ese instinto animal. ¿Te has fijado en que las modelos de las revistas para hombres son más curvilíneas que las modelos de las revistas para mujeres? Resulta que a los hombres heterosexuales les atrae el trasero redondeado de una mujer. Las curvas se concentran en las caderas y en los pechos, separados por la cintura, que ayuda a crear la forma de un reloj de arena. Las hormonas sexuales controlan el famoso cociente cadera-cintura,[79] que influye en la percepción del atractivo.[80]

Los hombres están genéticamente programados para reaccionar ante unas caderas anchas y unos pechos grandes porque denotan madurez sexual, el vehículo perfecto para incubar su material genético. Una mujer debe tener cierta cantidad de grasa corporal para menstruar, concebir y gestar una criatura, y las curvas voluptuosas indican fertilidad. El cociente cadera-cintura es un «indicador fiable e imparcial del potencial reproductivo de una mujer».[81] Puedes pasarte la vida haciendo régimen, pero se supone que has de tener esas caderas y esos muslos.

Aumento de pecho

Miraba atónita a mi paciente núbil, a la que le faltaban pocos días para cumplir veintiún años. La noticia me había dejado boquiabierta, sin palabras. «Adivina qué va a regalarme mi padre por mi cumpleaños... ¡Un aumento de pecho!»

Los estiramientos faciales, las liposucciones y las operaciones de nariz están a años luz del aumento de pecho, la operación de cirugía estética más extendida en Estados Unidos. El problema con los pechos falsos es que crean una nueva normalidad. Igual que los esteroides en el béisbol, o el dopaje en el ciclismo, si todo el mundo empieza a hacerlo, los jugadores que no se dopan se encuentran en desventaja. Vemos actrices pechugonas, nuestros novios consumen pornografía poblada de tetas perfectamente redondeadas y firmes y, de pronto, lo que la madre naturaleza nos ha concedido no nos parece suficiente. Los chicos de hoy en día se diferencian de sus padres en que se masturban con la mano no dominante mientras la otra navega por internet en busca de imágenes y en que están expuestos, al menos de manera visual, a muchos más pechos artificiales que naturales.

Los mamíferos se denominan así por las glándulas mamarias femeninas, imprescindibles para alimentar a las crías. En otros primates, los pechos grandes solo aparecen durante la lactancia, único momento en que el pezón se aleja de las costillas. En las mujeres, los pechos se dan tanto si se está amamantando como si no, lo que nos ayuda a permanecer erguidas y a equilibrar el peso de las caderas y las nalgas. Existe mayor variabilidad en el tamaño del pecho de las mujeres que en el de cualquier otra parte del cuerpo, entre un 300 y un 500 %.[82] El pecho no solo cambia durante el embarazo, sino también, en menor medida, con cada ovulación, por la posibilidad de que el óvulo acabe fecundado. A lo largo del ciclo menstrual, el volumen varía más de un 13 % debido a la retención de líquidos y al crecimiento celular. Además, uno de los pechos suele tener una talla de copa un 20 % mayor que el otro, unos 40 centímetros cúbicos, así que no te preocupes si son dispares.[83] Nos pasa a todas.

A medida que la mujer envejece, sus pechos cambian (sobre todo si ha tenido varios embarazos) e informan al hombre acerca de su juventud, fertilidad y potencial reproductivo. Por lo general las mujeres que nunca han dado a luz ni han amamantado tienen pezones más pequeños y aureolas más claras. Las aureolas oscuras suelen excitar a los hombres, tal vez porque son un indicativo de la capacidad para llevar a buen término embarazos y lactancias.[84]

En las décadas de 1970 y 1980, la popularidad de las operaciones de aumento de pecho vivió un auge. En una carta remitida en 1982 a la FDA, la Sociedad Norteamericana de Cirujanos Plásticos, se hacía referencia a los pechos pequeños (micromastia) en los siguientes términos: «Estas deformidades son, en realidad, una enfermedad que en muchas pacientes deriva en sentimientos de inferioridad, falta de seguridad en ellas mismas, distorsión de la imagen corporal, ausencia completa de satisfacción y gran malestar ante la percepción de la propia feminidad. El aumento del pecho femenino a menudo se hace muy necesario para asegurar la mejora de la calidad de vida de la paciente».

Los pechos pequeños no son un problema médico, y desde luego no son una enfermedad, queridas mías. La mayoría de las veces, lo que la naturaleza te ha concedido es suficiente. Para que resulte funcional a la hora de amamantar a un niño, la glándula mamaria no necesita llenar más de la mitad de una cáscara de huevo; el pecho crece durante el embarazo para desempeñar dicha función de manera adecuada.[85] A menudo, los implantes mamarios dificultan o impiden el amamantamiento. La insuficiencia láctea se produce en el 28-64 % de los casos.[86] Además, también es habitual la reducción de la sensibilidad del pezón. Para muchas mujeres, la estimulación del pezón, profusamente inervado, es clave en el placer sexual. Más del 80 % de las mujeres encuestadas señalaban dicha estimulación como un medio para despertar o aumentar su excitación sexual.[87]

Más inconvenientes del aumento de pecho: en la década de 1990, Dow Corning, fabricante de implantes de silicona, fue obligado a pagar 3.200 millones de dólares para indemnizar a 170.000 mujeres en el mayor acuerdo de demanda colectiva aprobado hasta ese momento. Las mujeres con implantes rotos denunciaban cansancio, dolor articular e hinchazón, manos dormidas y síntomas similares a los del lupus o la fibromialgia.[88] A medida que los implantes envejecen, cambian de forma, por lo que el 25-70 % de las receptoras experimentan lo que se conoce como el «efecto pomo», una respuesta inmune que se traduce en una acumulación de colágeno y tejido cicatricial fibroso alrededor de los implantes.[89] En ese tejido cicatricial puede originarse un tipo poco habitual de cáncer llamado linfoma anaplásico de células grandes.[90] No se trata de un cáncer de mama propiamente dicho, aunque los implantes pueden dificultar la detección precoz que se realiza mediante una mamografía.[91]

Así son las cosas. Los pechos tienen, como mínimo, dos funciones naturales: sensitiva y lactante. Nos excitan y alimentan a nuestros hijos, e introducir en ellos bolsas llenas de sustancias químicas puede entorpecer estas funciones clave. Si consideramos que los pechos son únicamente algo atractivo que mirar, pero no tocar, y relegamos su funcionamiento correcto a un segundo plano, es posible que acabemos deformándonos a nosotras mismas.

AL NATURAL

El experto en ciencias del deporte Jean Denis Rouillon ha estudiado a más de trescientas mujeres durante quince años y ha llegado a una conclusión sorprendente: el uso del sujetador provoca una mayor caída de los pechos que su no uso. Los ligamentos de Cooper, que dan soporte a las mamas, se atrofian cuando se les niega el beneficio de la gravedad. Entre las mujeres que participaron en el estudio y no utilizaron sujetador, sus pezones se elevaron en dirección a los hombros una media de siete milímetros por año, los pechos ganaron firmeza, las estrías se difuminaron y el dolor de espalda disminuyó.[92]

Llevar sujetador a todas horas y en todo momento impide el drenaje linfático y puede aumentar el riesgo de padecer cáncer de mama,[93] riesgo que desciende a la mitad en las mujeres premenopáusicas que no llevan sujetador.[94] Dormir sin sostén contribuye a reducir el riesgo en un 60 %.[95]

Si quieres saber de algo que guarda un fuerte vínculo con el cáncer de mama deberíamos hablar del bisfenol A (BPA), un estrógeno artificial desarrollado en la década de 1930 para prevenir los abortos y que no funcionó.[96] Derivado del refinado del petróleo, el BPA es barato de producir y acabó utilizándose para hacer plásticos, un negocio que genera unos 6.000 millones de dólares. El BPA se abrió camino hasta estar presente prácticamente en todas partes: cedés, teléfonos móviles, cascos de bicicleta, revestimiento de latas de comida, hasta tíquets de compra, billetes de avión... El problema radica en que la célula mamaria confunde el BPA con un estrógeno, lo que activa los receptores estrogénicos y hace que las células cancerígenas se reproduzcan y crezcan de manera invasiva. En resumidas cuentas: el BPA activa y desactiva los genes que originan el cáncer de mama.[97] Cuando se administra BPA a ratas de laboratorio jóvenes, estas son más propensas a desarrollar un cáncer de mama más adelante, cuando se ven expuestas a otros agentes cancerígenos.[98] Los pechos no empiezan a crecer hasta bastante después del nacimiento, durante la pubertad, y las estructuras necesarias para la lactancia no se desarrollan hasta más adelante, en una etapa avanzada del embarazo; dos oportunidades para incorporar agentes cancerígenos a la maquinaria.

Luego está la atrazina, un pesticida que suele encontrarse en el agua potable y que aumenta la actividad de la enzima aromatasa, que transforma la testosterona y otras hormonas en estrógenos. Cuando los ratones de laboratorio se ven expuestos a la atrazina durante su etapa de crecimiento, son incapaces de alimentar debidamente a sus crías después del parto.[99] En los estudios realizados con animales se conocen hasta doscientas sustancias químicas que causan tumores en las glándulas mamarias.[100] Todos los años llegan al mercado cientos de nuevas sustancias químicas que se suman a las ya existentes, muchas de las cuales afectan al sistema endocrino y actúan como estrógenos,

TU CUERPO: O LO AMAS O LO DEJAS 323

antiandrógenos o imitadores de la hormona tiroidea. Nuestras glándulas mamarias son los órganos más sensibles a alteradores endocrinos como la atrazina, el DDT (otro pesticida) y el BPA, y aun así, cuando se decide realizar estudios acerca de estas sustancias químicas para valorar el efecto que tienen en nuestra salud y se analizan los riñones, el cerebro y los genitales, los pechos siempre quedan fuera. Tal vez sea la única vez que los hombres no les prestan atención.[101]

EL VELLO Y LA BESTIA

El vello púbico es importante. Es una manera que tiene la naturaleza de informar a los hombres acerca de la madurez sexual de una mujer y de su capacidad reproductora. Hacer que tu pubis parezca el de una niña de ocho años no es natural y envía señales confusas al cerebro de los hombres. Las chicas sin vello todavía no menstrúan, lo que también indica que aún es demasiado pronto para mantener relaciones sexuales con ellas. El rasurado o la depilación con cera de todo el vello púbico es un ejemplo claro del empeño de la mujer en ir en contra de la naturaleza. Cada vez que lo haces, contribuyes a fomentar el odio hacia ti misma, a creer que necesitas modificar tu cuerpo y a convencerte de que este no es lo bastante bueno tal como es.

Una vez fui a cenar con un viejo amigo de la universidad que acababa de divorciarse y volvía a estar en el mercado. Le azoraba haber descubierto que apenas quedaba un solo pelo en las mujeres con las que se acostaba. La moda pasajera no ha tardado en cuajar, y toda una generación está creciendo con un aspecto totalmente distinto al de sus madres y al de la ex mujer de mi amigo. «¿Cuándo ha pasado? —me preguntó, perplejo—. ¡Nadie me había avisado!»

Lo que verdaderamente me preocupa es la eliminación permanente del vello púbico mediante tratamientos de depilación láser. Las pulsaciones de luz se utilizan para destruir los folículos pilosos, lo que puede derivar en complicaciones, sobre todo cuando la persona que manipula el láser no está debidamente cualificada. El porcentaje de demandas por cirugía láser relacionadas con operadores sin conocimientos médicos ha aumentado en los últimos años.[102] La eliminación del vello mediante depilación láser, cuando funciona, es permanente, ya que el folículo queda incapacitado. La tendencia actual de los pubis sin vello no es más que eso. Una tendencia. Las modas cambian. Los péndulos oscilan. Si no tienes más remedio que depilarte el pubis, al menos que no sea para siempre.

Entiendo que pudo empezar con la progresiva reducción del tamaño de los biquinis y con la conquista por parte del tanga del cajón de la ropa interior, pero la ropa no tiene toda la culpa. La culpa la tiene el porno. El consumo de porno en la red ha convertido los pechos falsos y los pubis rasurados en la nueva normalidad estética. Con internet, el sexo se ha vuelto mucho más visual que táctil. En el ordenador se mira pero no se toca, por lo que unas tetas falsas ya nos parecen bien. En la pantalla, el vello púbico rasurado no rasca. Mirar pero no tocar no es sexo real. El porno es como la comida basura del sexo, y si te atiborras de basura, acabarás desnutrido. Ha conseguido que nos sintamos menos atractivas y, de pronto, creemos que debemos ponerle remedio para competir con las profesionales de plástico. Como los niños que prefieren los cereales con sabor a fruta a la fruta natural, los hombres babean ante la silicona y se pierden la sensualidad de un cuerpo natural. Y en el proceso se subestima a la mujer real.

La eliminación del vello púbico, ya sea mediante el rasurado o la depilación con cera, produce inflamación e irritación del folículo piloso, lo que puede derivar en una foliculitis, un problema habitual del rasurado. Dado que el pelo recién afeitado puede crecer hacia dentro e irritar la piel, las bacterias, y en ocasiones los hongos, acaban infectando el folículo piloso; las infecciones estafilocócicas y estreptocócicas prosperan en el entorno húmedo y cálido de tus partes pudendas. El rasurado y la depilación con cera provocan un microtrauma repetido en la piel,[103] lo que contribuye a la aparición de otras infecciones cutáneas, como la celulitis, los abscesos y los furúnculos, y a ser más vulnerables a los moluscos contagiosos[104] y al herpes.[105] Tampoco hemos de olvidar que la cera o las tiras de tela contaminadas pueden estar colonizadas por bacterias y provocar infecciones.[106]

En lugar de intentar erradicar un importante indicador de tu madurez sexual, piensa en la razón de ser del vello púbico. Preserva la piel y los sensibles genitales de una fricción excesiva, ayuda a reducir la pérdida de calor, y protege la piel y la vagina del polvo, las bacterias y otras partículas que no deberían entrar en tu cuerpo. Contribuye a transmitir tu olor natural, cargado de feromonas y de información que tu pareja necesita y que lo excitará. El olor corporal nos afecta a un nivel muy profundo e inconsciente, fortalece la atracción sexual y consolida el apego.[107] No prives a tu amante ni a ti misma de esa aportación cualitativa.

Y ya que estamos, hay algo más de lo que conviene hablar. El aspecto de nuestros genitales ofrece una variabilidad tremenda y, por desgracia, la demanda de cirugía plástica (llamada vulvoplastia) de esta zona no hace más que aumentar.[108] Por favor, no pagues a un cirujano plástico para que modifique tus labios menores salvo que hayas sido víctima de una mutilación genital o tengas relaciones sexuales dolorosas.[109] Lo último que necesitamos es otra «nueva normalidad».

Aceptarte tal como eres al natural, en todo tu esplendor, es clave para tu felicidad y tu salud. Todas tenemos una idea innata de lo que es natural para nosotras, de lo que nos sienta bien, como darle un mordisco a un melocotón maduro y jugoso. Es auténtico, real, sin artificios. Pedimos que todos los ingredientes sean naturales cuando compramos potitos o champú, pero por alguna razón no se lo exigimos ni a nuestro cuerpo ni a nuestros instintos animales. A todas nos indigna la falsedad evidente de una sonrisa almibarada, pero nos inyectamos rellenadores dérmicos sintéticos en el rostro e inflamos globos de silicona detrás de nuestros pezones, una dicotomía que alimenta nuestro descontento. La belleza es autenticidad. Si logramos vivir en mayor consonancia con lo que consideramos natural y genuino, disfrutaremos de más serenidad, estaremos en paz con nosotras mismas y nos sentiremos más realizadas.

En la naturaleza abundan los ejemplos de bella imperfección. Date un día un paseo por la playa y observa las conchas. Cada una de ellas es perfecta en su singularidad; son agradables a la vista, y son irregulares. Sentirte insatisfecha con tu esencia natural, creer que debes modificarla sin contemplaciones, conduce a un autoodio que puede tornarse en autodestrucción. Acabamos desconectadas de nuestro cuerpo y nos sobrealimentamos, bebemos y tomamos drogas o medicamentos para aliviar el dolor que nos produce esa separación. Lo veo una y otra vez en el ejercicio de mi profesión. Las mujeres se sienten desconectadas de su cuerpo y de su esencia natural, y eso las entristece profundamente.

La solución es la corporeidad. Habita tu cuerpo, comunícate con él. A las mujeres se nos enseña a no prestar atención a nuestra voz interior, a nuestra hambre y a nuestra libido. Nos hacen creer que no podemos confiar en nuestros apetitos, que debemos educarlos, o al menos ignorarlos, y así es como reprimimos nuestros instintos y deseos más íntimos: comer, disfrutar del sexo, quitarnos el sujetador y dejarnos crecer el vello. Ser conscientes de nuestro cuerpo y aceptarlo es lo mejor para nuestra tranquilidad de espíritu. Una buena alimentación, un ejercicio adecuado, el deseo, la respuesta sexual... todo concurre en habitar tu cuerpo y disfrutarlo. Ámalo, confía en sus señales y habítalo por completo... Ese es el camino de vuelta a la salud.

12

Tómatelo con calma

Las mujeres vivimos la presión constante de tener que hacer más que los hombres. Empiezas el día haciendo de chófer para llevar a los niños al cole y pasas, sin solución de continuidad, a una jornada de trabajo a toda máquina. Y a continuación, el segundo turno: cena, deberes, tareas domésticas y, quizá, cuidar de unos padres ancianos. Además, cada vez tenemos más vida virtual: comprobar los correos electrónicos, leer las publicaciones de Facebook. Aquello que valoramos y que nos hace felices empieza a parecernos una tarea pendiente/una obligación.

Te resultará un alivio saber que una de las cosas más importantes que puedes hacer por ti misma incluye hacer muy poco. Los estudios sobre meditación y conciencia plena nos indican que la respiración (y concentrarte en ella) aporta un mundo de beneficios para nuestro cuerpo y nuestro cerebro. La naturaleza tiene sus propias formas de recuperarse y nos ayuda a relajar el cuerpo y la mente de un modo que seguramente multiplicará la potencia de tus esfuerzos. Siempre que te sea posible, sal a que te dé el sol y el viento, camina descalza sobre el manto del bosque, deja que se te meta la tierra bajo las uñas, escucha el canto de los pájaros, rodéate de mar, árboles, senderos de montaña... Cualquier cosa que te conecte con el planeta.

La conciencia plena parece una idea simple, pero implica

estar a solas contigo misma y tus sentimientos. La mayoría de las personas invierten muchísima energía en mantenerse ocupadas para evitar tener que parar. Un estudio demostró que hay gente que prefiere recibir una descarga eléctrica si eso implica estar haciendo algo a quedarse a solas con sus pensamientos, sin hacer nada.[1]

Debemos santificar esos momentos de calma; son un refugio de protección para recargar las pilas cuando no estemos dándonos a los demás. La clave es establecer límites saludables en lugar de consumir alcohol, comida o drogas que te desconecten.

Tenía una paciente, madre de dos niñas pequeñas y con un trabajo muy exigente como redactora jefe de un periódico. Habíamos estado tratando su adicción al tabaco en un intento de reducir el número de cigarrillos, y una tarde entró en mi consulta para informarme orgullosa de que había reducido su reciente hábito de cinco cigarrillos diarios hasta un único pitillo, pero que ese no había manera de que consiguiera dejarlo: era el que se fumaba entre el trabajo y la llegada a casa.

Mi paciente intentaba con desesperación establecer una frontera invisible entre su vida profesional y su vida doméstica o, como dicen muchas mujeres, entre su primer y su segundo trabajo. Los límites nos ayudan a sentirnos seguras. Necesitamos delimitar esa parte del día que sentimos que es solo para nosotras. En lugar de llegar a casa y relajarse, como hace el hombre más estereotípico, con una lata de cerveza en la mano y repantingado en el sofá, las mujeres suelen llegar a casa agotadas y se vuelcan en los demás. Para muchas de las mujeres que acuden a mi consulta, «la hora de la cerveza fresquita» es cuando los niños ya están en la cama; entonces se dirigen a la nevera y se dan un atracón de lo que haya dentro para inducir un estado alterado tan fiable como un *swami* tocando la flauta para hipnotizar a una cobra. Otras opciones son engancharse un rato a la tele, el ordenador o el teléfono; portales de evasión hacia otros mundos.

Todas encontramos formas de olvidarnos de nosotras mismas, de alejarnos de todo. Intentamos salir disparadas de nuestra vida rutinaria y pasar a un estado de felicidad plena. Es una de las razones por las que recurrimos a las drogas, el alcohol, la comida y las pantallas. Nos inducen a un estado de disociación, y eso nos ayuda a olvidarnos de nosotras mismas. Usamos esas vías de escape porque queremos que las cosas sean diferentes. Estamos rechazando la realidad. El problema, para la mayoría de la gente, es que la droga (u otra sustancia) hace que te sientas distinta, pero no necesariamente mejor. Con todo, siguen intentándolo, con la esperanza de encontrar lo que buscan. Es como rascarse para aliviar un picor sin llegar a calmar la molestia. La conciencia plena te enseña a reprimir el rascarte. Notas el picor, pero no reaccionas. Con el tiempo, desaparecen tanto el rascarse mentalmente como ese picor constante. Aprendes a estar presente y punto.

Los rituales saludables son vitales para recargar las fuentes de energía. Tomar una infusión junto a la ventana mientras atardece, darte un baño caliente con una vela, practicar estiramientos, cantar, bailar o meditar te servirá para centrarte. Y si no puedes hacer esas cosas en casa, prepara la bolsa y vete al gimnasio o a clase de yoga. Bastará con que hagas un par de posturas del perro o la del niño mientras respiras cada vez más despacio para que tu nivel de estrés disminuya. Separa el tiempo de trabajo del tiempo personal con algún acto ritual saludable, y plantéate practicar la meditación y pasar un rato fuera de casa como poderosas opciones para recuperar esos momentos de calma que todos necesitamos.

Permite que la naturaleza te enseñe tranquilidad

Cuando estamos del todo presentes en la naturaleza, utilizamos los cinco sentidos al mismo tiempo, nos encontramos en un estado óptimo para el aprendizaje.[2] Un paseo en un entorno natural genera más agudeza mental, ayuda a recuperar la capacidad de atención y disminuye la fatiga mental.[3] La fatiga provocada por la atención dirigida es resultado de estar mirando a la pantalla y genera irritabilidad, reduce el control de la impulsividad y de la distracción, todos síntomas del TDAH.[4] Los déficits de atención agravados por la tecnología quizá estén generando un diagnóstico exagerado de TDAH en Estados Unidos (responsabilidad en gran parte de las farmacéuticas). Cuando los niños con TDAH jugaban en el exterior, sus síntomas mejoraban mucho más que con las actividades a puerta cerrada;[5] se concentraban mucho mejor después de pasear por el parque que en un entorno urbano.[6]

Los sujetos adultos sometidos a un programa de inmersión al aire libre afirmaron que en la naturaleza se sentían en paz, pensaban con mayor claridad,[7] disminuía la ansiedad[8] y la sensación de impotencia,[9] y mejoraba el razonamiento cognitivo y la creatividad.[10] Recuperar la atención es algo que está al alcance de todos, pero necesitamos despegarnos de las pantallas.

Salir a la naturaleza nos relaja y nos ayuda a concentrarnos.[11] Induce a la introspección y, al mismo tiempo, nuestros sentidos se intensifican, acompañados por una sensación de asombro que amplía la percepción y mejora el bienestar. Al estar rodeada de naturaleza vuelves a alinearte con la totalidad de la vida, una forma perfecta de experimentar una sensación de pertenencia y de conexión que es crucial y beneficiosa para el alma y para la psique.

Luz solar, aire puro y cómo nos afecta el tiempo

Debido a la disminución del tiempo que pasamos al aire libre, bajo el sol, tres cuartas partes de la población estadounidense sufre una carencia de vitamina D.[12] La exposición a la luz del sol puede hacer que esos niveles se disparen, es un revitalizador maravilloso. Para que la piel genere vitamina D basta que pases veinte minutos al sol tres veces por semana.[13] Pero no tomamos suficiente sol. Fuimos hechos para estar al aire libre y bajo el sol. Sin embargo, nuestros días discurren bajo techo y a la luz de un fluorescente.

Los niveles bajos de vitamina D están relacionados con la depresión,[14] y administrar dosis adecuadas de esta vitamina mejora los síntomas depresivos.[15] La vitamina D es esencial para la salud muscular y el crecimiento de los huesos. Un estudio sobre personas ingresadas en la UCI con dolencias en los huesos y dolores musculares concluyó que el 93 % sufría una carencia de vitamina D.[16] Y, no menos importante, muchos de esos pacientes manifestaban una variedad de dolencias psiquiátricas, incluidas la fibromialgia, el síndrome de fatiga crónica y la depresión.

Todos mis pacientes de Manhattan que se han tomado la molestia de revisar sus niveles de vitamina D han descubierto, para su sorpresa, que sufren carencias. A mí no me sorprende en absoluto. Casi ningún habitante de la ciudad de Nueva York pasa el tiempo suficiente en el exterior para mantener esos niveles en el porcentaje óptimo. Lo que sí me sorprende es que sus médicos de cabecera les receten dosis elevadas de vitamina D en lugar de recomendarles que salgan al aire libre, que es la solución natural. A mis pacientes que se pasan el día en una oficina les digo: «Al menos a la hora de la comida sal y aprovecha para que te dé el sol en la cara unos minutos». Un consejo: quítate esas gafas de sol tan estilosas durante unos segundos.[17] Aunque la piel se las arreglará para generar vitamina D, la luz del sol tiene que darte en las retinas para que disfrutes de su efecto antidepresivo directo, aunque, claro está, nunca debes mirar directamente al sol, por si acaso tu madre no te lo ha dicho.[18]

La naturaleza nos afecta más de lo que creemos. Los seres humanos son igual de sensibles a la luz que otros animales. La duración de la luz del sol marca nuestros niveles de energía y condiciona nuestro comportamiento. En otoño e invierno, mi consulta está muy animada; recibo a muchos pacientes nuevos y también a algunos antiguos que quieren volver a tomar su medicación. La tristeza hace mella en ellos a medida que se acortan los días; los niveles de ánimo, motivación y concentración bajan. En primavera y verano, la mayoría de mis pacientes se encuentran bien y apenas me piden cita. Pasan tiempo al aire libre, se sienten más activos en el plano físico y, en consecuencia, son muchos los que reducen las dosis de su medicación o la dejan por completo. Cuando los días se alargan y aumenta la exposición a la luz del sol, mis pacientes bipolares tienen más posibilidades de sufrir episodios maníacos. (Cuando trabajaba en el hospital de Bellevue, los meses de abril y mayo eran lo que yo llamaba la manía estacional.) Pero en cuanto la hora cambia en otoño, mi teléfono no para de sonar; son pacientes que vuelven a notar los síntomas depresivos.

La fototerapia es una forma excelente de tratar el trastorno afectivo o la depresión invernal sin sufrir efectos secundarios como el aumento de peso o la pérdida de la libido. Las lámparas y viseras de fototerapia pueden comprarse en internet.[19] Si es posible, la luz debe colocarse sobre la cabeza, a unos treinta centímetros de los ojos, y debería emitir una densidad de luz de 10.000 lux. Recomiendo a mis pacientes que pasen treinta minutos sentados frente a la lámpara a primera hora de la mañana.

Muchos de nosotros nos sentimos ralentizados y tristes los

días en que la presión atmosférica es baja, cuando el cielo está nublado, encapotado o llueve. Somos sensibles al tiempo en general y a la presión barométrica en particular. La depresión se agrava en los animales de laboratorio cuando la presión barométrica baja.[20] Un estudio sobre miles de suicidios en Finlandia demuestra una relación directa entre la baja presión y los intentos de suicidio.[21]

Nuestro estado de ánimo suele mejorar con la presión atmosférica alta y los días de buen tiempo. A menudo se trata también de días soleados, por eso es difícil discernir cuáles son los efectos del sol, pero la presión barométrica afecta al fluido de las articulaciones, lo que provoca dolores en las personas que sufren artritis o migrañas, entre otras afecciones. Y no es raro que el dolor afecte al estado de ánimo. En el hospital de Bellevue hablaba a menudo con policías de Nueva York sobre cómo afectaba el tiempo a los habitantes de la ciudad. Cada uno tenía sus teorías, unas basadas en la temperatura y la humedad, y otras en las subidas y bajadas del barómetro, pero no hay duda de que es un factor que debe analizarse.[22]

Determinados fenómenos naturales poseen la capacidad de hacer que nos sintamos especialmente bien. ¿Has caminado alguna vez junto a una cascada o en la orilla del mar mientras las olas rompían rítmicamente a tus pies? ¿Y qué me dices del olor del aire cuando llueve? O incluso ¿cómo te sientes mientras disfrutas de una ducha? El agua a chorro genera iones negativos, lo que puede mejorar tu energía, tu humor y reducir los niveles de estrés. El aire puro de la montaña también posee mucha más cantidad de iones negativos que el aire que respiras en casa o en el despacho. Las células de nuestro cuerpo portan una carga negativa, lo que significa que atraemos iones positivos, como el polvo, la caspa de los animales domésticos y microbios diversos. Los ordenadores y los móviles generan iones positivos, mientras que los aparatos de aire acondicionado emiten iones negativos; ambos son malos para tu cabeza. Una serie de estudios en los que se han usado generadores de iones negativos han demostrado que la exposición a iones negativos puede aliviar los síntomas de depresión,[23] reducir el estrés y los marcadores inflamatorios,[24] y aumentar el estado de alerta y la energía mental.[25]

Los generadores de iones negativos crean un escudo protector a tu alrededor y bloquean el paso de iones positivos. Puedes conseguirlos a un precio razonable y colocarlos junto a la cama mientras duermes, pero estoy segura de que sabes cuál es mi consejo. Sal. Busca una senda con una cascada o un arroyo, ve a una playa o a un refugio de montaña, y, siempre que puedas, sal a mojarte bajo un chaparrón primaveral e inspira aire puro y cargado de iones negativos. Si no puedes salir, date una ducha. Considéralo hidroterapia.

TERAPIA EN LA NATURALEZA

Estar en la naturaleza mejora la habilidad del cuerpo para enfrentarse al estrés y recuperarse de lesiones o de alguna enfermedad.[26] El ejercicio al aire libre aumenta de golpe la resistencia y la función inmune, pues mejora la actividad de las células asesinas naturales, o linfocitos.[27] En un estudio en el que se comparaba gente de ciudad con gente del campo, en las imágenes por resonancia magnética funcional los primeros manifestaban más actividad en los centros del miedo (la amígdala) que los segundos. Los que vivían en la ciudad tenían mayor actividad cingular anterior tras la realización de tareas estresantes en comparación con los habitantes de zonas rurales.[28] El cíngulo anterior es una parte del cerebro ampliamente implicada en los síntomas depresivos.[29] Si llevas a los habitantes de una urbe a la naturaleza manifestarán una visión más positiva de la vida y se sentirán más satisfechos con su existencia.[30] Eso se traduce en una mejoría de la salud física, puesto que las personas que se sienten felices se recuperan antes de la enfermedad, y se ha demostrado que se informan más sobre cómo mejorar su salud, lo que prolonga sus años de vida.[31]

En un estudio estadounidense, el 22 % de las personas se sentía más deprimida tras pasear por un centro comercial, y el 92 % se sentía menos deprimido tras un paseo al aire libre.[32] Los que pasearon al aire libre también se sintieron menos tensos, enfadados, confusos y fatigados. «La milla médica» a lo largo de la ribera del río Arkansas es un paseo hasta la ciudad por los pantanos.[33] Santa Fe (Nuevo México) tiene un «programa de paseos recetados», y un programa piloto en Portland (Oregón) está relacionando a los médicos con los guardabosques de los parques naturales, que les dan información sobre si sus pacientes cumplen sus «recetas de aire libre». Muchas personas, médicos incluidos, empiezan a reconocer el poder transformador de la naturaleza.

Contemplar la naturaleza puede ser terapéutico. Los pacientes que ven un árbol desde la ventana de la habitación del hospital se recuperan antes, toman menos calmantes y tienen mejores historiales de enfermería que los que no.[34] Estudios canadienses informan que los niños que asisten a clase en aulas con ventanas grandes y vistas a la naturaleza obtienen mejores resultados en los exámenes de final de curso, y, además, sus profesores disfrutan más de la enseñanza y tienen menos problemas con la disciplina de sus alumnos.[35] De igual forma, las personas que trabajan en un espacio cerrado con una ventana con vistas a la naturaleza tienen mejores niveles de recuperación en las pulsaciones tras situaciones de estrés que aquellas que contemplan imágenes de la naturaleza en una pantalla de plasma, las cuales, a su vez, tienen mejores niveles que las que miran una pared en blanco.[36]

La investigación de Frances Kuo demuestra que las zonas urbanas de juego con más hierba y más árboles generan menos episodios de violencia; los niveles de delitos son más bajos en las comunidades con más zonas verdes.[37] En los proyectos de viviendas de protección oficial de Chicago, la presencia de árboles o zonas verdes justo a la entrada de los edificios está directamente relacionada con una mejoría en la concentración, menos niveles de fatiga mental y menos incidentes de violencia doméstica protagonizados por las mujeres contra sus parejas.[38] Sí, por las mujeres. Otro ejemplo de que la hierba reduce la agresividad. Entre las parejas en las que ambos miembros fuman cannabis se registran menos incidentes de violencia doméstica.[39]

La inmersión en la naturaleza nos ayuda a sentirnos conectados a los demás, valorar la vida en comunidad y nuestras relaciones. Pasear por el bosque puede proporcionarnos la profunda sensación de estar llegando a casa. Las investigaciones demuestran que la naturaleza nos hace ser más cariñosos y generosos.[40] En un estudio de personas que contemplaban imágenes de la naturaleza o paisajes diseñados por el hombre y estaban en una habitación sin plantas, los sujetos que se fijaban en los elementos artificiales valoraban más la riqueza y la fama; los individuos expuestos al entorno natural valoraban la vida en comunidad y eran más generosos con su dinero. El mundo natural ayuda a la gente a conectar con su propia esencia. Los cazadores-recolectores que éramos dependían unos de otros para su supervivencia. Eran tremendamente equitativos y comunales.[41] Cuando la gente se reúne para restaurar su comunidad o para mejorar o proteger el medio ambiente, el capital social aumenta, y acaban curándose a sí mismas. Si nos sentimos desconectados de la naturaleza, nuestra sensación de comunidad puede salir mal parada, alimentando el

deseo de consumir drogas o de cualquier otro sustituto de esa
sensación de pertenencia al grupo y la unidad que necesitamos.
Optar por el verde, ser ecológico, no es solo bueno para el medio
ambiente; es bueno para nuestra psique.

Bacterias para la salud

Los estadounidenses de ahora están obsesionados con la limpieza y los entornos esterilizados, pero eso no es natural y es potencialmente perjudicial para la salud. El polvo es natural; la limpieza tecnológica, no. Los jabones antibacterianos y el exceso de
medicación con antibióticos crea «superbichos» que son resistentes a los químicos y a las medicaciones más típicas, lo que
provoca más daño que otras bacterias, y crean entornos estériles
donde no empleamos el sistema inmunológico de forma apropiada, lo que se convierte en un caldo de cultivo para los trastornos autoinmunes, el asma y las alergias.[42]

La exposición a los patógenos (bacterias y virus que provocan enfermedades) estimula nuestro sistema inmunológico,
determinando qué clase de tolerancia tenemos a los patógenos
potencialmente más hostiles y letales. Piensa en el sistema inmunológico como un paso fronterizo. Si no entran extranjeros, es
mucho más difícil saber quién es nativo y quién no, porque todo
el mundo es igual. Sin diversidad, el cuerpo se identifica a sí mismo como distinto al otro; podría acabar atacando a sus propios
tejidos, como ocurre en los trastornos autoinmunes.

Tener una gran diversidad de bacterias en los intestinos es
más sano para nuestra inmunidad y para el funcionamiento del
sistema digestivo. Entre los bebés nacidos por cesárea, a los que
no se les permite pasar por la vagina, llena de bacterias, hay más
incidencia de asma, alergias y síntomas autoinmunes.[43] Además,

los niños nacidos por cesárea tienen más probabilidades de sufrir obesidad en la vida adulta, porque un mayor número de bacterias en el organismo mejora el metabolismo.[44] La solución sería tan fácil como pasar una gasa, previamente empapada en la vagina de la madre, por la boca del recién nacido.

Los granjeros incluyen antibióticos en el pienso de los animales para que crezcan más deprisa en menos tiempo. El problema es que eso significa que comemos antibióticos. Cuando se combinan alimentos hipercalóricos con antibióticos en la dieta de los ratones de laboratorio, los machos aumentan la masa muscular, y en las hembras aumenta la cantidad de grasa corporal.[45]

Los jabones antibacterianos también son un problema. Existe la preocupación de que el triclosan y el triclocarban perjudiquen la función de la tiroides[46] mediante la amplificación de los niveles hormonales[47] y facilitando la aparición de infecciones resistentes a la medicación.[48] Estos compuestos químicos antibacterianos se encuentran en la orina,[49] la leche materna y las aguas residuales que generamos.[50]

Si vas a trabajar en el jardín, no te pongas guantes. La tierra que se te meta en las uñas podría permitir a las «bacterias antidepresivas» hacer su trabajo. Exponernos a las bacterias de la naturaleza nos hace más inteligentes, más felices y nos mantiene más tranquilos. La *Mycobacterium vaccae* mejora los niveles de serotonina y norepinefrina en el cerebro y estimula el crecimiento de algunas células cerebrales, lo que da como resultado un nivel menor de ansiedad. Los ratones a los que se administra *Mycobacterium vaccae* viva recorren con éxito un laberinto en la mitad de tiempo y con un comportamiento menos ansioso que los ratones de control.[51] Las bacterias también actúan en la reacción al estrés.[52] En animales de laboratorio y en sujetos humanos sanos, la ingesta de *Lactobacillus helveticus* y *Bifidobacterium longum* durante dos semanas reduce de forma significativa el comportamiento similar a la ansiedad y la emotividad negativa.[53] Algunos estudios han descubierto que determinadas bacterias son esenciales para el desarrollo social normal de los ratones de laboratorio,[54] cuyos comportamientos con características de autismo mejoraron tras la administración de la bacteria *Bacteroides fragilis*.[55]

El mensaje que debemos extraer como conclusión fue muy bien resumido por Michael Pollan en el artículo «Some of My Best Friends Are Germs» («Algunos de mis mejores amigos son gérmenes») aparecido en el suplemento de *The New York Times*: «Minimiza el uso de antibióticos necesarios y jabones esterilizantes y deja que tus hijos jueguen en la tierra y con los animales».[56] Yo digo a mis pacientes y amigos que tomen probióticos para mejorar la diversidad bacteriana. (Véase el capítulo sobre la comida, página 226, para obtener más información sobre el tema.)

TIRANDO PIEDRAS A NUESTRO PROPIO TEJADO:
POLUCIÓN Y PESTICIDAS

En vez de todo lo dicho anteriormente, tiramos piedras a nuestro propio tejado. El planeta está siendo deforestado, lo que provoca la pérdida de la biodiversidad y el cambio climático. Contaminamos el aire y el agua de innumerables formas. El número de hormonas que se encuentran en nuestra agua bate récords. Los millones de mujeres que toman la píldora poseen niveles de hormonas más elevados en la orina, las cuales, cuando se recicla en las plantas de tratamiento de aguas, regresan al medioambiente.[57] Las hormonas presentes en el agua potable se traducen en niveles elevados de estrógenos en el torrente sanguíneo,[58] lo que aumenta el riesgo de que los hombres sufran cáncer de próstata y las mujeres, cáncer de mama.[59]

El receptor de estrógenos es el que lo recibe todo, y es promiscuo. No es nada maniático en cuanto a qué lo estimula. Muchos otros componentes engañan al receptor y le hacen creer que está ocupado con estrógenos, incluidos los componentes químicos sintéticos, que reciben el nombre de xenoestrógenos. En el torrente sanguíneo, el estrógeno a menudo queda atrapado por las proteínas, por lo que niveles bajos de esos compuestos llegan a los receptores de estrógenos. Los compuestos químicos con actividad estrogénica permanecen libres y van directamente al receptor y, por tanto, se tornan más estrogénicos que el mismo estrógeno en sí. La mayoría de los plásticos a los que estamos expuestos a diario son estrogénicos.[60] Cuando calentamos los plásticos en el microondas, estos liberan más compuestos químicos.[61] El BPA (bisfenol A), el compuesto químico añadido al plástico para hacerlo más flexible, se encuentra en los vasos para bebés y en los biberones, en el interior de muchas latas de aluminio y en los tíquets de las cajas registradoras. El BPA es altamente estrogénico; la exposición crónica favorece la aparición prematura de la pubertad en las niñas y provoca malformaciones en los genitales de los niños.[62] Las investigaciones han relacionado directamente el BPA no solo con la infertilidad, las deformidades genitales y los bajos recuentos de esperma, sino con el asma, las enfermedades coronarias y hepáticas, el TDAH y el cáncer.[63] El BPA puede desactivar los genes que suprimen el crecimiento de un tumor, de ahí la incidencia de cáncer de mama que he mencionado con anterioridad.[64]

Y ahora es cuando el asunto parece ciencia ficción. Los cambios genéticos pueden heredarse de generación en generación. «Un veneno te mata. Un compuesto químico como el BPA te reprograma las células y acaba provocando una enfermedad que mata a tu nieto.»[65] Ninguna investigación realizada por ninguna industria ha informado de los importantes efectos de las bajas dosis de BPA, aunque más del 90 % de los estudios llevados a cabo por el gobierno lo hayan hecho.[66] La buena noticia es que muchos fabricantes han retirado el BPA de sus productos. La mala noticia: lo están sustituyendo por otros compuestos químicos que también manifiestan actividad estrogénica, en determinados casos más elevada que la del BPA.[67] La multimillonaria industria del plástico nos toma el pelo y presiona a los gobiernos, como lo hizo la industria tabacalera, para reducir los análisis de sus productos, la educación de la población sobre su consumo y evitar su retirada del mercado.[68]

Los ftalatos se utilizan para conseguir que el plástico sea flexible y además se encuentran en los cosméticos y los detergentes para hacerlos más fluidos. Su uso se ha relacionado con diversos tipos de cáncer y malformaciones en el nacimiento,[69] una menor calidad del esperma[70] y el desarrollo anormal de los testículos.[71] Estos compuestos interfieren con la producción de testosterona,[72] afectan a la producción de óvulos, perjudican a la fertilidad,[73] y deberían considerarse toxinas para el sistema reproductor.[74] La exposición a los ftalatos provoca pubertad prematura[75] y está relacionada con el cáncer de mama,[76] la diabetes y la obesidad.[77]

Desde que tengo más información sobre el BPA y los ftalatos he sustituido todos los recipientes de plástico de mi casa por recipientes de cristal. Sí, es una verdadera locura, porque el plástico está por todas partes. Por favor, evita envolver la comida con plástico y, sobre todo, no calientes el plástico, mucho menos en el microondas, puesto que los ftalatos del recipiente pasarán a los alimentos. Las mujeres embarazadas, los fetos en desarrollo y los niños en edad de crecimiento son los tres grupos de riesgo más importantes.

ECOPSICOLOGÍA

El mensaje estándar de las culturas monoteístas se basa en la voluntad de la mente sobre el cuerpo; el hombre se separa de la naturaleza y la domina. Al ascender, trascendemos y el espíritu se encuentra en los cielos, fuera de la lucha de la naturaleza, los animales y los instintos primarios. Sin embargo, para las culturas indígenas, la naturaleza se halla donde está el espíritu.[78] El cielo está en la Tierra, no en un futuro, sino ahora. Los bosques y las selvas son sagrados; y lo que fluye de esa creencia es el deseo de conservarlos. El daño al medioambiente daña nuestra psique. La Tierra está sufriendo en nuestras manos, y nosotros, al menos de forma inconsciente, la estamos llorando.

Tenemos la responsabilidad de cuidar la Tierra y nuestro entorno natural, y al hacerlo nos sentimos mejor. Mientras vivamos separados de la naturaleza, no protegeremos realmente el medio ambiente y no sentiremos que formamos parte de esa totalidad. Sentir que perteneces a una comunidad es beneficioso para la salud. Ser parte de algo grande y permanente, algo que precisa de tus cuidados, es bueno para el alma. Ser ecoconsciente es, en sí mismo, un comportamiento antidepresivo muy efectivo. Puesto que vivimos aquí, ser bueno con el medioambiente supone ser bueno con uno mismo. El respeto por el planeta es lo mismo que el respeto por uno mismo. Ayudar a la Tierra a sobrevivir y prosperar, a conservar su vegetación y la salud, te permite disfrutar de un estilo de vida más saludable y garantiza que tus hijos también podrán gozar de él.

Todos vivimos en el mismo hogar. Si algunos de nosotros lo contaminamos, todos salimos perdiendo. Por suerte, lo que es más saludable para nosotros como individuos suele ser también lo mejor para el planeta. Comer vegetales, estar en sintonía con los ritmos circadianos y de la naturaleza, e incluso consumir medicinas basadas en el cannabis como antiinflamatorios para aumentar la resistencia al estrés son comportamientos respetuosos con el medioambiente.[79] El hachís y el cannabis son hierbas resistentes a las sequías para las que no hace falta usar esos pesticidas que nos enferman.[80] Estos cultivos generan nutrientes para el terreno, limpian el aire de más monóxido de carbono que los árboles, y nos proporcionan una fuente para la creación de medicamentos, fibras, combustible y alimento. Para muchos de los que fumamos cannabis, esta sustancia nos ayuda a ser conscientes de nuestro cuerpo y a apreciar la experiencia de estar en la naturaleza. Lo que lo convierte en un remedio apto para las benditas histéricas.

El paraíso no está perdido ni lo tenemos prohibido, y no hay píldora que sustituya lo que puede darte la naturaleza. La forma de salvarte y salvar el planeta es salir fuera, encontrar la belleza del mundo, ya sea en el arroyo que hay en el bosque detrás de tu casa o en un parque nacional, y reclamar tu derecho de estar en este planeta.[81] Cuida del medioambiente como cuidarías de un ser querido. Hazlo como lo harías por los demás. Cura la Tierra y te curarás tú.

Cuando paseo por la playa en verano, a menudo acabo recogiendo la basura que está enredada entre las algas, en la arena. Los materiales sintéticos, sobre todo el plástico, no se camuflan con la naturaleza y son fáciles de localizar. Siempre he odiado el plástico, es un recordatorio de nuestra necesidad insaciable de comprar y tirar objetos. Sin embargo, desde que, tras mis investigaciones para escribir este libro, me enteré de que afecta a nuestro sistema endocrino y provoca cáncer, mi punto de vista ha cambiado. Estoy deseando que empecemos a fabricar envases reconvertibles en compost orgánico a partir del cáñamo.[82]

Existe un «vórtice de plásticos» del tamaño del estado de Texas flotando en el océano Pacífico. En Estados Unidos tenemos nuestro propio cáncer de plástico. Las infiltraciones sintéticas en pechos y rostro, las falsas parejas sexuales en los ordenadores y la racionalidad artificial generada por los ISRS están cargándose la naturaleza delante de nuestras narices. Hemos ido demasiado lejos con la tecnología y los materiales sintéticos, nos hemos alejado del pelaje y las feromonas, y nuestro cuerpo sufre las consecuencias. Desde nuestros días de caza y recolección para la supervivencia, seguimos programados para adquirir. Consumimos de modo compulsivo toda esa farsa sin sentirnos saciados ni satisfechos.

Tomamos edulcorantes artificiales y nuestro páncreas libera insulina como si fuera azúcar.[83] A los hombres se les van los ojos mirando pechos de plástico en los ordenadores, y su cerebro responde como si estuvieran practicando sexo real.[84] Los compuestos químicos del plástico actúan como si fueran hormonas, estimulan nuestros receptores de estrógeno y alteran nuestra función endocrina y nuestra capacidad reproductora.[85] La exposición a toda una serie de traumas a través de los medios de comunicación activa nuestras reacciones a situaciones de estrés como si estuviéramos experimentándolos en carne propia.[86]

LAS PANTALLAS SON PERJUDICIALES PARA LA SALUD

Cuanto más completas son las drogas, más numerosos son los casos de adicción. Y eso mismo es lo que pasa con las pantallas. En la actualidad, en Estados Unidos el número de dispositivos con conexión a internet supera al número de habitantes: 311,5 millones de estadounidenses poseen más de 425 millones de ordenadores personales, tabletas, *smartphones* y consolas.[87] Solo hay que ver las calles de Manhattan. Todo el mundo va mirando su iPhone mientras avanza por las aceras abarrotadas o, lo que es peor, cruza la calle. Mientras esperan en el andén del metro, la gente revisa sus correos electrónicos por última vez o escribe algún mensaje. Ya sentados en los vagones, juegan a estúpidos videojuegos. Todo en un intento de estar en otro lugar, en cualquier parte menos donde se encuentran en realidad. «Tecnología, sácame de aquí.» Prestar atención a una serie de recursos electrónicos a un nivel superficial, la «atención parcial continua»,[88] término acuñado por Linda Stone, agota nuestra capacidad para centrar la atención, para pensar con claridad y ser productivos y creativos.[89]

Hemos invertido tantas neuronas en el uso del *smartphone* que el cerebro se activa como loco cuando esos dispositivos nos «llaman», algo muy parecido a cuando un drogadicto libera dopamina al ver una jeringuilla o una cucharilla. Cuando un sujeto de estudio oye sonar su móvil, su córtex insular, un centro emocional asociado con los sentimientos de amor y compasión, se enciende como si estuviera en presencia de un ser querido.[90] Nuestra relación con los móviles es dañina. Un nuevo término, la nomofobia, ha sido acuñado para describir el malestar que sufrimos muchos de nosotros si no encontramos el móvil, nos quedamos sin batería o no tenemos buena cobertura.[91]

Como primates sociales que somos, es obligatorio que nos sintamos parte del grupo. Nuestro estatus en la tribu afecta a cómo nos sentimos con nosotros mismos y con nuestro clan. Nosotros, en vez de despiojarnos mutuamente, nos acicalamos unos a otros mediante el lenguaje. Facebook tiene sus normas sobre cómo debe hacerse, aunque recuerda a los comportamientos de los viejos primates, basados en jerarquías dominantes y demostraciones de fertilidad, agresión y afiliación tribal. Poseemos el deseo innato de recibir apoyo y nos sumergimos en las redes sociales con la esperanza de saciar nuestra sed. Sin embargo, es imposible saciarse de algo que no llega a ser útil del todo.[92] Las redes sociales como Facebook e Instagram son una farsa; nadie sube imágenes de discusiones con su pareja, de cuando pierde los nervios con los niños, o de cuando tiembla en una reunión con el jefe. Y, al igual que cuando nos atiborramos de comida basura, después de darnos el atracón de interacciones sociales insatisfactorias, tenemos menos hambre de la auténtica experiencia.

Un ritual pseudorreligioso que me gusta recomendar es «respeta el Sabbat». Conviértete en judía honoraria y desconecta los aparatos electrónicos durante veinticuatro horas, de sol a sol, de viernes a sábado. Ni correos electrónicos, ni mensajes, ni televisión, ni ordenador. ¿Crees que podrías ponerlo en práctica un fin de semana y comprobar lo relajante que resulta? Verás cuánto tiempo tienes y cuánta energía ganas. Será como unas minivacaciones en un spa.

TUS PULMONES SON UNA PUERTA ABIERTA AL NIRVANA

Liberarse de la tecnología no es solo bueno para la mente; es saludable para todo el cuerpo. Y cuanto antes lo hagas, más fácil te resultará relajarte a través de la respiración. A tu cerebro le cuesta sentir pánico cuando está totalmente oxigenado, y somos muchos los que no respiramos hondo. Cuando estamos tensos o sentimos miedo, inspiramos incluso menos aire.[93] Uno de los motivos por los que recomiendo encarecidamente a mis pacientes que practiquen ejercicios de cardio y yoga es que favorecen la capacidad de inspirar más honda y plenamente.

La respiración tiene lugar tanto si pensamos en ella como si no, pero también puede controlarse de forma consciente, como una función voluntaria. Cuando te centras en la respiración, estás llevando a cabo una actividad espiritual, favoreces la conexión entre cuerpo y mente, del consciente y el inconsciente. Prueba estas cuatro técnicas de respiración (extraídas de los textos de Andrew Weil sobre el trabajo respiratorio) y mira a ver cómo te sienta cada una.

1. Sigue tu ritmo de respiración normal, inspira y espira lentamente, sin pensar en la profundidad ni en la velocidad. Siente el aire en la nariz, la garganta, el vientre; siente cómo el abdomen se hincha y se deshincha. Sigue respirando de forma consciente tanto tiempo como puedas, y cuando te des cuenta de que estás pensando, vuelve a conectar con tu respiración, quizá baste con que te digas «Estás pensando» para reconectar con la respiración.
2. Exhalaciones exageradas. Intenta expulsar todo el aire que puedas de los pulmones antes de volver a inspirar. Espira cada vez más despacio, durante más tiempo y de forma más completa cada vez.
3. Inspira durante cuatro segundos, aguanta siete la respiración, espira durante ocho. Repítelo diez veces. Esto puede ayudarte a reducir la ansiedad y permitirte «volver a tu ser».
4. Respiración superficial: inspira deprisa, espira deprisa, lo más rápido que puedas, por la nariz. Este ejercicio respiratorio es bueno para darte más energía y concentración, te ayuda a despertar y aumenta el nivel de adrenalina.

Intenta incluir estos ejercicios respiratorios en tus rutinas diarias. Cuando estés haciendo cola, atrapado en un atasco, incluso mientras tu ordenador se está bajando algo..., respira. Eso te permitirá «reiniciarte», volver a habitar tu cuerpo y echar raíces en tu entorno. La respiración te reconecta con el presente. Cada respiración es un recordatorio, una oportunidad de volver a empezar, de volver a ser consciente, de estar despierto, ilumi-nado y ser dueños de nuestro cuerpo.

Además de estos cuatro ejercicios respiratorios, me gustaría hacerte otra serie de sugerencias. Piensa en ellas como los consejos útiles de la doctora Julie para vivir tranquilo.

1. Elige la paz. Seguramente ya has oído la frase: «La felicidad es una opción». También lo es la serenidad. Siempre que sea posible, haz de la tranquilidad tu prioridad. Suprime el ruido de televisores y radios. (No los necesitas para «sentirte acompañado».) Aplica una política de tolerancia cero a los gritos en casa.

2. Vive el momento presente. Desperdiciamos mucha energía luchando contra la realidad. Gran parte de nuestro sufrimiento procede de desear que las cosas sean distintas a como son, de la negación del ahora. Acepta la realidad. Reconoce lo que ocurre y permite que ocurra. No tiene por qué gustarte, pero debes darle espacio para que exista. Eso forma parte de tu decisión de elegir la paz.

3. Pasa tiempo en la naturaleza siempre que puedas. Salir al exterior y admirar el entorno natural, ya sea un parque, un jardín, un bosque, el mar o la montaña, mejorará tu estado de ánimo.

4. Al comunicarte con los demás, recuerda: la gente quiere que la escuchen y la comprendan; sé el espejo de lo que escuchas y empatiza con los sentimientos ajenos. El sentimiento de pertenencia es importante. Si alguien te expresa alguna queja, averigua si ese sentimiento está siendo ignorado o pasándose por alto, e intenta satisfacer su necesidad de inclusión.

5. Busca tiempo para meditar o ser plenamente consciente todos los días. Ejercita el cerebro para hacer solo una

cosa, ya sea respirar, repetir un mantra o lo que quiera
que estés haciendo en ese momento en concreto. Cuando
estés lavando los platos o preparando la cena, céntrate
solo en eso. Cambia el interruptor de «transmisión» al de
«recepción» en cuanto intentes generar cualquier pensamiento. Esfuérzate por integrar de forma activa la relajación en tu día a día. Inclúyelo en tu agenda si es necesario.

Tu cerebro durante la práctica de la conciencia plena

La meditación puede disminuir el estrés,[94] los niveles de cortisol,
la tensión y el riesgo de sufrir un infarto. Contribuye a mejorar la
resistencia[95] y reduce la inflamación,[96] lo que beneficia a los genes
que controlan el metabolismo de la energía, la secreción de insulina y el mantenimiento de los telómeros, importantes para retrasar el envejecimiento celular y la muerte.[97] Las prácticas para
la meditación están relacionadas con los cambios neuroplásticos
en todas las zonas importantes para el estrés, la resiliencia, la ansiedad y la depresión, como la ínsula, el córtex cingulado anterior, y las conexiones entre el córtex frontal y el sistema límbico.[98]
Estos cambios en la conectividad funcional reflejan una mejora
en el procesamiento sensorial, la conciencia de la experiencia
sensorial y una atención más constante. Aún más importante, el
fortalecimiento de estas conexiones mejora la autorregulación,
que es una forma de suplantar la ingesta de ISRS.[99]

Cuanto más prolongada sea la práctica de meditación a lo
largo de la vida,[100] más pliegues cerebrales tenemos. Y un número mayor de pliegues (girificación) supone más conexiones neuronales. Tal vez gracias a esta conectividad mejorada las personas que meditan aprenden a regular sus emociones y sus reac-

ciones emocionales. La meditación no solo te ayudará a relajarte mientras estés sentada, sino que además te sentirás más tranquila y menos irritable.

La meditación puede ayudarte a ser más fuerte frente al estrés.[101] Una parte del cerebro con capacidad para reducir el miedo o la ira en la amígdala es el córtex prefrontal (CPF). El CPF contribuye a reducir la ansiedad. Si puedes fortalecer o activar el CPF (la meditación es la mejor forma de hacerlo), puedes inhibir la duración de la respuesta de la amígdala al estrés y acortar el tiempo que invierte en recuperarse de un trauma, por lo que mejorará la resiliencia. Se trata del control descendente.[102] El CPF, la amígdala y el hipocampo desempeñan un papel en la resiliencia. Estudios con imágenes de personas que sobrevivieron a un trauma pero no desarrollaron síndrome de estrés postraumático muestran conexiones más fuertes entre el CPF y el hipocampo, lo que indica que sus elevadas funciones cognitivas fueron capaces de calmar sus reacciones emocionales.[103]

Los maestros de la meditación son mejores en la inhibición de las señales de dolor y la reacción ante las amenazas, lo que podría explicar por qué sufren menos episodios de depresión y ansiedad.[104] Después de solo ocho semanas de práctica de la conciencia plena, aumenta la densidad de las células en el hipocampo y disminuye en la amígdala, reflejo del dominio de lo racional sobre lo emocional.[105] Las personas que meditan no solo disfrutan de mejor salud mental, sino que suelen estar más saludables físicamente que las demás.[106] Por eso les digo a mis pacientes que, además de fortalecer los músculos del suelo pélvico haciendo ejercicios de Kegel, fortalezcan el «músculo» del córtex prefrontal con la meditación y la conciencia plena. Es una senda directa a una vida sin antidepresivos.

La meditación no es una creencia; es una nueva forma de prestar atención.[107] No necesitas una almohada especial ni lecciones de un chamán para ralentizar tus ritmos y respirar. La próxima vez que estés con un humor de perros, apaga el ordenador, apaga el móvil y céntrate en la respiración. Tu única tarea es estar ahí, presente en cuerpo y alma.[108] Cuando centras la mente en lo que estás haciendo, ya sea en el trabajo o en el deporte, alcanzarás ese estado de dicha que al que llaman «fluir».

Siempre que puedas, dedica un tiempo a relajarte. Usa la conciencia plena para gestionar mejor tus reacciones, para modular tu emotividad. En la actualidad, el estar ocupado es una droga adictiva y el agotamiento es un símbolo de estatus social. Pero aspirar a tener posesiones materiales, propiedades y logros profesionales no llenará el vacío que sientes. En lugar de eso, siéntate tranquila en ese vacío y sé consciente de que es un lugar para la paz y la calma. Aprende a ser feliz con menos, con el vacío, con el ahora. Acoge la incertidumbre. Practica la moderación en las emociones y en el consumo. Permanecer presente y plenamente consciente, sin desconectar ni distraerte, garantizará que esa modulación ocurra. Date tiempo para sentir con intensidad y analiza tus sentimientos antes de expresarlos. Permite que tu cerebro superior, cortical, planifique, analice y decida, que sea el que dirija tu cerebro reptiliano, que es reactivo y, a veces, incluso agresivo.

Si sentarte a meditar no es lo tuyo, sal en busca de un entorno natural. Realíneate con la naturaleza. Ve al bosque. No es un entorno frenético; todo está tranquilo y en silencio, y eso puede ayudarte a sentirte también así. La naturaleza es una fuente sostenible de maravillas. Sentir asombro, sentir la inmensidad, puede generar sensaciones de abundancia y saciedad.[109] Si crees que cuentas con más tiempo libre, es menos probable que te sientas impaciente y más que tengas ganas de ofrecer de forma voluntaria tu tiempo a los demás. Seguramente incluso preferirás tener experiencias a posesiones materiales. Sentirse libre de ataduras y poderosa, conectada con el universo y con todos sus habitantes, es un alimento muy potente para el alma. Sublimar tu ser diminuto dentro de un contexto superior, reposar en los brazos de una inmensa madre Tierra, es reconfortante para muchos y trascendente para los demás. El mundo natural de la flora y la fauna es el paradigma aprendido disponible y la fuerza más potente. Ese espacio de perfección primordial es sagrado. La naturaleza nos ha dado todas las respuestas que necesitamos para saber cómo vivir con plenitud y de manera saludable; solo tenemos que prestar atención, observar y escuchar.

Estar en sincronía con los ritmos de la Tierra es lo más saludable. Permite que los ciclos de luz y oscuridad determinen tus horas de sueño. Deja que las estaciones regulen la ingesta calórica y el gasto de energía. Permite que tus ciclos ovulatorios influyan en tus prioridades sexuales. Las dualidades y los ritmos cíclicos predominan en la naturaleza por un motivo. La regularidad y la estabilidad no son naturales; la homogeneización no es natural. Prosperamos en la diversidad. Hay fuerza en la síntesis de dos opuestos; los híbridos son siempre más resistentes que los de raza pura. Aprende a armonizar el yin y el yang innatos en ti, en tus relaciones y en tu comunidad. Este equilibrio te proporcionará paz.

Conclusión

Conservarse sano en un mundo insano

Vivimos ajenos a los ritmos de nuestro organismo y del entorno y, debido a esa desconexión, enfermamos, engordamos, nos cansamos, nos aceleramos y nos ponemos tristes.[1] Y o hacemos la vista gorda o nos medicamos, pero el caso es ignorar al impresionante sistema de comunicación que tiene nuestro cuerpo: el estado de ánimo. Tomamos anticonceptivos orales que engañan al cuerpo para que no ovule y luego nos preguntamos por qué no tenemos deseo sexual. Pasamos los días entre cuatro paredes y luego nos asombra que el médico nos diagnostique un déficit de vitamina D. Enviamos mensajes de texto con el móvil y correos electrónicos pero no comprendemos la razón por la que, siendo primates sociales que pierden el apetito e incluso mueren a causa de la carencia de contacto físico, nos sentimos tan solos. Y para tapar esos agujeros nos hemos convertido en consumidores compulsivos de absolutamente todo, desde comida y ropa, hasta fármacos y compañeros sexuales, siempre en busca de una ganga que coleccionar, nunca satisfechos por completo.[2]

Nuestra vida es amplia, desordenada, se mueve en una dirección que jamás habríamos imaginado, y el mundo a menudo nos dice que deberíamos ser capaces de tenerlo todo bajo control sin que eso nos suponga el menor esfuerzo. Nos han explicado ese cuento chino una y otra vez. A las mujeres se nos pide que lo hagamos todo. Sacamos adelante a la familia y competimos con los hombres en el puesto de trabajo. Andamos más liadas, más preocupadas y más agobiadas que nunca, y lo pagamos con dinero y con pastillas. Las mujeres de hoy en día sufrimos nuestra propia crisis energética, y empleamos todo lo que tenemos al alcance para poner parches a nuestra vida y a nuestra persona. Echamos mano de comida que nos reconforte, cafés, alcohol y un número creciente de neuromoduladores, como los antidepresivos, los analgésicos, las bebidas energéticas y las anfetaminas, en un esfuerzo por seguir un ritmo que no es nada natural. A lo largo del día nos traumatizan repetidamente con noticias aterradoras e imágenes horribles de sufrimiento, así que nos medicamos para alejar el malestar. Tomamos pastillas para calmar la ansiedad, sobre todo para poder dormir por la noche cuando los miedos amenazan con ocupar el lugar predominante en el espacio escénico.

Ponemos en peligro nuestro cuerpo y nuestra vida de más formas de las que estamos dispuestos a admitir, pero también somos más capaces de lo que creemos de rescatarlos. Todos tenemos la capacidad de influir en nuestro estado emocional, lo cual no significa que debamos vivir con ese tipo de alegría permanente que hemos aprendido a esperar y que la industria farmacéutica promete proporcionarnos. La vida no sigue una línea recta, y el estado de ánimo tampoco. Las oscilaciones de unas hormonas que no paran de fluctuar reflejan la transformación sin fin de nuestra experiencia en el mundo. Las mujeres sabemos lo que es el cambio; lo vivimos en carne propia todos los días. Pero eso es una ventaja, no un obstáculo. Nuestra variabilidad nos hace más adaptables; nos hace más resilientes. Ser una obra de ingeniería perfecta implica lograr un equilibrio óptimo entre la estabilidad y la flexibilidad. Encastillarse en una forma de pensar, o tener los niveles de serotonina y estrógeno constantemente altos de forma artificial puede ser estable, pero no es natural ni flexible, y a buen seguro tampoco es adaptable.

Necesitamos un cambio de rumbo para vivir una vida que de verdad haga honor a cómo nos sentimos. Pero para poder hacer eso tenemos que ser capaces de sentir. Tenemos que permitirnos ser la criatura de ánimo cambiante que llevamos dentro. Aceptar el propio cuerpo con toda su complejidad es el primer paso hacia el bienestar, y también hacia la plenitud.

Si de verdad sufres una enfermedad psiquiátrica, es imprescindible que tomes medicación para controlar los síntomas, pero la mayoría de las personas que hoy en día toman antidepresivos no están realmente enfermas. Claro que se sienten abatidas, y es cierto que aumentar los niveles de serotonina alivia ese sentimiento, pero también atenúa la sensibilidad. Los ISRS pueden evitar que saltes a la primera de cambio, pero también te atontarán y adormecerán tu capacidad de sentir. Enmascarar los síntomas no solucionará el problema. El cambio solo puede producirse desde la incomodidad y la toma de conciencia de que algo va mal. Si no notas el dolor es imposible buscar las causas. Un país como Estados Unidos que depende de analgésicos psíquicos no va a ponerse manos a la obra para enmendar lo que está roto. Si medicarse significa acabar encontrándolo todo perfecto, eso no ayuda a nadie.

Tomar un medicamento que te impide llorar y sentir emociones, alterarte y saltar, y tener la motivación suficiente para cambiar las cosas no es una decisión que deba tomarse a la ligera. Para la mayor parte de nosotros, la mejor solución es bajar el ritmo, amoldarnos a nuestro cuerpo y a la naturaleza, lejos de las pantallas, de las compras y de los psicofármacos. Escuchar tu sexto sentido y saber qué es lo apropiado te ayudará a enderezar el rumbo. Entra en sintonía con tu cuerpo para entrar en sintonía con tu saber. Presta atención a esa vocecilla que te dice qué te duele y necesita sanarse o cuáles de tus conductas y tus comidas son un problema, no una solución. En momentos de desesperación, sobre todo, o durante el síndrome premenstrual o la perimenopausia, si conectas con tu cuerpo y tu intuición, si escuchas esa voz y sigues su mensaje, ni te imaginas la fuerza que adquirirás y los bienes ocultos que te revelará el mundo. En esos momentos es cuando nos quitamos la máscara. Cuando nos permitimos ser más críticos, menos acomodaticios y menos tolerantes con el statu quo, es cuando realmente podemos hacer una buena limpieza.

Moderar los cambios de humor es bueno, pero no hacerlos desaparecer por completo. Oigo a mis pacientes que se medican maravillarse de que ya no se enfadan ni tienen ganas de llorar frente a lo que antes los hacía alterarse o salirse de sus casillas. Pero sería más sano, y menos radical, que adquiriéramos un control descendente para que nuestro cerebro pensante aprendiera a domar nuestros centros emocionales «inferiores». La conciencia plena, la meditación y la actividad física nos ayudan a estar en el presente y a aumentar el control de nuestras respuestas emocionales de modo que podamos moderar nuestra reactividad sin necesitar una dosis diaria de medicación. El dominio de las emociones no exige un cóctel farmacéutico todos los días durante el resto de la vida.

Lo mejor para el cuerpo son todas las cosas que limitan la inflamación: una dieta completa y llena de color, el ejercicio moderado y reducir el estrés. Nuestro sistema inmunológico necesita que le enseñemos a no atacar al yo, igual que nuestro cerebro emocional necesita que le enseñemos a no desahogarnos contra quienes más queremos. Presta atención a lo que te dice tu cuerpo sobre tus propios deseos y necesidades. Busca los ritmos en tus ciclos. La biología es sabia. Por encima de todo, haz lo que mejor te siente. Hacer elecciones sanas sienta bien. No se trata de privarse sino de nutrirse, a todos los niveles; es lo opuesto a descuidarse. Estar con tu cuerpo te permitirá experimentar la máxima gratificación, sea mediante el sexo, la comida o el ejercicio. Te mantendrás en buena forma mientras disfrutas no solo del placer del movimiento sino de las sensaciones que transmite la comida sana.

Cuando tengas que tomar esas difíciles decisiones sobre qué comer, cuándo hacer ejercicio o irte a la cama, recuerda que estás cuidándote; estás cuidando de ti. Hay momentos para estar atentos a las necesidades de los demás y momentos para atender las nuestras. Como una leona que protege a sus cachorros, defiende con uñas y dientes el tiempo que es solo tuyo. A menudo las mujeres son próvidas y a veces son mártires. Pero en la vida no todo consiste en complacer a los demás. Resístete a convertirte en una complaciente patológica. Aprende a decir «no». Buscar maneras de cargar las pilas es vital para tu funcionamiento; de donde no hay no se puede sacar.

Ser una bendita histérica significa ser una guerrera, y lo primero que debes proteger es a ti misma. Sé tu mejor defensa. Mereces descanso, mereces placer, y tus necesidades son importantes. Atiende tu saludable hambre de comida, sexo y sueño. Deja de machacarte con el sentido del deber. Busca cuál es la forma más sana de calmar tu ávido corazón y permítetela sin avergonzarte. Si es posible, evita el ciclo de la gratificación compulsiva seguida de autoflagelación. Despreciarte, rechazarte y acumular resentimiento hacia ti misma no conduce a nada bueno.

Todos somos bellos e imperfectos. No puedes aplazar la autoaceptación para cuando hayas perdido esos cincuenta kilos, o hayas cambiado de trabajo, o hayas encontrado pareja. Parte de donde estás ahora mismo. Piensa que ese terreno es un jardín antes incluso de que puedan brotar flores. Tendrás que arrancar las rocas y los hierbajos antes de labrar y plantar las semillas para cultivar algo, sea lo que sea. Es un caso de «compórtate como si...». Si no empiezas obrando con amor, no habrá ningún avance. No puedes preocuparte por algo que no te preocupa.

A menudo las conductas cambian la química del cerebro. Sonreír te pone de mejor humor, y respirar hondo te tranquiliza de inmediato. Sentir la quietud y la calma propias de la naturaleza puede ayudarte a ser igual que ella. La psiquiatría ecológica, tal como yo la veo, consiste en utilizar la naturaleza para sanar tu psique. Estar al aire libre entre la hierba y los árboles, bajo los rayos del sol, comer vegetales, satisfacer tus apetitos y aceptar tu cuerpo (menos perfume, menos depilación y menos silicona), son las bases para reducir el estrés y mejorar tu estado de ánimo. Sé natural para estar más sana y ser más feliz.

Muchas de las soluciones de *Bendita histeria* implican no solo abrazar la naturaleza y lo que es natural para nosotros como animales humanos, sino también integrar las muchas fuerzas que nos llevan en direcciones contrarias. Esas exigencias opuestas se dan en todas las facetas de nuestra vida. Forman parte de lo que hace que el matrimonio sea tan difícil, y tan forzada la transición entre la vida laboral y la hogareña. Cuesta encontrar el equilibrio entre vivir mentalmente, en el ordenador, y reconectar con tu cuerpo para poder moverlo y no perderlo. Es todo un reto cruzar la línea que nos separa de milenios de dictados culturales que demonizan el placer sexual femenino y al mismo tiempo luchar contra el diseño evolutivo que nos impulsa al goce y a la promiscuidad. Es una batalla saciar la sed del lujo que encarna el tiempo libre con los apretados horarios de nuestra reglamentada vida.

No podemos evitar esas contradicciones, y no deberíamos intentar hacerlo. La salud y la plenitud dependen, precisamente, de que encontremos el equilibrio entre dos polos. Aprende a cultivar un sano espacio intermedio entre el trabajo y el ocio, entre el movimiento y la quietud, entre la racionalidad y la emotividad. Conseguir estar mentalmente sano implica integrar y armonizar partes dispares de nuestro ser. Para una mujer eso significa aceptar su parte masculina que quiere competir, ganar, dirigir. Pero también significa volver a familiarizarse con la chica abierta y vulnerable.

A la gente le impacta lo auténtico, así que atrévete a ser tú, di lo que piensas y sigue tu instinto. Actúa de forma natural. Todos somos capaces de tener más poder sobre nuestra vida. Deja de jugar a ser pequeña arguyendo que eso ayuda a que otros se sientan más cómodos. Eso no ayuda a nadie. Brilla con luz propia. Eso animará a los que te vean a intensificar su propio brillo. Predica con el ejemplo. Si aprendes a sacar partido de tus cambios de humor, se convertirán en tu mejor recurso, personal y profesional, físico y espiritual.

En mi consulta he descubierto que ninguna receta de una vida mejor sirve para todo el mundo. Tu vida y tus necesidades son complejas y únicas. Tu genética particular afecta en cómo lo procesas todo, desde la comida hasta los traumas. Algunos de mis pacientes se desenvuelven en el mundo sin medicación, mientras que otros requieren dosis regulares de antidepresivos o estabilizadores anímicos. Algunas mujeres toman ISRS solo cuando les rondan sus síntomas premenstruales incapacitantes, mientras que otras los utilizan únicamente durante el invierno. Pero decidas lo que decidas, la cuestión es que si conoces bien cuál es el funcionamiento natural de tu cuerpo podrás conseguir sentirte mejor. Tengo la esperanza de que seguirás los consejos que ofrezco en *Bendita histeria* y permitirás que tu cuerpo sea tu mejor maestro.

Recuerda que las soluciones que te forjas cuando eres una treintañera sin pareja tal vez no te sirvan cuando ya hayas cumplido los cuarenta y seas una madre novel, o cuando tengas que

ocuparte de tus ancianos padres mientras te enfrentas a los sofocos. Despréndete de lo que no te sirva. Tu cuerpo cambia, tu
mente cambia, tu vida cambia, y la manera de ocuparte de ti misma también lo hará. Las mujeres estamos hechas para armonizar
con la tierra, para seguir las fases de la luna.[3] Respetando las estaciones y las mareas aprendemos a respetar nuestros propios
ciclos. Desde la primavera de la pubertad hasta la perimenopausia, el otoño, debemos prestar atención a nuestro cuerpo y
a todos los cambios que experimenta, lo cual incluye reservar
un espacio sagrado para el envejecimiento y la muerte, una parte
esencial de la naturaleza. Y si nos acomodamos a esos ciclos que
están tanto dentro de nosotros como alrededor, notaremos un
vínculo directo con algo mayor y nos sentiremos más en paz. Sé
una mujer sabia, una sanadora y una guerrera que lucha por la
paz, la tuya y la de los demás.

Agradecimientos

En primer lugar, me gustaría dar las gracias al profundo pensador lleno de talento Jeremy Wolff, por casarse conmigo, por compartir la crianza de nuestros hijos y por aportar luego grandes ideas para *Bendita histeria*. No podría haber hecho esto sin él. Mi gratitud más profunda va dirigida a las sabias mujeres que guiaron este proyecto desde el principio, Suzanne Gluck, mi agente en William Morris Endeavor, y Ann Godoff de Penguin Press. A mis dos doulas editoriales, que me ayudaron a parir este manuscrito, aunque viniera de nalgas, Ginny Smith Younce y Lindsay Whalen, os merecéis dos buenas medallas de oro por el valor y la perseverancia al ayudarme a dar forma, moldear y extraer este libro de mi cerebro. Un agradecimiento enorme a la meticulosa y genial redactora Randee Marullo, a Jane Cavolina, que revisó las notas y las citas, y a Noirin Lucas, directora asociada del departamento de redacción de Penguin Random House. Y a Claire Vacarro, que dirigió el diseño de un libro precioso.

Gracias a Kathie Russo, que terminó lo que Spalding había empezado mucho tiempo atrás: unirme a la fantástica y poderosa Suzanne. También me gustaría dar las gracias a Erin Conroy, Eve Atterman y Clio Seraphim de WME. Espero con ilusión estar muchos felices años a vuestro cuidado.

Hubo dos agentes literarios que me ayudaron a perfeccionar

mi lanzamiento, Richard Pine y Jim Rutman, y les agradezco su tiempo y sus consejos. Espero que comprendan que, al final, este libro necesitaba ser creado por mujeres.

El escritor Michael Pollan me ofreció conocimientos generales sobre escribir y publicar. En cuanto a las peculiaridades, me gustaría dar las gracias a los siguientes autores e investigadores. Por la comida, a Orsha Magyar (neurotrition.ca). Por las feromonas y los ciclos, a Winnifred Cutler. Por el sexo, a Daniel Bergner, Maryanne Fisher, Justin Garcia, Jim Pfaus y Martie Haselton. Por todo lo relacionado con las hormonas, a Chris Creatura, C. Neill Epperson, Ellen Freeman, Irwin Goldstein, Tierney Lorenz, Lila Nachtigall, Jennifer Payne y Sari van Anders. Por el sueño, a Paul Glovinsky. Por lo relacionado con la mente y el cuerpo y las adicciones, a Gábor Maté. Por los neurotransmisores y los receptores, a Charles Nichols. Por la inflamación, a Elissa Epel, Vladimir Maletic, Charles Nemeroff y Charles Raison. Por la evolución, a Chris Ryan. Por el llanto, a mi amiga de la infancia Eileen Murphy. Por los circuitos neuronales, a Zoran Josipovic. Por el sistema endocannabinoide, a Paul Bregman, Greg Gerdeman, Matt Hill y Ethan Russo. Por las bacterias, a Martin Blaser y Larry Forney. Por las plantas aromáticas, a Paulina Nelega.

La sonrisa de Michael Hogan cuando reservé el dominio MoodyBitches.com en 2007 me indicó que estaba en el camino correcto, y le agradezco la lectura y el apoyo a este proyecto de principio a fin. Lo mismo va por Alex McKay, una persona sabia y encantadora. Jessica Wolff ha supuesto una vez más una ayuda tremenda para afinar y comentar la obra. Hay varias mujeres cuyos libros y conferencias me han ayudado a sentar las bases de mis conocimientos y nutrirlos a lo largo de muchos años: Pema Chodron, Tara Brach y Geneen Roth. También me siento obligada a dar las gracias a los principales lugares que han acogido mis horas de escritura: los trenes de Metro-North y las librerías de Hudson Valley y CLAMS. Los bibliotecarios locales me aseguraron que este era un libro imprescindible para las mujeres, ¡y sé que están deseando recibir sus ejemplares!

A mis padres, Clare y Richard, y a mis hermanas, Ellen y Debbie; gracias por creer en mí desde el principio y por vuestro amor. A mis hijos Molly y Joe; os debo unas vacaciones de verano. Gracias por entender lo preocupada que estaba. Esto va también por ti, Jer. Me encanta crecer a tu lado.

Apéndice

Las cosas por su nombre: guía de fármacos escogidos

ANTIDEPRESIVOS

ISRS *(Prozac, Zoloft, Paxil, Celexa, Lexapro, Luvox y otros)*

Los inhibidores selectivos de la recaptación de la serotonina hacen exactamente eso: bloquean de manera específica la recaptación de la serotonina sin afectar a ningún otro neurotransmisor, de ahí lo de «selectivos». Mediante la inhibición de la recaptación se logra que una cantidad mayor de serotonina llegue a la siguiente célula nerviosa o neurona a través de las sinapsis. Imagínatelo como en un partido de béisbol: una neurona es el lanzador, la otra es el receptor y las pelotas son la serotonina. El lanzador puede recuperar con su guante todas las pelotas que el receptor no atrape de inmediato y volver a lanzarlas o puede quedárselas. Si bloqueas el guante del lanzador, habrá más pelotas de serotonina a disposición del guante del receptor. Este bloqueo es lo que se conoce como tono serotoninérgico aumentado. Ahora bien, las razones por las que esto se traduce en un estado de felicidad y relajación son complejas y difíciles de explicar. A largo plazo se producen cambios en el número de guantes de receptor que intervienen en el proceso, ya que la neurona postsináptica aprende a acomodar la serotonina extra en la sinapsis modificando la cantidad de receptores, fenómeno que se conoce como regulación negativa. (Si hubiera menos serotonina en la sinapsis, el número de receptores aumentaría y se produciría una regulación positiva.) Este tipo de regulaciones son la base neurológica que explica la tolerancia a un medicamento. Si continúas tomando un fármaco que incrementa el nivel de un neurotransmisor, acabarás teniendo menos receptores para dicho transmisor. Existen dos fases en el proceso de adaptación a un antidepresivo: una respuesta inmediata al disponer de una mayor cantidad de neurotransmisor y, a continuación, una respuesta retardada y más crónica en la que interviene la regulación negativa o positiva de los receptores. También puede existir un lapso debido al tiempo que necesitan la neuroplasticidad y el BDNF para modificar los patrones de conexión sináptica. En resumidas cuentas, se trata de los medicamentos que se utilizan para el tratamiento de la depresión y la ansiedad, y mientras que en cierto grupo de pacientes funcionan solo algo mejor que los placebos, en otros grupos su eficacia es bastante más que significativa.

No todas las personas deprimidas o con trastornos de ansiedad presentan unos niveles de serotonina representativamente bajos cuando se analizan en el marco de un estudio, por lo que es probable que a nivel químico ocurran muchas otras cosas que todavía nos quedan por descubrir. Los ISRS, también conocidos como medicamentos serotoninérgicos, son eficaces en el alivio de la depresión, la ansiedad o los trastornos obsesivos; de hecho, el trastorno obsesivo compulsivo se trata exclusivamente con ISRS. Los antidepresivos que afectan a otras sustancias químicas neuronales no funcionan igual de bien con los TOC.

Por desgracia, el aumento de la serotonina en el cerebro suele traducirse en una atenuación del apetito sexual y en una mayor dificultad para alcanzar al orgasmo. Algunos ISRS pueden hacer que sientas la pelvis entumecida y que disminuya la sensibilidad de los genitales; Zoloft es famoso por causar este tipo de problemas. La mayoría de los ISRS alargan el tiempo necesario para llegar al clímax, y en ocasiones la calidad del orgasmo se reduce. Los efectos secundarios son peores en el inicio del tratamiento y mejoran con el tiempo, aunque para algunas personas se convierten en un problema duradero. Según mi experiencia en la prescripción de estos fármacos, el ISRS con menos efectos secundarios sexuales es Lexapro, aunque en dosis altas la disminución de la libido y la dificultad para alcanzar el orgasmo continúan estando presentes. Otros psiquiatras prefieren Prozac, el primer ISRS que apareció en el mercado, porque consideran que tiene menos riesgo de causar aumento de peso y efectos secundarios sexuales. Mi problema con Prozac es su vida media, la más larga de todos los ISRS, lo que significa que aunque dejes de tomarlo permanece en tu organismo durante días o semanas. Gracias a una vida media más corta, una de las principales ventajas de usar Lexapro es que si dejas de tomarlo durante uno o dos días, sus niveles en sangre disminuyen de manera significativa y, por tanto, también sus efectos secundarios.

Celexa era mi ISRS favorito hasta que apareció Lexapro. Son primos hermanos, comparten más similitudes que diferencias. Celexa funciona bien en muchos de mis pacientes, pero Lexapro da la sensación de ser un poco más «limpio», ya que no los deja tan aturdidos y parecen más despiertos. Cuando receto Lexapro por primera vez, siempre les digo que partan la pastilla por la mitad. Suelo empezar con comprimidos de 10 miligramos, aunque si se trata de personas muy sensibles a los medicamentos o que jamás han tomado nada que modifique su química neuronal, a veces les recomiendo los comprimidos de 5 miligramos. Antes de pasar a la pastilla entera, les aconsejo que prueben solo con la mitad durante unos días (de tres a cinco). Es mejor tomar los ISRS con el estómago lleno o a la hora de las comidas y no con el estómago vacío, de lo contrario es mucho más probable que aparezcan las náuseas. La presencia de comida que ayude a proteger las paredes estomacales contribuye a reducir los efectos secundarios. (Lo mismo se aplica a muchos otros medicamentos. Siempre que no esté contraindicado, como ocurre con el Synthroid y algunos antibióticos, si una pastilla te produce náuseas suele ser mejor tomarla con la comida.)

Uno de los grandes problemas con muchos ISRS es saber elegir el momento ideal para tomarlo. En el caso de Lexapro, muchas personas consideran que el mejor momento es por la tarde, sobre las tres o las cuatro. Si lo tomas a primera hora de la mañana, tal vez te sientas somnoliento después de comer (lo que llamo respuesta sestera exagerada), por lo que retrasar su toma hasta la tarde aplazará a su vez esa somnolencia hasta la hora de irte a dormir. En cambio, otras personas tienen la sensación de que las anima y se la toman a primera hora de la mañana, después de desayunar. Y también hay otras, aunque son las menos, que escogen la noche, justo antes de irse a la cama, porque les ayuda a conciliar el sueño. En este último caso, el único problema es que puede hacer tus sueños más vívidos. No produce pesadillas, pero podría proporcionarte unos sueños muy intensos y memorables que parecen bastante reales. Por otra parte, más de una vez he oído que al día siguiente por la mañana te sientes un poco resacoso y te cuesta más despegarte de las sábanas. Por todo ello, considero que el momento óptimo para tomar Lexapro es a «la hora del té»; el único problema es acordarse de hacerlo, algo fundamental para que funcione. En realidad, lo primordial es probar y averiguar cuál de estos tres tipos de persona eres. Si cuando mejor te funciona es por la tarde, activa una alarma en el teléfono móvil o asócialo con algo que hagas con regularidad a esa hora, como ir a buscar a los niños al colegio o esconderte del jefe.

En cuanto al resto de los ISRS, hay para dar y tomar y todos tienen efectos secundarios distintos. Muchos de estos medicamentos producen náuseas o malestar debido a los receptores de serotonina que tenemos en el estómago. No suelo recetar Zoloft demasiado a menudo porque cuando salió al mercado nos referíamos a él como «el fármaco de potar». Las náuseas, los vómitos, la diarrea y los dolores de estómago daban verdaderos problemas a mis pacientes. Aun así, tengo un colega, al que respeto muchísimo, que utiliza Zoloft de manera preferente, igual que muchos otros psiquiatras, con lo que está claro que no todo el mundo es de mi mismo parecer. (Tengo una teoría sobre la razón por la que Zoloft tuvo tanto éxito entre los internistas. Recibían visitadores médicos de Pfizer que, además de darles muestras gratuitas de medicamentos para la tensión arterial, añadían unos cuantos Zoloft de regalo para sus pacientes deprimidos.)

Paxil es otro de los ISRS que no suelo recetar. Acostumbra a tener un efecto sedante, la gente se levanta un poco aturdida a la mañana siguiente cuando se lo han tomado por la noche. Tiene una acción similar a Benadryl, un antihistamínico, y es más propenso a incrementar el apetito y a provocar un aumento de peso que algunos de los otros medicamentos. Asimismo, su corta vida media hace que no resulte tan sencillo suspender el tratamiento. Según mi experiencia, Paxil es el ISRS más difícil de dejar y el que presenta un síndrome de abstinencia más acusado. Existe una variante de liberación controlada, Paxil CR, que favorece el abandono paulatino.

Hablemos del problema del síndrome de abstinencia. Aunque los ISRS no plantean tantas complicaciones como los IRSN (de los que hablaremos en la siguiente sección), suspender el tratamiento puede resultar un poco desagradable. Es importante disminuir la dosis de manera progresiva a lo largo de varias semanas para evitar los dolores de cabeza, los mareos y la desorientación que puede provocar un abandono brusco. Tengo varios pacientes que se vuelven irritables, gruñones o se pasan el día enfadados si se saltan más de una o dos dosis de ISRS. Pierden los estribos con mayor facilidad. Otros, en cambio, se sienten claramente deprimidos cuando olvidan tomar la medicación de manera eventual.

Existen estudios que demuestran que en alguien que se encuentra en el espectro bipolar los ISRS pueden agravar algunos síntomas en lugar de mejorarlos, por lo que se trata de una distinción importante. Las personas con historiales de episodios maníacos no deberían tomar ISRS, incluso convendría que aquellas con parientes bipolares escogieran otro tipo de medicamentos. (En estos casos suelo optar por Lamictal, que veremos a continuación.)

IRSN *(Effexor, Effexor XR, Cymbalta y Pristiq)*

Este segundo grupo de antidepresivos bloquea la recaptación de la serotonina y la norepinefrina (similares a la adrenalina del cerebro). Son particularmente efectivos en el tratamiento de los trastornos de ansiedad y de pánico, y son muy rápidos, por lo que suelen aliviar los síntomas depresivos en una semana. Effexor era uno de los medicamentos más recetados en Bellevue, cuando trabajaba allí, porque los efectos de los antidepresivos empezaban a surtir efecto en tres o cuatro días. Igual que los ISRS, dificultan el orgasmo y pueden provocar un aumento de peso en algunas personas.

Por desgracia, el síndrome de abstinencia de este grupo de antidepresivos es mayor que el de los ISRS, y en el caso del Effexor alcanza cotas inimaginables. Búscalo en Google y verás. Los pacientes que sufren este síndrome se quejan de que sienten náuseas, mareos, desorientación, ansiedad, inquietud, calambrazos que les recorren los brazos hasta la cabeza (a veces llamados zappings cerebrales), tienen la sensación de que el cerebro se mueve dentro del cráneo, de que sufren un retraso visual que se produce detrás de los ojos y de que un chorro de agua fría les recorre la espalda. Tenía una paciente que solo conseguía combatir todos estos síntomas encerrándose en un armario y poniéndose a chillar; era una chica muy tranquila, no una gritona. Cuando investigó en internet, le tranquilizó descubrir que otras personas habían optado por el mismo método para aliviar su malestar. Otro de mis pacientes se sentía tan ido y desorientado que un día casi lo atropelló un taxi al ir a cruzar la calle. He oído tantas historias acerca de la gente que ha intentado dejar el Effexor, que ya no me sorprende prácticamente nada. Sin embargo, lo importante es que he conseguido ayudar a algunas personas a abandonar este medicamento recetándoles un ISRS (ya sea Lexapro o Prozac) antes de que empezaran a suspender la toma de Effexor de manera paulatina. Cymbalta es otro IRSN con un acusado síndrome de abstinencia, aunque no es comparable con el del Effexor.

Cymbalta, que ha recibido la aprobación de la FDA para el tratamiento de la fibromialgia, se promociona como un antidepresivo que además alivia los dolores crónicos. Todos los ISRS y los IRSN contribuyen a aliviar cualquier tipo de dolor, pero sobre todo el dolor neurogénico, el hormigueo que se produce por la presión de los nervios. Dado que los IRSN tienen propiedades de las que carecen los ISRS (tienen efecto sobre un segundo neurotransmisor, la norepinefrina), si con un ISRS solo obtienes una respuesta parcial, lo lógico sería probar con un IRSN y ver si la respuesta es mayor.

Wellbutrin, Wellbutrin SR, Wellbutrin XL y Zyban (bupropión)

Los fabricantes de Wellbutrin no ofrecen demasiada información acerca de cómo actúa este medicamento, aparte de decir que no aumenta la serotonina. Así pues, no sirve de mucho para combatir la ansiedad o los trastornos obsesivos, pero es magnífico para ciertos tipos de depresión. Parece que aumenta la función dopaminérgica, de manera que si padeces una de esas depresiones que se caracterizan por disponer de muy poca energía, andar todo el día medio atontado y ser incapaz de levantarte del sofá, Wellbutrin podría ser una buena opción. Suele aumentar la energía, la concentración y la motivación; mejor aún: reduce el apetito, imprime fuerza de voluntad (para que vayas al gimnasio o no te saltes la dieta marcada) y no tiene efectos secundarios sexuales. Algunas mujeres creen que incluso les ayuda a alcanzar el clímax y que con Wellbutrin su libido aumenta.

El mayor inconveniente de este medicamento se da al principio. Los primeros días son complicados. Mucha gente se siente «acelerada» cuando empieza a tomarlo, como si se hubieran pasado con el café. Además, puede dificultar la conciliación del sueño, por lo que es preferible tomar el comprimido después de desayunar. He descubierto que ingerir un poco de proteína a lo largo del día, como un huevo duro o un puñado de almendras, puede ayudar los primeros días. La «aceleración» acaba pasando con el tiempo, pero en los inicios puede resultar difícil.

Una advertencia: si tienes problemas con la irritabilidad y el control de la ira, el Wellbutrin puede empeorarlos, sobre todo en dosis altas. Este medicamento se presenta en comprimidos de liberación inmediata, sostenida (SR) y prolongada (XL). Según mi experiencia, los XL son los mejores, aunque también cuesta más iniciar el tratamiento que con los SR porque la dosis más baja no lo es tanto. A veces receto a mis pacientes una dosis baja de SR para empezar y luego cambiamos a los XL.

Hay mucha gente que solo necesita media dosis de Wellbutrin XL (150 miligramos) en lugar de la dosis de mantenimiento de 300 miligramos. Si alguien no puede pasar sin la de 300 miligramos, suelo añadir una pequeña cantidad de Lexapro para contrarrestar el nerviosismo. Combinar dos medicamentos para contrarrestar los efectos secundarios de uno de ellos nunca es una buena idea, salvo en este caso. La mezcla de Wellbutrin y Lexapro obra maravillas. Juntos son como perdigonazos que abaten uno tras otro los síntomas de la depresión y la ansiedad. Además, el uno contrarresta hasta cierto punto los efectos secundarios del otro, por lo que añadir Wellbutrin puede compensar la libido baja y el potencial aumento de peso del ISRS. Asimismo, el decaimiento y la distracción que se observan con dosis altas de ISRS pueden contrarrestarse con un poco de Wellbutrin. Muchos de mis pacientes toman esta combinación de medicamentos mientras yo espero con ilusión que llegue el día en que algún genio de la industria farmacéutica comprenda que deberían fabricar un comprimido con ambos fármacos.

Remeron (mirtazapina)

Remeron se considera un tetracíclico, un medicamento que aumenta la serotonina de manera eficaz de múltiples maneras, pero sin inhibir la recaptación como lo hacen los ISRS. Bloquea ciertos receptores serotoninérgicos (5-HT2A, 5-HT2B, 5-HT2C y 5-HT3), aumenta la transmisión norepinefrínica (igual que Effexor y Cymbalta), contribuye a combatir la ansiedad y es bastante sedante, lo que lo convierte en una magnífica opción para quienes padecen insomnio. El mayor inconveniente es que muchas personas experimentan un aumento del apetito y de peso, pero para los pacientes adecuados (por ejemplo, las personas anoréxicas o las que caen enfermas de manera recurrente) esto podría convertirse en una ventaja.

Tricíclicos e IMAO

Los tricíclicos y los IMAO son de los primeros antidepresivos que aparecieron en el mercado, y ahora ya apenas se prescriben. Los tricíclicos (Elavil, Anafranil, Tofranil, Pamelor, Vivactil y muchos otros) son bastante efectivos en el tratamiento de la depresión, ya que aumentan los niveles de dos neurotransmisores, la serotonina y la norepinefrina, al inhibir su recaptación. El problema es la relación señal-ruido, o el equilibrio entre los efectos positivos y los secundarios. A pesar de que bloquean estos dos transmisores, también se acoplan a muchos otros receptores, por lo que acabas pagando un precio bastante alto a cambio de su eficacia en forma de sequedad bucal, estreñimiento, dificultad para llegar al orgasmo y sedación. Además, a diferencia de los ISRS, que cuentan con un margen más amplio de seguridad, una sobredosis puede resultar peligrosa. Todavía hay psiquiatras que los recetan, aunque no muchos, y desde luego yo no me encuentro entre ellos. Lo mismo ocurre con los inhibidores MAO. Estos medicamentos (Nardil, Marplan, Parnate) evitan la descomposición de muchos neurotransmisores, entre ellos la serotonina, la norepinefrina y la dopamina, y por lo tanto aumentan sus niveles, pero debes seguir una dieta estricta y evitar muchas medicinas (como las destinadas a combatir la tos y los resfriados) o te arriesgas a padecer un aumento marcado de la presión arterial. Existen IMAO más recientes que no imponen demasiadas restricciones en cuanto a los hábitos alimentarios, entre ellos un parche llamado Emsam. En cualquier caso, se trata de un medicamento que no suelo recetar.

Una advertencia sobre los antidepresivos en general: aunque algunos aumentan la serotonina y otros la norepinefrina o la dopamina, muchos comparten un efecto subyacente llamado neurogénesis hicocampal. Resulta que el cerebro tiene la capacidad de generar nuevas neuronas y nuevas conexiones, sobre todo si interviene el factor neurotrófico derivado del cerebro. El BDNF se ve incrementado por muchos antidepresivos, lo que se traduce en la creación de nuevas neuronas y en el establecimiento de nuevas conexiones; sin embargo, con el ejercicio se consiguen los mismos resultados. Numerosos estudios demuestran que el ejercicio cardiovascular aumenta el BDNF y la neurogénesis hipocampal. Por eso, cuando mis pacientes me dicen que quieren dejar la medicación, enseguida pasamos a hablar de una pauta de ejercicios. La neurogénesis es un efecto retardado de los antidepresivos, pero tienen que pasar semanas para que los resultados empiecen a notarse. En ocasiones, mis pacientes mejoran muy rápido cuando comienzan a tomar según qué medicamentos (Lexapro, Viibryd y Effexor parecen surtir efecto antes que los demás), pero la mayoría de los fármacos precisan entre seis y ocho semanas para asentarse y desempeñar su función.

Los dos grupos de medicamentos de acción inmediata son los estimulantes y los ansiolíticos. En algunos aspectos, dado su efecto prácticamente instantáneo, tiene más sentido considerarlos drogas que medicamentos.

ESTIMULANTES

Las anfetaminas como Adderall y Dexedrine aumentan los niveles de energía, motivación, alerta y concentración y surten efecto en menos de una hora. La mayor complicación que presentan es que, al ser estimulantes, cuesta más calmarse o conciliar el sueño, además de que eliminan el apetito. Estos medicamentos se utilizaban en el tratamiento de la depresión en la década de 1960, hasta que se descubrió que creaban tolerancia y dependencia y que el síndrome de abstinencia derivaba en un estado claramente depresivo. En la actualidad, prácticamente solo se usan en el tratamiento del trastorno por déficit de atención, aunque mucha gente los toma como supresores del apetito. (El problema reside en que su efecto disminuye con el tiempo, de manera que, en todo caso, conviene utilizarlos esporádicamente si se utilizan con ese fin.)

No existe una forma rápida y fácil de diagnosticar TDAH. El criterio de referencia consiste en una batería de pruebas neuropsicológicas que dura varias horas y que cuesta miles de dólares. Mucha gente llega a mi consulta convencida de que lo padece después de haber leído un artículo sobre el TDAH. Tienen la sensación de que les cuesta mantener la atención y la concentración y tal vez no siempre son capaces de controlar sus impulsos al cien por cien. En ocasiones, la gente se somete a una prueba de estimulantes para ver si tiene TDAH, pero lo cierto es que cualquiera que consuma estos fármacos experimentará una mejora de la capacidad de atención y estará menos distraído. Muchos de mis pacientes que toman estimulantes lo hacen desde primaria y muestran signos evidentes de hiperactividad y falta de atención. Sin embargo, también hay quien los toma porque se pasa horas y horas sentado delante de un ordenador y cree que estos fármacos le ayudan a sacar la tarea adelante durante las largas jornadas de trabajo.

Adderall y Dexedrine se comercializan en comprimidos y cápsulas. Los comprimidos hacen efecto más rápido; producen hasta cierto punto un subidón y un bajón, y duran entre tres y cuatro horas. Las cápsulas son de acción más lenta, tienen una fase meseta más larga sin apenas bajón y su efecto dura entre seis y ocho horas. Suelo recetar tanto las cápsulas como los comprimidos para que mis pacientes experimenten con ambos y vean qué prefieren, aunque muchos de ellos acaban usando ambos a lo largo de la semana, dependiendo de lo que les exija su tiempo. Mucha gente se toma una cápsula al principio del día y, en caso de necesitarlo, un comprimido más adelante.

Suelo empezar con la dosis más pequeña, de 5 miligramos. A diferencia de las cápsulas, los comprimidos pueden partirse por la mitad. En caso de que el paciente no haya tomado nunca estimulantes, para comprobar que no es demasiado sensible a este fármaco y no surgen complicaciones imprevistas, comienzo con el comprimido y le pido que lo parta en dos y se tome solo la mitad. Sin embargo, a la mayoría de la gente una dosis de 2,5 miligramos no suele solucionarle nada; lo habitual es necesitar entre 5 y 10 miligramos. De modo que empiezan con la mitad, aumentan a un comprimido, y si luego necesitan dos, tampoco pasa nada.

El efecto secundario más habitual de los estimulantes es sentirse un poco «acelerado», como si hubieras tomado demasiado café. Curiosamente, las personas que padecen TDAH no se sienten tan estimuladas, sino tranquilas y centradas. (Responden de la misma manera ante la cocaína y el speed, lo que puede ayudar a establecer un diagnóstico de TDAH. Además, son de esas personas que pueden tomarse un café justo antes de irse a dormir, ya que los estimulantes no parecen acelerarlos tanto como a otros.) Uno de los muchos inconvenientes de este tipo de fármacos es el dolor de cabeza que te sobreviene con el bajón (cuando pasa el efecto), y tampoco hemos de olvidar que disminuye el apetito de manera bastante radical.

Suelo aconsejar a mis pacientes que ingieran algo antes de

tomar la medicación para no que no estén demasiado hambrientos cuando pase el efecto. Una de las razones por las que notan el bajón es porque no han comido o bebido nada durante seis u ocho horas y, en consecuencia, les duele el estómago y la cabeza. Recomiendo comer algo en algún momento del día, ya sea una ensalada, un poco de fruta o incluso una barrita de proteínas, para que el nivel de azúcar en sangre no descienda en picado. También es aconsejable no tomársela demasiado tarde o surgirán dificultades para conciliar el sueño.

Existe un fármaco anfetamínico de liberación prolongada llamado Vyvanse que dura más (unas doce horas como mínimo) que las cápsulas de Adderall o Dexedrine. Aquellos de mis pacientes que llevan años tomando estimulantes y trabajan largas jornadas agradecen lo que Vyvanse les ofrece.

Tal vez estés preguntándote por qué no he mencionado el Ritalin, o sus variantes de acción prolongada, llamadas Concerta y Metadate. No receto estos medicamentos típicos para el tratamiento del TDAH y considero que esta clase de fármacos no funcionan tan bien como las anfetaminas. Cuando se comercializó el Ritalin por primera vez, su potencial de abuso era supuestamente bajo y no arrastraba la pesada carga de las anfetaminas porque se llamaba de otra manera y se trataba de un compuesto nuevo (metilfenidato). Sin embargo, según mi experiencia (y la de mis pacientes), no funciona tan bien como Adderall o Dexedrine, y muchos psiquiatras, yo incluida, consideran que tiene un potencial de abuso elevado. Si alguien acude a mí, ha probado ambos y está completamente convencido de que prefiere Ritalin, entonces se lo receto, pero eso solo ha ocurrido en contadas ocasiones hasta la fecha. La mayoría de la gente que acude a mí tras consumir Ritalin y opta por Adderall o Dexedrine agradece el cambio.

BENZODIACEPINAS

Los ansiolíticos como Valium, Xanax, Klonopin y Ativan pertenecen a una familia de medicamentos llamados benzodiacepinas, a menudo conocida como benzos, que ayudan a aliviar y
a reducir los sentimientos ansiógenos. En el pasado tuve un profesor que los llamaba mitigantes del dolor psíquico. Una dosis
pequeña «mitigará» la ansiedad, pero una dosis alta te colocará
en un lugar en el que sencillamente todo te dará igual o ni te in-
mutarás ante lo que ocurra al otro lado de la ventana. Si la dosis
es excesiva, acabarás atontado o somnoliento. Hay una película
de hace años, interpretada por Goldie Hawn y Burt Reynolds,
en la que Goldie toma demasiados Valium y acaba con la cara
enterrada en una bandeja de ensalada de huevo. El verdadero peligro reside en mezclar benzos con alcohol, lo que puede llevar a un coma o a la muerte, aunque lo más frecuente son
las caídas por la escalera o los tropiezos con los bordillos de la
acera.

Una de las grandes diferencias entre los antidepresivos y las
benzos es la rapidez con que surten efecto. Los ISRS y los IRSN
alivian la ansiedad, pero tardan días o semanas en conseguirlo.
Las benzos se asemejan más a una droga que a un fármaco en
cuanto a que tienen efecto mucho antes. Una vez que el estómago las ha absorbido y el hígado las ha procesado (aunque eso no
ocurre con todas; por ejemplo, el hígado no descompone Ativan
y Serax), continúan su camino hasta el cerebro, donde aumentan la transmisión de una sustancia química llamada GABA, un
neurotransmisor inhibitorio cuyos niveles suelen ser altos en
un cerebro menos excitable. Si un paciente llega a una sala de
urgencia en medio de un ataque, los médicos le inyectarán benzos en un músculo o en una vena para impedir que sufra un fallo
cerebral. Si la administración es oral, la mayoría de las benzos

hacen efecto al cabo de veinte o cuarenta minutos, dependiendo de la cantidad de comida que contenga el estómago. (Para conseguir acelerar su efecto, pone el comprimido debajo de la lengua, de este modo evitará el estómago y el hígado. Las venas que recorren la barbilla transportarán el medicamento directamente al corazón, que lo bombeará hacia el cerebro.)

Los principales efectos secundarios de las benzos son la somnolencia y la falta de concentración. Debe evitarse la conducción y el manejo de maquinaria durante su uso, y no deben mezclarse nunca con alcohol. Otro de los problemas es la interferencia con la consolidación de la memoria. En dosis altas, las benzos transforman el cerebro en un bloque de hormigón y no retienes las cosas. La formación de nuevos recuerdos se ve alterada y, por tanto, estos se vuelven irrecuperables. El lugar de trabajo no es el mejor entorno para tomar estos medicamentos, por eso a aquellos pacientes con ansiedad crónica que necesitan estar despiertos suelo aconsejarles que prueben con un ISRS o un IRSN. La otra gran complicación es su potencial adictivo. Estos fármacos pueden crear tolerancia, dependencia y síndrome de abstinencia. Es posible (aunque poco habitual) sufrir dicho síndrome tras la interrupción brusca de un tratamiento que exigía dosis altas y crónicas. Asimismo, vale la pena mencionar el problema del efecto rebote de la ansiedad. Si tomas benzos de manera habitual, sobre tono Xanax, tu cerebro acaba esperando la siguiente dosis, y cuando se pasa el efecto de esta, la ansiedad que intentas aliviar regresa a lo bestia, cada vez antes, con lo que necesitas dosis más altas y más frecuentes de benzos. En mi práctica diaria, siempre que es posible, aconsejo que la administración de benzos y estimulantes se restrinja a un uso esporádico y aislado; esa es la clave de su éxito. Evita cualquier tipo de pauta regular por la que tu cerebro empiece a esperar cierto medicamento a cierta hora.

Las benzodiacepinas de uso más extendido son Ativan (lorazepam), Xanax (alprazolam), Valium (diazepam) y Klonopin (clonazepam). Todos estos fármacos son eficaces en el tratamiento del pánico y la ansiedad, aunque poseen distintos tiempos de acción y niveles de sedación, de modo que puede resultar difícil encontrar el medicamento adecuado para cada caso. La sedación es un gran problema. Muchos de mis pacientes no pueden tomarse una benzo en el trabajo, por ejemplo, porque los deja demasiado confusos y desorientados. Lo deseable es conseguir combatir la ansiedad sin que el fármaco te deje tan fuera de combate que solo tengas ganas de meterte en la cama. Algunas personas consideran que Ativan tiene un menor efecto sedante y otras creen que Klonopin es mucho mejor. Es muy difícil adivinar el medicamento ideal para cada paciente, así que a veces se trata de un proceso de prueba y error. Asimismo, mucha gente se nota ligeramente deprimida después de tomar Xanax o un poco «desconectada» al día siguiente.

La aparición tardía de los efectos es una lata cuando tienes un ataque de pánico de quince minutos, por lo que Klonopin, que tarda más de una hora en hacer pleno efecto, no es una buena opción. Una ventaja de Ativan es que puedes disolverlo debajo de la lengua para que surta efecto antes que cualquiera de los anteriores. Con Ativan, a veces se observa una sedación retardada. La dosis usual oscila entre 0,5 y 1 miligramo (aunque en el hospital de Bellevue administrábamos entre 2 y 4 miligramos por vía intramuscular, dependiendo de lo nervioso que estuviera el paciente).

Muchas personas toman benzos para combatir el miedo que les produce volar y, dependiendo de la duración del viaje, existen muchas opciones. Con una vida media de unas veinticuatro horas, Klonopin es el que más dura, por lo que tiene una acción demasiado prolongada para la mayoría de los trayectos en avión.

En cualquier caso, es una buena opción para el tratamiento de la ansiedad crónica. Si sueles levantarte con ansiedad, te sentará bien tomártelo antes de acostarte, ya que tiene un pequeño efecto de resaca debido a su extensa vida media. Las dosis habituales son de 0,5 o 1 miligramo.

Valium es la única benzo que también relaja los músculos esqueléticos, por lo que resulta particularmente apropiado si padeces dolores de cabeza derivados de la acumulación de tensión o tienes los músculos del cuello agarrotados o la espalda contracturada. Es de acción intermedia a prolongada, con una vida media de treinta horas, pero posee un metabolito activo con una vida media incluso más larga. Las dosis habituales son de 5 a 10 miligramos.

Xanax es de acción intermedia, aunque tiene mayor efecto sobre el cerebro que sobre el cuerpo (a diferencia de Valium). Posee una vida media de unas once horas y las dosis oscilan entre los 0,25 y los 2 miligramos. A veces, una dosis de 0,25 o 0,5 miligramos puede resultar eficaz cuando has de subir a un avión. Suelo aconsejar tomar un poco cuando ya te encuentras en la puerta de embarque y un poco más cuando ya te has sentado. Lo óptimo es evitar quedar tan sedado que seas incapaz de arrastrar las maletas cuando bajes del avión. Puede afectar tanto al equilibrio como a la coordinación, y recuerda: si bebes, no consumas (benzos). Ni en un avión ni en ningún otro lugar. Actúan de manera sinergética y la probabilidad de caerte es notablemente alta. Asimismo, hay gente que cuando toma benzos se desinhibe igual que cuando otros toman alcohol, se notan un tanto alegres y achispados. Así pues, tal vez no sea buena idea tomar benzos para relajar un poco los nervios justo antes de esa gran presentación en la sala de conferencias. (Para esos casos son mucho mejores los betabloqueantes como el propranolol.)

Estabilizadores del estado de ánimo

Los tratamientos habituales para los trastornos bipolares son estabilizadores del estado de ánimo como el litio, Depakote o Tegretol. Muchos de estos fármacos del botiquín psiquiátrico proceden del campo de la neurología y, de hecho, son medicaciones utilizadas para controlar las crisis cerebrales, por eso reciben el nombre de AED, por sus siglas en inglés, medicamentos antiepilépticos. El litio es una excepción. No es una medicación para la epilepsia, sino más bien un mineral con una larga historia de uso como «tónico» para calmar los nervios. En un tiempo, el litio fue incluso un ingrediente de la bebida 7UP.

El litio sigue siendo un clásico de oro para el tratamiento de los síntomas maníacos, aunque a muchas personas no les gusta la forma en que reprime la creatividad, causa problemas en el equilibrio sal/agua corporal, lo que provoca sed excesiva y más micciones, y además aumenta el riesgo de tener problemas de tiroides. (El consumo crónico de litio causa a menudo hipotiroidismo, y los pacientes en cuestión deben añadir Synthroid a su rutina medicamentosa.) Por otra parte, es necesario hacer un seguimiento de los recuentos sanguíneos y asegurarse de que los riñones funcionan de forma adecuada, por ello tomar litio supone la visita a un laboratorio para someterse a análisis de sangre. A pesar de estas desventajas, yo receto litio con frecuencia a mis pacientes bipolares porque funciona. Aunque, por lo general, suelo combinarlo con otro estabilizador del estado de ánimo para que la dosis pueda ser bastante baja.

Depakote y Tegretol también requieren extracciones de sangre para comprobar los recuentos y asegurarse de que el hígado y la médula ósea siguen realizando sus funciones; los médicos deben monitorizar el recuento de glóbulos blancos y rojos, los niveles de plaquetas y la función hepática. Depakote puede provocar la caída del cabello, acné y gingivitis, y Tegretol tampoco es una fiesta, sus posibles efectos secundarios son náuseas, vómitos y visión borrosa. Estos dos medicamentos no son aptos para las personas con problemas cardíacos, pero, si los necesitas, debes tomarlos.

Últimamente, los antipsicóticos de segunda generación están ganando adeptos en su uso como estabilizadores del estado de ánimo, y muchos de los aprobados por la FDA se aplican para el tratamiento del trastorno bipolar. Se trata de medicamentos como Risperdal, Seroquel y Abilify. (Los antipsicóticos de primera generación, como Haldol, Prolixin y Thorazine, no suelen tener las propiedades estabilizadores del estado de ánimo que poseen los de segunda generación.) En la lista de ventajas se halla el hecho de no tener que hacer un seguimiento del recuento de sangre. Entre las desventajas encontramos el aumento de peso, la sedación y la posibilidad de padecer diabetes irreversible y trastornos motores (discinesia tardía). Estas medicaciones, aunque son efectivas, no son benignas en ningún sentido. El problema es que un trastorno bipolar tampoco lo es. Los índices de suicidio son muy elevados cuando la persona bipolar está en una fase maníaca o en una fase depresiva de la enfermedad. He visto a personas acabar con su vida matrimonial, con su solvencia crediticia y con la serenidad de sus hijos mientras se encontraban en la fase maníaca. El trastorno bipolar es una dura carga para los pacientes y sus familias, y su tratamiento resulta muy complejo. Alcanzar el equilibrio entre los riesgos y los beneficios de cada tratamiento y personalizar las opciones para los síntomas especiales del paciente es complicado. Si sufres trastorno bipolar es importante que consultes al psiquiatra y no a un médico de cabecera. Y si puedes encontrar a un especialista en la enfermedad, mucho mejor.

Abilify (aripiperazole)

En 2007, Abilify, formulado para el tratamiento de la esquizo-frenia, fue aprobado por la FDA para tratar la depresión como medicación complementaria. Alguien que esté tomando ISRS o Wellbutrin y no responda de manera contundente podrá aumentar su pauta de medicación con una pequeña dosis de Abilify.

Abilify también es un estabilizador del estado de ánimo. En las personas esquizofrénicas y las bipolares, la dosis típica oscila entre 15 y 30 miligramos. Para la depresión, es entre 2 y 5 mili-gramos; se supone que esta dosis debería aliviar la carga de efec-tos secundarios, pero en realidad Abilify puede resultar algo difícil de tomar en un principio precisamente por sus efectos secundarios. La industria farmacéutica lo llama «activación», pero es una sensación más similar a la «agitación». Advierto a mis pacientes que tal vez se sientan más llenos de energía y «an-siosos», y es frecuente padecer insomnio cuando se empieza a tomar Abilify. Tiene una vida media muy larga, así que puede provocar problemas para conciliar el sueño aunque se tome por la mañana. A muchas personas les va mejor tomarlo antes de irse a la cama, así el pico de la medicación en la sangre se produ-ce durante el día. Por lo general, empiezo recetando una dosis de 2 miligramos y pido a mis pacientes que partan la pastilla y los primeros días se tomen solo la mitad. La sensación de activación suele pasarse al final de la primera semana o se esfuma a medi-da que la dosis aumenta con el paso del tiempo. Tengo algunos pacientes que acaban tomando hasta 5 miligramos, pero son muchos los que no pasan de tomar la dosis de entre 1 y 2,5 mili-gramos.

Tengo muchos pacientes esquizofrénicos en la consulta a los que Abilify les va bastante bien, y muy pocos con depresión re-

sistente al tratamiento que requieran una combinación de antidepresivo con una baja dosis de Abilify.

Lamictal (lamotrigina)

Lamictal ha ganado popularidad entre los psicofarmacólogos,
pero rara vez los médicos de cabecera lo usan para tratar a sus
pacientes. Lamictal es una medicación maravillosa para la depresión y la ansiedad sin los efectos secundarios que afectan a la
vida sexual ni el aumento de peso. Además, goza de buena tolerancia y tiene pocos efectos secundarios, pero hay uno bastante
serio: un sarpullido muy grave que a menudo es descrito como
peligroso para la vida. El síndrome de Stevens-Johnson es una
posible reacción peligrosa de muchos medicamentos, sobre
todo de los estabilizadores del estado de ánimo, incluidos Tegretol y Lamictal. Para reducir la probabilidad de que aparezca,
deberás aumentar muy poco a poco la dosis; lo que se conoce
como titulación lenta. La titulación de Lamictal suele recetarse
con una dosis que va aumentando durante seis semanas: 25 miligramos durante dos semanas, 50 miligramos durante otras dos,
100 miligramos durante una, y 125 miligramos durante otra,
para terminar con 150 miligramos, momento en que deberían
apreciarse los resultados.

Algunas veces los afectados no notan ningún cambio hasta
llegar a la dosis más alta, y se tarda un tiempo en dar con la do-
sificación adecuada. Teniendo en cuenta que hay que aplicar la
titulación de seis semanas y luego ir probando hasta encontrar
la dosis adecuada para cada paciente, el Lamictal no es apropiado para las personas que tengan prisa por sentirse mejor. Es una
medicación óptima para alguien que cuando acude a mi consulta ya está tomando algún medicamento pero solo obtiene un

resultado parcial, entonces contamos con el lujo del tiempo para llegar a encontrar el tratamiento adecuado.

También es una opción ideal para las personas que hayan estado tomando gran variedad de antidepresivos y les hayan ido todos muy bien hasta que de pronto, tras uno o dos años de toma, dejaron de funcionarles; o si has tomado ISRS, IRSN y Wellbutrin, pero nada te ha servido. Lamictal suele ser efectivo cuando los demás medicamentos no funcionan, y sus efectos son muy sutiles. Con muchas medicaciones puedes padecer efectos secundarios, o, como mínimo, percibes la diferencia entre el momento en que las has tomado y cuando has olvidado la toma. Te sientes medicado. La mayoría de mis pacientes, cuando toman Lamictal, no notan que están consumiendo un medicamento. Notan simplemente la ausencia de síntomas.

MEDICAMENTOS QUE FAVORECEN LA SEXUALIDAD

En la actualidad no hay medicación aceptada por la FDA que provoque excitación sexual en la mujer, pero puedo asegurar que Big Pharma está trabajando en ello. No obstante, la FDA ya ha vetado muchos medicamentos que favorecen la vida sexual de las mujeres. A menudo me pregunto si la FDA teme que con esas píldoras las mujeres sean seres sexuales demasiado impulsivos e incontrolables sexualmente y la sociedad tal como la conocemos se derrumbe. O quizá les preocupe que la medicación caiga en malas manos y se use como droga para cometer violaciones. Aunque entiendo esta última preocupación, eso no explica que se retrase el proceso de aprobación. (Véase el capítulo sobre la perimenopausia para obtener más información sobre este tema.)

Medicación con receta que favorece la sexualidad

La testosterona, la hormona más responsable del interés sexual, el deseo y parte de la respuesta sexual en la mujer, está aprobada por la FDA únicamente para su uso en hombres. Algunos médicos recetan pequeñas dosis de testosterona a las mujeres, pero este se considera un uso extraoficial. Los efectos deseables incluyen un aumento radical del impulso sexual, agrandamiento del clítoris y aumento de la frecuencia de la actividad sexual y de los pensamientos eróticos. Los efectos indeseables incluyen aumento de peso (sobre todo debido a la masa muscular), acné, aumento del vello facial (y la parte superior del muslo), y posibles problemas hepáticos si se suministra por vía oral. Si tomas gotas sublinguales, o el espray, o la crema transdérmica, o los parches, puedes evitar los problemas con el hígado. Las mujeres embarazadas no deberían tomar jamás testosterona, pues podría atravesar la placenta y afectar al desarrollo del bebé.

Los niveles normales de testosterona en las mujeres van entre 14 y 76 nanogramos por decilitro, con el índice más común entre 20 y 50 nanogramos por decilitro. La dosis ideal de testosterona es de entre 0,25 y 2 miligramos al día contenidos en una pastilla. En el caso de las cremas, la dosis es de un 2 % de la crema aplicada tres veces por semana a la hora de acostarse o treinta minutos antes de la relación sexual si se tiene menos deseo sexual durante la noche en los momentos en los que no estés tomando la medicación.

La testosterona hará que te sientas caliente, con la vagina congestionada, lubricada y más capacitada para llegar al orgasmo. Pero también puede hacer que tengas más vello, más granos y un pelín de agresividad. Tengo algunas pacientes que toman testosterona recetada por sus ginecólogos. Por lo visto a muchas les funciona, pero las consecuencias en el deseo no son selecti-

APÉNDICE: GUÍA DE FÁRMACOS ESCOGIDOS 391

vas. Un hombre en el metro, tu jefe, el repartidor de pizzas... Todos te parecen amantes razonables. Recuerda, la testosterona no es la hormona de la monogamia; es la hormona de la novedad. Además, provoca un mayor comportamiento masturbatorio.

En las mujeres cuya disfunción sexual se debe a una causa física, como el trastorno de excitación sexual femenino, Viagra mejora de forma significativa la vida sexual. Cuando los toman las mujeres, Viagra, Levitra y Cialis congestionan los genitales y los lubricantes. En algunas mujeres estas medicaciones ayudan a sentir excitación e incluso a llegar al clímax, pero hacen muy poco en cuanto al deseo. Las hermanas Berman analizaron los efectos de Viagra en 48 mujeres preseleccionadas. En todos los casos el flujo de sangre a la vagina, el clítoris y los labios aumentó de forma significativa. La capacidad de alcanzar el orgasmo mejoró en un 67 %, y más del 70 % afirmó sentir más en la zona genital durante la estimulación. En otro de sus estudios, con 202 mujeres, el 82 % notaba mejoría con la lubricación y las sensaciones en general.

También se observan mejoras en la capacidad de alcanzar el orgasmo, el disfrute durante el acto sexual y la satisfacción sexual en general. Es importante indicar que los estudios de las hermanas Berman eliminaron a las mujeres con bajo deseo sexual y con bajos niveles de testosterona, así como a las mujeres que habrían reaccionado mejor a la psicoterapia. En otra investigación, esta vez realizada por Basson entre 577 mujeres no seleccionadas como en el estudio de las hermanas Berman, Viagra no fue mejor que un placebo.

Para tomar Viagra necesitarás una receta de tu médico y no es probable que tu seguro médico pague la factura, aunque sí la paga en el caso de los hombres. La dosis es de entre 50 y 100 miligramos una hora antes de tener relaciones sexuales, con el estómago vacío y sin haber consumido alcohol. Si no estás segura de cuándo vas a tener relaciones, pide a tu médico que te recete Cialis, cuyos efectos duran mucho más. El uso de estas medicaciones no está autorizado por la FDA.

Los efectos secundarios pueden incluir congestión nasal, rubor facial, indigestión (posible empeoramiento del trastorno del reflujo gastroesofágico, o GERD, por sus siglas en inglés), y un tinte azulado en la visión durante un tiempo. No la mezcles con la toma de medicaciones con nitratos o es posible que sufras una peligrosa bajada de tensión. Es importante que sepas que se ha demostrado que Viagra retrasa la llegada del orgasmo en hombres y mujeres.

La buspirona (nombre comercial, Buspar) es un agonista de la serotonina (receptor 5-HT1A). En estudios con animales, los agonistas de serotonina experimentales que funcionan en la zona del receptor 1A receptor, 8-OH-DPAT, demostraron con solidez reducir el umbral de eyaculación. La buspirona, que funciona en la misma zona receptora, también demostró ser efectiva. Los estudios clínicos con mujeres que tomaban ISRS con disfunción sexual demostraron que más de la mitad mejoraron cuando se añadía buspirona a su medicación. Lybridos contiene buspirona como segundo ingrediente, después de la testosterona (véase el punto siguiente).

La ciproheptadina es un antagonista de la serotonina que se toma con receta (receptor 5-HT2) que puede anular los efectos secundarios de los ISRS si se ingiere antes de la relación sexual, pero tiene un potente efecto sedante, así que tendrás que actuar deprisa.

*Medicamentos experimentales en proyecto o rechazados
recientemente por la* FDA

Lorexys es una combinación de buproprión (que se encuentra
en Wellbutrin) y trazodona (Desyrel). Se trata de dos antidepresivos comunes, uno activador y el otro sedante, que pueden aumentar la libido incrementando la dopamina. Los ensayos clínicos llevados a cabo por el laboratorio S1Biopharma están en
fase de desarrollo.

Lybrido es una píldora con una cobertura de testosterona e
interior de Viagra. La testosterona aumenta el deseo, la excitación y la respuesta sexual, al tiempo que activa la secreción de
dopamina para el aumento del placer. Viagra mejora el riego
sanguíneo, lo que provoca la congestión genital, que magnifica
las sensaciones. El fabricante (Emotional Brain) espera recibir
la aprobación de la FDA y distribuir el medicamento en 2016.
Lybrido lleva más o menos un año de ventaja en términos de
ensayos clínicos.

Flibanserin modula la serotonina de tal forma que favorece
la práctica sexual, lo que anula la inhibición y hace fluir el flujo
del deseo. Es un agonista del receptor 5-HT1A y un antagonista del receptor 5-HT2A (una especie de combinación de buspi-
rón y ciproheptadina). Fue rechazado en 2010 por la FDA, por
diez votos contra uno: en un estudio con once mujeres no se demostró que fuera mucho mejor que un placebo, y los efectos secundarios de mareo, fatiga y náuseas superaban con creces los
beneficios. En el pasado, estudios sobre medicaciones para mejorar la vida sexual de los hombres, con menos participantes y
más efectos secundarios, consiguieron la aprobación de la FDA,
por lo que el fabricante (Sprout Pharmaceuticals) volvió a soli-
citar la autorización a la FDA en 2014.

Intrinsa es un parche de testosterona para mujeres desarrollado por Procter & Gamble y rechazado por la FDA en 2004. ¿Recuerdas la frase «las mujeres no lo necesitan» del capítulo sobre la perimenopausia? La explicación oficial es que les preocupaba su uso «no indicado».

Libigel es una pomada de testosterona cuyos efectos no llegaron a diferenciarse lo suficiente de los del placebo en pruebas clínicas en el año 2011 (realizadas por Biosante). Los ensayos clínicos de la fase III han vuelto a iniciarse, con más de tres mil mujeres posmenopáusicas, aunque ahora se encuentran en un impás.

Luramist es un espray transdérmico de testosterona (desarrollado por Vivus, y comercializado por Acrux) retirado por la FDA para replantearse su autorización en 2004, cuya solicitud de aprobación volvió a enviarse en 2012, y ahora desaparecido en combate. Acrux fabrica Axiron, un gel transdérmico de testosterona sí aprobado para su uso en hombres.

Estratest era una píldora muy recetada que contenía estrógeno y testosterona combinado en dosis de 1,25 miligramos de estrógenos por 2,5 miligramos de metiltestosterona o 0,625 miligramos de estrógenos por 1,25 miligramos de metiltestosterona. La marca desapareció en 2009 por razones misteriosas. Existe un medicamento genérico llamado EEMT HS (estrógenos esterificados y metiltestosterona).

La apomorfina es un medicamento aprobado por la FDA aplicado al tratamiento de la enfermedad de Parkinson. Se trata de una inyección subcutánea que estimula la secreción de dopamina, lo que provoca sensación de placer y erecciones. También era una medicación experimental con receta en su forma sublingual llamada Uprima, rechazada por la FDA en el año 2000 porque provocaba náuseas, vómitos y desmayos. La empresa Nastech tenía un espray nasal de apomorfina en 2000, pero al intentar averiguar qué fue de esa medicación se pierde la pista.

El bremalanotide (Palatin Technologies) era la medicación más prometedora para mejorar el deseo sexual en toda la historia de la medicina. Cuando supe de su existencia hice un gran pedido a la empresa, que solo he recetado muy de vez en cuando y que era la Viagra de Pfizer. Suministrado en forma de espray nasal y estimulante de la zona preóptica media del hipotálamo (la también llamada zona cero del deseo), envía una secreción extra de dopamina a todas las áreas apropiadas. La FDA lo desautorizó arguyendo que provocaba náuseas, vómitos, reducción del apetito e hipertensión. Está en desarrollo una versión inyectable, con ensayos clínicos de óptimos resultados. Si tenemos en cuenta el historial de autorización de la FDA de medicamentos realmente efectivos para mejorar el deseo femenino, más vale que no te hagas muchas ilusiones. La fentolamina se puede comprar con receta en un medicamento llamado Vasomax (para hombres) o Vasotem (para mujeres) que funciona más rápido que Viagra y cuya ingesta es más segura que la de los medicamentos de nitrato. Es un agente que mejora el flujo sanguíneo combinado con un bloqueador alfa adrenérgico. Entre los efectos secundarios se incluyen la hipotensión, la diarrea y la congestión nasal (qué sexy, ¿eh?). El medicamento no está aprobado por la FDA en Estados Unidos, pero puede comprarse en otros países (Brasil y México).

SUPRESORES DEL APETITO

Por favor, come alimentos integrales, crudos, más proteína y menos carbohidratos, evita las harinas y el azúcar siempre que puedas. Si tienes la sensación de que la leche te provoca gases, suprímela de la dieta. Añade probióticos y ácidos grasos omega-3 a tus suplementos alimentarios. Y mueve el cuerpo. Si las cosas siguen sin mejorar, prueba con la siguiente lista para complementar tus esfuerzos.

Medicamentos con receta para la supresión del apetito:
topamax, fentermina y Qsymia

El topamax sirve de forma eficaz para reducir el apetito y estimular la pérdida de peso, pero debes tener cuidado con sus efectos secundarios. Los médicos solemos llamarlo «dopamax», porque puede volverte idiota si aumentas la dosis. Son comunes las quejas de los pacientes relacionadas con la dificultad para asimilar conocimientos por la ingesta de esta medicación, desde molestias como lapsos de memoria hasta problemas para dar con la palabra exacta. Por ello suelo reducir la dosis de 25 a 50 miligramos una o dos veces al día. A menudo también contribuye a mejorar los síntomas depresivos y alivia los dolores de cabeza.

La fentermina es la mitad del Fen-Phen que no se retiró del mercado. (La fenfluramina, la otra mitad, es un potente medicamento serotoninérgico que puede provocar cambios en las células nerviosas serotoninérgicas del cerebro y se demostró que causaba enfermedad valvular del corazón e hipertensión pulmonar.) La fentermina se presenta en forma de pastilla o cápsula, de acción rápida y acción prolongada respectivamente. Las pastillas pueden partirse, por lo que a menudo recomiendo a mis pacientes que empiecen con media pastilla para comprobar si son muy sensibles a los efectos secundarios. Tengo pacientes a los que les gusta más que Adderall por la combinación de supresión del apetito y concentración.

Algunos médicos combinan topamax y fentermina para los pacientes obesos que quieren perder peso. Hay una marca de pastillas que mezcla estas dos medicaciones genéricas llamada Qsymia. (Ya, yo tampoco sé cómo pronunciarlo, pero lo importante es que recuerdes que te sale más barato consumir dos genéricos que un solo medicamento de marca.)

Adderall, Dexedrine y otras anfetaminas

En la década de 1950, recurrir a las recetas era una forma rápida de perder peso. Las anfetaminas se recetaban muchísimo a las mujeres que estaban haciendo dieta. Reducían el apetito, pero este efecto menguaba con el tiempo. Y si sigues tomándolas y aumentando la dosis para recuperar ese efecto, corres el riesgo de volverte psicótico o paranoide, de tener alucinaciones y creer que tienes el cuerpo cubierto de bichos gigantes. No es frecuente, pero si te ocurre, pasarás hospitalizado más tiempo del que querrías. La psicosis provocada por las anfetaminas es famosa por tardar mucho tiempo en desaparecer: semanas, no días, que es lo que pueden tardar las psicosis provocadas por la cocaína o el PCP (polvo blanco muy similar a la cocaína). Así que la mejor forma de tomar estos estimulantes, si vas a probarlos, es de manera esporádica, sin un patrón de uso al que pueda acostumbrarse el cerebro, y de este modo evitar la tolerancia. Sin embargo, mi consejo es que no los uses nunca, a menos que los necesites para tratar el TDAH.

Acomplia (rimonabant) es un medicamento producido y distribuido por Sanofi-Aventis del que me alegró mucho saber cuando estaba en desarrollo. Es un antagonista del receptor cannabinoide, lo que significa que es una pastilla para evitar el hambre voraz de después de fumar canutos. Como provoca bajo estado de ánimo, no está disponible en Estados Unidos, pero doy por hecho que están desarrollando algún otro antagonista cannabinoide que reducirá el apetito sin hacer que te sientas triste.

Belviq (lorcaserina) es un agonista selectivo del receptor 5-HT2C. La activación de estos receptores en el hipotálamo activa la producción de proopiomelanocortina y, en consecuencia, estimula la pérdida de peso gracias a la saciedad.

SOMNÍFEROS CON RECETA

Ambien (zolpidem)

Ambien (zolpidem) es la medicación que ayuda a conciliar el sueño que más receto y que más me piden en la consulta, y también es la que tiene más mala prensa. Es un potente somnífero con algunos efectos secundarios bastante extravagantes. El primero es el «cerebro de teflón». En cuanto hace efecto, tras veinte o treinta minutos de haberlo tomado, no se te queda nada en la cabeza. No registras nuevos recuerdos. Por eso aconsejo a mis pacientes que lo tomen cuando ya estén metidos en la cama y lo hayan hecho todo. Nada de correos electrónicos, ni de mensajes, ni de llamadas, ni de compras online, a menos que no quieras tener ni un solo recuerdo de lo que has dicho o hecho. Tengo un paciente que por la mañana solía despertarse con el móvil en la almohada. Al comprobar la lista de las últimas llamadas vivía una verdadera pesadilla. Eran los números de sus ex novias. ¿Qué les habría dicho? Ni idea. He oído hablar del «sexo con Ambien», te lo digo por si no te suena. A algunas mujeres les resulta más fácil perder la inhibición estando bajo los efectos de Ambien. Si no te importa no tener ningún recuerdo de lo que se dice o se hace, pruébalo; pero yo no lo haría, es bastante arriesgado. Bajo los efectos de la medicación podrías decir cosas que no deseabas o hacer otras que no harías normalmente, y en el mejor de los casos no tendrías más que recuerdos entrecortados de lo sucedido. Es más recomendable para parejas estables con pocos secretos, no para relaciones que empiezan o parejas esporádicas.

A continuación está el efecto del sonambulismo y el hambre nocturna. Tengo varios pacientes que dejaron de tomar Ambien porque en cuanto les hacía efecto atracaban la nevera. Un chico se despertó por la mañana y se encontró la cocina hecha un desastre, con cazos y sartenes por todas partes. Se había preparado comida y no lo recordaba. Otros se levantaron y encontraron recipientes de helado vacíos y la cama cubierta de envoltorios de dulces. Y todos hemos oído hablar de alguna persona que camina sonámbula o que conduce por la noche de forma errática (Patrick Kennedy, Tiger Woods) y que ha culpado a Ambien de al menos alguno de sus extraños comportamientos.

Además de esos efectos secundarios relativos a la memoria, está el problema de la vida media de Ambien. Es corta. Te ayuda a dormir, pero no dura mucho. Muchos de mis pacientes se despiertan de golpe a las tres o cuatro horas de haberlo tomado y les cuesta volver a conciliar el sueño. En la consulta les digo: «El Ambien te canta la nana y te mece, pero luego se marcha dando un portazo». A menudo recomiendo que se tomen la mitad de la pastilla antes de irse a la cama y que guarden la otra mitad para cuando se despierten. Lo llamo «el Ambien de liberación controlada de los pobres». La versión a la venta de Ambien de liberación controlada te proporciona de forma automática esa segunda dosis en plena noche; el problema para muchos de mis pacientes es que con la mitad no les basta para conciliar el sueño desde un principio. La ventaja es que, tras años en el mercado, al final ambos medicamentos son genéricos, y tengo pacientes que combinan un poco de liberación inmediata con la versión

de acción más prolongada. Sin embargo, deben tener cuidado
con la dosis total. Ambien se presenta en pastillas de 5 y 10 miligramos, aunque las primeras suelen servir para la mayoría de los
pacientes. Las personas mayores deberían tomar incluso menos. El Ambien de liberación controlada se presenta en 6,25 y
12,5 miligramos. Si las partes, pierdes su efecto de liberación
controlada, por lo que no es recomendable.

Muchos de mis pacientes se dan cuenta de que cuando toman Ambien por la noche a veces no les funciona. No es muy
fiable. Tal vez sea porque se desarrolla una tolerancia acumula-
tiva, y en ese caso debería interrumpirse el uso. En realidad su
consumo crónico no es recomendable (ni está aprobado por la
FDA), sin embargo, por desgracia, muchas personas lo toman
así. El otro aspecto negativo de Ambien es que no funciona con
el estómago lleno, así que si te gusta cenar tarde, mala suerte.
Existen algunas versiones sublinguales del zolpidem que puedes
ponerte bajo la lengua. Recuerda, la vía sublingual se salta el
paso por el estómago y el hígado, por eso funciona antes; y la
hora a la que comas en este caso carece de importancia. Los sublinguales Edluar (de pronunciación imposible) e Intermezzo
son marcas disponibles y caras de momento, pero acabarán siendo genéricos.

Lunesta (eszopiclona)

Lunesta (eszopiclona) es como Ambien pero a muchos de mis
pacientes les funciona mejor, sobre todo con el estómago lleno.
Los efectos de Lunesta duran un poco más, y el despertar repentino en mitad de la noche es menos frecuente. Entre mis pacientes no recibo quejas sobre atracones nocturnos o «llamadas tele-
fónicas estando idos». Una desventaja es que tiene su propio

efecto secundario extravagante. Al menos el 10 % de las personas que toman Lunesta (el 16 % de los que toman 2 miligramos, y el 33 % de los que toman 3 miligramos) sufren algo llamado «boca metálica». Se despiertan con un sabor terrible en la lengua, como si hubieran dormido con un par de monedas en la boca. La mayoría de las comidas o bebidas saben raras, y lavarse los dientes no sirve de nada porque la causa no es la suciedad de la lengua. Es un efecto secundario neurológico, lo que significa que lo provoca el sistema nervioso. Es inocuo y va desapareciendo a lo largo del día, pero para ese paciente de cada diez que lo sufre, normalmente basta para echarlo atrás. Lunesta se presenta en pastillas de 1, 2 y 3 miligramos. No las partas; tienen un sabor asqueroso. Por si te interesa, yo no sufro la boca metálica y es mi somnífero favorito cuando necesito algo más potente que los remedios naturales.

Sonata (zaleplon)

De acción incluso más rápida que Ambien, Sonata (zaleplon) es magnífico para las personas que tienen problemas para conciliar el sueño cuando se acuestan. Desaparece del organismo a tiempo para que la tomes muy tarde por la noche y puedas despertarte para ir al trabajo, por lo que también es recomendable para las personas que se quedan dormidas sin problemas pero cuando se despiertan a media noche no pueden volver a conciliar el sueño. Lleva bastante tiempo en el mercado para ser un genérico barato, y a la mayoría de mis pacientes les gusta. Si duermes inquieto y sufres insomnio durante toda la noche, no es una buena elección, pero para casi todos los demás vale la pena intentarlo. Se presenta en dosis de 5 y 10 miligramos.

Benzodiacepinas para dormir

Dentro de la familia de las benzodiacepinas, Restoril, Xanax, Klonopin y Ativan podrían considerarse buenas opciones como somníferos. Cada uno de ellos posee una vida media distinta y, por tanto, unos posibles efectos secundarios distintos. La vida media de Klonopin es la más larga, su actividad dura hasta la mañana, por lo que tal vez sería el más indicado si además de tener problemas para conciliar el sueño te despiertas con sensación de ansiedad. La dosis habitual es de 0,5 a 1 miligramo, pero tarda un poco en hacer efecto, de modo que lo aconsejable es tomarlo una hora antes de acostarse. Restoril es de acción intermedia, y una buena opción para la mayoría de la gente. Suelo prescribir de 15 a 30 miligramos. Ativan es de acción rápida y, para algunos, menos sedante; si el resto de las benzodiacepinas te deja atontada, prueba con esta. Una dosis de 0,5 o 1 miligramo te ayudará a disminuir la ansiedad nocturna, lo que te permitirá conciliar el sueño, aunque en el hospital de Bellevue prescribíamos 2 miligramos para dejar a alguien fuera de combate. Xanax es una benzodiacepina compleja y muy particular. De acción intermedia a prolongada, tiene principalmente una acción sedante y es muy efectiva a la hora de combatir la ansiedad. Si el insomnio lo provoca la preocupación, Xanax es el fármaco indicado. Sin embargo, tengo muchos pacientes que se sienten ligeramente deprimidos e «idos» al día siguiente, por lo que no es para todo el mundo. Las dosis varían de 0,25 a 1 miligramo.

No me gusta prescribir benzodiacepinas para inducir el sueño. La gente se acostumbra a sus efectos y necesita aumentar las dosis, por lo que la tolerancia se convierte en un problema. Limito su prescripción al tratamiento de la ansiedad, pero muchos médicos las recetan para el insomnio. Además, las benzodiacepinas no deben mezclarse con el alcohol, y su potencial de abuso, dependencia física y síndrome de abstinencia es más elevado que con otros medicamentos. Hay que estar muy al tanto de la dosis y de la frecuencia de consumo. Ser sincero con el médico acerca del uso que les das es la primera y la mejor línea de defensa contra el abuso y la adicción.

Trazodona

La trazodona es un fármaco que lleva tiempo en circulación (igual que el genérico) y que en un principio se utilizó como antidepresivo. El potencial de abuso es bajo y no crea tolerancia. El problema para muchos de mis pacientes es el ligero malestar con que se levantan por la mañana, les duele la cabeza y se sienten resacosos, aunque las molestias suelen desaparecer rápidamente después de la ducha, el café, etc. Las dosis para conciliar al sueño oscilan entre los 50 y los 150 miligramos. (Las dosis para el tratamiento de la depresión son más altas.)

Uno de los efectos secundarios muy poco frecuentes de la trazodona, o eso aprendí en la facultad de medicina, es que puede provocar priapismo (una erección que no remite). Cuando estaba en cuarto curso en el hospital de la Universidad del Temple teníamos un paciente con daño cerebral al que le administraban trazodona a diario para que (él y el turno nocturno) pudiera pasar una noche tranquila. Nunca me habló, aunque yo acudía cada mañana a su habitación y comprobaba el pañal para ver si tenía una erección. Que nunca tenía. Aun así, yo hacía mi trabajo diligentemente, a diario. Un día no llegué hasta la hora de comer, y cuando entré para echarle un vistazo a su pene me dijo con voz ronca: «Estaba esperándola». Casi me hago pis encima. ¡Era la primera vez que alguien lo oía hablar!

Rozerem (ramelteón)

Este hipnótico dispensado con receta médica actúa como la melatonina, pues se acopla al mismo receptor que esta (de ahí que se le llame agonista receptor de melatonina). Las pocas veces que lo he recetado mis pacientes han afirmado sentirse extraños y «colocados», así que no he vuelto a prescribirlo. Me he puesto en contacto con muchos de mis colegas para compartir sus experiencias, y sus respuestas han sido del tipo: «No funciona, así que ya no lo receto» o «Mi paciente sufrió un colocón». Los fabricantes de Rozerem indican que no se acopla a los receptores de benzodiacepina y, por lo tanto, tiene un bajo potencial de abuso, pero cuando se realiza una búsqueda en los foros de consumidores de este tipo de fármacos resulta que se compara con un «colocón de hierba [...] sobre todo si has descansado bien por la noche y te la tomas durante el día». Se presenta en comprimidos de 8 miligramos que han de tomarse treinta minutos antes de irse a la cama.

Tricíclicos

Se trata de antiguos antidepresivos que han perdido popularidad en el tratamiento de los trastornos del estado de ánimo debido a efectos secundarios como problemas urinarios, sequedad bucal, estreñimiento y sedación. No obstante, hay gente que sigue utilizándolos de noche para conciliar el sueño, sobre todo personas que padecen dolores crónicos, especialmente neuropatía, o que sufren depresión o ansiedad (y médicos mayores que no se han subido al carro de los nuevos tiempos). Elavil es un tricíclico bastante popular que se utiliza para dormir y cuyas dosis van desde los 10 hasta los 100 miligramos, igual que Sinequan (doxepina) y Pamelor (nortriptilina).

Remeron, Cymbalta y Paxil

Se trata de los antidepresivos más sedantes. Si estás deprimido, angustiado y padeces insomnio, son tres buenas opciones que tu médico podría recetarte. Sin embargo, los tres causan aumento de peso, ¡así que no gozan de demasiada popularidad en mi consulta!

Seroquel

Fármaco antipsicótico que en un principio se desarrolló para el tratamiento de la esquizofrenia. La FDA también ha aprobado su uso en el abordaje del trastorno bipolar o, como complemento, en la farmacoterapia de la depresión. Suelen prescribirse dosis de 200 a 800 miligramos para este tipo de enfermedades psiquiátricas graves, aunque muchos facultativos recetan 25 o 50 miligramos para conciliar el sueño. Personalmente, debido a la seriedad de los posibles efectos secundarios (trastornos motrices, síndromes metabólicos o diabetes irreversible), no aconsejo antipsicóticos salvo que el paciente sea psicótico; sin embargo, muchos médicos recomiendan este medicamento para combatir el insomnio. El problema más habitual de Seroquel es el aumento de peso. Tengo una paciente de edad avanzada y con un insomnio terrible y debilitante que jura amor eterno a su Seroquel mientras se da palmaditas en los michelines y me dice que ese es el «precio de seguir activa». Sin embargo, como mi intención es seguir en activo, no suelo recetarlo.

Somníferos sin receta

Benadryl

Miles de personas utilizan este hipnótico. No requiere receta médica, tiene un precio asequible y se encuentra disponible en cualquier tienda. En la mayoría de los casos, una dosis de 25 o 50 miligramos es suficiente para dormir toda la noche. ¿Inconvenientes? Boca seca, malestar y aturdimiento al despertar. Para ciertas personas, sobre todo las de edad avanzada, las interacciones cognitivas tienen mayor relevancia, de ahí que sea completamente desaconsejable para alguien con alzhéimer. Funciona muy bien en alergias y resfriados, ya que te deja como nuevo a la vez que te seda, aunque podría no resultar tan beneficioso para los senos nasales, que pueden acabar doloridos e inflamados. Muchos medicamentos que se despachan sin receta, como Sominex, Unisom, Sleep Eze y Nytol, contienen el genérico de Benadryl (difenhidramina) o doxilamina (otro antihistamínico) entre sus principios activos.

Abuso de fármacos con receta: analgésicos opiáceos y medicamentos para el TDAH

En el pequeño porcentaje de estadounidenses que son adictos a la cocaína y a la heroína, las mujeres son minoría. Sin embargo, en lo tocante a los analgésicos las mujeres están ganando terreno. Las ventas de opiáceos (medicamentos derivados de la amapola) como la oxicodona (Percocet), la hidrocodona (Vicodin) y OxyContin (una oxicodona de acción prolongada) se han disparado, y las muertes por sobredosis se han triplicado a lo largo de la última década. Entre 1991 y 2010, las recetas en Estados Unidos para estos medicamentos se han sextuplicado y han pasado de 30 a 180 millones. La producción de oxicodona ha aumentado de 8,3 toneladas en 1997 a 105 toneladas en 2011, un incremento del 1.200 %.[1]

En este país, amante de las soluciones fáciles, las consultas médicas están abarrotadas. Constituimos el 5 % de la población mundial, pero somos los destinatarios de cerca del 80 % de los calmantes que se producen en todo el mundo. Disponemos de suficientes analgésicos para mantener a todos los estadounidenses adultos medicados las veinticuatro horas del día durante un mes.

Toma demasiados opiáceos y dejarás de respirar. Muere más gente debido a los opiáceos prescritos que a la heroína y a la cocaína juntas. Las visitas a urgencias por abuso o mal uso de fármacos son más habituales que las relacionadas con drogas ilegales, 435 frente a 378 de cada 100.000. Antes, los accidentes de tráfico siempre habían sido la primera causa de muerte accidental. En la actualidad, los fallecimientos por sobredosis han pasado a ocupar ese lugar en muchos estados. Según el National Institute of Drug Abuse, suelen recetarse más analgésicos a las mujeres que a los hombres, y estas son más propensas a utilizarlos sin seguir criterios médicos. Un informe del CDC de 2013 refiere que el uso de analgésicos opiáceos por parte de las mujeres se ha quintuplicado desde 1999, y que las muertes por este tipo de sobredosis aumentan más rápido entre ellas que entre los hombres. El índice más alto de abuso de opiáceos se da entre las más jóvenes, entre veinte y treinta años, aunque el porcentaje de muertes por sobredosis es mayor entre las mujeres de cuarenta y cinco a cincuenta y cuatro años, grupo en el que este tipo de fármacos suele recetarse para aliviar el dolor.[2]

¿Por qué las mujeres son más vulnerables al consumo, al abuso y a la adicción a los opiáceos? Una de las razones que podría explicarlo es que tienden a somatizar, es decir, a convertir la ansiedad y el dolor psíquicos en achaques y dolores físicos. Sentirse tensa, infravalorada y agobiada se traduce en dolores de espalda, de cuello y de cabeza. La fibromialgia es un buen ejemplo, una enfermedad que se caracteriza por molestias musculares y articulares y que suele tratarse con antidepresivos. (Por favor, si vives en una zona infestada de garrapatas, considera si puede tratarse de la enfermedad de Lyme antes de dar por sentado que se trata de fibromialgia.)

En ocasiones las mujeres atendemos las demandas de todo el mundo, cargamos con más responsabilidades de las que nos corresponden por complacer a los demás, hasta que un día el cuerpo dice basta.[3] Por otra parte, las mujeres que sufrieron abusos sexuales en la infancia son más propensas a somatizar, y es incuestionable que representan un porcentaje muy elevado en el grupo de adictos.[4]

Lo cierto es que los opiáceos hacen que te sientas bien, reconfortado y en paz con el mundo. Alivian muchos dolores y mitigan el padecimiento psíquico. Resulta más fácil superar las adversidades del día a día con un analgésico, y es muy sencillo ocultar una adicción a las pastillas. Unas pupilas encogidas pueden descubrirte, pero si la gente no sabe en qué debe fijarse, no existen más señales externas de que vas colocada de analgésicos, aparte de cierta flacidez de los músculos faciales y unos párpados caídos, algo muy fácil de pasar por alto. El aliento tampoco te delata, como ocurre con el alcoholismo o la adicción a la nicotina, y no sueles caminar tambaleándote ni arrastrar las palabras. Además, cuando algo resulta fácil de ocultar, contribuye a aumentar la descarga de adrenalina que proporciona engañar a los demás.

Existen muchos tratamientos opcionales para la adicción a los opiáceos, entre ellos la buprenorfina (un fármaco sustitutivo similar a la metadona, aunque este impide que el cerebro se narcotice con tu medicamento preferido), la acupuntura, suplementos como la DLPA (un aminoácido que contribuye a la producción de endorfinas) y, por descontado, la rehabilitación y los programas de doce pasos.

Como siempre, el primer paso consiste en admitir que tienes un problema y que necesitas ayuda. No resulta fácil, y menos aún para la madre trabajadora que lo hace todo a la perfección. Mientras que los analgésicos funcionan para algunas, otras se decantan por los estimulantes. Adderall, Ritalin y Dexedrine suelen recetarse a niños con TDAH, pero cada vez se prescriben más para adultos.

Las supermamás podrían tomar fármacos para el trastorno por déficit de atención para llegar a todo y seguir en pie aunque ya no les queden fuerzas. Entre 1991 y 2010, las recetas de estimulantes pasaron de 5 a 45 millones, se multiplicaron por nueve.[5] Los estudiantes de secundaria y los universitarios son los principales clientes de un inmenso mercado negro de «pastillas para estudiar» como Adderall, Ritalin y Dexedrine, pero resulta que a las madres también les gustan las anfetas con receta. Igual que la cocaína y la metanfetamina (speed), los fármacos para el trastorno por déficit de atención aumentan la cantidad de dopamina disponible en el cerebro y mejoran la concentración, reducen el apetito y consiguen que resulte más sencillo mantenerse despierto durante más tiempo. En la otra cara de la moneda están los dolores de cabeza y de estómago cuando las pastillas dejan de tener efecto y la necesidad de una dosis más alta con mayor frecuencia si el consumo se prolonga.

Muchas de mis pacientes que utilizan este tipo de fármacos son conscientes de que, aunque se vuelven más eficientes y productivas, sus habilidades sociales y su empatía se ven claramente mermadas. Una de ellas solo lo toma cuando tiene mucho papeleo que hacer, no cuando ha de visitar clientes, pues se ha dado cuenta de que es incapaz de sostener una pequeña charla insustancial o la mirada del interlocutor. «Con Adderall, soy como "un láser cerebral", lo único que quiero es dejar los formalismos a un lado e ir al grano. Me vuelvo demasiado vehemente y siempre tengo prisa.»

Tengo una paciente que sufre un trastorno por déficit de atención grave. Si acude a mi consulta por la mañana y todavía no se ha tomado su medicamento, me resulta casi imposible meter baza mientras ella habla en círculos sin llegar a ninguna parte. Me cuenta que su hija le dice a menudo: «¡Mamá, céntrate!». Para ella, Adderall no es un capricho o un fármaco del que abusar, es una medicación que su cerebro necesita para funcionar con normalidad. Un punto fundamental que la gente no tiene en cuenta es que todo el mundo responde a los estimulantes de manera similar: la atención, la concentración y el control de los impulsos aumentan tanto si se padece un trastorno de déficit de atención como si no. Lo que distingue a la gente que lo padece de la que no es el efecto estimulante. A diferencia de quienes no sufren este tipo de enfermedad, que se aceleran y les cuesta conciliar el sueño, las personas con trastorno de déficit de atención pueden tomar café, cocaína, speed o Adderall y no sentirse demasiado animadas.

Si te han recetado estimulantes para el TDAH, sé consciente del uso que haces de ellos; procura ser sincera con tu médico en cuanto a la asiduidad con que los tomas y en qué situaciones. Puedo echar una mano a quienes me informan de su patrón de consumo, pero mis consejos no servirán de nada si me ocultan su verdadera conducta. Si estás abusando de los estimulantes, es primordial que busques la asistencia de un profesional que pueda ayudarte a desengancharte. Un cese brusco podría derivar en fatiga y depresión, por no mencionar la reaparición de un apetito voraz después de haber quedado suprimido durante una temporada.

COCAETILENO

En la ciudad de Nueva York, la gente sale a tomar unas copas y acaba en un cuarto de baño esnifando una raya de cocaína. Nada del otro mundo. Pero sí. La mezcla de cocaína y alcohol produce una tercera droga en el organismo, el cocaetileno, más tóxica para el cerebro y el corazón que cualquiera de las anteriores por separado. Se trata del único caso en que la ingestión de dos drogas crea una nueva. Sabemos que el alcohol mata las neuronas y las células hepáticas. Si la cocaína constriñe los vasos sanguíneos, con lo que te arriesgas a sufrir paros cardíacos y derrames cerebrales, el cocaetileno aumenta las posibilidades de sufrir estas nefastas complicaciones médicas.[6]

Di no a esta mezcla.

MDMA (ÉXTASIS, MOLLY)

La MDMA (metilendioximetanfetamina) es lo que antes solíamos llamar éxtasis y ahora se conoce con el nombre de Molly. Se trata de un potente liberador de serotonina que tiene un efecto relajante y balsámico en la mayoría de la gente. También es un potenciador de la dopamina y la norepinefrina, lo que te mantiene despierto, concentrado y eufórico. Sin embargo, lo que distingue a la MDMA es que también activa la secreción de oxitocina, que genera una sensación de intimidad y conexión. Su popularidad ha ido en aumento desde la década de 1980. Las visitas a urgencias relacionadas con el consumo de éxtasis se han incrementado y han pasado de unas 4.500 a 10.000 entre 2005 y 2011.[7] (Creo que es necesario acompañar, a modo de comparación, la cifra de visitas a urgencias relacionadas con el mal uso de medicamentos con receta, que han pasado de 636.472 a 1.345.645 entre 2004 y 2010.) Estoy convencida de que la popularidad creciente de esta droga refleja nuestra necesidad, cada vez mayor, de cohesión social en esta era digital. Jamás hemos estado tan conectados y, en cambio, nos hemos comunicado menos. Estamos en contacto como nunca antes, pero lo hacemos sin tocarnos, sin vernos, sin cercanía. En la pista de baile obtienes toda la proximidad física que ansías, además de la intensa gratificación que produce una conducta emergente. Cuando una bandada de pájaros toma de pronto una dirección distinta en un movimiento donde apenas se aprecia dilación, lo que está produciéndose es el fenómeno de la cohesión de grupo. La mente grupal es embriagadora, y la conciencia universal genera un sentimiento de euforia que recuerda a la psicodelia. Muchas personas para las que el baile forma parte de su vida dirán que esa sensación es mejor que las drogas.

A causa de la demanda creciente de esta droga no regulada, su adulteración está cada vez más extendida. Las drogas adulteradas que no contienen MDMA son habituales. A principios de la década de 2000, las pastillas que se vendían como éxtasis a menudo no eran más que una mezcla de sustancias químicas entre las que no se contaba la MDMA. En respuesta, la gente empezó a vender polvo blanco y llamarlo Molly en vez de éxtasis, dando a entender que Molly era MDMA pura en polvo, no esas pastillas falsas que corrían por ahí. Por desgracia, la realidad era muy distinta. En 2013, la división de la DEA en Miami informó de que 43 de las 106 muestras incautadas de Molly contenían otras sustancias. Los sucedáneos más habituales eran la metilona y la mefedrona, más conocidas como sales de baño. Diecinueve resultaron tan poco claras que no consiguieron identificarlas.[8]

Lección número uno: comprar un polvo blanco en un concierto o en una discoteca es peligroso y desaconsejable, aunque ahora lleve el nombre de una niñita pecosa e inocente. Es imposible saber qué sustancias químicas has comprado, y los comprimidos tampoco son ninguna garantía de pureza.[9] Lección número dos: el comportamiento vinculado al consumo de éxtasis a menudo resulta un peligro aún mayor que la propia droga. En un entorno caluroso existe un riesgo más elevado de sufrir un golpe de calor si has consumido MDMA, por lo que bailar durante horas puede constituir un gran riesgo para la salud. Además, esta anfetamina produce retención de líquidos, sobre todo en las mujeres premenstruales, por lo que también resulta peligroso beber demasiada agua. La MDMA puede tener beneficios terapéuticos cuando se administra bajo control clínico, en dosis reducidas, con muy poca frecuencia y sin que haya recalentamiento o una ingesta excesiva de agua.[10] Sin embargo, en un ambiente lúdico festivo, donde no sabes qué estás consumiendo exactamente, bailas durante horas sin descanso o bebes demasiada agua, los riesgos superan cualquier beneficio potencial.[11]

CANNABIS

El cannabis es una antigua planta medicinal que se ha utilizado durante miles de años para conciliar el sueño, mejorar el estado de ánimo y el apetito y reducir la inflamación, las náuseas, los espasmos musculares y el dolor crónico. Aunque no fumes hierba, el cuerpo utiliza sus propios cannabinoides para regular prácticamente todas sus funciones.

Antes de que la rebautizaran como marihuana (término del

argot mexicano que se eligió para conjurar imágenes aterradoras
de emigrantes enloquecidos por culpa de dicha planta), tanto
médicos como pacientes consideraban el cannabis un remedio
tremendamente útil. Hasta finales de la década de 1930 era un
puntal de la farmacopea estadounidense, donde se utilizaba
para tratar dolencias que iban desde los calambres menstruales
hasta el insomnio. Tras ignorar e incluso tergiversar la petición
de la Asociación Médica Estadounidense, el Congreso ilegalizó
el cannabis, en gran parte cediendo ante los intereses industria-
les contra el cáñamo, y renombró el conocido remedio llevando
a cabo una campaña de desprestigio basada en la xenofobia.
Tras la revocación de la Ley Seca, la maquinaria federal dedicada a hacer respetar la prohibición de la venta de alcohol se trans-
formó en la actual, volcada en la guerra contra las drogas.

En lugares donde el cannabis está legalizado o cuentan con

Estados Unidos detiene y encarcela más gente que cualquier
otro país del mundo por delitos no violentos relacionados con
las drogas, pero no ha hecho nada para reducir su abuso. Somos
los mayores consumidores del planeta. El 82 % de los estadounidenses cree que estamos perdiendo la guerra contra las drogas
y el 78 % piensa que el cannabis debería estar legalizado,[12] pero
nuestro gobierno destina más de 50.000 millones de dólares
cada año a invadir nuestra intimidad, destrozar familias, ensa-
ñarse con comunidades de escasos ingresos, enriquecer a los
cárteles de la droga y negar a los pacientes el acceso a medicamentos menos tóxicos.[13]

En lugares donde el cannabis está legalizado o cuentan con
dispensarios médicos, se registran menos víctimas mortales por
accidentes de tráfico y sobredosis de opiáceos. En Estados Unidos, una persona muere por sobredosis de opiáceos cada diecinueve minutos. El alcohol, que se asocia a la violencia doméstica, los homicidios y los suicidios, causa 100.000 víctimas
mortales al año en Estados Unidos. El cannabis no se asocia con

nada de lo anterior. Nunca ha muerto nadie de una sobredosis, algo que no puede decirse de prácticamente ningún fármaco con receta o droga. Los pacientes que sufren dolor crónico tienen la posibilidad de reducir el uso de opiáceos de manera significativa y el riesgo de ingerir una sobredosis introduciendo el cannabis, ya que actúan de manera sinergética.[14] ¿Te gustaría saber quién financia la guerra contra la marihuana terapéutica? Para empezar, los productores de OxyContin y Vicodin.[15]

Si tienes la suerte de vivir en uno de los cada vez más numerosos estados cuyas leyes permiten el uso terapéutico del cannabis, te animo a informarte acerca de lo que esta planta puede hacer por ti. (Un buen principio sería *The Pot Book*, una publicación sin ánimo de lucro publicada en 2011 que supervisé yo misma.) Lo más importante a la hora de consumir cannabis o cualquier otra droga (o comida, ya puestos) es disfrutar de la experiencia. Si estás concienciado, eres consciente de lo que haces, y consumes drogas con la reverencia que se aplica a un acto ritual sagrado lleno de significado, tu conducta a la hora de consumir drogas será menos compulsiva y destructiva.

TABACO Y CÓMO DEJAR DE FUMAR

Los porcentajes de personas que prueban una droga y siguen consumiéndola hasta convertirse en adictas son los siguientes: inhalantes, 4 %; psicodélicos, 5 %; hipnóticos sedantes (somníferos y ansiolíticos), 9 %; cannabis, 9 %; alcohol, 15 %; esnifar cocaína, 17 %; fumar cocaína (crack) y heroína, 23 %; tabaco, 32 %.[16] La adicción a la heroína y a la cocaína quedan en un alejado segundo puesto respecto a la fuerte garra de la dependencia de la nicotina. El tabaco es la droga más adictiva que conoce la ciencia moderna, y mata a la mitad de sus consumidores.

Este es el método que sigo para que mis pacientes dejen de fumar. Primero establecemos una pauta de reducción, con lo que se logran dos objetivos importantes: concede tiempo al cerebro para adaptarse a recibir menos nicotina y a ti para despedirte de tu amigo. Si fumas un paquete al día, diseñarás un calendario para ir reduciendo los cigarrillos a diecinueve diarios, luego a dieciocho, etcétera. Puedes hacerlo a lo largo de veinte semanas, veinte días o lo que te vaya mejor, siempre y cuando se trate de una pauta de reducción sistemática. Algunos de mis pacientes alargan los tiempos cuando se acercan a los últimos cinco cigarrillos.

Lo siguiente es aprender a sustituir otras conductas cuando aparece la necesidad de encender un pitillo. Fumar consiste en succionar y exhalar. La succión libera endorfinas y endocannabinoides, lo que produce placer (si no fuera así, los bebés no succionarían y no sobrevivirían) y la respiración profunda sosiega.[17] Hay personas a las que les ayuda chupar una cuchara, el dedo o la lengua durante este proceso, pero lo más importante es la respiración. Cuando le das una calada a un cigarrillo, coges aire, lo retienes y luego lo dejas escapar lentamente. Yo les digo a mis pacientes que hagan lo mismo, que inspiren y exhalen pero sin el cigarrillo. Inspira hondo, retén el aire y suéltalo despacio, una y otra vez (véanse los ejercicios respiratorios al final del capítulo 12). Cuando estés inquieto, nervioso o tengas ganas de fumar, reflexiona sobre el motivo de tu estado, escríbelo y luego intenta acompasar tu respiración. Igual que con la regulación de cualquier tipo de consumo y abuso de drogas, la solución empieza por la concienciación. Sé plenamente consciente de lo que haces y no te evadas.

Dejar de fumar es duro y a menudo se necesitan muchos intentos. Será mucho peor si vives con un fumador o si tu amante o tus amigos fuman. Las sesiones de acupuntura donde se lleve

APÉNDICE: GUÍA DE FÁRMACOS ESCOGIDOS   417

a cabo la estimulación de la oreja pueden resultar de gran ayuda, igual que la hipnosis.[18] Los parches de nicotina podrían funcionar si prefieres dejarlo de esa manera en lugar de utilizar una pauta reductora, pero he visto demasiada gente que acaba siendo adicta a los chicles de nicotina, así que no suelo recomendárselos a mis pacientes.

Un efecto secundario interesante de los antidepresivos que contienen bupropión (Zyban, Wellbutrin) es que consiguen que los cigarrillos tengan un sabor desagradable y no te proporcionen la misma experiencia gratificante de siempre, razón por la que se acostumbra a recetar Zyban para dejar de fumar.

El otro medicamento que se utiliza para superar la dependencia de la nicotina es Chantix (vareniclina), aunque no se recomienda a personas que hayan tenido algún tipo de problema psiquiátrico. Siempre que lo he recetado, mis pacientes han sufrido efectos secundarios inadmisibles, como un abatimiento profundo, pensamientos suicidas y pesadillas demenciales. Tal vez funcione con personas sin problemas psiquiátricos, pero no tengo experiencia en ese campo.

Glosario

Adrenalina: sustancia química segregada por las glándulas suprarrenales que ayuda a aumentar el ritmo cardíaco y la presión sanguínea, preparando al cuerpo para luchar o huir; a menudo va acompañada de cortisol.

Agonista: sustancia química que activa un receptor en el cerebro o en el cuerpo.

Amígdala: núcleo del cerebro que procesa el miedo; también está relacionada con la agresividad y la ira.

Anandamida: molécula interna principal del cannabis, o endocannabinoide, que aumenta el placer y el apetito; ayuda a reducir la respuesta de estrés, y es metabolizada por la FAAH (hidrolasa amida de ácidos grasos).

Andrógeno: hormona típicamente masculina, como la testosterona o la DHEA (dehidroepiandrosterona), aunque estas hormonas también están presentes en el cuerpo de la mujer.

Antagonista: sustancia química que antagoniza un agonista, compitiendo con él por el receptor o bloqueándolo.

Antiandrógeno: algo que bloquea la producción de un andrógeno, o su acoplamiento a un receptor.

BDNF: factor neurotrófico derivado del cerebro, sustancia secretada por las células cerebrales que potencia el crecimiento de las neuronas e impulsa la neuroplasticidad.

BPA: Bisfenol A, un estrógeno artificial que se encuentra en los plásticos y que puede provocar cáncer de mama entre otras enfermedades y anomalías.

Cannabinoide: cualquier molécula parecida al cannabis que estimula el sistema endocannabinoide, normalmente acoplándose a receptores cannabinoides.

CB1: el receptor cannabinoide que se encuentra en el cerebro.

CB2: el receptor cannabinoide que se encuentra en cualquier otro lugar del cuerpo, incluidos los glóbulos blancos, el esqueleto, los músculos, el hígado, el bazo, la vejiga y el útero.

Circunvolución del cíngulo anterior: parte del cerebro donde interactúan la atención, la emoción y la memoria; responsable de la regulación y el procesamiento de las emociones; se cree que en los trastornos depresivos está excesivamente activa.

Citocinas: pequeñas proteínas relevantes para la comunicación intercelular; suelen aumentar o disminuir las respuestas inmunes.

Complejo mayor de histocompatibilidad (MHC, por sus siglas en inglés): moléculas de la superficie de las células que contribuyen a dictar las respuestas inmunes y la compatibilidad inmunológica, como, por ejemplo, en los trasplantes de órganos.

Control descendente: cuando la corteza «domina» los centros emocionales inferiores, la racionalidad inhibe la reactividad.

Corteza o córtex frontal: parte frontal del cerebro que contribuye a la inhibición de impulsos «no deseables» del centro encargado de las respuestas emocionales (sistema límbico).

Corteza o córtex prefrontal (CPF): parte de la corteza de mayor funcionamiento cognitivo que puede impedir la actividad de la amígdala al bloquear la reactividad, lo que proporciona un control descendente.

Cortisol: hormona del estrés que es segregada por las glándulas suprarrenales; inhibe en extremo la función inmune y aumenta los niveles de azúcar en la sangre. Suele segregarse junto con la adrenalina.

Depresión grave: trastorno del estado de ánimo caracterizado por un mínimo de dos semanas de malestar emocional así como por cambios en el sueño, el apetito y los niveles de energía; también llamada depresión química o depresión clínica.

DHEA: dehidroepiandrosterona; un andrógeno que se encuentra tanto en el cuerpo del hombre como en el de la mujer. Precursor de la testosterona.

Dispositivo CPAP (presión positiva continua de las vías respiratorias): aparato médico para la apnea del sueño que deja abierto el paso del aire mediante una presión parcial continua sobre las vías respiratorias.

Distimia: trastorno leve de carácter depresivo y crónico que dura años, no meses.

Dopamina: neurotransmisor responsable de la motivación y de la recompensa/placer.

Endocannabinoides: moléculas del organismo con características similares al cannabis, como la anandamida y el 2AG.

Endorfina: sustancia química opioide del organismo que activa el receptor de opiáceos, lo que genera alivio del dolor o placer.

Estimulación transcraneal por corriente directa: tratamiento experimental de la depresión y la ansiedad en el que se colocan electrodos en el cuero cabelludo para modular la actividad neuronal.

Feniletilamina (FEA): neurotransmisor similar a la anfetamina que se considera presente en el orgasmo y en el enamoramiento a primera vista.

Función ejecutiva: el papel de la corteza frontal en cuanto a planificación, análisis, atención, resolución de problemas y gestión del tiempo, entre otras cosas.

Grelina: hormona que hace rugir las tripas, encargada de estimular el hambre y el apetito voraz.

Hipocampo: centro de la memoria del cerebro, rebaja la reactividad en la amígdala.

Hipotálamo: parte del cerebro implicada en la regulación de la temperatura y el apetito, de los ritmos circadianos, el deseo sexual y otras funciones mediante la segregación de hormonas.

IRSN: inhibidor de la recaptación de serotonina y norepinefrina; antidepresivos que interrumpen el reciclaje de la serotonina y la norepinefrina de modo que la neurona «emisora» recicla una cantidad menor y la neurona «receptora» recibe una cantidad mayor a través de la sinapsis.

ISRS: inhibidor selectivo de la recaptación de serotonina; antidepresivos que interrumpen el reciclaje de serotonina de la neurona «emisora», permitiendo que llegue más serotonina a la neurona «receptora».

Leptina: hormona que inhibe el apetito y apaga el interruptor del hambre.

Menarquia: primera menstruación.

Neuroplasticidad: crecimiento de las células cerebrales; se producen nuevas conexiones.

Neurotransmisor: sustancia química que permite la comunicación entre las neuronas o células nerviosas.

Norepinefrina: neurotransmisor activador implicado en la ansiedad y el estado de alerta.

Parasimpático: sistema nervioso responsable del aparato gastrointestinal, del descanso y de la reproducción.

Polimorfismo: distintas versiones de los genes heredados.

Quinurenina: metabolito de la serotonina; el aumento de sus niveles está relacionado con la depresión y la inflamación.

Receptor: región de la neurona al que se acopla un transmisor.

Serotoninérgico: relativo a la serotonina (por ejemplo, las neuronas serotoninérgicas son aquellas que tienen receptores de serotonina).

SERT: proteína transportadora de la recaptación de serotonina, sitio de unión de los ISRS; el bloqueo de este centro interrumpe el reciclaje de la serotonina liberada de modo que la siguiente neurona recibe una concentración mayor de serotonina a través de la sinapsis.

SHBG: globulina fijadora de hormonas sexuales, proteína del suero sanguíneo que se fija a la testosterona.

Simpático: sistema nervioso responsable de la respuesta «lucha o huida».

Sistema endocannabinoide: sistema del organismo cuya función es combatir la inflamación, mantener el metabolismo y favorecer la resiliencia (en ocasiones se abrevia con las siglas ECB; el sistema endocannabinoide a menudo se abrevia con las siglas ECS).

Sistema endocrino: la red de glándulas productoras de hormonas, entre las que se incluyen (aunque no se limitan a esta producción) la pituitaria, la tiroides, la suprarrenal y los ovarios.

Sistema límbico: circuito de las estructuras cerebrales responsable de la motivación y la emoción, entre otras cosas.

Telómero: extremo de un gen, que se acorta a medida que la célula se divide.

TEPT: trastorno por estrés postraumático, serie de síntomas que aparecen entre quienes han estado expuestos a un suceso traumático.

Xenoestrógenos: compuestos sintéticos (hallados en plásticos, jabones, pesticidas y demás) que se acoplan al receptor estrogénico.

Notas

INTRODUCCIÓN

1. Charles Barber, *Comfortably Numb: How Psychiatry Is Medicating a Nation*, Nueva York, Random House, 2009.
2. IMS National Prescription Audit, IMS Health 2013, en Medscape.com, <http://www.medscape.com/viewarticle/820011>.
3. Daniel E. Casey, «Tardive Dyskinesia and Atypical Antipsychotic Drugs», *Schizophrenia Research*, 35 (1999), pp. 61-66; Wildon R. Farwell *et al.*, «Weight Gain and New Onset Diabetes Associated with Olanzapine and Risperidone», *Journal of General Internal Medicine*, 19, n.° 12 (2004), pp. 1200-1205; Robert L. Dufresne, «Weighing In: Emergent Diabetes Mellitus and Second-Generation Antipsychotics», *Annals of Pharmacotherapy*, 41, n.° 10 (2007), pp. 1725-1727.
4. IMS Institute, «Medicine Use and Shifting Costs of Healthcare: A Review of the Use of Medicines in the U.S. in 2013», abril de 2014.
5. Ramin Mojtabai, «Clinician-Identified Depression in Community Settings: Concordance with Structured-Interview Diagnoses», *Psychotherapy and Psychosomatics*, 82, n.° 3 (2013), pp. 161-169.
6. Christopher M. Callahan y German Elias Berrios, *Reinventing Depression: A History of the Treatment of Depression in Primary Care, 1940-2004*, Estados Unidos, Oxford University Press, 2005.

1. TUS CAMBIOS DE HUMOR SON TUYOS

1. J. O. Wolff y J. A. Peterson, «An Offspring-Defense Hypothesis for Territoriality in Female Mammals», *Ethology Ecology & Evolution*, 10, n.º 3 (1998), pp. 227-239; Shelley E. Taylor, *The Tending Instinct: Women, Men, and the Biology of Relationships*, Nueva York, Macmillan, 2003. [Hay trad. cast.: *Lazos vitales: de cómo el cuidado y el afecto son esenciales para nuestras vidas*, Madrid, Taurus, 2002.]

2. Jim Rosack, «Drug Makers Find Sept. 11 a Marketing Opportunity», *Psychiatric News*, 11 de marzo de 2002.

3. Charles Barber, *Comfortably Numb*.

4. Amy Harmon, «Young, Assured and Playing Pharmacist to Friends», *The New York Times*, 16 (2005).

5. Organización Mundial de la Salud, Departamento de Salud Mental y Abuso de Sustancias, *Gender Disparities in Mental Health*, 2002.

6. Administración de Salud Mental y Abuso de Sustancias, *Results from the 2012 National Survey on Drug Use and Health: Mental Health Findings*, NSDUH Series H-47, HHS Publication N.º (SMA) 13-4805, 2013.

7. En este libro se han simplificado muchos conceptos. Aunque utilizo el término «estrógeno», hay tres clases de estrógeno en el organismo (el 17-beta estradiol, la estrona y el estriol). Puede que hable de niveles bajos de esta o aquella hormona o neurotransmisor, pero una molécula no es la única causa de una conducta. En el cuerpo humano nada ocurre de forma aislada, y cada vez que hay un cambio en una sustancia es probable que se produzca un efecto cascada en otras. Una pequeña causa puede desencadenar importantes contramedidas, pues el cuerpo y el cerebro luchan para recuperar el equilibrio u homeostasis. El cerebro se adapta a las nuevas condiciones por medio de los receptores, que se regulan al alza o a la baja en respuesta al aumento o a la disminución del efecto de un neurotransmisor en concreto. Además, las respuestas universales no existen, cada persona tiene genes distintos; los individuos procesan las sustancias de forma idiosincrática debido a la variabilidad genética, y los hay más propensos a los trastornos psiquiátricos debido a su predisposición genética.

8. Khaled M. K. Ismail y P. M. S. O'Brien, «Premenstrual Syndrome», *Current Obstetrics & Gynecology*, 11, n.° 4 (2001), pp. 251-255.

9. W. J. Barnhart *et al.*, «SSRI-Induced Apathy Syndrome: A Clinical Review», *Journal of Psychiatric Practice*, 10 (2004), pp. 196-199; R. Hoehn-Saric *et al.*, «Apathy and Indifference in Patients on Fluvoxamine and Fluoxetine», *Journal of Clinical Psychopharmacology*, 10 (1990), pp. 343-346.

10. Louann Brizendine, *The Female Brain*, Nueva York, Random House, 2007; Helen Fisher, *Why We Love: The Nature and Chemistry of Romantic Love*, Nueva York, Macmillan, 2004.

11. *Ibid.*

12. Fisher, *Why We Love.*

13. Cora Hübner *et al.*, «Ex Vivo Dissection of Optogenetically Activated mPFC and Hippocampal Inputs to Neurons in the Basolateral Amygdala: Implications for Fear and Emotional Memory», *Frontiers in Behavioral Neuroscience*, 8, n.° 64 (2014).

14. Jill M. Goldstein *et al.*, «Normal Sexual Dimorphism of the Adult Human Brain Assessed by in Vivo Magnetic Resonance Imaging», *Cerebral Cortex*, 11, n.° 6 (2001), pp. 490-497.

15. C. E. Roselli *et al.*, «Quantitative Distribution of Nuclear Androgen Receptors in Microdissected Areas of the Rat Brain», *Neuroendocrinology*, 49, n.° 5 (1989), pp. 449-453.

16. Benno Roozendaal *et al.*, «Stress, Memory and the Amygdala», *Nature Reviews Neuroscience*, 10, n.° 6 (2009), pp. 423-433.

17. Ajai Vyas *et al.*, «Chronic Stress Induces Contrasting Patterns of Dendritic Remodeling in Hippocampal and Amygdaloid Neurons», *Journal of Neuroscience*, 22, n.° 15 (2002), pp. 6810-6818.

18. Scott L. Rauch *et al.*, «Neurocircuitry Models of Posttraumatic Stress Disorder and Extinction: Human Neuroimaging Research— Past, Present, and Future», *Biological Psychiatry*, 60, n.° 4 (2006), pp. 376-382.

19. Bruce S. McEwen, «Plasticity of the Hippocampus: Adaptation to Chronic Stress and Allostatic Load», *Annals of the New York Academy of Sciences*, 933, n.° 1 (2001), pp. 265-277; Lisa Eiland y Bru-

ce S. McEwen, «Early Life Stress Followed by Subsequent Adult Chronic Stress Potentiates Anxiety and Blunts Hippocampal Structural Remodeling», *Hippocampus*, 22, n.º 1 (2012), pp. 82-91.

20. S. Baron-Cohen, *The Essential Difference*, Nueva York, Basic Books, 2003. [Hay trad. cast.: *La gran diferencia: cómo son realmente los cerebros de hombres y mujeres*, Barcelona, Amat, 2005.]

21. A. D. Craig, «Human Feelings: Why Are Some More Aware Than Others?», *Trends in Cognitive Sciences*, 8, n.º 6 (2004), pp. 239-241; Beate M. Herbert *et al.*, «Interoceptive Sensitivity and Emotion Processing: An EEG Study», *International Journal of Psychophysiology*, 65, n.º 3 (2007), pp. 214-227.

22. Tania Singer *et al.*, «A Common Role of Insula in Feelings, Empathy and Uncertainty», *Trends in Cognitive Sciences*, 13, n.º 8 (2009), pp. 334-340.

23. John S. Allen *et al.*, «Sexual Dimorphism and Asymmetries in the Gray-White Composition of the Human Cerebrum», *Neuroimage*, 18, n.º 4 (2003), pp. 880-894.

24. Kirsten G. Volz y D. Yves Von Cramon, «What Neuroscience Can Tell About Intuitive Processes in the Context of Perceptual Discovery», *Journal of Cognitive Neuroscience*, 18, n.º 12 (2006), pp. 2077-2087.

25. Brizendine, *The Female Brain*.

26. Jack Van Honk *et al.*, «Testosterone Administration Impairs Cognitive Empathy in Women Depending on Second-to-Fourth Digit Ratio», *Proceedings of the National Academy of Sciences* (*PNAS*), 108, n.º 8 (2011), pp. 3448-3452; S. Lutchmaya *et al.*, «Fetal Testosterone and Eye Contact in 12-Month-Old Human Infants», *Infant Behavior & Development*, 25 (2002), pp. 327-335; E. Chapman *et al.*, «Fetal Testosterone and Empathy: Evidence from the Empathy Quotient (EQ) and the 'Reading the Mind in the Eyes' Test», *Social Neuroscience*, 1 (2006), pp. 135-148; Simon Baron-Cohen y Sally Wheelwright, «The Empathy Quotient: An Investigation of Adults with Asperger Syndrome or High Functioning Autism, and Normal Sex Differences», *Journal of Autism and Developmental Disorders*, 34, n.º 2 (2004), pp. 163-175.

27. Jorge A. Barraza y Paul J. Zak, «Empathy Toward Strangers Triggers Oxytocin Release and Subsequent Generosity», *Annals of the New York Academy of Sciences*, 1167, n.° 1 (2009), pp. 182-189.

28. Carsten K. W. De Dreu *et al.*, «The Neuropeptide Oxytocin Regulates Parochial Altruism in Intergroup Conflict Among Humans», *Science*, 328, n.° 5984 (2010), pp. 1408-1411.

29. Shelley E. Taylor, *The Tending Instinct: Women, Men, and the Biology of Relationships*, Nueva York, Macmillan, 2003. [Hay trad. cast.: *Lazos vitales: de cómo el cuidado y el afecto son esenciales para nuestras vidas*, Madrid, Taurus, 2002.]

30. Shelley E. Taylor, «Tend and Befriend Biobehavioral Bases of Affiliation Under Stress», *Current Directions in Psychological Science*, 15, n.° 6 (2006), pp. 273-277.

31. Beth L. Mah *et al.*, «Oxytocin Promotes Protective Behavior in Depressed Mothers: A Pilot Study with the Enthusiastic Stranger Paradigm», *Depression and Anxiety* (2014); Oliver J. Bosch, «Maternal Aggression in Rodents: Brain Oxytocin and Vasopressin Mediate Pup Defense», *Philosophical Transactions of the Royal Society B: Biological Sciences*, 368, n.° 1631 (2013), p. 20130085.

32. Brizendine, *The Female Brain*.

33. *Ibid.*

34. Deborah Tannen, *You Just Don't Understand: Women and Men in Conversation*, Nueva York, HarperCollins, 2001.

35. Brizendine, *The Female Brain*.

36. Madhura Ingalhalikar *et al.*, «Sex Differences in the Structural Connectome of the Human Brain», *Proceedings of The National Academy of Sciences*, 111, n.° 2 (2014), pp. 823-828; Theodore D. Satterthwaite *et al.*, «Linked Sex Differences in Cognition and Functional Connectivity in Youth», *Cerebral Cortex* (2014), p. bhu036.

37. Gijsbert Stoet *et al.*, «Are Women Better Than Men at Multi-Tasking?», *BMC Psychology*, 1, n.° 1 (2013), p. 18.

38. Ingalhalikar *et al.*, «Sex Differences».

39. Satterthwaite *et al.*, «Linked Sex Differences», p. bhu036.

40. Stoet *et al.*, «Are Women Better Than Men», p. 18.

41. R. C. Kessler *et al.*, «Sex and Depression in the National Co-

morbidity Survey. I: Lifetime Prevalence, Chronicity and Recurrence», *Journal of Affective Disorders*, 29 (1993), pp. 85-96; G. F. Placidi *et al.*, «The Semi-Structured Affective Temperament Interview (TEMPS-I): Reliability and Psychometric Properties in 1010 14-26-Year-Old Students», *Journal of Affective Disorders*, 47, n.º 1-3 (1998), pp. 1-10; Jules Angst *et al.*, «Gender Differences in Depression», *European Archives of Psychiatry and Clinical Neuroscience*, 252, n.º 5 (2002), pp. 201-209; C. Kuehner, «Gender Differences in Unipolar Depression: An Update of Epidemiological Findings and Possible Explanations», *Acta Psychiatrica Scandinavica*, 108 (2003), pp. 163-174.

42. Robin W. Simon y Leda E. Nath, «Gender and Emotion in the United States: Do Men and Women Differ in Self-Reports of Feelings and Expressive Behavior?», *American Journal of Sociology*, 109, n.º 5 (2004), pp. 1137-1176; Richard Gater *et al.*, «Sex Differences in the Prevalence and Detection of Depressive and Anxiety Disorders in General Health Care Settings: Report from the World Health Organization Collaborative Study on Psychological Problems in General Health Care», *Archives of General Psychiatry*, 55, n.º 5 (1998), p. 405.

43. Marco Piccinelli y Greg Wilkinson, «Gender Differences in Depression: Critical Review», *British Journal of Psychiatry*, 177, n.º 6 (2000), pp. 486-492.

44. Janet Shibley Hyde *et al.*, «The ABCs of Depression: Integrating Affective, Biological, and Cognitive Models to Explain the Emergence of the Gender Difference in Depression», *Psychological Review*, 115, n.º 2 (2008), p. 291.

45. E. W. Freeman *et al.*, «Hormones and Menopausal Status as Predictors of Depression in Women in Transition to Menopause», *Archives of General Psychiatry*, 61 (2004), pp. 62-70; Jennifer L. Payne *et al.*, «A Reproductive Subtype of Depression: Conceptualizing Models and Moving Toward Etiology», *Harvard Review of Psychiatry*, 17, n.º 2 (2009), pp. 72-86.

46. P. J. Schmidt *et al.*, «Differential Behavioral Effects of Gonadal Steroids in Women with and in Those without Premenstrual Syndrome», *New England Journal of Medicine*, 338 (1998), pp. 209-216.

47. J. Guintivano *et al.*, «Antenatal Prediction of Postpartum Depression with Blood DNA Methylation Biomarkers», *Molecular Psychiatry* (2013), pp. 1-8.

48. Payne *et al.*, «A Reproductive Subtype of Depression», pp. 72-86.

49. P. Bebbington *et al.*, «The Influence of Age and Sex on the Prevalence of Depressive Conditions: Report from the National Survey of Psychiatric Morbidity», *Psychological Medicine*, 15 (2003), pp. 74-83.

50. Ellen W. Freeman *et al.*, «Longitudinal Pattern of Depressive Symptoms Around Natural Menopause», *JAMA Psychiatry*, 71, n.° 1 (2014), pp. 36-43.

51. J. H. Gold *et al.*, «Late Luteal Phase Dysphoric Disorder: Literature Review», *DSM-IV Sourcebook* 2 (1996).

52. Mohammed T. Abou-Saleh *et al.*, «Hormonal Aspects of Postpartum Depression», *Psychoneuroendocrinology*, 23, n.° 5 (1998), pp. 465-475.

53. C. Neill Epperson *et al.*, «Gonadal Steroids in the Treatment of Mood Disorders», *Psychosomatic Medicine*, 61, n.° 5 (1999), pp. 676-697.

54. Barbara L. Parry, «Reproductive Factors Affecting the Course of Affective Illness in Women», *Psychiatric Clinics of North America*, 12, n.° 1 (1989), pp. 207-220.

55. Randolph M. Nesse, «Is Depression an Adaptation?», *Archives of General Psychiatry*, 57, n.° 1 (2000), pp. 14-20.

56. J. E. Y. Wei *et al.*, «Estrogen Protects Against the Detrimental Effects of Repeated Stress on Glutamatergic Transmission and Cognition», *Molecular Psychiatry* (2013); R. E. Bowman *et al.*, «Chronic Stress Effects on Memory: Sex Differences in Performance and Monoamines», *Hormones and Behavior*, 43 (2003), pp. 48-59; R. E. Bowman, «Stress-Induced Changes in Spatial Memory Are Sexually Differentiated and Vary Across the Lifespan», *Journal of Neuroendocrinology*, 17 (2005), pp. 526-535.

57. David R. Rubinow *et al.*, «Estrogen-Serotonin Interactions: Implications for Affective Regulation», *Biological Psychiatry*, 44, n.° 9

(1998), pp. 839-850; Hadine Joffe y Lee S. Cohen, «Estrogen, Serotonin, and Mood Disturbance: Where Is the Therapeutic Bridge?», *Biological Psychiatry*, 44, n.º 9 (1998), pp. 798-811.

58. I. Hindberg y O. Naesh, «Serotonin Concentrations in Plasma and Variations During the Menstrual Cycle», *Clinical Chemistry*,
38, n.º 10 (1992), pp. 2087-2089.

59. C. L. Bethea *et al.*, «Ovarian Steroids and Serotonin Neural
Function», *Molecular Neurobiology*, 18, n.º 2 (1998), pp. 87-123.

60. 5-HT2A.

61. Barbara E. H. Sumner *et al.*, «Effects of Tamoxifen on Serotonin Transporter and 5-Hydroxytryptamine 2A Receptor Binding
Sites and Mrna Levels in the Brain of Ovariectomized Rats with or
without Acute Estradiol Replacement», *Molecular Brain Research*, 73,
n.º 1 (1999), pp. 119-128. Zenab Amin *et al.*, «Effect of Estrogen-Serotonin Interactions on Mood and Cognition», *Behavioral and Cognitive Neuroscience Reviews*, 4, n.º 1 (2005), pp. 43-58.

62. *Ibid.*; Rubinow *et al.*; Sumner *et al.*, «Effects of Tamoxifen»,
pp. 119-128.

63. Aumento de la producción de SERT, el inhibidor del reciclaje
presináptico al cual se acoplan los ISRS.

64. Existen diferencias de sexo en cuanto a la cantidad y la sensibilidad de los receptores de serotonina. Las mujeres tienen respuestas
ligeramente distintas a la droga MDMA potenciadora de la serotonina
(conocida como éxtasis o «Molly») debido a las diferencias en esos receptores, por ejemplo. Las investigaciones han demostrado diferencias
entre sexos a la proteína transportadora de la serotonina a la cual se
acoplan los ISRS, llamada SERT. Si tienes más SERT, hay un mayor
reciclaje de la serotonina en la neurona presináptica, así que se transmite menos a la postsináptica. Mayor cantidad de SERT implica menos antidepresivos, que bloquean ese centro. El gen relacionado con la
depresión que guía la producción de SERT, llamado SLC6A4, dispone
de un «interruptor» accionado por el estrógeno. Otros subtipos de receptores de serotonina presentan diferencias de género o reactividad
al estrógeno. La cantidad de puntos de unión del centro SERT disminuye a medida que las mujeres con depresión envejecen, pero a los

hombres no les ocurre lo mismo. Es posible que ello esté relacionado con la disminución de los niveles de estrógeno posteriores a la menopausia. La edad parece afectar más a las mujeres que a los hombres en relación con el sistema serotoninérgico.

65. M. Oleshansky y L. Labbate, «Inability to Cry During SRI Treatment», *Journal of Clinical Psychiatry*, 57 (1996), p. 593; Jonathan Price *et al.*, «Emotional Side-Effects of Selective Serotonin Reuptake Inhibitors: Qualitative Study», *British Journal of Psychiatry*, 195, n.º 3 (2009), pp. 211-217; Adam Opbroek *et al.*, «Emotional Blunting Associated with SSRI-Induced Sexual Dysfunction. Do SSRIs Inhibit Emotional Responses?», *International Journal of Neuropsychopharmacology*, 5, n.º 2 (2002), pp. 147-151.

66. Price *et al.*, «Emotional Side-Effects of Selective Serotonin Reuptake Inhibitors», pp. 211-217.

67. Aquí hay que exceptuar el caso en que hayas sufrido más de un episodio depresivo mayor. Entonces habitualmente se recomienda que sigas con la medicación antidepresiva para evitar una probable recaída.

68. Robert W. Levenson, «Blood, Sweat, and Fears», *Annals of the New York Academy of Sciences*, 1000, n.º 1 (2003), pp. 348-366.

69. Robert J. Gregory *et al.*, «Ethical Dilemmas in Prescribing Antidepressants», *Archives of General Psychiatry*, 58, n.º 11 (2001), p. 1085.

70. Gabor Maté, *When the Body Says No: The Cost of Hidden Stress*, Nueva York, Random House, 2011. [Hay trad. cast.: *El precio del estrés: cuando el cuerpo dice no*, Barcelona, Integral, 2008.]

71. William T. Riley *et al.*, «Anger and Hostility in Depression», *Journal of Nervous and Mental Disease*, 177, n.º 11 (1989), pp. 668-674.

72. Cindy L. Brody *et al.*, «Experiences of Anger in People Who Have Recovered from Depression and Never-Depressed People», *Journal of Nervous and Mental Disease*, 187, n.º 7 (1999), pp. 400-405.

73. M. Weissman *et al.*, «Clinical Evaluation of Hostility in Depression», *American Journal of Psychiatry* (1971), pp. 12841-12846; Roger C. Bland y Helene Orn, «Family Violence and Psychiatric Di-

sorder», *Canadian Journal of Psychiatry/La Revue canadienne de psychiatrie*, 31, n.° 2 (1986), pp. 129-137; K. B. Koh *et al.*, «Predominance of Anger in Depressive Disorders Compared with Anxiety Disorders and Somatoform Disorders», *Journal of Clinical Psychiatry* (2002), pp. 63486-63492.

74. A. P. Schless *et al.*, «Depression and Hostility», *Journal of Nervous and Mental Disease*, 159, n.° 2 (1974), pp. 81-100.

75. Keiran Snyder, «The Abrasiveness Trap: High-Achieving Men and Women Are Described Differently in Reviews», *Fortune*, 26 de agosto de 2014, en <http:// fortune.com/2014/08/26/performance-review-gender-bias/>.

76. Menahem Krakowski, «Violence and Serotonin: Influence of Impulse Control, Affect Regulation, and Social Functioning», *Journal of Neuropsychiatry and Clinical Neurosciences*, 15, n.° 3 (2003), pp. 294-305.

77. S. Tse Wai y Alyson J. Bond, «Serotonergic Intervention Affects Both Social Dominance and Affiliative Behavior», *Psychopharmacology*, 161, n.° 3 (2002), pp. 324-330.

78. M. J. Raleigh *et al.*, «Serotonergic Mechanisms Promotes Dominance Acquisition in Adult Male Vervet Monkeys», *Brain Research*, 559 (1991), pp. 181-190.

79. Maté, *When the Body Says No*.

80. Pierre Janet, *The Major Symptoms of Hysteria*, Nueva York, Macmillan, 1907.

81. Rachel Maines, *The Technology of Orgasm: «Hysteria», the Vibrator, and Women's Sexual Satisfaction*, Baltimore, Johns Hopkins University Press, 1999. [Hay trad. cast.: *La tecnología del orgasmo: la «histeria», los vibradores y la satisfacción sexual de las mujeres*, Barcelona, Milrazones, 2010.]

82. Elizabeth Sheehan, «Victorian Clitoridectomy: Isaac Baker Brown and His Harmless Operative Procedure», *Medical Anthropology Newsletter*, 12, n.° 4 (1981), pp. 9-15.

83. Linda LeResche, «Epidemiologic Perspectives on Sex Differences in Pain», en *Sex, Gender, and Pain*, revisado por R. B. Fillingim, Seattle, IASP Press, 2000, pp. 233-249; Linda LeResche, «Epidemio-

logy of Pain Conditions with Higher Prevalence in Women», en *Pain in Women*, revisado por May L. Chin *et al.*, Nueva York, Oxford University Press, 2013; M. Von Korff *et al.*, «An Epidemiologic Comparison of Pain Complaints», *Pain*, 32 (1988), pp. 173-183.

84. Ann Vincent *et al.*, «Prevalence of Fibromyalgia: A Population-Based Study in Olmsted County, Minnesota, Utilizing the Rochester Epidemiology Project», *Arthritis Care & Research*, 65, n.° 5 (2013), pp. 786-792.

85. A. M. Unruh, «Gender Variations in Clinical Pain Experience», *Pain*, 65 (1996), pp. 123-167; Marieke Niesters *et al.*, «Sex Differences in Analgesic Responses», en *Pain in Women*, revisado por Chin *et al.*

86. Mordechai Averbuch y Meyer Katzper, «A Search for Sex Differences in Response to Analgesia», *Archives of Internal Medicine*, 160, n.° 22 (2000), pp. 3424-3428; R. B. Fillingim y W. Maixner, «Gender Differences in Response to Noxious Stimuli», *Pain Forum*, 4 (1995), pp. 209-221; R. B. Fillingim y T. J. Ness, «Sex-Related Hormonal Influences on Pain and Analgesic Responses», *Neuroscience & Biobehavioral Reviews*, 24, n.° 4 (2000), pp. 485-501; Riley, «Anger and Hostility in Depression», pp. 668-674.

87. Cosgrove *et al.*, «Evolving Knowledge of Sex Differences», pp. 847-855.

88. M. B. Dawson-Basoa y A. R. Gintzler, «17-Beta-Estradiol and Progesterone Modulate an Intrinsic Opioid Analgesic System», *Brain Research*, 601 (1993), pp. 241-245; Yolanda R. Smith *et al.*, «Pronociceptive and Antinociceptive Effects of Estradiol Through Endogenous Opioid Neurotransmission in Women», *Journal of Neuroscience*, 26, n.° 21 (2006), pp. 5777-5785.

89. Zsuzsanna Wiesenfeld-Hallin, «Sex Differences in Pain Perception», *Gender Medicine*, 2, n.° 3 (2005), pp. 137-145; Cristina Tassorelli *et al.*, «Changes in Nociceptive Flexion Reflex Threshold Across the Menstrual Cycle in Healthy Women», *Psychosomatic Medicine*, 64, n.° 4 (2002), pp. 621-626.

90. Maté, *When the Body Says No.*

91. J. S. Mogil y M. L. Chanda, «The Case for the Inclusion of Fe-

male Subjects in Basic Science Studies of Pain», *Pain*, 117 (2005), pp. 1-5.

92. J. Ayanian y A. Epstein, «Differences in the Use of Procedures Between Women and Men Hospitalized for Coronary Heart Disease», *New England Journal of Medicine*, 325 (1991), pp. 221-225; M. Delborg y K. Swedberg, «Acute Myocardial Infarction: Difference in the Treatment Between Men and Women», *Quality Assurance in Health Care*, 5 (1993), pp. 261-265.

93. C. Wells y A. Feinstein, «Detection Bias in the Diagnostic Pursuit of Lung Cancer», *American Journal of Epidemiology*, 128 (1988), pp. 1016-1026.

94. K. Armitage *et al.*, «Responses of Physicians to Medical Complaints in Men and Women», *JAMA*, 241 (1979), pp. 2186-2187; S. Colameco *et al.*, «Sex Bias in the Assessment of Patient Complaints», *Journal of Family Practice*, 16 (1983), pp. 1117-1121.

95. Ann A. Hohmann, «Gender Bias in Psychotropic Drug Prescribing in Primary Care», *Medical Care*, 27, n.° 5 (1989), pp. 478-490; Cynthia M. Hartung y Thomas A. Widiger, «Gender Differences in the Diagnosis of Mental Disorders: Conclusions and Controversies of the DSM-IV», *Psychological Bulletin*, 123, n.° 3 (1998), p. 260.

96. Jennifer Berman y Laura Berman, *For Women Only: A Revolutionary Guide to Reclaiming Your Sex Life*, Nueva York, Macmillan, 2001, p. 127. [Hay trad. cast.: *Solo para mujeres*, Barcelona, Planeta, 2002.]

97. J. Heinrich *et al.*, «Drug Safety: Most Drugs Withdrawn in Recent Years Had Greater Health Risks for Women», Oficina de Contabilidad General de los Estados Unidos, Washington, 2001.

98. David J. Greenblatt *et al.*, «Gender Differences in Pharmacokinetics and Pharmacodynamics of Zolpidem Following Sublingual Administration», *The Journal of Clinical Pharmacology*, 54, n.° 3 (2014), pp. 282-290.

2. Gruñona con la puntualidad de un reloj

1. Lorraine Dennerstein *et al.*, «Epidemiology of Premenstrual Symptoms and Disorders», *Menopause International*, 18, n.º 2 (2012), pp. 48-51.

2. La sensación de que se está ovulando recibe el nombre de *Mittelschmerz*, vocablo alemán que significa «dolor del medio». Es un dolor breve y agudo que suele sentirse en un rincón de la parte baja de la pelvis. El lado en el que se produce puede alternar de un mes a otro, aunque no siempre.

3. Busca «Monthly Mood Cube» en Google. Es una ocurrencia divertida.

4. Elizabeth Hampson, «Estrogen-Related Variations in Human Spatial and Articulatory-Motor Skills», *Psychoneuroendocrinology*, 15, n.º 2 (1990), pp. 97-111.

5. Christiane Northrup, *Women's Bodies, Women's Wisdom: Creating Physical and Emotional Health and Healing*, Nueva York, Bantam, 1994. [Hay trad. cast.: *Cuerpo de mujer, sabiduría de mujer*, Barcelona, Urano, 2010.]

6. Eliza Reynolds, *Mothering and Daughtering: Keeping Your Bond Strong Through the Teen Years* , Sounds True, 2013.

7. Debra A. Zellner *et al.*, «Chocolate Craving and the Menstrual Cycle», *Appetite*, 42, n.º 1 (2004), pp. 119-121.

8. Roy F. Baumeister y John Tierney, *Willpower: Rediscovering the Greatest Human Strength*, Nueva York, Penguin, 2011.

9. Kristen Bruinsma y Douglas L. Taren, «Chocolate: Food or Drug?», *Journal of the American Dietetic Association*, 99, n.º 10 (1999), pp. 1249-1256.

10. Richard J. Wurtman y Judith J. Wurtman, «Carbohydrate Craving, Obesity and Brain Serotonin», *Appetite*, 7 (1986), pp. 99-103; Richard J. Wurtman y Judith J. Wurtman, «Do Carbohydrates Affect Food Intake Via Neurotransmitter Activity?», *Appetite*, 11 (1988), pp. 42-47.

11. Amanda Daley, «Exercise and Premenstrual Symptomatology: A Comprehensive Review», *Journal of Women's Health*, 18, n.º 6 (2009), pp. 895-899.

12. Winnifred B. Cutler *et al.*, «Sexual Behavior Frequency and Menstrual Cycle Length in Mature Premenopausal Women», *Psychoneuroendocrinology*, 4, n.° 4 (1979), pp. 297-309.

13. Winnifred Berg Cutler *et al.*, «Sporadic Sexual Behavior and Menstrual Cycle Length in Women», *Hormones and Behavior*, 14, n.° 2 (1980), pp. 163-172; Winnifred Berg Cutler *et al.*, «Sexual Behavior Frequency and Biphasic Ovulatory Type Menstrual Cycles», *Physiology & Behavior*, 34, n.° 5 (1985), pp. 805-810.

14. Cutler *et al.*, «Sexual Behavior Frequency and Menstrual Cycle Length», pp. 297-309; Cutler *et al.*, «Sexual Behavior Frequency and Biphasic Ovulatory Type Menstrual Cycles», pp. 805-810.

15. W. B. Cutler *et al.*, «Coitus and Menstruation in Perimenopausa Women», *Journal of Psychosomatic Obstetrics & Gynecology*, 17, n.° 3 (1996), pp. 149-157.

16. La comida basura es adictiva, los móviles son adictivos, el tabaco es adictivo. ¿Por qué deberíamos creer que los antidepresivos son distintos?

17. Barbara E. H. Sumner y George Fink, «Estrogen Increases the Density of 5-Hydroxytryptamine 2A Receptors in Cerebral Cortex and Nucleus Accumbens in the Female Rat», *Journal of Steroid Biochemistry and Molecular Biology*, 54, n.° 1 (1995), pp. 15-20.

18. Merja Viikki *et al.*, «Interaction Between Two HTR2A Polymorphisms and Gender Is Associated with Treatment Response in MDD», *Neuroscience Letters*, 501, n.° 1 (2011), pp. 20-24.

19. Lila Nachtigal, comunicación personal con la autora, 4 de junio de 2014.

20. Wolfgang Oelkers, «Drospirenone, a Progestogen with Antimineralocorticoid Properties: A Short Review», *Molecular and Cellular Endocrinology*, 217, n.° 1 (2004), pp. 255-261.

21. P. W. Adams *et al.*, «Effect of Pyridoxine Hydrochloride upon Depression Associated with Oral Contraception», *Lancet*, 301, n.° 7809 (1973), pp. 897-904.

22. Peter R. Casson *et al.*, «Effect of Postmenopausal Estrogen Replacement on Circulating Androgens», *Obstetrics & Gynecology*, 90, n.° 6 (1997), pp. 995-998.

23. Panzer *et al.*, «Impact of Oral Contraceptives on Sex Hormone-Binding Globulin and Androgen Levels: A Retrospective Study in Women with Sexual Dysfunction», *Journal of Sexual Medicine*, 3 (2006), pp. 104-113.

24. Stephanie H. M. Van Goozen *et al.*, «Psychoendocrinological Assessment of the Menstrual Cycle: The Relationship Between Hormones, Sexuality, and Mood», *Archives of Sexual Behavior*, 26, n.° 4 (1997), pp. 359-382.

25. Cathy Winks y Anne Semans, *Sexy Mamas: Keeping Your Sex Life Alive While Raising Kids*, Novato, California, New World Library, 2004.

26. Véase Andrew J. Elliot, Tobias Greitemeyer y Adam D. Pazda, «Women's Use of Red Clothing As a Sexual Signal in Intersexual Interaction», *Journal of Experimental Social Psychology*, 49, n.° 3 (2013), pp. 599-602, para saber más sobre este aspecto.

27. Juan J. Tarín y Vanessa Gómez-Piquer, «Do Women Have a Hidden Heat Period?», *Human Reproduction*, 17, n.° 9 (2002): 2243-2248.

28. M. D. Mitchell *et al.*, «Plasma Oxytocin Concentrations During the Menstrual Cycle», *European Journal of Obstetrics & Gynecology and Reproductive Biology*, 12, n.° 3 (1981), pp. 195-200.

29. Bruno Laeng y Liv Falkenberg, «Women's Pupillary Responses to Sexually Significant Others During the Hormonal Cycle», *Hormones and Behavior*, 52, n.° 4 (2007), pp. 520-530.

30. Christopher Ryan y Cacilda Jethá, *Sex at Dawn: The Prehistoric Origins of Modern Sexuality*, Nueva York, HarperCollins, 2010. [Hay trad. cast.: *En el principio era el sexo*, Barcelona, Paidós, 2012.]

31. Martie G. Haselton *et al.*, «Ovulatory Shifts in Human Female Ornamentation: Near Ovulation, Women Dress to Impress», *Hormones and Behavior*, 51, n.° 1 (2007), pp. 40-45.

32. Ryan y Jethá, *Sex at Dawn*.

33. Jillian J. M. O'Connor *et al.*, «Perceptions of Infidelity Risk Predict Women's Preferences for Low Male Voice Pitch in Short-Term over Long-Term Relationship Contexts», *Personality and Individual Differences*, 56 (2014), pp. 73-77.

34. Ian S. Penton-Voak *et al.*, «Menstrual Cycle Alters Face Preference», *Nature*, 399, n.º 6738 (1999), pp. 741-742.

35. Randy Thornhill y Steven W. Gangestad, *The Evolutionary Biology of Human Female Sexuality*, Oxford University Press, 2008; Steven W. Gangestad y Randy Thornhill, «Human Oestrus», *Proceedings of the Royal Society B: Biological Sciences*, 275, n.º 1638 (2008), pp. 991-1000.

36. Tarín y Gómez-Piquer, «Do Women Have a Hidden Heat Period?», 2243-2248.

37. Jan Havlíček *et al.*, «Women's Preference for Dominant Male Odor: Effects of Menstrual Cycle and Relationship Status», *Biology Letters*, 1, n.º 3 (2005), pp. 256-259; Steven W. Gangestad *et al.*, «Women's Preferences for Male Behavioral Displays Change Across the Menstrual Cycle», *Psychological Science*, 15, n.º 3 (2004), pp. 203-207.

38. Havlíček *et al.*, «Women's Preference for Dominant Male Odor», pp. 256-259.

39. Andrea Salonia *et al.*, «Menstrual Cycle-Related Changes in Plasma Oxytocin Are Relevant to Normal Sexual Function in Healthy Women», *Hormones and Behavior*, 47, n.º 2 (2005), pp. 164-169.

40. Penton-Voak *et al.*, «Menstrual Cycle Alters Face Preference», 741-742; Benedict C. Jones *et al.*, «Effects of Menstrual Cycle Phase on Face Preferences», *Archives of Sexual Behavior*, 37, n.º 1 (2008), pp. 78-84; Alexandra Alvergne y Virpi Lummaa, «Does the Contraceptive Pill Alter Mate Choice in Humans?», *Trends in Ecology & Evolution*, 25, n.º 3 (2010), pp. 171-179.

41. A. C. Little *et al.*, «Partnership Status and the Temporal Context of Relationships Influence Human Female Preferences for Sexual Dimorphism in Male Face Shape», *Proceedings of the Royal Society of London, Series B: Biological Sciences*, 269, n.º 1496 (2002), pp. 1095-1100.

42. Penton-Voak *et al.*, «Menstrual Cycle Alters Face Preference», pp. 741-742.

43. Arthur Aron *et al.*, «Reward, Motivation, and Emotion Systems Associated with Early-Stage Intense Romantic Love», *Journal of Neurophysiology*, 94, n.º 1 (2005), pp. 327-337.

44. Brizendine, *The Female Brain*. [Hay trad. cast.: *El cerebro femenino*, Barcelona, RBA, 2010.]

45. M. Bensafi *et al.*, «Sex-Steroid Derived Compounds Induce Sex-Specific Effects on Autonomic Nervous System Function in Humans», *Behavioral Neuroscience*, 117, n.º 6 (2003), p. 1125; Suma Jacob *et al.*, «Context-Dependent Effects of Steroid Chemosignals on Human Physiology and Mood», *Physiology & Behavior*, 74, n.º 1 (2001), pp. 15-27.

46. Christine E. Garver-Apgar *et al.*, «Major Histocompatibility Complex Alleles, Sexual Responsivity, and Unfaithfulness in Romantic Couples», *Psychological Science*, 17, n.º 10 (2006), pp. 830-835.

47. *Ibid.*

48. Jan Havlíček *et al.*, «Non-Advertized Does Not Mean Concealed: Body Odor Changes Across the Human Menstrual Cycle», *Ethology*, 112, n.º 1 (2006), pp. 81-90.

49. Seppo Kuukasjärvi *et al.*, «Attractiveness of Women's Body Odors over the Menstrual Cycle: The Role of Oral Contraceptives and Receiver Sex», *Behavioral Ecology*, 15, n.º 4 (2004), pp. 579-584.

50. C. Wedekind *et al.*, «MHC-Dependent Mate Preferences in Humans», *Proceedings of the Royal Society of London*, 260 (1995), pp. 245-249; Randy Thornhill y Steven W. Gangestad, «Do Women Have Evolved Adaptation for Extra-Pair Copulation?» en *Evolutionary Aesthetics*, Springer Berlin Heidelber (2003), pp. 341-368; Jan Havlíček y S. Craig Roberts, «MHC-Correlated Mate Choice in Humans: A Review», *Psychoneuroendocrinology*, 34, n.º 4 (2009), pp. 497-512.

51. S. Craig Roberts *et al.*, «Relationship Satisfaction and Outcome in Women Who Meet Their Partner While Using Oral Contraception», *Proceedings of the Royal Society B: Biological Sciences*, 279, n.º 1732 (2012), pp. 1430-1436.

3. TU CEREBRO Y EL AMOR

1. Helen Fisher, *Why We Love: The Nature and Chemistry of Romantic Love*, Nueva York, Macmillan, 2004. [Hay trad. cast.: *Por qué amamos: naturaleza y química del amor romántico*, Madrid, Suma de Letras, 2005.]

2. Brandon J. Aragona *et al.*, «A Critical Role for Nucleus Accumbens Dopamine in Partner-Preference Formation in Male Prairie Voles», *Journal of Neuroscience*, 23, n.° 8 (2003), pp. 3483-3490.

3. Helen Fisher *et al.*, «Romantic Love: An fMRI Study of a Neural Mechanism for Mate Choice», *Journal of Comparative Neurology*, 493, n.° 1 (2005), pp. 58-62.

4. J. R. Villablanca, «Why Do We Have a Caudate Nucleus?», *Acta Neurobiol Exp (Wars)*, 70, n.° 1 (2010), pp. 95-105.

5. Ellen Fein y Sherrie Schneider, *The Rules: Time-Tested Secrets for Capturing the Heart of Mr. Right*, Nueva York, Warner Books, 1996. [Hay trad. cast.: *Cómo conquistar marido*, Barcelona, Martínez Roca, 1996.]

6. Shunsuke Kobayashi y Wolfram Schultz, «Influence of Reward Delays on Responses of Dopamine Neurons», *Journal of Neuroscience*, 28, n.° 31 (2008), pp. 7837-7846.

7. Anne M. Etgen *et al.*, «Estradiol and Progesterone Modulation of Norepinephrine Neurotransmission: Implications for the Regulation of Female Reproductive Behavior», *Journal of Neuroendocrinology*, 4, n.° 3 (1992), pp. 255-271.

8. Fisher, *Why We Love*.

9. Alexander Shulgin y Ann Shulgin, *Pihkal: A Chemical Love Story*, Berkeley, Transform Press, 1991.

10. Hector Sabelli *et al.*, «Sustained Antidepressant Effect of PEA Replacement», *Journal of Neuropsychiatry and Clinical Neurosciences*, 8, n.° 2 (1995), pp. 168-171.

11. John P. Chaytor *et al.*, «The Identification and Significance of 2-Phenylethylamine in Foods», *Journal of the Science of Food and Agriculture*, 26, n.° 5 (1975), pp. 593-598.

12. Hoyle Leigh, «Basic Foundations of Diagnosis, Psychiatric

Diagnosis and Final Common Pathway Syndromes», en *Handbook of Consultation-Liaison Psychiatry*, Nueva York, Springer, 2007, pp. 53-73.

13. Fisher, *Why We Love*.

14. Schumacher, 1990.

15. Rainer Knussmann *et al.*, «Relations Between Sex Hormone Levels and Sexual Behavior in Men», *Archives of Sexual Behavior*, 15, n.° 5 (1986), pp. 429-445; Jan L. Shifren *et al.*, «Transdermal Testosterone Treatment in Women with Impaired Sexual Function After Oophorectomy», *New England Journal of Medicine*, 343, n.° 10 (2000), pp. 682-688; Adriaan Tuiten *et al.*, «Time Course of Effects of Testosterone Administration on Sexual Arousal in Women», *Archives of General Psychiatry*, 57, n.° 2 (2000), pp. 149-153; Andrea M. Isidori *et al.*, «Effects of Testosterone on Sexual Function in Men: Results of a Meta-Analysis», *Clinical Endocrinology*, 63, n.° 4 (2005), pp. 381-394.

16. Erin D. Gleason *et al.*, «Testosterone Release and Social Context: When It Occurs and Why», *Frontiers in Neuroendocrinology*, 30, n.° 4 (2009), pp. 460-469.

17. Katherine L. Goldey y Sari M. van Anders, «Sexy Thoughts: Effects of Sexual Cognitions on Testosterone, Cortisol, and Arousal in Women», *Hormones and Behavior*, 59, n.° 5 (2011), pp. 754-764.

18. D. Marazziti *et al.*, «Alteration of the Platelet Serotonin Transporter in Romantic Love», *Psychological Medicine*, 29, n.° 3 (1999), pp. 741-745.

19. Michael W. Johnston y Alan P. Bell, «Romantic Emotional Attachment: Additional Factors in the Development of the Sexual Orientation of Men», *Journal of Counseling & Development*, 73, n.° 6 (1995), pp. 621-625; Letitia Anne Peplau, «Rethinking Women's Sexual Orientation: An Interdisciplinary, Relationship-Focused Approach», *Personal Relationships*, 8, n.° 1 (2001), pp. 1-19.

20. Tracey A. Baskerville, «Dopamine and Oxytocin Interactions Underlying Behaviors: Potential Contributions to Behavioral Disorders», CNS Neuroscience & Therapeutics, 16, n.° 3 (2010), pp. e92-e123.

21. Kerstin Uvnas Moberg y Roberta Francis, *The Oxytocin Fac-*

tor: Tapping the Hormone of Calm, Love, and Healing, Cambridge, Da Capo Press, 2003. [Hay trad. cast.: *Oxitocina: la hormona de la calma, el amor y la sanación*, Barcelona, Obelisco, 2009.]; Courtney E. Detillion *et al.*, «Social Facilitation of Wound Healing», *Psychoneuroendocrinology*, 29, n.° 8 (2004), pp. 1004-1011.

22. M. M. McCarthy, «Estrogen Modulation of Oxytocin and Its Relation to Behavior», *Advances in Experimental Medicine and Biology*, 395 (1994), pp. 235-245.

23. Michael Kosfeld *et al.*, «Oxytocin Increases Trust in Humans», *Nature* 435, n.° 7042 (2005), pp. 673-676; Paul J. Zak *et al.*, «Oxytocin Increases Generosity in Humans», *PLoS One*, 2, n.° 11 (2007), p. e1128.

24. Paul J. Zak, *The Moral Molecule: How Trust Works*, Nueva York, Penguin, 2012. [Hay trad. cast.: *La molécula de la felicidad: el origen del amor, la confianza y la prosperidad*, Barcelona, Indicios, 2012.]

25. Fisher, *Why We Love*.

26. E. Emanuele *et al.*, «Raised Plasma Nerve Growth Factor Levels Associated with Early-Stage Romantic Love», *Psychoneuroendocrinology*, 5 de septiembre de 2005.

27. Norman Doidge, *The Brain That Changes Itself*, Nueva York, Penguin, 2007, p. 113. [Hay trad. cast.: *El cerebro se cambia a sí mismo*, Madrid, Aguilar, 2008.]

28. Marazziti *et al.*, «Alteration of the Platelet Serotonin Transporter in Romantic Love», *Psychological Medicine*, 29, n.° 3 (1999), pp. 741-745.

29. Helen E. Fisher y J. Anderson Thomson Jr., «Lust, Romance, Attachment: Do the Side Effects of Serotonin-Enhancing Antidepressants Jeopardize Romantic Love, Marriage, and Fertility?», *Evolutionary Cognitive Neuroscience* (2007), p. 245.

30. J. V. Matuszczyk *et al.*, «Subchronic Administration of Fluoxetine Impairs Estrous Behavior in Intact Female Rats», *Neuropsychopharmacology*, 19 (1998), pp. 492-498.

31. Justin García, correos electrónicos dirigidos a la autora: 8 de septiembre de 2014, 9 de septiembre de 2014 y 10 de septiembre de 2014.

32. Justin García, correo electrónico dirigido a la autora, 8 de septiembre de 2014.

33. Helen Slater, «True Love», *National Geographic*, febrero de 2006.

34. Fisher, *Why We Love*.

35. Sari M. van Anders y Katherine L. Goldey, «Testosterone and Partnering Are Linked Via Relationship Status for Women and "Relationship Orientation" for Men», *Hormones and Behavior*, 58, n.º 5 (2010), pp. 820-826.

36. Fisher, *Why We Love*.

37. C. T. Halpern y J. R. Udry, «Testosterone Predicts Initiation of Coitus in Adolescent Females», *Psychosomatic Medicine*, 59, n.º 2 (1997), pp. 161-171.

38. M. I. González *et al.*, «Interactions Between 5-Hydroxytryptamine (5-HT) and Testosterone in the Control of Sexual and Nonsexual Behavior in Male and Female Rats», *Pharmacology Biochemistry and Behavior*, 47, n.º 3 (1994), pp. 591-601.

39. Marc H. Hollender, «The Need or Wish to Be Held», *Archives of General Psychiatry*, 22, n.º 5 (1970), p. 445.

40. Marc H. Hollender *et al.*, «Body Contact and Sexual Enticement», *Archives of General Psychiatry*, 20, n.º 2 (1969), p. 188.

41. Pat Love y J. T. Brown, «Creating Passion and Intimacy», en *The Intimate Couple*, revisado por Jon Carlson y Len Sperry, Psychology Press (1999), pp. 55-65.

42. James G. Pfaus, «Reviews: Pathways of Sexual Desire», *Journal of Sexual Medicine*, 6, n.º 6 (2009), pp. 1506-1533; Carolin Klein *et al.*, «Circulating Endocannabinoid Concentrations and Sexual Arousal in Women», *Journal of Sexual Medicine*, 9, n.º 6 (2012), pp. 1588-1601.

43. Daniel Bergner, *What Do Women Want?: Adventures in the Science of Female Desire*, Nueva York, Ecco, 2013. [Hay trad. cast.: *¿Qué quieren las mujeres? Últimas revelaciones de la ciencia sobre el deseo sexual femenino*, Barcelona, Destino, 2013.]

44. D. L. Lefebvre *et al.*, «Uterine Oxytocin Gene Expression. I. Induction During Pseudopregnancy and the Estrous Cycle», *Endocrinology*, 134, n.º 6 (1994), pp. 2556-2561.

45. Barry R. Komisaruk *et al.*, «Brain Activation During Vagino-cervical Self-Stimulation and Orgasm in Women with Complete Spinal Cord Injury: fMRI Evidence of Mediation by the Vagus Nerves», *Brain Research*, 1024, n.º 1 (2004), pp. 77-88.

46. B. R. Komisaruk *et al.*, «An fMRI Time-Course Analysis of Brain Regions Activated During Self-Stimulation to Orgasm in Women», *Society for Neuroscience* (2010), 285.6.

47. El núcleo paraventricular.

48. El núcleo accumbens.

4. El matrimonio y sus insatisfacciones

1. Donatella Marazziti, «The Neurobiology of Love», *Current Psychiatry Reviews*, 1, n.º 3 (2005), pp. 331-335.

2. Peter B. Gray *et al.*, «Human Male Pair Bonding and Testosterone», *Human Nature*, 15, n.º 2 (2004), pp. 119-131.

3. Kathleen E. Hunt *et al.*, «Endocrine Influences on Parental Care During a Short Breeding Season: Testosterone and Male Parental Care in Lapland Longspurs (Calcarius Lapponicus)», *Behavioral Ecology and Sociobiology*, 45, n.º 5 (1999), pp. 360-369.

4. Anne E. Story *et al.*, «Hormonal Correlates of Paternal Responsiveness in New and Expectant Fathers», *Evolution and Human Behavior*, 21, n.º 2 (2000), pp. 79-95.

5. Peter B. Gray *et al.*, «Marriage and Fatherhood Are Associated with Lower Testosterone in Males», *Evolution and Human Behavior*, 23, n.º 3 (2002), pp. 193-201; Christopher W. Kuzawa *et al.*, «Fatherhood, Pairbonding and Testosterone in the Philippines», *Hormones and Behavior*, 56, n.º 4 (2009), pp. 429-435.

6. Las dos hormonas están presentes tanto en los hombres como en las mujeres pero, a causa del estrógeno y la testosterona, la oxitocina produce más efecto en las mujeres y la vasopresina en los hombres.

7. Miranda M. Lim *et al.*, «Ventral Striatopallidal Oxytocin and Vasopressin V1a Receptors in the Monogamous Prairie Vole (Micro-

tus Ochrogaster)», *Journal of Comparative Neurology*, 468, n.° 4 (2004), pp. 555-570.

8. Brizendine, *The Female Brain*.

9. A. Meyer-Lindenberg *et al*, «Genetic Variants in AVPR1A Linked to Austism Predict Amygdala Activation and Personality Traits in Healthy Humans», *MolecularPsychiatry*, 14, n.° 10 (2008), pp. 968-975.

10. Arthur Aron *et al.*, «Reward, Motivation, and Emotion Systems Associated with Early-Stage Intense Romantic Love», *Journal of Neurophysiology*, 94, n.° 1 (2005), pp. 327-337.

11. Deborah Tannen, *Talking from 9 to 5!: How Women's and Men's Conversational Styles Affect Who Gets Heard, Who Gets Credit, and What Gets Done at Work*, Nueva York, Simon & Schuster Audio, 1994. [Hay trad. cast.: *La comunicación entre hombres y mujeres a la hora del trabajo*, Barcelona, Plural, 2001.]

12. Ned H. Kalin *et al.*, «The Role of the Central Nucleus of the Amygdala in Mediating Fear and Anxiety in the Primate», *Journal of Neuroscience*, 24, n.° 24 (2004), pp. 5506-5515.

13. Cortisol y norepinefrina.

14. Matthew D. Lieberman, *Social: Why Our Brains Are Wired to Connect*, Oxford University Press, 2013.

15. Myron A. Hofer, «The Psychobiology of Early Attachment», *Clinical Neuroscience Research*, 4, n.° 5 (2005), pp. 291-300; Myron A. Hofer, «Psychobiological Roots of Early Attachment», *Current Directions in Psychological Science* 15, n.° 2 (2006), pp. 84-88.

16. Helen E. Fisher, *Anatomy of Love: The Natural History of Monogamy, Adultery, and Divorce*, Nueva York, Simon & Schuster, 1992. [Hay trad. cast.: *La anatomía del amor: historia natural de la monogamia, el adulterio y el divorcio*, Barcelona, Anagrama, 1994.]

17. Jackie Calmes, «To Hold Senate, Democrats Rely on Single Women», *The New York Times*, 2 de julio de 2014.

18. Natalie Angier, «The Changing American Family», *The New York Times*, 25 de noviembre de 2013.

19. Abraham Harold Maslow, «A Theory of Human Motivation», *Psychological Review*, 50, n.° 4 (1943), p. 370.

20. Eli Finkel, «The All-or-Nothing Marriage», *The New York Times*, 14 de febrero de 2014.

21. Mark A. Whisman y Martha L. Bruce, «Marital Dissatisfaction and Incidence of Major Depressive Episode in a Community Sample», *Journal of Abnormal Psychology*, 108, n.° 4 (1999), p. 674; Mark A. Whisman, «The Association Between Depression and Marital Dissatisfaction», en *Marital and Family Processes in Depression: A Scientific Foundation for Clinical Practice*, Steven R. H. Beach, Washington, Asociación Americana de Psicología, 2001, pp. 3-24.

22. Linda Waite y Maggie Gallagher, *The Case for Marriage: Why Married People Are Happier, Healthier and Better Off Financially*, Nueva York, Random House, 2002.

23. Christine M. Proulx *et al.*, «Marital Quality and Personal Well-Being: A Meta- Analysis», *Journal of Marriage and Family*, 69, n.° 3 (2007), pp. 576-593.

24. Marion Solomon y Stan Tatkin, *Love and War in Intimate Relationships: Connection, Disconnection, and Mutual Regulation in Couple Therapy*, Norton Series on Interpersonal Neurobiology, Nueva York, W. W. Norton & Company, 2011; Harville Hendrix, *Getting the Love You Want: A Guide for Couples*, Nueva York, Macmillan, 2007. [Hay trad. cast.: *Conseguir el amor de su vida*, Barcelona, Obelisco, 1997.]

25. Daniel J. Siegel, «An Interpersonal Neurobiology Approach to Psychotherapy», *Psychiatric Annals*, 36, n.° 4 (2006), p. 248.

26. Harville Hendrix y Helen LaKelly Hunt, *Making Marriage Simple: 10 Truths for Changing the Relationship You Have into the One You Want*, Nueva York, Random House, 2013.

27. Pew Research Center, «Mothers as the Sole or Primary Provider», 29 de mayo de 2013.

28. Iraj Mahdavi, «Comparing Men's and Women's Definition of Success», *Journal of Behavioral Studies in Business*, 3 (2010), pp. 1-8.

29. Lynn Prince Cooke, «"Doing" Gender in Context: Household Bargaining and Risk of Divorce in Germany and the United States», *American Journal of Sociology*, 112, n.° 2 (2006), pp. 442-472.

30. Marianne Bertrand *et al.*, «Gender Identity and Relative Inco-

me Within Household», documento de trabajo, National Bureau of Economic Research, n.° 19023, 2013.

31. Cooke, «"Doing" Gender in Context», pp. 442-472.

32. Lori Gottlieb, «Does a More Equal Marriage Mean Less Sex?», *The New York Times*, 6 de febrero de 2014.

33. Sabino Kornrich *et al.*, «Egalitarianism, Housework, and Sexual Frequency in Marriage», *American Sociological Review*, 78, n.° 1 (2013), pp. 26-50.

34. Gary L. Hansen, «Extradyadic Relations During Courtship», *Journal of Sex Research*, 23 (1987), pp. 382-390.

35. James D. Wiggins y Doris A. Lederer, «Differential Antecedents of Infidelity in Marriage», *American Mental Health Counselors Association Journal*, n.° 6 (1984), pp. 152-161.

36. Pamela Druckerman, *Lust in Translation: The Rules of Infidelity from Tokyo to Tennessee*, Nueva York, Penguin Press, 2007.

37. Chien Liu, «A Theory of Marital Sexual Life», *Journal of Marriage and Family*, 62, n.° 2 (2000), pp. 363-374.

38. Mark A. Whisman *et al.*, «Predicting Sexual Infidelity in a Population-Based Sample of Married Individuals», *Journal of Family Psychology*, 21, n.° 2 (2007), pp. 320-324.

39. Ryan y Jethá, *Sex at Dawn*.

40. I. Tsapelas, H. E. Fisher, y A. Aron, «Infidelity: When, Where, Why», en *The Dark Side of Close Relationships II*, W. R. Cupach y B. H. Spitzberg, Nueva York, Routledge, 2010, pp. 175-196.

41. J. F. Wittenberger y R. L. Tilson, «The Evolution of Monogamy: Hypotheses and Evidence», *Annual Review of Ecology and Systematics*, 11 (1980), pp. 197-232; D. W. Mock and M. Fujioka, «Monogamy and Long-Term Bonding in Vertebrates», *Trends in Ecology and Evolution*, 5, n.° 2 (1990), pp. 39-43.

42. Michael J. Benton, *Vertebrate Paleontology*, Wiley-Blackwell, 2005. [Hay trad. cast.: *Paleontología y evolución de los vertebrados*, Lleida, Perfils, 1995.]

43. Anne E. Pusey, «Of Genes and Apes: Chimpanzee Social Organization and Reproduction», *Tree of Origin: What Primate Behavior Can Tell Us About Human Social Evolution*, 2001, pp. 9-38.

44. Ryan y Jethá, *Sex at Dawn*.

45. Barbara Fruth y Gottfried Hohmann, «Social Grease for Females? Same-Sex Genital Contacts in Wild Bonobos», en *Homosexual Behaviour in Animals: An Evolutionary Perspective*, revisado por Volker Sommer y Paul L. Vasey, Nueva York, Cambridge University Press, 2006, pp. 294-315.

46. Katarina Nolte, *Mystery Revealed: Female Sexuality Redefined for the 21st Century, Volume One—Primates*, Katarina Nolte, 2009.

47. Ryan y Jethá, *Sex at Dawn*.

48. *Ibid*.

49. Sherrie Gruder-Adams y Lowell L. Getz, «Comparison of the Mating System and Paternal Behavior in Microtus Ochrogaster and M. Pennsylvanicus», *Journal of Mammalogy*, 66, n.º 1 (1985), pp. 165-167.

50. Thomas R. Insel *et al.*, «Patterns of Brain Vasopressin Receptor Distribution Associated with Social Organization in Microtine Rodents», *Journal of Neuroscience*, 14, n.º 9 (1994), pp. 5381-5392.

51. Lim *et al.*, «Ventral Striatopallidal Oxytocin and Vasopressin V1a Receptors», pp. 555-570.

52. Hasse Walum *et al.*, «Genetic Variation in the Vasopressin Receptor 1a Gene (AVPR1A) Associates with Pair-Bonding Behavior in Humans», 105, n.º 37 (2008), pp. 14153-14156.

53. Sari M. van Anders y Neil V. Watson, «Relationship Status and Testosterone in North American Heterosexual and Non-Heterosexual Men and Women: Crosssectional and Longitudinal Data», *Psychoneuroendocrinology*, 31, n.º 6 (2006), pp. 715-723.

54. Gray *et al.*, «Marriage and Fatherhood», pp. 193-201.

55. Alexandra Alvergne *et al.*, «Variation in Testosterone Levels and Male Reproductive Effort: Insight from a Polygynous Human Population», *Hormones and Behavior*, 56, n.º 5 (2009), pp. 491-497.

56. Lee T. Gettler *et al.*, «Do Testosterone Declines During the Transition to Marriage and Fatherhood Relate to Men's Sexual Behavior? Evidence from the Philippines», *Hormones and Behavior*, 64, n.º 5 (2013), pp. 755-763.

57. Peter T. Ellison, «Social Relationships and Reproductive Eco-

logy», en *Endocrinology of Social Relationships*, Cambridge, Harvard University Press, 2009, pp. 54-73.

58. Jillian J. M. O'Connor *et al.*, «Perceptions of Infidelity Risk Predict Women's Preferences for Low Male Voice Pitch in Short-Term over Long-Term Relationship Contexts», *Personality and Individual Differences*, 56 (2014), pp. 73-77.

59. Meredith F. Small, *Female Choices: Sexual Behavior of Female Primates*, Ithaca, Nueva York, Cornell University Press, 1993, p. 153.

60. Fisher, *Anatomy of Love*.

61. T. Orzeck y E. Lung, «Big-Five Personality Differences of Cheaters and Non-Cheaters», *Current Psychology*, 24 (2005), pp. 274-286.

62. S. Hendrick y C. Hendrick, «Multidimensionality of Sexual Attitudes», *The Journal of Sex Research*, 23 (1987), pp. 502-526.

63. Esther Perel, *Mating in Captivity: Unlocking Erotic Intelligence*, Nueva York, Harper, 2007. [Hay trad. cast.: *Inteligencia erótica: claves para mantener la pasión en la pareja*, Madrid, Temas de Hoy, 2007.]

64. Stan Tatkin, *Wired for Love: How Understanding Your Partner's Brain and Attachment Style Can Help You Defuse Conflict and Build a Secure Relationship*, Oakland, New Harbinger Publications, 2012.

65. W. Bradford Wilcox y Jeffrey Dew, «The Date Night Opportunity: What Does Couple Time Tell Us About the Potential Value of Date Nights?», National Marriage Project, en <www.virginia.edu/marriageproject>, 2012.

66. P. R. Amato y S. J. Rogers, «A Longitudinal Study of Marital Problems and Subsequent Divorce», *Journal of Marriage and the Family*, 59 (1997), pp. 612-624.

67. Jeffrey Dew, «Has the Marital Time Cost of Parenting Changed Over Time?», *Social Forces*, 88, n.º 2 (2009), pp. 519-541.

68. Tammy Nelson, *The New Monogamy: Redefining Your Relationship After Infidelity*, Oakland, New Harbinger Publications, 2013.

69. Bruce Roscoe *et al.*, «Dating Infidelity: Behaviors, Reasons and Consequences», *Adolescence*, 89 (1988), pp. 35-43; Druckerman, *Lust in Translation*.

70. Michael M. Olson *et al.*, «Emotional Processes Following Disclosure of an Extramarital Affair», *Journal of Marital and Family Therapy*, 28, n.º 4 (2002), pp. 423-434.

71. Hansen, «Extradyadic Relations During Courtship», pp. 382-390.

72. Solomon y Tatkin, *Love and War in Intimate Relationships*.

73. D. Easton y C. Liszt, *The Ethical Slut: A Guide to Infinite Sexual Possibilities*, Eugene, Greenery Press, 1997. [Hay trad. cast.: *Ética promiscua: una guía práctica para el poliamor, las relaciones abiertas y otras aventuras*, Barcelona, Melusina, 2013.]

74. Perel, *Mating in Captivity*, p. 179.

75. F. Ferrari y D. Giuliani, «Sexual Attraction and Copulation in Male Rats: Effects of the Dopamine Agonist SND 919», *Pharmacology Biochemistry and Behavior*, 50, n.º 1 (1995), pp. 29-34.

76. D. Wenkstern *et al.*, «Dopamine Transmission Increases in the Nucleus Accumbens of Male Rats During Their First Exposure to Sexually Receptive Female Rats», *Brain Research*, 618, n.º 1 (1993), pp. 41-46.

77. J. Bancroft *et al.*, «The Relation Between Mood and Sexuality in Heterosexual Men», *Archives of Sexual Behavior*, 32 (2003), pp. 217-230.

78. Winnifred B. Cutler *et al.*, «Sexual Behavior Frequency and Menstrual Cycle Length in Mature Premenopausal Women», *Psychoneuroendocrinology*, 4, n.º 4 (1979), pp. 297-309.

79. Fisher, *Why We Love*.

80. Hendrix y Hunt, *Making Marriage Simple*.

81. *Ibid.*

82. David G. Blanchflower, y Andrew J. Oswald, «Money, Sex and Happiness: An Empirical Study», *The Scandinavian Journal of Economics*, 106, n.º 3 (2004), pp. 393-415.

83. D. Kahnman, «Objective Happiness», en *Well-Being: The Foundations of Hedonic Psychology*, revisado por Daniel Kahneman,

Ed Diener y Norbert Schwarz, Nueva York, Russell Sage Foundation, 2003, pp. 3-26.

5. CEREBRITO DE MAMÁ

1. Doidge, *The Brain That Changes Itself*.

2. Craig Howard Kinsley, «The Neuroplastic Maternal Brain», *Hormones and Behavior*, 54, n.° 1 (2008), pp. 1-4; Cindy K. Barha y Liisa A. M. Galea, «Influence of Different Estrogens on Neuroplasticity and Cognition in the Hippocampus», *Biochimica et Biophysica Acta (BBA)–General Subjects*, 1800, n.° 10 (2010), pp. 1056-1067.

3. Carrie Cuttler *et al.*, «Everyday Life Memory Deficits in Pregnant Women», *Canadian Journal of Experimental Psychology/Revue Canadienne de Psychologie Expérimentale*, 65, n.° 1 (2011), p. 27; Charles M. Poser *et al.*, «Benign Encephalopathy of Pregnancy Preliminary Clinical Observations», *Acta Neurologica Scandinavica*, 73, n.° 1 (1986), pp. 39-43; Peter M. Brindle *et al.*, «Objective and Subjective Memory Impairment in Pregnancy», *Psychological Medicine*, 21, n.° 03 (1991), pp. 647-653.

4. Craig Kinsley y Kelly Lambert, «Reproduction-Induced Neuroplasticity: Natural Behavioral and Neuronal Alterations Associated with the Production and Care of Offspring», *Journal of Neuroendocrinology*, 20, n.° 4 (2008a), pp. 515-525.

5. G. Kunz *et al.*, «Uterine Peristalsis During the Follicular Phase of the Menstrual Cycle: Effects of Estrogen, Antioestrogen and Oxytocin», *Human Reproduction Update*, 4, n.° 5 (1998), pp. 647-654.

6. Anna-Riitta Fuchs *et al.*, «Oxytocin Receptors and Human Parturition: A Dual Role for Oxytocin in the Initiation of Labor», *Science*, 215, n.° 4538 (1982), pp. 1396-1398.

7. Carsten De Dreu *et al.*, «The Neuropeptide Oxytocin Regulates Parochial Altruism in Intergroup Conflict Among Humans», *Science*, 328, n.° 5984 (2010), pp. 1408-1411.

8. A. Ferreira *et al.*, «Role of Maternal Behavior on Aggression,

Fear and Anxiety», *Physiology & Behavior*, 77, n.° 2 (2002), pp. 197-204.

9. Walter J. Freeman, *Neurodynamics: An Exploration in Mesoscopic Brain Dynamics*, Nueva York, Springer, 2000.

10. Natalie Angier, «The Changing American Family», *The New York Times*, 25 de noviembre de 2013.

11. Lewis Krey *et al.*, «Fertility and Maternal Age», *Annals of the New York Academy of Sciences*, 943, n.° 1 (2001), pp. 26-33.

12. Linda Hammer Burns, «Psychiatric Aspects of Infertility and Infertility Treatments», *Psychiatric Clinics of North America*, 30, n.° 4 (2007), pp. 689-716; J. L. Blenner, «Clomiphene-Induced Mood Swings», *Journal of Obstetric, Gynecologic, & Neonatal Nursing*, 20, n.° 4 (1991), pp. 321-27; So-Hyun Choi *et al.*, «Psychological Side-Effects of Clomiphene Citrate and Human Menopausal Gonadotrophin», *Journal of Psychosomatic Obstetrics & Gynecology*, 26, n.° 2 (2005), pp. 93-100.

13. F. Siedentopf *et al.*, «Clomiphene Citrate as a Possible Cause of a Psychotic Reaction During Infertility Treatment», *Human Reproduction*, 12, n.° 4 (1997), pp. 706-707.

14. Rainer N. Persaud y Raymond W. Lam, «Manic Reaction After Induction of Ovulation with Gonadotropins», *American Journal of Psychiatry*, 155, n.° 3 (1998), pp. 447-448.

15. J. Johnston, «The Nesting Instinct», *Midwifery Today with International Midwife*, 71 (2003), pp. 36-37.

16. V. Hendrick *et al.*, «Antidepressant Medications, Mood and Male Fertility», *Psychoneuroendocrinology*, 25, n.° 1 (2000), pp. 37-51.

17. M. Juszczak y M. Michalska. «The Effect of Melatonin on Prolactin, Luteinizing Hormone (LH), and Follicle-Stimulating Hormone (FSH) Synthesis and Secretion», *Postepy higieny i medycyny doswiadczalnej* (online), 60 (2005), pp. 431-438.

18. Elysia Poggi Davis *et al.*, «Prenatal Exposure to Maternal Depression and Cortisol Influences Infant Temperament», *Journal of the American Academy of Child & Adolescent Psychiatry*, 46, n.° 6 (2007), pp. 737-746; R. L. Huot *et al.*, «Negative Affect in Offspring of Depressed Mothers Is Predicted by Infant Cortisol Levels at 6 Months

and Maternal Depression During Pregnancy, But Not Postpartum», *Annals of the New York Academy of Sciences*, 1032, n.° 1 (2004), pp. 234-236.

19. K. A. Yonkers *et al.*, «The Management of Depression During Pregnancy: A Report from the American Psychiatric Association and the American College of Obstetricians and Gynecologists», *Obstetrics and Gynecology*, 114 (2009), pp. 703-713; Rachel M. Hayes *et al.*, «Maternal Antidepressant Use and Adverse Outcomes: A Cohort Study of 228,876 Pregnancies», *American Journal of Obstetrics and Gynecology*, 207, n.° 1 (2012), pp. 49.e1-49.e9.

20. Rebecca A. Harrington *et al.*, «Serotonin Hypothesis of Autism: Implications for Selective Serotonin Reuptake Inhibitor Use During Pregnancy», *Autism Research*, 6, n.° 3 (2013), pp. 149-168.

21. Lisa A. Croen *et al.*, «Antidepressant Use During Pregnancy and Childhood Autism Spectrum Disorders», *Archives of General Psychiatry*, 68, n.° 11 (2011), pp. 1104-1112.

22. Anders Hviid *et al.*, «Use of Selective Serotonin Reuptake Inhibitors During Pregnancy and Risk of Autism», *New England Journal of Medicine*, 369, n.° 25 (2013), pp. 2406-2415; Merete Juul Sorensen *et al.*, «Antidepressant Exposure in Pregnancy and Risk of Autism Spectrum Disorders», *Clinical Epidemiology*, 5 (2013), p. 449.

23. Yonkers *et al.*, «The Management of Depression During Pregnancy», pp. 703-713.

24. Lori L. Altshuler *et al.*, «An Update on Mood and Anxiety Disorders During Pregnancy and the Postpartum Period», *Primary Care Companion to the Journal of Clinical Psychiatry*, 2, n.° 6 (2000), p. 217.

25. *Ibid.*

26. Kathryn A. Lee y Aaron B. Caughey, «Evaluating Insomnia During Pregnancy and Postpartum», en *Sleep Disorders in Women*, Totowa, New Jersey, Humana Press, 2006, pp. 185-198.

27. Jodi A. Mindell y Barry J. Jacobson, «Sleep Disturbances During Pregnancy», *Journal of Obstetric, Gynecologic, & Neonatal Nursing*, 29, n.° 6 (2000), pp. 590-597.

28. Ellice Lieberman y Carol O'Donoghue, «Unintended Effects

of Epidural Analgesia During Labor: A Systematic Review», *American Journal of Obstetrics and Gynecology*, 186, n.° 5 (2002), pp. S31-S68.

29. Osama M. H. Habayeb *et al.*, «Plasma Levels of the Endocannabinoid Anandamide in Women—A Potential Role in Pregnancy Maintenance and Labor?», *Journal of Clinical Endocrinology & Metabolism*, 89, n.° 11 (2004), pp. 5482-5487. El sistema endoncannabinoide está bien representado en los tejidos y participa en la ovulación y también en la implantación del óvulo.

30. V. Nallendran *et al.*, «The Plasma Levels of the Endocannabinoid, Anandamide, Increase with the Induction of Labor», *BJOG: An International Journal of Obstetrics & Gynecology*, 117, n.° 7 (2010), pp. 863-869.

31. Polly A. Newcomb *et al.*, «Lactation and a Reduced Risk of Premenopausal Breast Cancer», *New England Journal of Medicine*, 330, n.° 2 (1994), pp. 81-87.

32. Marta L. Gwinn *et al.*, «Pregnancy, Breast Feeding, and Oral Contraceptives and the Risk of Epithelial Ovarian Cancer», *Journal of Clinical Epidemiology*, 43, n.° 6 (1990), pp. 559-568.

33. Elizabeth Sibolboro Mezzacappa, «Breastfeeding and Maternal Stress Response and Health», *Nutrition Reviews*, 62, n.° 7 (2004), pp. 261-268.

34. S. C. Gammie *et al.*, «Role of Corticotropin Releasing Factor-Related Peptides in the Neural Regulation of Maternal Defense», *Neurobiology of the Parental Brain*, San Diego, California, Elsevier, 2008.

35. W. E. Heine, «The Significance of Tryptophan in Infant Nutrition», *Adv Exp Med Biol*, 467 (1999), pp. 705-710.

36. T. Barrett *et al.*, «Does Melatonin Modulate Beta-Endorphin, Corticosterone, and Pain Threshold?», *Life Sciences*, 66, n.° 6 (2000), pp. 467-476.

37. *Ibid.*, Zanardo.

38. V. Zanardo *et al.*, «Beta Endorphin Concentrations in Human Milk», *J Pediatr Gastroenterol Nutr*, 33, n.° 2 (2001), pp. 160-164; R. Franceschini *et al.*, «Plasma Beta-Endorphin Concentrations During Suckling in Lactating Women», *Br J Obstet Gynaecol*, 96, n.° 6 (1989), pp. 711-713.

39. Timothy H. Marczylo *et al.*, «A Solid-Phase Method for the Extraction and Measurement of Anandamide from Multiple Human Biomatrices», *Analytical Biochemistry*, 384, n.° 1 (2009), pp. 106-113.

40. R. Mechoulam *et al.*, «Endocannabinoids, Feeding and Suckling-from Our Perspective», *International Journal of Obesity*, 30 (2006), pp. S24-S28.

41. V. Di Marzo *et al.*, «Trick or Treat from Food Endocannabinoids?», *Nature*, 396 (1998), pp. 636-637; Florence Williams, *Breasts: A Natural and Unnatural History*, Nueva York, W. W. Norton & Company, 2012.

42. Ester Fride, «The Endocannabinoid-CB1 Receptor System in Pre and Postnatal Life», *European Journal of Pharmacology*, 500, n.° 1 (2004), 289-297.

43. Ester Fride, «The Endocannabinoid - CB1 Receptor System in Pre and Postnatal Life», European Journal of Pharmacology, 500, n.° 1 (2004), 289-297.

44. Ester Fride *et al.*, «Critical Role of the Endogenous Cannabinoid System in Mouse Pup Suckling and Growth», *European Journal of Pharmacology*, 419, n.° 2 (2001), pp. 207-214.

45. Y. Le Strat y B. Le Foll, «Obesity and Cannabis Use: Results from 2 Representative National Surveys», *American Journal of Epidemiology*, 174, n.° 8 (2011), p. 929.

46. N. Rodondi *et al.*, «Marijuana Use, Diet, Body Mass Index, and Cardiovascular Risk Factors (from the CARDIA Study)», *American Journal of Cardiology*, 98, n.° 4 (2006), pp. 478-484.

47. Williams, *Breasts*.

48. *Ibid.*

49. Linda S. Adair y Ernesto Pollitt, «Energy Balance During Pregnancy and Lactation», *Lancet*, 320, n.° 8291 (1982), p. 219; F. Kramer *et al.*, «Breast-Feeding Reduces Maternal Lower-Body Fat», *Journal of the American Dietetic Association*, 93, n.° 4 (1993), pp. 429-433.

50. El Avent Isis es mi sacaleches favorito.

51. Thomas R. Insel, «Oxytocin-a Neuropeptide for Affiliation: Evidence from Behavioral, Receptor Autoradiographic, and Comparative Studies», *Psychoneuroendocrinology*, 17, n.° 1 (1992), pp. 3-35.

52. Ilanit Gordon *et al.*, «Oxytocin and the Development of Parenting in Humans», *Biological Psychiatry*, 68, n.° 4 (2010), pp. 377-382.

53. Linda F. Palmer, «The Chemistry of Attachment», *Attachment Parenting International News*, 5, n.° 2 (2002).

54. Thomas R. Insel *et al.*, «Oxytocin, Vasopressin, and the Neuroendocrine Basis of Pair Bond Formation», en *Vasopressin and Oxytocin* (Springer, 1998), pp. 215-224.

55. Alison S. Fleming *et al.*, «Testosterone and Prolactin Are Associated with Emotional Responses to Infant Cries in New Fathers», *Hormones and Behavior*, 42, n.° 4 (2002), pp. 399-413.

56. John Bowlby, «Maternal Care and Mental Health», *Journal of Consulting Psychology*, 16, n.° 3 (1952), p. 232.

57. Maté, *When the Body Says No.*

58. Myron A. Hofer, «Physiological and Behavioral Processes in Early Maternal Deprivation», *Physiology, Emotion and Psychosomatic Illness*, Elsevier (1972), pp. 175-186.

59. Christian Caldji *et al.*, «Maternal Care During Infancy Regulates the Development of Neural Systems Mediating the Expression of Fearfulness in the Rat», *PNAS*, 95, n.° 9 (1998), 5335-5340; Christian Caldji *et al.*, «Variations in Maternal Care in Infancy Regulate the Development of Stress Reactivity», *Biological Psychiatry*, 48, n.° 12 (2000), pp. 1164-1174.

60. Maté, *When the Body Says No.*

61. Daniel J. Siegel y Mary Hartzell, *Parenting from the Inside Out*, Nueva York, Penguin, 2003.

62. Michael W. O'Hara, «Post-partum Blues, Depression, and Psychosis: A Review», *Journal of Psychosomatic Obstetrics & Gynecology*, 7, n.° 3 (1987), pp. 205-227.

63. Joanna L. Workman *et al.*, «Endocrine Substrates of Cognitive and Affective Changes During Pregnancy and Postpartum», *Behavioral Neuroscience*, 126, n.° 1 (2012), p. 54.

64. Zachary N. Stowe y Charles B. Nemeroff, «Women at Risk for Postpartum-Onset Major Depression», *American Journal of Obstetrics and Gynecology*, 173, n.° 2 (1995), pp. 639-645.

65. O'Hara, «Post-partum Blues, Depression», pp. 205-227.

66. Maureen W. Groer y Katherine Morgan, «Immune, Health and Endocrine Characteristics of Depressed Postpartum Mothers», *Psychoneuroendocrinology*, 32, n.° 2 (2007), pp. 133-139.

67. Michael W. O'Hara *et al.*, «Prospective Study of Postpartum Blues: Biologic and Psychosocial Factors», *Archives of General Psychiatry*, 48, n.° 9 (1991), p. 801.

68. O'Hara, «Post-partum Blues, Depression», pp. 205-227.

69. Victor J. M. Pop *et al.*, «Prevalence of Post Partum Depression: or Is It Post-Puerperium Depression?», *Acta obstetricia et gynecologica Scandinavica*, 72, n.° 5 (1993), pp. 354-358.

70. Cristina Borra, Maria Iacovou, y Almudena Sevilla, «New Evidence on Breastfeeding and Postpartum Depression: The Importance of Understanding Women's Intentions», *Maternal and Child Health Journal* (2014), pp. 1-11.

71. Jenny S. Radesky *et al.*, «Inconsolable Infant Crying and Maternal Postpartum Depressive Symptoms», *Pediatrics*, 131, n.° 6 (2013), pp. e1857-e1864.

72. Sandra Aamodt y Sam Wang, *Welcome to Your Child's Brain: How the Mind Grows, from Birth to University*, Londres, Oneworld Publications, 2012.

73. Sil Reynolds y Eliza Reynolds, *Mothering and Daughtering: Keeping Your Bond Strong Through the Teenage Years*, Boulder, Colorado, Sounds True, 2013.

74. *Ibid.*

75. Angier, «The Changing American Family», *The New York Times*.

76. *Ibid.*, Angier.

77. Gordon Neufeld y Gabor Maté, *Hold On to Your Kids: Why Parents Need to Matter More Than Peers*, Toronto, Vintage, 2013.

78. Sarah Blaffer Hrdy, «Mothers and Others», *Natural History*, 110, n.° 4 (2001), pp. 50-62.

79. Ryan y Jethá, *Sex at Dawn*.

80. *Ibid.*, 109.

81. Kay Mordecai Robson *et al.*, «Maternal Sexuality During First

Pregnancy and After Childbirth», *BJOG: An International Journal of Obstetrics & Gynecology*, 88, n.º 9 (1981), pp. 882-889; A. Don Solberg *et al.*, «Sexual Behavior in Pregnancy», en *Handbook of Sex Therapy*, Springer, 1978, pp. 361-371.

82. Carolyn Pape Cowan y Philip A. Cowan, *When Partners Become Parents: The Big Life Change for Couples*, Hillsdale, New Jersey, Lawrence Erlbaum Associates, 2000.

83. Margaret A. De Judicibus y Marita P. McCabe, «Psychological Factors and the Sexuality of Pregnant and Postpartum Women», *Journal of Sex Research*, 39, n.º 2 (2002), pp. 94-103.

84. Virginia L. Larsen, «Stresses of the Childbearing Year», *American Journal of Public Health and the Nations Health*, 56, n.º 1 (1966), pp. 32-36.

85. Berman y Berman, *For Women Only*.

86. *Ibid.*

87. Emily S. Barrett *et al.*, «Marriage and Motherhood Are Associated with Lower Testosterone Concentrations in Women», *Hormones and Behavior*, 63, n.º 1 (2013), pp. 72-79.

88. Perel, *Mating in Captivity*.

89. Sheila Kitzinger, *Ourselves as Mothers: The Universal Experience of Motherhood*, Reading, Massachusetts, Addison-Wesley, 1995.

90. John Mordechai Gottman y Nan Silver, *The Seven Principles for Making Marriage Work*, Nueva York, Random House, 1999. [Hay trad. cast.: *Siete reglas de oro para vivir en pareja*, Barcelona, Debolsillo, 2010.]

91. Winks y Semans, *Sexy Mamas*.

92. Patricia Love y Jo Robinson, *Hot Monogamy: Essential Steps to More Passionate, Intimate Lovemaking*, Dutton, 1994.

93. Perel, *Mating in Captivity*.

94. Showell, *The State of Married Sex*.

95. Winks y Semans, *Sexy Mamas*.

96. *Ibid.*

97. *Ibid.*, 191.

6. Perimenopausia: la tormenta que precede a la calma

1. Berman y Berman, *For Women Only*.

2. Jennifer Senior, *All Joy and No Fun: The Paradox of Modern Parenthood*, Nueva York, HarperCollins, 2014.

3. Jim Duffy, «Lifting the Fog», *Hopkins Medicine*, 1 de octubre de 2013, pp. 31-37.

4. Sara Gottfried, *The Hormone Cure: Reclaim Balance, Sleep, Sex Drive and Vitality Naturally with the Gottfried Protocol*, Nueva York, Simon and Schuster, 2013; Berman y Berman, *For Women Only*.

5. Laura E. Corio, *The Change Before the Change*, Nueva York, Bantam, 2000.

6. *Ibid.*

7. Ellen W. Freeman *et al.*, «Temporal Associations of Hot Flashes and Depression in the Transition to Menopause», *Menopause*, 16, n.º 4 (2009), p. 728.

8. D. R. Meldrum *et al.*, «Pituitary Hormones During the Menopausal Hot Flash», *Obstetrics and Gynecology*, 64, n.º 6 (1984), pp. 752-756.

9. Mary G. Metcalf, «Incidence of Ovulatory Cycles in Women Approaching the Menopause», *Journal of Biosocial Science*, 11, n.º 1 (1979), pp. 39-48.

10. Steven F. Hotze, *Hormones, Health, and Happiness*, Houston, Forrest Publishing, 2005.

11. Gottfried, *Hormone Cure*.

12. Hotze, *Hormones, Health, and Happiness*.

13. *Ibid.*

14. Corio, *The Change Before the Change*.

15. Christiane Northrup, *The Wisdom of Menopause*, edición revisada, Hay House, Inc., 2012.

16. La forma ginoide de caderas anchas es la habitual en el 80 % de las mujeres premenopáusicas, pero con los años la mayoría pasan de una forma de pera a una de manzana (llamada androide), y el porcentaje anterior se reduce al 50 % en las mujeres perimenopáusicas, y al 40 % en las posmenopáusicas. Corio, *The Change Before the Change*.

17. Rebecca C. Thurston *et al.*, «Vasomotor Symptoms and Insulin Resistance in the Study of Women's Health Across the Nation», *Journal of Clinical Endocrinology & Metabolism*, 97, n.° 10 (2012), pp. 3487-3494.

18. Las glándulas suprarrenales, que se encuentran en la parte superior de los riñones, producen cortisol como respuesta al estrés. El cortisol contrarresta la insulina, lo que provoca niveles de azúcar en sangre más elevados. También estimula la producción de azúcar en el hígado, llamada gluconeogénesis, y detiene la secreción de una proteína transportadora (GLIT4) que el azúcar necesita para entrar en la célula. Toda esta glucosa excedente que no se quema en forma de energía o se almacena en el hígado para un uso posterior queda depositada como grasa abdominal. Claudia Gragnoli, «Depression and Type 2 Diabetes: Cortisol Pathway Implication and Investigational Needs», *Journal of Cellular Physiology*, 227, n.° 6 (2012), pp. 2318-2322; Soonho Kwon y Kathie L. Hermayer, «Glucocorticoid-Induced Hyperglycemia», *American Journal of the Medical Sciences*, 345, n.° 4 (2013), pp. 274-277; Paul E. Marik y Rinaldo Bellomo, «Stress Hyperglycemia: An Essential Survival Response», *Critical Care*, 17, n.° 2 (2013), p. 305; Nyika D. Kruyt *et al.*, «Stress-Induced Hyperglycemia in Healthy Bungee Jumpers Without Diabetes Due to Decreased Pancreatic B-Cell Function and Increased Insulin Resistance», *Diabetes Technology & Therapeutics*, 14, n.° 4 (2012), pp. 311-314.

19. André Tchernof *et al.*, «Menopause, Central Body Fatness, and Insulin Resistance: Effects of Hormone-Replacement Therapy», *Coronary Artery Disease*, 9, n.° 8 (1998), pp. 503-512.

20. Hotze, *Hormones, Health, and Happiness.*

21. Corio, *The Change Before the Change.*

22. Hotze, *Hormones, Health, and Happiness.*

23. El embarazo, las pastillas anticonceptivas y los suplementos de estrógeno pueden aumentar la proteína que engulle la hormona tiroidea libre.

24. Gottfried, *Hormone Cure.*

25. Hotze, *Hormones, Health, and Happiness.*

26. Lori Asarian y Nori Geary, «Modulation of Appetite by Go-

nadal Steroid Hormones», *Philosophical Transactions of the Royal Society B: Biological Sciences*, 361, n.º 1471 (2006), pp. 1251-1263.

27. Freeman *et al.*, «Temporal Associations of Hot Flashes and Depression», p. 728.

28. E. W. Freeman *et al.*, «Hormones and Menopausal Status as Predictors of Depression in Women in Transition to Menopause», *Archives of General Psychiatry*, 61 (2004), pp. 62-70.

29. «QuickStats: Prevalence of Current Depression Among Persons Aged 12 Years, by Age Group and Sex; United States, National Health and Nutrition Examination Survey, 2007-2010», *Morbidity and Mortality Weekly Report (MMWR)*, 60, n.º 51 (2012), p. 1747.

30. Erika Estrada-Camarena *et al.*, «Antidepressant-like Effect of Different Estrogenic Compounds in the Forced Swimming Test», *Neuropsychopharmacology: Official Publication of the American College of Neuropsychopharmacology*, 28, n.º 5 (2003), pp. 830-838.

31. Zenab Amin *et al.*, «Effect of Estrogen-Serotonin Interactions on Mood and Cognition», *Behavioral and Cognitive Neuroscience Reviews*, 4, n.º 1 (2005), pp. 43-58.

32. El estrógeno aumenta la expresión génica de la enzima que produce serotonina y también incrementa de modo directo la actividad de la serotonina. Si quieres hacerte una idea del funcionamiento del estrógeno y la progesterona como opuestos, ten en cuenta lo siguiente: mientras el estrógeno produce niveles altos de serotonina al impedir que la degrade la enzima MAO, los niveles altos de progesterona aumentan la actividad de esta enzima y, por tanto, los niveles de serotonina disminuyen. Una progesterona alta inhibe los efectos estimulantes de la testosterona sobre el estado de ánimo, razón por la que en la segunda mitad del ciclo, cuando se produce un dominio de la progesterona, puedes sentirte deprimida, aletargada y apática. C. L. Bethea *et al.*, «Ovarian Steroids and Serotonin Neural Function», *Molecular Neurobiology*, 18, n.º 2 (1998), pp. 87-123; I. Hindberg y O. Naesh, «Serotonin Concentrations in Plasma and Variations During the Menstrual Cycle», *Clinical Chemistry*, 38, n.º 10 (1992), pp. 2087-2089; Corio, *The Change Before the Change*.

33. M. F. Morrison *et al.*, «Lack of Efficacy of Estradiol for De-

pression in Post-Menopausal Women: A Randomized, Controlled Trial», *Biological Psychiatry*, 55 (2004), pp. 406-412; Jennifer L. Payne *et al.*, «A Reproductive Subtype of Depression: Conceptualizing Models and Moving Toward Etiology», *Harvard Review of Psychiatry*, 17, n.º 2 (2009), pp. 72-86.

34. Zenab Amin *et al.*, «The Interaction of Neuroactive Steroids and GABA in the Development of Neuropsychiatric Disorders in Women», *Pharmacology Biochemistry and Behavior*, 84, n.º 4 (2006), pp. 635-643.

35. Corio, *The Change Before the Change.*

36. *Ibid.*

37. Theresa M. Buckley y Alan F. Schatzberg, «On the Interactions of the Hypothalamic-Pituitary-Adrenal (HPA) Axis and Sleep: Normal HPA Axis Activity and Circadian Rhythm, Exemplary Sleep Disorders», *Journal of Clinical Endocrinology & Metabolism*, 90, n.º 5 (2005), pp. 3106-3114.

38. El 40 % de las mujeres perimenopáusicas sufren espasmos en las piernas, probablemente debido a unos niveles bajos de magnesio. Corio, *The Change Before the Change.*

39. Hotze, *Hormones, Health, and Happiness.*

40. Bruce S. McEwen y Stephen E. Alves, «Estrogen Actions in the Central Nervous System 1», *Endocrine Reviews*, 20, n.º 3 (1999), pp. 279-307.

41. Los sustantivos son lo primero que se olvida. Cuando desciendan los niveles de estrógeno, es posible que no te venga a la cabeza un nombre o el título de la película que viste anoche. La memoria verbal parece ser el terreno específico del estrógeno, aunque algunas mujeres menopáusicas también hablan de una coordinación motriz fina menor y de tiempos de reacción mayores.

42. Barbara B. Sherwin y Susana Phillips, «Estrogen and Cognitive Functioning in Surgically Menopausal Women», *Annals of the New York Academy of Sciences*, 592, n.º 1 (1990), pp. 474-475; Barbara B. Sherwin, «Estrogen and Cognitive Functioning in Women», *Endocrine Reviews*, 24, n.º 2 (2003), pp. 133-151.

43. E. S. LeBlanc *et al.*, «Hormone Replacement Therapy and

Cognition: Systematic Review and Metaanalysis», *JAMA*, 285 (2001), pp. 1489-1499.

44. Elizabeth Barrett-Connor y Deborah Goodman-Gruen, «Cognitive Function and Endogenous Sex Hormones in Older Women», *Journal of the American Geriatrics Society* (1999); Jeri S. Janowsky, «Thinking with Your Gonads: Testosterone and Cognition», *Trends in Cognitive Sciences*, 10, n.º 2 (2006), pp. 77-82.

45. David R. Rubinow y Peter J. Schmidt, «Androgens, Brain, and Behavior», *American Journal of Psychiatry*, 153, n.º 8 (1996), pp. 974-984.

46. Barbara B. Sherwin, «Estrogen and/or Androgen Replacement Therapy and Cognitive Functioning in Surgically Menopausal Women», *Psychoneuroendocrinology*, 13, n.º 4 (1988), pp. 345-357.

47. Peter P. Zandi *et al.*, «Hormone Replacement Therapy and Incidence of Alzheimer Disease in Older Women: The Cache County Study», *JAMA*, 288, n.º 17 (2002), pp. 2123-2129.

48. Gunnar K. Gouras *et al.*, «Testosterone Reduces Neuronal Secretion of Alzheimer's B-Amyloid Peptides», *PNAS*, 97, n.º 3 (2000), pp. 1202-1205.

49. Janowsky, «Thinking with Your Gonads», pp. 77-82.

50. V. Luine y M. Frankfurt, «Interactions Between Estradiol, BDNF and Dendritic Spines in Promoting Memory», *Neuroscience*, 239 (2013), pp. 34-45.

51. Joey Sprague y David Quadagno, «Gender and Sexual Motivation: An Exploration of Two Assumptions», *Journal of Psychology & Human Sexuality*, 2, n.º 1 (1989), pp. 57-76.

52. Lori Gottlieb, «Does a More Equal Marriage Mean Less Sex?», *The New York Times*, 6 de febrero de 2014.

53. Katherine L. Goldey y Sari M. van Anders, «Sexy Thoughts: Effects of Sexual Cognitions on Testosterone, Cortisol, and Arousal in Women», *Hormones and Behavior*, 59, n.º 5 (2011), pp. 754-764.

54. Lorraine Dennerstein *et al.*, «The Relative Effects of Hormones and Relationship Factors on Sexual Function of Women Through the Natural Menopausal Transition», *Fertility and Sterility*, 84, n.º 1 (2005), pp. 174-180.

55. D. T. Armstrong, «Effects of Maternal Age on Oocyte Developmental Competence», *Theriogenology*, 55, n.° 6 (2001), pp. 1303-1322.

56. Abraham Reichenberg *et al.*, «Advancing Paternal Age and Autism», *Archives of General Psychiatry*, 63, n.° 9 (2006), pp. 1026-1032; Dolores Malaspina *et al.*, «Advancing Paternal Age and the Risk of Schizophrenia», *Archives of General Psychiatry*, 58, n.° 4 (2001), pp. 361-367.

57. S. M. Harman *et al.*, «Longitudinal Effects of Aging on Serum Total and Free Testosterone Levels in Healthy Men», Baltimore Longitudinal Study of Aging, *J Clin Endocrinol Metabol*, 86 (2001), pp. 724-731.

58. Joel S. Finkelstein *et al.*, «Gonadal Steroids and Body Composition, Strength, and Sexual Function in Men», *New England Journal of Medicine*, 369, n.° 11 (2013), pp. 1011-1022.

59. Los ovarios siguen produciendo testosterona y androstenediona, dos andrógenos, hasta cinco años después de la menopausia. Corio, *The Change Before the Change*.

60. Uwe D. Rohr, «The Impact of Testosterone Imbalance on Depression and Women's Health», *Maturitas*, 41 (2002), pp. 25-46.

61. Rohr, «The Impact of Testosterone Imbalance», pp. 25-46.

62. Hotze, *Hormones, Health, and Happiness*.

63. La Tibolona, un medicamento que aumenta los niveles de testosterona y estrógeno libres y, más importante, reduce los niveles de SHBG, mejora el humor y la libido de las mujeres menopáusicas. Susan R. Davis, «The Effects of Tibolone on Mood and Libido», *Menopause*, 9, n.° 3 (2002), pp. 162-170.

64. Sari M. van Anders, «Testosterone and Sexual Desire in Healthy Women and Men», *Archives of Sexual Behavior*, 41, n.° 6 (2012), pp. 1471-1484.

65. Rebecca Goldstat *et al.*, «Transdermal Testosterone Therapy Improves Well-Being, Mood, and Sexual Function in Premenopausal Women», *Menopause*, 10, n.° 5 (2003), pp. 390-398.

66. Joyce T. Bromberger *et al.*, «Longitudinal Change in Reproductive Hormones and Depressive Symptoms Across the Menopausal

Transition: Results from the Study of Women's Health Across the Nation (SWAN)», *Archives of General Psychiatry*, 67, n.º 6 (2010), pp. 598-607.

67. Bob Berkowitz y Susan Yager-Berkowitz, *He's Just Not Up for It Anymore: Why Men Stop Having Sex, and What You Can Do About It*, Nueva York, Harper-Collins, 2007.

68. Edward O. Laumann *et al.*, «Sexual Dysfunction in the United States: Prevalence and Predictors», *JAMA*, 281, n.º 6 (1999), pp. 537-544; Alan Riley y Elizabeth Riley, «Controlled Studies on Women Presenting with Sexual Drive Disorder: I. Endocrine Status», *Journal of Sex & Marital Therapy*, 26, n.º 3 (2000), pp. 269-283.

69. Berman y Berman, *For Women Only*.

70. Hotze, *Hormones, Health, and Happiness*.

71. Brian W. Somerville, «The Role of Estradiol Withdrawal in the Etiology of Menstrual Migraine», *Neurology*, 22, n.º 4 (1972), p. 355.

72. Los niveles bajos de estrógeno y magnesio también son la causa de las migrañas premenstruales durante el SPM.

73. Ann E. MacGregor, «Contraception and Headache», *Hea-dache: The Journal of Head and Face Pain*, 53, n.º 2 (2013), pp. 247-276.

74. Corio, *The Change Before the Change*.

75. Berman y Berman, *For Women Only*.

76. Corio, *The Change Before the Change*.

77. Berman y Berman, *For Women Only*.

78. Britt-Marie Landgren *et al.*, «Menopause Transition: Annual Changes in Serum Hormonal Patterns over the Menstrual Cycle in Women During a Nine-Year Period Prior to Menopause», *Journal of Clinical Endocrinology & Metabolism*, 89, n.º 6 (2004), pp. 2763-2769; Henry G. Burger *et al.*, «Cycle and Hormone Changes During Perimenopause: The Key Role of Ovarian Function», *Menopause*, 15, n.º 4 (2008), pp. 603-612.

79. A. Guay *et al.*, «Serum Androgen Levels in Healthy Premenopausal Women with and without Sexual Dysfunction: Part A. Serum Androgen Levels in Women Aged 20-49 Years with No Complaints of

Sexual Dysfunction», *International Journal of Impotence Research*, 16, n.º 2 (2004), pp. 112-120.

80. Corio, *The Change Before the Change*.

81. R. D. Gambrell Jr. y R. B. Greenblatt, «Hormone Therapy for the Menopause», *Geriatrics*, 36, n.º 7 (1981), pp. 53-61.

82. Irwin Goldstein (director, Sexual Medicine, Alvarado Hospital, San Diego), entrevista realizada por teléfono, 4 de junio de 2014.

83. Susan R. Davis *et al.*, «Testosterone Enhances Estradiol's Effects on Postmenopausal Bone Density and Sexuality», *Maturitas*, 21, n.º 3 (1995), pp. 227-236.

84. La masa muscular se reduce en mujeres con SHBG más altos que toman estrógenos orales. Barbara A. Gower y Lara Nyman, «Associations Among Oral Estrogen Use, Free Testosterone Concentration, and Lean Body Mass Among Postmenopausal Women», *Journal of Clinical Endocrinology & Metabolism*, 85, n.º 12 (2000), pp. 4476-4480.

85. La masa muscular se reduce cuando se toman estrógenos orales.

86. S. Bhasin *et al.*, «Proof of the Effect of Testosterone on Skeletal Muscle», *Journal of Endocrinology*, 170, n.º 1 (2001), pp. 27-38.

87. Peter R. Casson *et al.*, «Effect of Postmenopausal Estrogen Replacement on Circulating Androgens», *Obstetrics & Gynecology*, 90, n.º 6 (1997), pp. 995-998.

88. N. Van der Vange *et al.*, «Effects of Seven Low-Dose Combined Oral Contraceptives on Sex Hormone Binding Globulin, Corticosteroid Binding Globulin, Total and Free Testosterone», *Contraception*, 41, n.º 4 (1990), pp. 345-352.

89. Judith S. Gavaler y David H. Thiel, «The Association Between Moderate Alcoholic Beverage Consumption and Serum Estradiol and Testosterone Levels in Normal Postmenopausal Women: Relationship to the Literature», *Alcoholism: Clinical and Experimental Research*, 16, n.º 1 (1992), pp. 87-92.

90. Hotze, *Hormones, Health, and Happiness*.

91. D. W. Sturdee y N. Panay, «Recommendations for the Mana-

gement of Postmenopausal Vaginal Atrophy», *Climacteric*, 13, n.º 6 (2010), pp. 509-522.

92. Sandra Leiblum *et al.*, «Vaginal Atrophy in the Postmenopausal Woman: The Importance of Sexual Activity and Hormones», *JAMA*, 249, n.º 16 (1983), pp. 2195-2198.

93. Corio, *The Change Before the Change*.

94. Berman y Berman, *For Women Only*.

95. Winnifred B. Cutler *et al.*, «Sexual Behavior Frequency and Menstrual Cycle Length in Mature Premenopausal Women», *Psychoneuroendocrinology*, 4, n.º 4 (1979), pp. 297-309.

96. Berman y Berman, *For Women Only*.

97. Corio, *The Change Before the Change*.

98. Sturdee y Panay, «Recommendations for the Management of Postmenopausal Vaginal Atrophy», pp. 509-522.

99. Berman y Berman, *For Women Only*.

100. *Ibid.*

101. *Ibid.*

102. Youhua Xu *et al.*, «Combined Estrogen Replacement Therapy on Metabolic Control in Postmenopausal Women with Diabetes Mellitus», *The Kaohsiung Journal of Medical Sciences*, 30, n.º 7 (2014), pp. 350-361.

103. A. O. Mueck, «Postmenopausal Hormone Replacement Therapy and Cardiovascular Disease: The Value of Transdermal Estradiol and Micronized Progesterone», *Climacteric*, 15, n.º S1 (2012), pp. 11-17.

104. Gail A. Greendale *et al.*, «Symptom Relief and Side Effects of Postmenopausal Hormones: Results from the Postmenopausal Estrogen/Progestin Interventions Trial», *Obstetrics & Gynecology*, 92, n.º 6 (1998), pp. 982-988.

105. Los productos bioidénticos se derivan de las hormonas vegetales. La soja y el barbasco mexicano contienen diosgenina, que se convierte en progesterona en un laboratorio. También puede convertirse en estrógeno. Una advertencia: bioequivalente no es lo mismo que bioidéntico. La equivalencia solo hace referencia a la potencia y se trata de una estrategia de marketing para confundir al consumidor. Gail

A. Greendale *et al.*, «Symptom Relief and Side Effects of Postmenopausal Hormones», *Obstetrics o' Gynecology*, 92, n.º 6 (1998), pp. 982-988.

106. Corio, *The Change Before the Change*.

107. Hotze, *Hormones, Health, and Happiness*.

108. Marinka S. Post *et al.*, «Effect of Oral and Transdermal Estrogen Replacement Therapy on Hemostatic Variables Associated with Venous Thrombosis: A Randomized, Placebo-Controlled Study in Postmenopausal Women», *Arteriosclerosis, Thrombosis, and Vascular Biology*, 23, n.º 6 (2003), pp. 1116-1121.

109. Hotze, *Hormones, Health, and Happiness*.

110. Ellen C. G. Grant, «Hormone Replacement Therapy and Risk of Breast Cancer», *JAMA*, 287, n.º 18 (2002), pp. 2360-2361.

111. V. Beral *et al.*, «Evidence from Randomized Trials on the Long-Term Effects of Hormone Replacement Therapy», *Lancet*, 360 (2002), pp. 942-944.

112. Rowan T. Chlebowski *et al.*, «Estrogen Plus Progestin and Breast Cancer Incidence and Mortality in the Women's Health Initiative Observational Study», *Journal of the National Cancer Institute*, 105, n.º 8 (2013), pp. 526-535.

113. Ronald K. Ross, *et al.*, «Effect of Hormone Replacement Therapy on Breast Cancer Risk: Estrogen versus Estrogen Plus Progestin», *Journal of the National Cancer Institute*, 92, n.º 4 (2000), pp. 328-332; Catherine Schairer *et al.*, «Menopausal Estrogen and Estrogen-Progestin Replacement Therapy and Breast Cancer Risk», *JAMA*, 283, n.º 4 (2000), pp. 485-491.

114. Linda D. Cowan *et al.*, «Breast Cancer Incidence in Women with a History of Progesterone Deficiency», *American Journal of Epidemiology*, 114, n.º 2 (1981), pp. 209-217.

115. Menos de un año después de la publicación de dicho estudio, el número de recetas expedidas de Premarin y Prempro descendió a la mitad. La buena noticia es que en los años siguientes se diagnosticaron menos casos de cáncer de mama.

116. Lila Nachtigall *et al.*, «Safety and Tolerability of Testosterone Patch Therapy for Up to 4 Years in Surgically Menopausal Women

Receiving Oral or Transdermal Estrogen», *Gynecological Endocrinology*, 27, n.° 1 (2011), pp. 39-48.

117. A. J. Hartz *et al.*, «The Association of Obesity with Infertility and Related Menstrual Abnormalities in Women», *International Journal of Obesity*, 3, n.° 1 (1978), pp. 57-73.

118. Lisa Gallicchio *et al.*, «Body Mass, Estrogen Levels, and Hot Flashes in Midlife Women», *American Journal of Obstetrics and Gynecology*, 193, n.° 4 (2005), pp. 1353-1360.

119. T. Ivarsson *et al.*, «Physical Exercise and Vasomotor Symptoms in Postmenopausal Women», *Maturitas*, 29 (1998), pp. 139-146; Corio, *The Change Before the Change*.

120. Tierney Ahrold Lorenz y Cindy May Meston, «Exercise Improves Sexual Function in Women Taking Antidepressants: Results from a Randomized Crossover Trial», *Depression and Anxiety*, 99 (2013), pp. 1-8.

121. Berman y Berman, *For Women Only*.

122. Michael F. Roizen y Elizabeth Anne Stephenson, *Realage: Are You As Young As You Can Be?*, Nueva York, Cliff Street Books, 1999.

123. George Davey Smith *et al.*, «Sex and Death: Are They Related? Findings from the Caerphilly Cohort Study», *British Medical Journal*, 315, n.° 7123 (1997), pp. 1641-1644.

124. Keiko Kinuta *et al.*, «Vitamin D Is an Important Factor in Estrogen Biosynthesis of Both Female and Male Gonads», *Endocrinology*, 141, n.° 4 (2000), pp. 1317-1324.

125. David T. Zava *et al.*, «Estrogen and Progestin Bioactivity of Foods, Herbs, and Spices», *Experimental Biology and Medicine*, 217, n.° 3 (1998), pp. 369-378.

126. Berman y Berman, *For Women Only*.

127. Zava *et al.*, «Estrogen and Progestin Bioactivity of Foods», pp. 369-378.

128. G. Warnecke, «Influencing of Menopausal Complaints with a Phytodrug: Successful Therapy with Cimicifuga Monoextract», *Medizinische Welt*, 36 (1985), pp. 871-874.

129. S. Errichi *et al.*, «Supplementation with Pycnogenol® Im-

proves Signs and Symptoms of Menopausal Transition», *Panminerva Medica*, 53, n.º 3, suplemento 1 (2011), pp. 65-70; Han-Ming Yang *et al.*, «A Randomised, Double-Blind, Placebo-Controlled Trial on the Effect of Pycnogenol® on Tte Climacteric Syndrome in Peri-Menopausal Women», *Acta Obstetricia Et Gynecologica Scandinavica*, 86, n.º 8 (2007), pp. 978-985.

130. H. O. Meissner *et al.*, «Therapeutic Effects of Pre-Gelatinized Maca (Lepidium peruvianum Chacon) Used as a Non-Hormonal Alternative to HRT in Perimenopausal Women, Clinical Pilot Study», *IJBS*, 2, n.º 2 (2006), p. 143; Julius Goepp, «A New Way to Manage Menopause Regain Hormonal Balance with a Cutting-edge Adaptogen», *Reprod Biol Endocrinol*, 3 (2005), p. 16; Nicole A. Brooks *et al.*, «Beneficial Effects of Lepidium Meyenii (Maca) on Psychological Symptoms and Measures of Sexual Dysfunction in Postmenopausal Women Are Not Related to Estrogen or Androgen Content», *Menopause*, 15, n.º 6 (2008), pp. 1157-1162.

131. Christina M. Dording *et al.*, «A Double-Blind, Randomized, Pilot Dose-Finding Study of Maca Root (L. Meyenii) for the Management of SSRI-Induced Sexual Dysfunction», *CNS Neuroscience & Therapeutics*, 14, n.º 3 (2008), pp. 182-191.

132. Yali Wang *et al.*, «Maca: An Andean Crop with Multi-Pharmacological Functions», *Food Research International*, 40, n.º 7 (2007), pp. 783-792.

133. Alejandro Pino-Figueroa *et al.*, «Mechanism of Action of Lepidium Meyenii (Maca): An Explanation for Its Neuroprotective Activity», *American Journal of Neuroprotection and Neuroregeneration*, 3, n.º 1 (2011), pp. 87-92.

134. Jianghua Liu *et al.*, «Evaluation of Estrogenic Activity of Plant Extracts for the Potential Treatment of Menopausal Symptoms», *Journal of Agricultural and Food Chemistry*, 49, n.º 5 (2001), pp. 2472-2479; M. Blumenthal, *The Complete German Commission E Monographs: Therapeutic Guide to Herbal Medicines*, Austin, American Botanical Council, 1998.

135. Si deseas saber más sobre el uso de plantas medicinales en la perimenopausia, visita WomenToWomen.com.

136. Kazuhito Watanabe *et al.*, «Marijuana Extracts Possess the Effects Like the Endocrine Disrupting Chemicals», *Toxicology*, 206, n.º 3 (2005), pp. 471-478.

137. H. Diana van Die, «Herbal Medicine and Menopause: An Historical Perspective», *Australian Journal of Medical Herbalism*, 22, n.º 4 (2010); Ethan Russo, «Cannabis Treatments in Obstetrics and Gynecology: A Historical Review», *Journal of Cannabis Therapeutics*, 2, n.º 3-4 (2002), pp. 5-35.

138. J. H. Mendelson *et al.*, «Acute Effects of Marijuana on Luteinizing Hormone in Menopausal Women», *Pharmaco. Biochem Behav*, 23 (1985), p. 765.

139. A. Saberivand *et al.*, «The Effects of Cannabis Sativa L. Seed (Hempseed) in the Ovariectomized Rat Model of Menopause», *Methods Find Exp Clin Pharmacol*, 32, n.º 7 (2010), pp. 467-473.

140. M. A. Sauer *et al.*, «Marijuana: Interaction with the Estrogen Receptor», *J Pharmacol Exp Ther*, 224, n.º 2 (1983), pp. 404-407.

141. Aymen I. Idris *et al.*, «Regulation of Bone Mass, Bone Loss and Osteoclast Activity by Cannabinoid Receptors», *Nature Medicine*, 11, n.º 7 (2005), pp. 774-779; Orr Ofek *et al.*, «Peripheral Cannabinoid Receptor, CB2, Regulates Bone Mass», *PNAS*, 103, n.º 3 (2006), pp. 696-701.

142. Idris *et al.*, «Regulation of Bone Mass»; Antonia Sophocleous *et al.*, «The Type 2 Cannabinoid Receptor Regulates Bone Mass and Ovariectomy-Induced Bone Loss by Affecting Osteoblast Differentiation and Bone Formation», *Endocrinology*, 152, n.º 6 (2011), pp. 2141-2149.

143. Itai Bab *et al.*, «Cannabinoids and the Skeleton: From Marijuana to Reversal of Bone Loss», *Annals of Medicine*, 41, n.º 8 (2009), pp. 560-567.

144. Duffy, «Lifting the Fog», pp. 31-37.

145. Tal vez la luna llena o la luna nueva podrían servir de recordatorio de este renacimiento y crecimiento espiritual, de la necesidad de honrar el divino femenino. Northrup, *The Wisdom of Menopause*.

146. *Ibid.*

147. Xenia P. Montenegro, *The Divorce Experience: A Study of*

Divorce at Midlife and Beyond Conducted for AARP The Magazine, AARP, Knowledge Management, National Member Research, 2004.

148. Sara Wolff, *Vital Aging: Seven Years of Building Community and Enhancing Health*, Amherst, Levelers Press, 2010.

7. Inflamación: la clave de todo

1. Borja García-Bueno *et al.*, «Stress as a Neuroinflammatory Condition in Brain: Damaging and Protective Mechanisms», *Neuroscience & Biobehavioral Reviews*, 32, n.º 6 (2008), pp. 1136-1151.

2. Maté, *When the Body Says No*; K. S. Kendler y L. M. Karkowski, «Causal relationship Between Stressful Life Events and the Onset of Major Depression», *American Journal of Psychiatry*, 156 (1999), pp. 837-841.

3. C. L. Raison *et al.*, «A Randomized Controlled Trial of the Tumor Necrosis Factor Antagonist Infliximab for Treatment-Resistant Depression: The Role of Baseline Inflammatory Biomarkers», *JAMA Psychiatry*, 70 (2013), pp. 31-41; Neil A. Harrison *et al.*, «Inflammation Causes Mood Changes Through Alterations in Subgenual Cingulate Activity and Mesolimbic Connectivity», *Biological Psychiatry*, 66, n.º 5 (2009), pp. 407-414; Naomi I. Eisenberger *et al.*, «Inflammation-Induced Anhedonia: Endotoxin Reduces Ventral Striatum Responses to Reward», *Biological Psychiatry*, 68, n.º 8 (2010), pp. 748-754.

4. P. Willner, «Chronic Mild Stress (CMS) Revisited: Consistency and Behavioral-Neurobiological Concordance in the Effects of CMS», *Neuropsychobiology*, 52 (2005), pp. 90-110.

5. Michael Maes, «The Cytokine Hypothesis of Depression: Inflammation, Oxidative & Nitrosative Stress (IO&NS) and Leaky Gut as New Targets for Adjunctive Treatments in Depression», *Neuro Endocrinol Lett*, 29, n.º 3 (2008a), pp. 287-291.

6. Charles L. Raison *et al.*, «Cytokines Sing the Blues: Inflammation and the Pathogenesis of Depression», *Trends in Immunology*, 27, n.º 1 (2006), pp. 24-31.

7. Michael Maes, «The Cytokine Hypothesis of Depression: In-

flammation, Oxidative & Nitrosative Stress (IO&NS) and Leaky Gut as New Targets for Adjunctive Treatments in Depression», *Neuro Endocrinol Lett*, 29, n.° 3 (2008a), pp. 287-291.

8. Miller, *Inflammation and It's Discontens*; Beatriz M. Currier y Charles B. Nemeroff, «Inflammation and Mood Disorders: Proinflammatory Cytokines and the Pathogenesis of Depression», *Anti-Inflammatory & Anti-Allergy Agents in Medicinal Chemistry*, 9, n.° 3 (2010), pp. 212-220.

9. A. O'Donovan *et al.*, «Suicidal Ideation Is Associated with Elevated Inflammation in Patients with Major Depressive Disorder», *Depress Anxiety*, 30 (2013), pp. 307-314.

10. Michael Maes *et al.*, «The Effects of Psychological Stress on Humans: Increased Production of Pro-Inflammatory Cytokines and Th1-Like Response in Stress-Induced Anxiety», *Cytokine*, 10, n.° 4 (1998), pp. 313-318.

11. Hitoshi Miyaoka *et al.*, «Depression from Interferon Therapy in Patients with Hepatitis C», *American Journal of Psychiatry*, 156, n.° 7 (1999), p. 1120.

12. K. J. Ressler y H. S. Mayberg, «Targeting Abnormal Neural Circuits in Mood and Anxiety Disorders: From the Laboratory to the Clinic», *Nature Neuroscience*, 10 (2007), pp. 1116-1124.

13. Raison *et al.*, «A Randomized Controlled Trial of the Tumor Necrosis Factor Antagonist Infliximab», pp. 31-41.

14. Dantzer *et al.*, «From Inflammation to Sickness and Depression», pp. 46-56.

15. Mark Schaller *et al.*, «Mere Visual Perception of Other People's Disease Symptoms Facilitates a More Aggressive Immune Response», *Psychological Science*, 21, n.° 5 (2010), pp. 649-652.

16. Tristen K. Inagaki *et al.*, «Inflammation Selectively Enhances Amygdala Activity to Socially Threatening Images», *Neuroimage*, 59, n.° 4 (2012), pp. 3222-3226.

17. C. B. Zhu *et al.*, «Interleukin-1 Receptor Activation by Systemic Lipopolysaccharide Induces Behavioral Despair Linked to MAPK Regulation of CNS Serotonin Transporters», *Neuropsychopharmacology*, 35 (2010), pp. 2510-2520.

18. A. J. Rush *et al.*, «Acute and Longer-Term Outcomes in Depressed Outpatients Requiring One or Several Treatment Steps: A STAR*D Report», *American Journal of Psychiatry*, 163 (2006), pp. 1905-1917; J. Couzin-Frankel, «Inflammation Bares a Dark Side», *Science*, 330 (2010), p. 1621.

19. Afectando los niveles de dopamina.

20. T. Kumal *et al.*, «Effects of Interferon-Alpha on Tyrosine Hydroxylase and Catecholeamine Levels in the Brains of Rats», *Life Sciences*, 67 (2000), pp. 663-669; H. Shuto *et al.*, «Repeated Interferon-Alpha Administration Inhibits Dopaminergic Neural Activity in the Mouse Brain», *Brain Research*, 747 (1997), pp. 348-351.

21. L. McNally *et al.*, «Inflammation, Glutamate, and Glia in Depression: A Literature Review», *CNS Spectrums*, 13 (2008), pp. 501-510.

22. Brian E. Leonard, «The Immune System, Depression and the Action of Antidepressants», *Progress in Neuro-Psychopharmacology and Biological Psychiatry*, 25, n.° 4 (2001), pp. 767-780.

23. S. Lanquillon *et al.*, «Cytokine Production and Treatment Response in Major Depressive Disorder», *Neuropsychopharmacology*, 22 (2000), pp. 370-379; T. Eller *et al.*, «Pro-Inflammatory Cytokines and Treatment Response to Escitalopram in Major Depressive Disorder», *Prog Neuropsychopharmacol Biol Psychiatry*, 32 (2008), pp. 445-450; Raison et al., «A Randomized Controlled Trial of the Tumor Necrosis Factor Antagonist Infliximab», pp. 31-41.

24. Miller *et al.*, «Inflammation and Its Discontents», pp. 732-741; Raison *et al.*, «A Randomized Controlled Trial of the Tumor Necrosis Factor Antagonist Infliximab», pp. 31-41; E. Haroon *et al.*, «Psychoneuroimmunology Meets Neuropsychopharmacology: Translational Implications of the Impact of Inflammation on Behavior», *Neuropsychopharmacology*, 37 (2012), pp. 137-162.

25. M. Maes *et al.*, «The Gut-Brain Barrier in Major Depression: Intestinal Mucosal Dysfunction with an Increased Translocation of LPS from Gram Negative Enterobacteria (Leaky Gut) Plays a Role in the Inflammatory Pathophysiology of Depression», *Neuro Endocrinology Letters*, 29 (2008), pp. 117-124.

26. D. O'Malley *et al.*, «Distinct Alterations in Colonic Morphology and Physiology in Two Rat Models of Enhanced Stress-Induced Anxiety and Depression-like Behavior», *Stress*, 13 (2010), pp. 114-122.

27. Dantzer *et al.*, «From Inflammation to Sickness and Depression», pp. 46-56.

28. Christoph Laske, *et al.*, «Autoantibody Reactivity in Serum of Patients with Major Depression, Schizophrenia and Healthy Controls», *Psychiatry Research*, 158, n.º 1 (2008), pp. 83-86; Betty Diamond *et al.*, «Losing Your Nerves? Maybe It's the Antibodies», *Nature Reviews Immunology*, 9, n.º 6 (2009), pp. 449-456.

29. Michael E. Benros *et al.*, «Autoimmune Diseases and Severe Infections as Risk Factors for Mood Disorders: A Nationwide Study», *JAMA Psychiatry* (2013), pp. 1-9.

30. *Ibid.*

31. Al comprobar la secuencia de enfermedades físicas y trastornos del estado de ánimo, un estudio demostró que el 32 % de los pacientes había sufrido una infección previa al trastorno del estado de ánimo. Y, aunque con una incidencia en la población general mucho menor, un 5 % había padecido una enfermedad autoinmune previa. El hecho de haber sido hospitalizado por una infección aumentaba el riesgo de un posterior trastorno del estado de ánimo en el 62 %. Si tienes la desgracia de haber padecido una infección y una enfermedad autoinmune, sobre todo durante el último año, el riesgo de depresión se cuadruplica.

32. Anette Pedersen *et al.*, «Influence of Psychological Stress on Upper Respiratory Infection—A Meta-analysis of Prospective Studies», *Psychosomatic Medicine*, 72, n.º 8 (2010), pp. 823-832.

33. Michael Irwin *et al.*, «Depression and Reduced Natural Killer Cytotoxicity: A Longitudinal Study of Depressed Patients and Control Subjects», *Psychological Medicine*, 22 (1992), p. 1045; Steven J. Schleifer *et al.*, «Depression and Immunity: Clinical Factors and Therapeutic Course», *Psychiatry Research*, 85, n.º 1 (1999), pp. 63-69.

34. Matthew Gerald Frank *et al.*, «Antidepressants Augment Natural Killer Cell Activity: In Vivo and in Vitro», *Neuropsychobiology*, 39, n.º 1 (1999), pp. 18-24.

35. Hans Selye, *The Stress of Life*, Nueva York, McGraw-Hill, 1956.

36. Gary M. Franklin *et al.*, «Stress and Its Relationship to Acute Exacerbations in Multiple Sclerosis», *Neurorehabilitation and Neural Repair*, 2, n.° 1 (1988), pp. 7-11.

37. Glenn Affleck *et al.*, «Mood States Associated with Transitory Changes in Asthma Symptoms and Peak Expiratory Flow», *Psychosomatic Medicine*, 62, n.° 1 (2000), pp. 61-68.

38. Viola Vaccarino *et al.*, «Sex Differences in Mental Stress-Induced Myocardial Ischemia in Young Survivors of an Acute Myocardial Infarction», *Psychosomatic Medicine* (2014), pp. 45-53.

39. B. Ostadal y P. Ostadal, «Sex-Based Differences in Cardiac Ischaemic Injury and Protection: Therapeutic Implications», *British Journal of Pharmacology*, 171, n.° 3 (2014), pp. 541-554.

40. H. Ursin, E. Baade, y S. Levine, *The Psychobiology of Stress: A Study of Coping Men*, Nueva York, Academic Press, 1978.

41. Mark L. Laudenslager *et al.*, «Coping and Immunosuppression: Inescapable but Not Escapable Shock Suppresses Lymphocyte Proliferation», *Science*, 221, n.° 4610 (1983), pp. 568-570.

42. Ewa Chelmicka-Schorr y Barry G. Arnason, «Nervous System-Immune System Interactions and Their Role in Multiple Sclerosis», *Annals of Neurology*, 36, n.° S1 (1994), pp. S29-S32.

43. Carsten Wrosch *et al.*, «Health Stresses and Depressive Symptomatology in the Elderly: The Importance of Health Engagement Control Strategies», *Health Psychology*, 21, n.° 4 (2002), p. 340.

44. Carol A. Shively *et al.*, «Behavior and Physiology of Social Stress and Depression in Female Cynomolgus Monkeys», *Biological Psychiatry*, 41, n.° 8 (1997), pp. 871-882.

45. Michael Marmot y Eric Brunner, «Epidemiological Applications of Long-Term Stress in Daily Life», *Everyday Biological Stress Mechanisms*, 22 (2004), pp. 80-90.

46. Ethan Kross, *et al.*, «Facebook Use Predicts Declines in Subjective Well-Being in Young Adults», *PloS One*, 8, n.° 8 (2013), p. e69841.

47. Maté, *When the Body Says No.*

48. Ronald Grossarth-Maticek *et al.*, «Psychosocial Factors as Strong Predictors of Mortality from Cancer, Ischaemic Heart Disease and Stroke: The Yugoslav Prospective Study», *Journal of Psychosomatic Research*, 29, n.º 2 (1985), pp. 167-176.

49. S. M. Levy y B. D. Wise, «Psychosocial Risk Factors in Cancer Prognosis», *Stress and Breast Cancer*, Chichester, John Wiley, 1988.

50. Lissa Rankin, TED Talks, 2011, en <https://www.youtube.com/watch?v=7tu9nJmr4Xs>.

51. Daphne Simeon *et al.*, «Factors Associated with Resilience in Healthy Adults», *Psychoneuroendocrinology*, 32, n.º 8 (2007), pp. 1149-1152.

52. D. M. Lyons y K. J. Parker, «Stress Inoculation-Induced Indications of Resilience in Monkeys», *Journal of Traumatic Stress*, 20 (2007), pp. 423-433; Laura Anderko *et al.*, «Peer Reviewed: Promoting Prevention Through the Affordable Care Act: Workplace Wellness», *Preventing Chronic Disease*, 9 (2012), pp. E175-E190.

53. Holly Rogers, «Mindfulness Meditation for Increasing Resilience in College Students», *Psychiatric Annals*, 43, n.º 12 (2013), pp. 545-548.

54. B. P. Rutten *et al.*, «Resilience in Mental Health: Linking Psychological and Neurobiological Perspectives», *Acta Psychiatrica Scandinavica*, 128, n.º 1 (2013), pp. 3-20.

55. Las ratas en realidad segregan corticosterona, su variante del cortisol.

56. Simeon *et al.*, «Factors Associated with Resilience in Healthy Adults», pp. 1149-1152; Maté, *When the Body Says No.*

57. Christine D. Heim *et al.*, «The Link Between Childhood Trauma and Depression: Insights from HPA Axis Studies in Humans», *Psychoneuroendocrinology*, 33, n.º 6 (2008), pp. 693-710.

58. Lisa M. Shin *et al.*, «Amygdala, Medial Prefrontal Cortex, and Hippocampal Function in PTSD», *Annals of the New York Academy of Sciences*, 1071, n.º 1 (2006), pp. 67-79.

59. A. Danese *et al.*, «Elevated Inflammation Levels in Depressed Adults with a History of Childhood Maltreatment», *Archives of General Psychiatry*, 65 (2008), pp. 409-415.

60. *Ibid.*, 2008; Miller *et al.*, «Inflammation and Its Discontents», pp. 732-741.

61. Maté, *When the Body Says No.*

62. Christian Caldji *et al.*, «Variations in Maternal Care in Infancy Regulate the Development of Stress Reactivity», *Biological Psychiatry*, 48, n.º 12 (2000), pp. 1164-1174.

63. Christian Caldji *et al.*, «Maternal Care During Infancy Regulates the Development of Neural Systems Mediating the Expression of Fearfulness in the Rat», *PNAS* 95, n.º 9 (1998), pp. 5335-5340.

64. Gregory E. Miller *et al.*, «A Family-Oriented Psychosocial Intervention Reduces Inflammation in Low-SES African American Youth», *Proceedings of the National Academy of Sciences*, 111, n.º 31 (2014), pp. 11287-11292.

65. Dong Liu *et al.*, «Maternal Care, Hippocampal Glucocorticoid Receptors, and Hypothalamic-Pituitary-Adrenal Responses to Stress», *Science*, 277, n.º 5332 (1997), pp. 1659-1662; Michael J. Meaney, y Moshe Szyf, «Environmental Programming of Stress Responses Through DNA Methylation: Life at the Interface Between a Dynamic Environment and a Fixed Genome», *Dialogs in Clinical Neuroscience*, 7, n.º 2 (2005), p. 103.

66. *Social Determinants of Health*, revisado por Michael Marmot y Richard Wilkinson, Nueva York, Oxford University Press, 2005. [Hay trad. cast.: *Los hechos probados: los determinantes sociales de la salud*, Madrid, Ministerio de Sanidad y Consumo, Centro de Publicaciones, 2006.]

67. Gabor Maté, *In the Realm of Hungry Ghosts: Close Encounters with Addiction*, Nueva York, Random House, 2008.

68. Rachel Yehuda *et al.*, «Cortisol Levels in Adult Offspring of Holocaust Survivors: Relation to PTSD Symptom Severity in the Parent and Child», *Psychoneuroendocrinology*, 27, n.º 1 (2002), pp. 171-180.

69. Lea Baider *et al.*, «Transmission of Response to Trauma? Second-Generation Holocaust Survivors' Reaction to Cancer», *American Journal of Psychiatry*, 157, n.º 6 (2000), pp. 904-910; Rachel Yehuda, y Linda M. Bierer, «Transgenerational Transmission of Cor-

tisol and PTSD Risk», *Progress in Brain Research*, 167 (2007), pp. 121-135.

70. Micah Leshem y Jay Schulkin, «Transgenerational Effects of Infantile Adversity and Enrichment in Male and Female Rats», *Developmental Psychobiology*, 54, n.° 2 (2012), pp. 169-186; Alice Shachar-Dadon *et al.*, «Adversity Before Conception Will Affect Adult Progeny in Rats», *Developmental Psychology*, 45, n.° 1 (2009), p. 9.

71. Hiba Zaidan *et al.*, «Prereproductive Stress to Female Rats Alters Corticotropin Releasing Factor Type 1 Expression in Ova and Behavior and Brain Corticotropin Releasing Factor Type 1 Expression in Offspring», *Biological Psychiatry*, 74, n.° 9 (2013), pp. 680-687.

72. La enzima que sintetiza la serotonina, triptófano hidroxilasa.

73. David A. Nielsen *et al.*, «Suicidality and 5-Hydroxyindoleacetic Acid Concentration Associated with a Tryptophan Hydroxylase Polymorphism», *Archives of General Psychiatry*, 51, n.° 1 (1994), p. 34; Stephen B. Manuck *et al.*, «Aggression and Anger-Related Traits Associated with a Polymorphism of the Tryptophan Hydroxylase Gene», *Biological Psychiatry*, 45, n.° 5 (1999), pp. 603-614.

74. Derick E. Vergne y Charles B. Nemeroff, «The Interaction of Serotonin Transporter Gene Polymorphisms and Early Adverse Life Events on Vulnerability for Major Depression», *Current Psychiatry Reports*, 8, n.° 6 (2006), pp. 452-457; Avshalom Caspi *et al.*, «Influence of Life Stress on Depression: Moderation by a Polymorphism in the 5-HTT Gene», *Science Signaling*, 301, n.° 5631 (2003), p. 386.

75. Elaine Fox *et al.*, «Looking on the Bright Side: Biased Attention and the Human Serotonin Transporter Gene», *Proceedings of the Royal Society B: Biological Sciences*, 276, n.° 1663 (2009), pp. 1747-1751; Jan-Emmanuel De Neve, «Functional Polymorphism (5-HTTL-PR) in the Serotonin Transporter Gene Is Associated with Subjective Well-Being: Evidence from a U.S. Nationally Representative Sample», *Journal of Human Genetics*, 56, n.° 6 (2011), pp. 456-459; Stefanie Wagner *et al.*, «The 5-HTTLPR Polymorphism Modulates the Association of Serious Life Events (SLE) and Impulsivity in Patients with Borderline Personality Disorder», *Journal of Psychiatric Research*, 43, n.° 13 (2009), pp. 1067-1072.

76. Carolyn A. Fredericks *et al.*, «Healthy Young Women with Serotonin Transporter SS Polymorphism Show a Pro-inflammatory Bias Under Resting and Stress Conditions», *Brain, Behavior, and Immunity*, 24, n.° 3 (2010), pp. 350-357.

77. K. Karg *et al.*, «The Serotonin Transporter Promoter Variant (5-HTTLPR), Stress, and Depression Meta-analysis Revisited: Evidence of Genetic Moderation», *Archives of General Psychiatry*, 68 (2011), pp. 444-454.

78. Jeremy P. Jamieson *et al.*, «Mind Over Matter: Reappraising Arousal Improves Cardiovascular and Cognitive Responses to Stress», *Journal of Experimental Psychology: General*, 141, n.° 3 (2012), p. 417.

79. Abiola Keller *et al.*, «Does the Perception That Stress Affects Health Matter? The Association with Health and Mortality», *Health Psychology*, 31, n.° 5 (2012), p. 677.

80. Barbara L. Fredrickson *et al.*, «The Undoing Effect of Positive Emotions», *Motivation and Emotion* 24, n.° 4 (2000), pp. 237-258; Barbara L. Fredrickson, «The Role of Positive Emotions in Positive Psychology: The Broaden-and-Build Theory of Positive Emotions», *American Psychologist*, 56, n.° 3 (2001), p. 218.

81. Inez Myin-Germeys *et al.*, «Evidence That Moment-to-Moment Variation in Positive Emotions Buffer Genetic Risk for Depression: A Momentary Assessment Twin Study», *Acta Psychiatrica Scandinavica*, 115, n.° 6 (2007), pp. 451-457; Nicole Geschwind *et al.*, «Meeting Risk with Resilience: High Daily Life Reward Experience Preserves Mental Health», *Acta Psychiatrica Scandinavica*, 122, n.° 2 (2010), pp. 129-138.

82. Anthony D. Ong *et al.*, «Psychological Resilience, Positive Emotions, and Successful Adaptation to Stress in Later Life», *Journal of Personality and Social Psychology*, 91, n.° 4 (2006), p. 730.

83. Michele M. Tugade y Barbara L. Fredrickson, «Resilient Individuals Use Positive Emotions to Bounce Back from Negative Emotional Experiences», *Journal of Personality and Social Psychology*, 86, n.° 2 (2004), p. 320.

84. Suzanne Meeks *et al.*, «The Pleasant Events Schedule-Nursing Home Version: A Useful Tool for Behavioral Interventions in

Long-Term Care», *Aging and Mental Health*, 13, n.° 3 (2009), pp. 445-455.

85. Rita B. Effros, «Telomere/telomerase Dynamics Within the Human Immune System: Effect of Chronic Infection and Stress», *Experimental Gerontology*, 46, n.° 2 (2011), pp. 135-140.

86. Elissa S. Epel *et al.*, «Accelerated Telomere Shortening in Response to Life Stress», *PNAS*, 101, n.° 49 (2004), pp. 17312-17315.

87. También eran menores los niveles de la enzima telomerasa, responsable de aumentar la longitud del telómero.

88. Elissa Epel, comunicación telefónica privada, 25 de marzo de 2014.

89. R. B. Effros *et al.*, «The Role Of CD8 T Cell Replicative Senescence in Human Aging», *Immunological Reviews*, 205 (2005), pp. 147-157.

90. P. Willeit *et al.*, «Fifteen-Year Follow-up of Association Between Telomere Length and Incident Cancer and Cancer Mortality», *JAMA*, 306 (2011), pp. 42-44.

91. L. S. Honig *et al.*, «Association of Shorter Leukocyte Telomere Repeat Length with Dementia and Mortality», *Archives of Neurology* (2012), pp. 1-8.

92. R. Farzaneh-Far *et al.*, «Association of Marine Omega-3 Fatty Acid Levels with Telomeric Aging in Patients with Coronary Heart Disease», *JAMA*, 303 (2010), pp. 250-257.

93. C. Werner *et al.*, «Physical Exercise Prevents Cellular Senescence in Circulating Leukocytes and in the Vessel Wall», *Circulation*, 120 (2009), pp. 2438-2447; Eli Puterman y Elissa Epel, «An Intricate Dance: Life Experience, Multisystem Resiliency, and Rate of Telomere Decline Throughout the Lifespan», *Social and Personality Psychology Compass*, 6, n.° 11 (2012), pp. 807-825.

94. J. Lin *et al.*, «Telomeres and Lifestyle Factors: Roles in Cellular Aging», *Mutation Research*, 730 (2012), pp. 85-89; Puterman y Epel, «An Intricate Dance».

95. Tonya L. Jacobs *et al.*, «Intensive Meditation Training, Immune Cell Telomerase Activity, and Psychological Mediators», *Psychoneuroendocrinology*, 36, n.° 5 (2011), pp. 664-681; J. Daubenmier *et*

al., «Changes in Stress, Eating, and Metabolic Factors Are Related to Changes in Telomerase Activity in a Randomized Mindfulness Intervention Pilot Study», *Psychoneuroendocrinology*, 37 (2012), pp. 917-928; H. Lavretsky *et al.*, «A Pilot Study of Yogic Meditation for Family Dementia Caregivers with Depressive Symptoms: Effects on Mental Health, Cognition, and Telomerase Activity», *International Journal of Geriatric Psychiatry*, 28, n.° 1 (2013), pp. 57-65.

96. Perla Kaliman *et al.*, «Rapid Changes in Histone Deacetylases and Inflammatory Gene Expression in Expert Meditators», *Psychoneuroendocrinology*, 40 (2014), pp. 96-107.

97. M. DeRosier *et al.*, «The Potential Role of Resilience Education for Preventing Mental Health Problems for College Students», *Psychiatric Annals*, 43, n.° 12 (2013), pp. 538-544.

98. Markus Heinrichs *et al.*, «Social Support and Oxytocin Interact to Suppress Cortisol and Subjective Responses to Psychosocial Stress», *Biological Psychiatry*, 54, n.° 12 (2003), pp. 1389-1398.

99. C. Kirschbaum *et al.*, «The 'Trier Social Stress Test'—A Tool for Investigating Psychobiological Stress Responses in a Laboratory Setting», *Neuropsychobiology*, 28 (1993), pp. 76-81; K. Sayal *et al.*, «Effects of Social Support During Weekend Leave on Cortisol and Depression Ratings: A Pilot Study», *Journal of Affective Disorders*, 71 (2002), pp. 153-157.

100. S. J. Lepore *et al.*, «Social Support Lowers Cardiovascular Reactivity to an Acute Stressor», *Psychosomatic Medicine*, 55 (1993), pp. 518-524.

101. J. C. Hays *et al.*, «Does Social Support Buffer Functional Decline in Elderly Patients with Unipolar Depression?», *American Journal of Psychiatry*, 158 (2001), pp. 1850-1855; Sayal *et al.*, «Effects of Social Support During Weekend Leave», 153-157.

102. Martin Clodi *et al.*, «Oxytocin Alleviates the Neuroendocrine and Cytokine Response to Bacterial Endotoxin in Healthy Men», *American Journal of Physiology-Endocrinology and Metabolism*, 295, n.° 3 (2008), pp. E686-E691.

103. Sybil Lloyd y Mary Pickford, «The Effect of Oestrogens and Sympathetic Denervation on the Response to Oxytocin of the Blood

Vessels in the Hind Limb of the Dog», *Journal of Physiology*, 163, n.° 2 (1962), pp. 362-371.

104. Kathleen C. Light *et al.*, «More Frequent Partner Hugs and Higher Oxytocin Levels Are Linked to Lower Blood Pressure and Heart Rate in Premenopausal Women», *Biological Psychology*, 69, n.° 1 (2005), pp. 5-21.

105. Marek Jankowski *et al.*, «Anti-inflammatory Effect of Oxytocin in Rat Myocardial Infarction», *Basic Research in Cardiology*, 105, n.° 2 (2010), pp. 205-218.

106. Lisa F. Berkman y S. Leonard Syme, «Social Networks, Host Resistance, and Mortality: A Nine-Year Follow-up Study of Alameda County Residents», *American Journal of Epidemiology*, 109, n.° 2 (1979), pp. 186-204; James S. House *et al.*, «Social Relationships and Health», *Science*, 241, n.° 4865 (1988), pp. 540-545.

107. John T. Cacioppo *et al.*, «Loneliness and Health: Potential Mechanisms», *Psychosomatic Medicine*, 64, n.° 3 (2002), pp. 407-417.

108. John T. Cacioppo y William Patrick, *Loneliness: Human Nature and the Need For Social Connection*, Nueva York, WW Norton & Company, 2008.

109. George M. Slavich *et al.*, «Neural Sensitivity to Social Rejection Is Associated with Inflammatory Responses to Social Stress», *PNAS*, 107, n.° 33 (2010), pp. 14817-14822; W. B. Malarkey *et al.*, «Behavior: The Endocrine-Immune Interface and Health Outcomes», *Advances in Psychosomatic Medicine*, 22 (2001), pp. 104-115; M. Irwin *et al.*, «Neuropeptide Y and Natural Killer Cell Activity: Findings in Depression and Alzheimer Caregiver Stress», *The FASEB Journal*, 5, n.° 15 (1991), pp. 3100-3107.

110. C. Pugh *et al.*, «Role of Interleukin-1 Beta in Impairment of Contextual Fear Conditioning Caused by Social Isolation», *Behavioral Brain Research*, 106, n.° 1 (1999), pp. 109-118; R. M. Barrientos *et al.*, «Brain-Derived Neurotrophic Factor Mrna Downregulation Produced by Social Isolation Is Blocked by Intrahippocampal Interleukin-1 Receptor Antagonist», *Neuroscience*, 121, n.° 4 (2003), pp. 847-853.

111. Si se estresa a ratas de laboratorio, estas segregan una citocina proinflamatoria llamada IL1-beta. Si se las separa del espacio que

habita su grupo, se las coloca en un espacio aparte donde se les administra un electrochoque y luego se devuelven al grupo, cuando se las coloca de nuevo en el espacio separado se estresan porque recuerdan que allí sintieron dolor. Sin embargo, si se las aparta del grupo, se les administra el electrochoque y se las encierra en solitario, no recuerdan el lugar donde sintieron dolor. La soledad no solo activa la IL1-beta sino que también impide que haya el BDNF, necesario para el desarrollo de las conexiones neuronales y el aprendizaje. El estrés activa la inflamación, y esta interrumpe las señales neurotróficas. Si se bloquea la IL1-beta, se impiden esos cambios, y no se observa reducción del hipocampo ni estupidez. C. Pugh *et al.*, «Role of Interleukin-1 Beta in Impairment of Contextual Fear Conditioning Caused by Social Isolation», *Behavioural Brain Research*, 106, n.º 1 (1999), pp. 109-118; R. M. Barrientos *et al.*, «Brain-Derived Neurotrophic Factor Mrna Downregulation Produced by Social Isolation Is Blocked by Intrahippocampal Interleukin-1 Receptor Antagonist», *Neuroscience*, 121, n.º 4 (2003), pp. 847-853.

112. A. B. Silva-Gómez *et al.*, «Decreased Dendritic Spine Density on Prefrontal Cortical and Hippocampal Pyramidal Neurons in Post-weaning Social Isolation Rats», *Brain Reearch*, 983 (2003), pp. 128-136 (2003).

113. John M. McPartland y Ethan B. Russo, «Cannabis and Cannabis Extracts: Greater Than the Sum of Their Parts?», *Journal of Cannabis Therapeutics*, 1, n.º 3-4 (2001), pp. 103-132; S. H. Burstein y R. B. Zurier, «Cannabinoids, Endocannabinoids, and Related Analogs in Inflammation», *AAPS Journal*, 11 (2009), pp. 109-119; revisado por Julie Holland, *The Pot Book: A Complete Guide to Cannabis*, Rochester, Inner Traditions/Bear & Co, 2010.

114. Radu Tanasescu y Cris S. Constantinescu, «Cannabinoids and the Immune System: An Overview», *Immunobiology*, 215, n.º 8 (2010), pp. 588-597.

115. M. N. Hill y J. G. Tasker, «Endocannabinoid Signaling, Glucocorticoid-Mediated Negative Feedback, and Regulation of the Hypothalamic-Pituitary-Adrenal Axis», *Neuroscience*, 204 (2012), pp. 5-16.

116. R. J. Bluett *et al.*, «Central Anandamide Deficiency Predicts Stress-Induced Anxiety: Behavioral Reversal Through Endocannabinoid Augmentation», *Translational Psychiatry*, 4, n.º 7 (2014), p. e408.

117. Matthew N. Hill *et al.*, «Rapid Elevations in Limbic Endocannabinoid Content by Glucocorticoid Hormones in Vivo», *Psychoneuroendocrinology*, 35, n.º 9 (2010), pp. 1333-1338.

118. Nadia Solowij y Robert Battisti, «The Chronic Effects of Cannabis on Memory in Humans: A Review», *Current Drug Abuse Reviews*, 1, n.º 1 (2008), pp. 81-98.

119. Ozge Gunduz-Cinar *et al.*, «Amygdala FAAH and Anandamide: Mediating Protection and Recovery from Stress», *Trends in Pharmacological Sciences*, 34, n.º 11 (2013), pp. 637-644.

120. Murdoch Leeies *et al.*, «The Use of Alcohol and Drugs to Self-Medicate Symptoms of Posttraumatic Stress Disorder», *Depression and Anxiety*, 27, n.º 8 (2010), pp. 731-736; George R. Greer *et al.*, «PTSD Symptom Reports of Patients Evaluated for the New Mexico Medical Cannabis Program», *Journal of Psychoactive Drugs*, 46, n.º 1 (2014), pp. 73-77.

121. Matthew N. Hill *et al.*, «Reductions in Circulating Endocannabinoid Levels in Individuals with Post-traumatic Stress Disorder Following Exposure to the World Trade Center Attacks», *Psychoneuroendocrinology*, 38, n.º 12 (2013), pp. 2952-2961.

122. Ethan B. Russo, «Clinical Endocannabinoid Deficiency (Cecd): Can This Concept Explain Therapeutic Benefits of Cannabis In Migraine, Fibromyalgia, Irritable Bowel Syndrome and Other Treatment-Resistant Conditions?», *Neuroendocrinology Letters*, 25, n.º 1-2 (2003), pp. 31-39.

123. Matthew N. Hill *et al.*, «Circulating Endocannabinoids and N-Acyl Ethanolamines Are Differentially Regulated in Major Depression and Following Exposure to Social Stress», *Psychoneuroendocrinology*, 34, n.º 8 (2009), pp. 1257-1262.

124. Matthew N. Hill *et al.*, «Alterations in Corticolimbic Dendritic Morphology and Emotional Behavior in Cannabinoid CB1 Receptor-Deficient Mice Parallel the Effects of Chronic Stress», *Cerebral Cortex*, 21, n.º 9 (2011), pp. 2056-2064.

125. O. Valverde y M. Torrens, «CB1 Receptor-Deficient Mice as a Model for Depression», *Neuroscience*, 204 (2012), pp. 193-206.

126. Matthew N. Hill y Boris B. Gorzalka, «Pharmacological Enhancement of Cannabinoid CB1 Receptor Activity Elicits an Antidepressantlike Response in the Rat Forced Swim Test», *European Neuropsychopharmacology*, 15, n.° 6 (2005), pp. 593-599.

127. Jasmeer P. Chhatwal *et al.*, «Enhancing Cannabinoid Neurotransmission Augments the Extinction of Conditioned Fear», *Neuropsychopharmacology*, 30, n.° 3 (2005), pp. 516-524. O. Gunduz-Cinar *et al.*, «Convergent Translational Evidence of a Role for Anandamide in Amygdala-Mediated Fear Extinction, Threat Processing and Stress-Reactivity», *Molecular Psychiatry*, 18, n.° 7 (2013a), pp. 813-823.

128. Gunduz-Cinar *et al.*, «Amygdala FAAH and Anandamide», pp. 637-644.

129. Gunduz-Cinar *et al.*, «Convergent Translational Evidence of a Role for Anandamide», pp. 813-823.

130. Michelle Sexton, «The Female: Cannabis Relationship», en Ladybud.com, 25 de febrero de 2014.

131. N. H. Lazzarin *et al.*, «Fluctuations of Fatty Acid Amide Hydrolase and Anandamide Levels During the Human Ovulatory Cycle», *Gynecological Endocrinology*, 18, n.° 4 (2004), pp. 212-218.

132. Matthew N. Hill *et al.*, «Estrogen Recruits the Endocannabinoid System to Modulate Emotionality», *Psychoneuroendocrinology*, 32, n.° 4 (2007), pp. 350-357.

133. Mauro Maccarrone *et al.*, «Progesterone Up-Regulates Anandamide Hydrolase in Human Lymphocytes: Role of Cytokines and Implications for Fertility», *The Journal of Immunology*, 166, n.° 12 (2001), pp. 7183-7189.

134. Michael C. Dennedy *et al.*, «Cannabinoids and the Human Uterus During Pregnancy», *American Journal of Obstetrics and Gynecology*, 190, n.° 1 (2004), pp. 2-9.

135. Paul Ghalioungui, *The Ebers Papyrus: A New English Translation, Commentaries and Glossaries*, El Cairo: Academy of Scientific Research and Technology, 1987.

489

136. British Medical Association, *Therapeutic Uses of Cannabis*, Reino Unido, CRC Press, 1997.

137. Wei-Ni Lin Curry, «Hyperemesis Gravidarum and Clinical Cannabis: To Eat or Not to Eat?», *Journal of Cannabis Therapeutics*, 2, n.º 3-4 (2002), pp. 63-83; Rachel E. Westfall *et al*., «Survey of Medicinal Cannabis Use Among Childbearing Women: Patterns of Its Use in Pregnancy and Retroactive Self-Assessment of Its Efficacy Against 'Morning Sickness'», *Complementary Therapies in Clinical Practice*, 12, n.º 1 (2006), pp. 27-33.

8. LA COMIDA: UNA DROGA A LA QUE NO PODEMOS RESISTIRNOS

1. Doidge, *The Brain That Changes Itself.*

2. Cuando a las mujeres obesas se les enseñan fotos de alimentos con muchas calorías, su cerebro refleja una actividad más intensa en las regiones relacionadas con la expectación de una recompensa, en comparación con el cerebro de las mujeres con un peso más saludable.

3. Joseph Schroeder, «Oreos Trigger More Robust Dopamine Response and Place-Preference Than Cocaine in Rats», presentado en una conferencia de la Sociedad de Neurociencia Estadounidense en San Diego, California, en el año 2013.

4. Las ratas alimentadas con comida basura necesitan cada vez más cantidad de comida basura para activar la liberación de dopamina y obtienen el mismo estímulo cerebral. Se vuelven obesas y pierden el control de la habilidad para dejar de comer, al igual que los alcohólicos no pueden dejarlo tras la primera copa. Incluso si se les administran descargas eléctricas en las patas (lo que había tenido el efecto de que los roedores del grupo de control dejaran de comer pienso), cuando la comida es pastel de queso, glaseado o beicon, las ratas siguen comiendo. Si se retira la comida basura y se sustituye por comida saludable, las ratas inician una huelga de hambre, y, básicamente, siguen hambrientas durante dos semanas porque están enfadadas.

5. Moss, *Salt, Sugar, Fat.*

6. Mirre Viskaal-van Dongen *et al.*, «Hidden Fat Facilitates

Passive Overconsumption», *Journal of Nutrition*, 139, n.° 2 (2009), pp. 394-399; Drewnowski y Schwartz, «Invisible Fats», pp. 203-217.

7. Doctor Puhl *et al.*, «Environmental Enrichment Protects Against the Acquisition of Cocaine Self-Administration in Adult Male Rats, But Does Not Eliminate Avoidance of a Drug-Associated Saccharin Cue», *Behavioural Pharmacology*, 23 (2012), pp. 43-53; D. J. Stairs, *et al.*, «Effects of Environmental Enrichment on Extinction and Reinstatement of Amphetamine Self-Administration and Sucrose-Maintained Responding», *Behavioural Pharmacology*, 17 (2006), pp. 597-604.

8. Las ratas prefieren el agua endulzada con sacarina a la cocaína.

9. Carlo Colantuoni *et al.*, «Evidence That Intermittent, Excessive Sugar Intake Causes Endogenous Opioid Dependence», *Obesity Research*, 10, n.° 6 (2002), pp. 478-488.

10. A. Drewnowski y M. Schwartz, «Invisible Fats: Sensory Assessment of Sugar/Fat Mixtures», *Appetite*, 14, n.° 3 (1990), pp. 203-217.

11. Walter Kaye, «Neurobiology of Anorexia and Bulimia Nervosa», *Physiology & Behavior*, 94, n.° 1 (2008), pp. 121-135.

12. Maté, *When the Body Says No*.

13. Emeran A. Mayer, «Gut Feelings: The Emerging Biology of Gut-Brain Communication», *Nature Reviews Neuroscience*, 12, n.° 8 (2011), pp. 453-466.

14. Ashley Gearhardt y Kelly D. Brownell, «Neural Correlates of Food Addiction», *Archives of General Psychiatry*, 68, n.° 8 (2011), pp. 808-816.

15. Gene-Jack Wang *et al.*, «Brain Dopamine and Obesity», *The Lancet*, 357, n.° 9253 (3 de febrero de 2001), pp. 354-357.

16. Doug Brunk, «Neural Correlates of Addictive-Like Eating Behavior Studied», *Clinical Psychiatry News*, 4 de abril de 2011.

17. Diane H. Wasson y Mary Jackson, «An Analysis of the Role of Overeaters Anonymous in Women's Recovery from Bulimia Nervosa», *Eating Disorders*, 12, n.° 4 (2004), pp. 337-356; Nattie Ronel, Natti y Galit Libman, «Eating Disorders and Recovery: Lessons from Overeaters Anonymous», *Clinical Social Work Journal*, 31, n.° 2 (2003), pp. 155-171.

18. Brian Knutson *et al.*, «Dissociation of Reward Anticipation and Outcome with Event-Related fMRI», *Neuroreport*, 12, n.° 17 (2001), pp. 3683-3687; John P. O'Doherty *et al.*, «Neural Responses During Anticipation of a Primary Taste Reward», *Neuron*, 33, n.° 5 (2002), pp. 815-826.

19. La forma de prevenir los ataques repentinos de hambre es, sencillamente, mantenerte lejos de la comida. El sistema endocannabinoide está diseñado para que sigas comiendo, así que no empieces.

20. Ioannis Kyrou *et al.*, «Stress, Visceral Obesity, and Metabolic Complications», *Annals of the New York Academy of Sciences*, 1083, n.° 1 (2006), pp. 77-110.

21. La leptina también permite que tu sistema reproductor sepa si «todos los sistemas están listos» y si tienes suficientes reservas de energía para concebir.

22. En el caso de los animales se ha descubierto que reduce la ingesta de cualquier alimento, sobre todo la ingesta de alimentos «apetitosos», así como la obesidad.

23. Michael G. Tordoff y Annette M. Alleva, «Effect of Drinking Soda Sweetened with Aspartame or High-Fructose Corn Syrup on Food Intake and Body Weight», *The American Journal of Clinical Nutrition*, 51, n.° 6 (1990), pp. 963-969; Michael G. Tordoff y Annette M. Alleva, «Oral Stimulation with Aspartame Increases Hunger», *Physiology & Behavior*, 47, n.° 3 (1990), pp. 555-559; J. H. Lavin *et al.*, «The Effect of Sucrose and Aspartame Sweetened Drinks on Energy Intake, Hunger and Food Choice of Female, Moderately Restrained Eaters», *Int J Obes Relat Metab Disord*, 21, n.° 1 (1997), pp. 37-42.

24. Peter J. Rogers y John E. Blundell, «Separating the Actions of Sweetness and Calories: Effects of Saccharin and Carbohydrates on Hunger and Food Intake in Human Subjects», *Physiology & Behavior*, 45, n.° 6 (1989), pp. 1093-1199; Qing Yang, «Gain Weight by 'Going Diet?' Artificial Sweeteners and the Neurobiology of Sugar Cravings: Neuroscience 2010», *The Yale Journal of Biology and Medicine*, 83, n.° 2 (2010), p. 101.

25. G. A. Colditz *et al.*, «Patterns of Weight Change and Their Relation to Diet in a Cohort of Healthy Women», *American Journal of*

Clinical Nutrition, 51, n.° 6 (1990), pp. 1100-1105; S. P. Fowler *et al.*, «Fueling the Obesity Epidemic? Artificially Sweetened Beverage Use and Long-Term Weight Gain», *Obesity*, 16, n.° 8 (2008), pp. 1894-1900.

26. M. Hession *et al.*, «Systematic Review of Randomized Controlled Trials of Low-Carbohydrate Vs. Low-Fat/Low-Calorie Diets in the Management of Obesity and Its Comorbiditie», *Obesity Reviews*, 10, n.° 1 (2009), pp. 36-50.

27. L. A. Bazzano *et al.*, «Effects of Low-Carbohydrate and Low-Fat Diets: A Randomized Trial», *Annals of Internal Medicine*, 161 (2014), pp. 309-318; T. Hu y L. A. Bazzano, «The Low-Carbohydrate Diet and Cardiovascular Risk Factors: Evidence from Epidemiologic Studies», *Nutrition, Metabolism and Cardiovascular Diseases*, 24, n.° 4 (2014), pp. 337-343.

28. Da Young Oh *et al.*, «GPR120 Is an Omega-3 Fatty Acid Receptor Mediating Potent Anti-inflammatory and Insulin-Sensitizing Effects», *Cell*, 142, n.° 5 (2010), pp. 687-698.

29. T. C. Kirkham, «Endocannabinoids in the Regulation of Appetite and Body Weight», *Behavioral Pharmacology*, 16, n.° 5-6 (2005), pp. 297-313.

30. Yann Le Strat y Bernard Le Foll, «Obesity and Cannabis Use: Results from 2 Representative National Surveys», *American Journal of Epidemiology*, 174, n.° 8 (2011), p. 929.

31. Elizabeth A. Penner *et al.*, «The Impact of Marijuana Use on Glucose, Insulin, and Insulin Resistance Among U.S. Adults», *American Journal of Medicine*, 126, n.° 7 (2013), pp. 583-589.

32. S. Taheri *et al.*, «Short Sleep Duration Is Associated with Reduced Leptin, Elevated Ghrelin, and Increased Body Mass Index», *PLoS Medicine*, 1, n.° 3 (2004), p. e62.

33. P. J. English *et al.*, «Food Fails to Suppress Ghrelin Levels in Obese Humans», *Journal of Clinical Endocrinology and Metabolism*, 87, n.° 6 (2002), p. 2984.

34. Albert J. Stunkard *et al.*, «A Twin Study of Human Obesity», *JAMA*, 256, n.° 1 (1986), pp. 51-54.

35. Albert J. Stunkard *et al.*, «The Body-Mass Index of Twins

Who Have Been Reared Apart», *New England Journal of Medicine*, 322, n.º 21 (1990), pp. 1483-1487.

36. Albert J. Stunkard *et al.*, «An Adoption Study of Human Obesity», *New England Journal of Medicine*, 314, n.º 4 (1986a), pp. 193-198.

37. P. Sumithran *et al.*, «Long-Term Persistence of Hormonal Adaptations to Weight Loss», *New England Journal of Medicine*, 365, n.º 17 (2011), pp. 1597-1604.

38. Por otra parte, no dejes que el comer productos locales, sin pesticidas, orgánicos, veganos, etc., se convierta en una obsesión. Existe un nuevo trastorno alimentario llamado ortorexia que lo sufren las personas demasiado obsesionadas con lo que comen.

39. Gopal K. Singh y Barry A. Miller, «Health, Life Expectancy, and Mortality Patterns Among Immigrant Populations in the United States», *Canadian Journal of Public Health*, 95, n.º 3 (2003), pp. 114-121.

40. Tasnime N. Akbaraly *et al.*, «Dietary Pattern and Depressive Symptoms in Middle Age», *British Journal of Psychiatry*, 195, n.º 5 (2009), pp. 408-413.

41. Westman *et al.*, «Low-Carbohydrate Nutrition and Metabolism», pp. 276-284; F. L. Santos *et al.*, «Systematic Review and Meta-analysis of Clinical Trials of the Effects of Low Carbohydrate Diets on Cardiovascular Risk Factors», *Obesity Reviews*, 13, n.º 11 (2012), pp. 1048-1066.

42. Ronald M. Krauss *et al.*, «Separate Effects of Reduced Carbohydrate Intake and Weight Loss on Atherogenic Dyslipidemia», *American Journal of Clinical Nutrition*, 83, n.º 5 (2006), pp. 1025-1031.

43. Westman *et al.*, «Low-Carbohydrate Nutrition and Metabolism», pp. 276-284; Hession *et al.*, «Systematic Review of Randomized Controlled Trials», pp. 36-50.

44. Patty W. Siri-Tarino *et al.*, «Meta-analysis of Prospective Cohort Studies Evaluating the Association of Saturated Fat with Cardiovascular Disease», *American Journal of Clinical Nutrition*, 91, n.º 3 (2010), pp. 535-546.

45. Robert Hoenselaar, «Saturated Fat and Cardiovascular Di-

sease: The Discrepancy Between the Scientific Literature and Dietary Advice», *Nutrition*, 28, n.º 2 (2012), pp. 118-123.

46. Bonnie J. Brehm *et al.*, «A Randomized Trial Comparing a Very Low Carbohydrate Diet and a Calorie-Restricted Low Fat Diet on Body Weight and Cardiovascular Risk Factors in Healthy Women», *Journal of Clinical Endocrinology & Metabolism*, 88, n.º 4 (2003), pp. 1617-1623.

47. La lipoproteína de alta densidad (HDL) es el colesterol «bueno». Las lipoproteínas de baja densidad (LDL) tienen la reputación de ser colesterol «malo», pero la cosa no es tan simple. Hay LDL más pequeñas y densas que son malas para el cuerpo, y otras más grandes y más esponjosas que son buenas, como las albóndigas de mi madre. Existe una no santísima trinidad, llamada patrón B, en la que se detectan LDL densas, niveles bajos de HDL deseable y altos niveles de triglicéridos, garantía de arterias que se estrechan con placas, lo que provocará infartos y embolias. Las albóndigas malas —las LDL densas— están relacionadas con la inflamación y las enfermedades clínicas, pero no se generan comiendo alimentos grasos. Se producen debido al exceso de azúcares y carbohidratos. Esto supone un gran cambio respecto a la antigua idea sobre la dieta y los niveles de colesterol.

48. Aumentan las LDL, pero las buenas y esponjosas, y también aumentan los niveles de HDL beneficiosas.

49. Esther López García *et al.*, «Consumption of Trans Fatty Acids Is Related to Plasma Biomarkers of Inflammation and Endothelial Dysfunction», *Journal of Nutrition*, 135, n.º 3 (2005), pp. 562-566; Rajiv Chowdhur *et al.*, «Association of Dietary, Circulating, and Supplement Fatty Acids with Coronary Risk: A Systematic Review and Meta-analysis», *Annals of Internal Medicine*, 160, n.º 6 (2014), pp. 398-406.

50. Penny M. Kris-Etherton *et al.*, «Nuts and Their Bioactive Constituents: Effects on Serum Lipids and Other Factors That Affect Disease Risk», *American Journal of Clinical Nutrition*, 70, n.º 3 (1999), pp. 504s-511s.

51. La leche de coco tiene propiedades antivirales y antifúngicas

únicas. En torno a la mitad de la grasa del aceite de coco es ácido láurico, un ácido graso que no suele encontrarse en la naturaleza, aunque sí se halla en la leche materna humana. Los bebés la transforman en monolaurina, que mata algunas bacterias, combate la giardiasis, el sarampión, la gripe, el herpes, y el VIH. El aceite de coco también es maravilloso para el pelo, las cutículas y la piel seca. Limpia incluso el esmalte de los dientes. También es un buen lubricante para las prácticas sexuales.

52. Gordon, *Coconut Oil—The Numerous Advantages: Hygiene, Diet and Weight Loss*, Newark, Delaware, Speedy Publishing LLC, 2013.

53. Monica L. Assunção *et al.*, «Effects of Dietary Coconut Oil on the Biochemical and Anthropometric Profiles of Women Presenting Abdominal Obesity», *Lipids*, 44, n.º 7 (2009), pp. 593-601.

54. Oyinlola Oyebode *et al.*, «Fruit and Vegetable Consumption and All-Cause, Cancer and CVD Mortality: Analysis of Health Survey for England Data», *Journal of Epidemiology and Community Health* (2014), 2013.

55. Los productos de origen animal, el grano y los alimentos procesados pueden ser acidificantes, mientras que la mayoría de los vegetales, legumbres y semillas son alcalinizantes. Practicar la respiración profunda, beber agua sin gas y hacer ejercicio con moderación son otras formas de alcalinizar el organismo.

56. Tim Arnett, «Regulation of Bone Cell Function by Acid-Base Balance», *Proceedings of the Nutrition Society*, 62, n.º 2 (2003), pp. 511-520.

57. Mark Hyman, «Systems Biology, Toxins, Obesity, and Functional Medicine», *Altern Ther Health Med*, 13, n.º 2 (2007), pp. S134-S139.

58. R. Jaffe, «The Alkaline Way in Digestive Health», en *Bioactive Food as Dietary Interventions for Liver and Gastrointestinal Disease: Bioactive Foods in Chronic Disease States*, Londres, Academic Press, 2012, pp. 1-21.

59. Y. Ostman *et al.*, «Vinegar Supplementation Lowers Glucose and Insulin Responses and Increases Satiety After a Bread Meal in

Healthy Subjects», *European Journal of Clinical Nutrition*, 59 (2005), pp. 983-988.

60. Carol S. Johnston *et al.*, «Preliminary Evidence That Regular Vinegar Ingestion Favorably Influences Hemoglobin A1c Values in Individuals with Type 2 Diabetes Mellitus», *Diabetes Research and Clinical Practice*, 84, n.º 2 (2009), pp. e15-e17.

61. Tomoo Kondo *et al.*, «Acetic Acid Upregulates the Expression of Genes for Fatty Acid Oxidation Enzymes in Liver to Suppress Body Fat Accumulation», *Journal of Agricultural and Food Chemistry*, 57, n.º 13 (2009), pp. 5982-5986.

62. Nilgun H. Budak *et al.*, «Effects of Apple Cider Vinegars Produced with Different Techniques on Blood Lipids in High-Cholesterol-Fed Rats», *Journal of Agricultural and Food Chemistry*, 59, n.º 12 (2011), pp. 6638-6644.

63. Christine M. Ross y John J. Poluhowich, «The Effect of Apple Cider Vinegar on Adjuvant Arthritic Rats», *Nutrition Research*, 4, n.º 4 (1984), pp. 737-741.

64. Johnston *et al.*, «Preliminary Evidence That Regular Vinegar Ingestion Favorably Influences Hemoglobin», pp. e15-e17.

65. El vinagre de sidra se obtiene a partir del alcohol producido por la fermentación de manzanas con levadura y bacterias. Si consigues vinagre de sidra sin procesar, será incluso mejor, porque la pasteurización mata ciertos elementos saludables, como las enzimas. Una cucharada sopera de vinagre de sidra diluida en mucha agua antes de cada comida es una recomendación común para las personas que intentan perder peso. La disolución es crucial, porque todo vinagre es cáustico para el esmalte de los dientes y para la película protectora del estómago si no se rebaja con agua.

66. O. E. Owen *et al.*, «Brain Metabolism During Fasting», *Journal of Clinical Investigation*, 46, n.º 10 (1967), p. 1589; A. Rao *et al.*, «A Randomized, Double-Blind, Placebo-Controlled Pilot Study of a Probiotic in Emotional Symptoms of Chronic Fatigue Syndrome», *Gut Pathogens*, 1, n.º 1 (2009), pp. 1-6.

67. Karen L. Teff *et al.*, «Dietary Fructose Reduces Circulating Insulin and Leptin, Attenuates Postprandial Suppression of Ghrelin,

and Increases Triglycerides in Women», *Journal of Clinical Endocrinology & Metabolism*, 89, n.º 6 (2004), pp. 2963-2972.

68. Kimber L. Stanhope *et al.*, «Consumption of Fructose and High Fructose Corn Syrup Increase Postprandial Triglycerides, LDL-Cholesterol, and Apolipoprotein-B in Young Men and Women», *Journal of Clinical Endocrinology & Metabolism*, 96, n.º 10 (2011), pp. E1596-E1605.

69. Caroline Couchepin *et al.*, «Markedly Blunted Metabolic Effects of Fructose in Healthy Young Female Subjects Compared with Male Subjects», *Diabetes Care*, 31, n.º 6 (2008), pp. 1254-1256.

70. T. J. Horton *et al.*, «Female Rats Do Not Develop Sucrose-Induced Insulin Resistance», *American Journal of Physiology*, 272, n.º 5 (1997), pp. R1571-R1576.

71. Hara Estoff Marano, «The Trouble with Fructose», *Psychology Today*, septiembre/octubre de 2012, p. 48.

72. Giuseppe Caso *et al.*, «Effect of Coenzyme Q10 on Myopathic Symptoms in Patients Treated with Statins», *American Journal of Cardiology*, 99, n.º 10 (2007), pp. 1409-1412; Beatrice A. Golomb y Marcella A. Evans, «Statin Adverse Effects», *American Journal of Cardiovascular Drugs*, 8, n.º 6 (2008), pp. 373-418.

73. Y. L. Lo *et al.*, «Statin Therapy and Small Fiber Neuropathy: A Serial Electrophysiological Study», *Journal of the Neurological Sciences*, 208, n.º 1 (2003), pp. 105-108.

74. Caso *et al.*, «Effect of Coenzyme q10 on Myopathic Symptoms», pp. 1409-1412.

75. Rita F. Redberg y Mitchell H. Katz, «Healthy Men Should Not Take Statins», *JAMA*, 307, n.º 14 (2012), pp. 1491-1492; Takehiro Sugiyama *et al.*, «Different Time Trends of Caloric and Fat Intake Between Statin Users and Nonusers Among U.S. Adults: Gluttony in the Time of Statins?», *JAMA Internal Medicine*, 24 de abril de 2014, pp. e1-e8.

76. María Luz Fernández, «Dietary Cholesterol Provided by Eggs and Plasma Lipoproteins in Healthy Populations», *Current Opinion in Clinical Nutrition & Metabolic Care*, 9, n.º 1 (2006), pp. 8-12; Christopher N. Blesso *et al.*, «Whole Egg Consumption Improves Lipopro-

tein Profiles and Insulin Sensitivity to a Greater Extent Than Yolk-Free Egg Substitute in Individuals with Metabolic Syndrome», *Metabolism*, 62, n.º 3 (2013), pp. 400-410; Ying Rong *et al.*, «Egg Consumption and Risk of Coronary Heart Disease and Stroke: Dose-Response Meta-analysis of Prospective Cohort Studies», *British Medical Journal*, 346 (2013), e8539.

77. Kristin L. Herron y María Luz Fernández, «Are the Current Dietary Guidelines Regarding Egg Consumption Appropriate?», *Journal of Nutrition*, 134, n.º 1 (2004), pp. 187-190.

78. National Health and Nutrition Examination Survey (NHANES), 2005-2006 (ICPSR 25504), United States Department of Health and Human Services, Centers for Disease Control and Prevention, National Center for Health Statistics.

79. I. Bjelland *et al.*, «Choline in Anxiety and Depression: The Hordaland Health Study», *American Journal of Clinical Nutrition*, 90, n.º 4 (2009), pp. 1056-1060.

80. La colina es particularmente crucial durante el embarazo. Las madres que toman suplementos de esta vitamina durante el segundo trimestre tienen hijos con un mejor funcionamiento cerebral y menos riesgo de sufrir esquizofrenia.

81. S. Fowler *et al.*, «Diet Soft Drink Consumption Is Associated with Increased Incidence of Overweight and Obesity in the San Antonio Heart Study», *Diabetes* 54 (2005), p. A258; R. Dhingra *et al.*, «Soft Drink Consumption and Risk of Developing Cardiometabolic Risk Factors and the Metabolic Syndrome in Middle-Aged Adults in the Community», *Circulation*, 116 (2007), pp. 480-488.

82. Sharon P. Fowler *et al.*, «Fueling the Obesity Epidemic? Artificially Sweetened Beverage Use and Long-term Weight Gain», *Obesity*, 16, n.º 8 (2008), pp. 1894-1900.

83. Anthony Sclafani y Steven Xenakis, «Sucrose and Polysaccharide Induced Obesity in the Rat», *Physiology & Behavior*, 32, n.º 2 (1984), pp. 169-174.

84. S. Lindeberg y B. Lundh, «Apparent Absence of Stroke and Ischaemic Heart Disease in a Traditional Melanesian Island: A Clinical Study in Kitava», *Journal of Internal Medicine*, 233, n.º 3 (1993), pp.

269-275; Ami K. Patel, Jack T. Rogers, y Xudong Huang, «Flavanols, Mild Cognitive Impairment, and Alzheimer's Dementia», *International Journal of Clinical and Experimental Medicine*, 1, n.º 2 (2008), p. 181.

85. David Perlmutter, *Grain Brain: The Surprising Truth About Wheat, Carbs, and Sugar: Your Brain's Silent Killers*, Nueva York, Little, Brown and Company, 2013. [Hay trad. cast.: *Cerebro de pan: la devastadora verdad sobre los efectos del trigo, el azúcar y los carbohidratos en el cerebro (y un plan de 30 días para remediarlo)*, Barcelona, Grijalbo, 2014.]

86. Dorothy J. Pattison *et al.*, «Dietary Risk Factors for the Development of Inflammatory Polyarthritis: Evidence for a Role of High Level of Red Meat Consumption», *Arthritis & Rheumatism*, 50, n.º 12 (2004), pp. 3804-3812.

87. Lawrence De Koning *et al.*, «Sweetened Beverage Consumption, Incident Coronary Heart Disease, and Biomarkers of Risk in Men», *Circulation*, 125, n.º 14 (2012), pp. 1735-1741.

88. David S. Ludwig, «Artificially Sweetened Beverages: Cause for Concern», *JAMA*, 302, n.º 22 (2009), pp. 2477-2478.

89. Reinhard Grzanna *et al.*, «Ginger—An Herbal Medicinal Product with Broad Anti-inflammatory Actions», *Journal of Medicinal Food*, 8, n.º 2 (2005), pp. 125-132.

90. Bharat B. Aggarwal y Kuzhuvelil B. Harikumar, «Potential Therapeutic Effects of Curcumin, the Anti-inflammatory Agent, Against Neurodegenerative, Cardiovascular, Pulmonary, Metabolic, Autoimmune and Neoplastic Diseases», *The International Journal of Biochemistry & Cell Biology*, 41, n.º 1 (2009), pp. 40-59.

91. George L. Tipoe *et al.*, «Green Tea Polyphenols as an Antioxidant and Anti-inflammatory Agent for Cardiovascular Protection», *Cardiovascular & Hematological Disorders —Drug Targets (Formerly Current Drug Targets— Cardiovascular & Hematological Disorders)*, 7, n.º 2 (2007), pp. 135-144.

92. Rajesh Aneja *et al.*, «Theaflavin, a Black Tea Extract, Is a Novel Anti-inflammatory Compound», *Critical Care Medicine*, 32, n.º 10 (2004), pp. 2097-2103.

93. Maria Skouroliakou *et al.*, «A Double-Blind, Randomized

Clinical Trial of the Effect of Omega-3 Fatty Acids on the Oxidative Stress of Preterm Neonates Fed Through Parenteral Nutrition», *European Journal of Clinical Nutrition*, 64, n.° 9 (2010), pp. 940-947.

94. Philip C. Calder, «Omega-3 Polyunsaturated Fatty Acids, Inflammation, and Inflammatory Diseases», *American Journal of Clinical Nutrition*, 83, n.° 6 (2006), S1505-S1519.

95. Los pacientes con problemas de ansiedad tienen mayor déficit de ácido eicosapentaenoico (EPA, un omega-3) que los pacientes depresivos, quienes presentan niveles inferiores a los normales. Entre los pacientes con fobia social, los niveles de ácido graso omega-3 son inferiores en aquellos que presentan síntomas más acusados que entre quienes padecen síntomas menos graves. Los suplementos de omega-3 reducen la ansiedad en roedores, primates no humanos y estudiantes de medicina. Algo importante a tener en cuenta a la hora de tomar suplementos de omega-3 es que, para que tengan un efecto beneficioso en el alivio de los trastornos psiquiátricos, deben ser ricos en EPA, al menos en un 60 %, y tener un bajo contenido en ácido docosahexaenoico (DHA). Joanne J. Liu *et al.*, «Omega-3 Polyunsaturated Fatty Acid (PUFA) Status in Major Depressive Disorder with Comorbid Anxiety Disorders», *Journal of Clinical Psychiatry*, 74, n.° 7 (2013), pp. 732-738; Pnina Green *et al.*, «Red Cell Membrane Omega-3 Fatty Acids Are Decreased in Nondepressed Patients with Social Anxiety Disorder», *European Neuropsychopharmacology*, 16, n.° 2 (2006), pp. 107-113; Venugopal Reddy Venna *et al.*, «PUFA Induce Antidepressant-like Effects in Parallel to Structural and Molecular Changes in the Hippocampus», *Psychoneuroendocrinology*, 34, n.° 2 (2009), pp. 199-211; Nina Vinot *et al.*, «Omega-3 Fatty Acids from Fish Oil Lower Anxiety, Improve Cognitive Functions and Reduce Spontaneous Locomotor Activity in a Non-Human Primate», *PLoS One*, 6, n.° 6 (2011), p. e20491; Janice K. Kiecolt-Glaser *et al.*, «Omega-3 Supplementation Lowers Inflammation and Anxiety in Medical Students: A Randomized Controlled Trial», *Brain, Behavior, and Immunity*, 25, n.° 8 (2011), pp. 1725-1734; Liu *et al.*, «Omega-3 Polyunsaturated Fatty Acid (PUFA) Status in Major Depressive Disorder», *The Journal of Clinical Psychiatry*, 174, n.° 7 (2013), pp. 732-738.

96. B. Hallahan y M. R. Garland, «Essential Fatty Acids and Their Role in the Treatment of Impulsivity Disorders», *Prostaglandins Leukot Essen. Fatty Acids*, 71, n.° 4 (2004), pp. 211-216; Alexandra J. Richardson, «Omega-3 Fatty Acids in ADHD and Related Neurodevelopmental Disorders», *International Review of Psychiatry*, 18, n.° 2 (2006), pp. 155-172; Jerome Sarris, *et al.*, «Omega-3 for Bipolar Disorder: Meta-analyses of Use in Mania and Bipolar Depression», *Journal of Clinical Psychiatry*, 73, n.° 1 (2012), pp. 81-86.

97. K. Akter *et al.*, «A Review of the Possible Role of the Essential Fatty Acids and Fish Oils in the Etiology, Prevention or Pharmacotherapy of Schizophrenia», *Journal of Clinical Pharmacy and Therapeutics*, 37, n.° 2 (2012), pp. 132-139.

98. R. Farzaneh-Far *et al.*, «Association of Marine Omega-3 Fatty Acid Levels with Telomeric Aging in Patients with Coronary Heart Disease», *JAMA*, 303 (2010), pp. 250-257.

99. Iain Brown *et al.*, «Cannabinoids and Omega-3/6 Endocannabinoids as Cell Death and Anticancer Modulators», *Progress in Lipid Research*, 52, n.° 1 (2013), pp. 80-109.

100. J. C. Callaway, «Hempseed as a Nutritional Resource: An Overview», *Euphytica*, 140, n.° 1-2 (2004), pp. 65-72.

101. Mi muesli: copos de avena, almendras laminadas, semillas de chía, de lino, de cáñamo y regado todo con leche de almendra sin edulcorantes y un chorrito de sirope de manzana de nuestros árboles, cortesía de Jeremy.

102. Hiroyuki Osawa *et al.*, «Changes in Plasma Ghrelin Levels, Gastric Ghrelin Production, and Body Weight After Helicobacter Pylori Cure», *Journal of Gastroenterology*, 41, n.° 10 (2006), pp. 954-961.

103. Peter J. Turnbaugh *et al.*, «Diet-Induced Obesity Is Linked to Marked but Reversible Alterations in the Mouse Distal Gut Microbiome», *Cell Host & Microbe*, 3, n.° 4 (2008), pp. 213-223.

104. John K. DiBaise *et al.*, «Gut Microbiota and Its Possible Relationship with Obesity», en *Mayo Clinic Proceedings*, 83, n.° 4 (2008), pp. 460-469.

105. R. Mathur *et al.*, «Methane and Hydrogen Positivity on

Breath Test Is Associated with Greater Body Mass Index and Body Fat», *Journal of Clinical Endocrinology & Metabolism*, 98, n.° 4 (2013), E698-E702.

106. Anne Vrieze *et al.*, «Transfer of Intestinal Microbiota from Lean Donors Increases Insulin Sensitivity in Individuals with Metabolic Syndrome», *Gastroenterology*, 143, n.° 4 (2012), pp. 913-916.

107. K. J. Davey *et al.*, «Antipsychotics and the Gut Microbiome: Olanzapine-Induced Metabolic Dysfunction Is Attenuated by Antibiotic Administration in the Rat», *Translational Psychiatry*, 3, n.° 10 (2013), e309.

108. David E. Cummings *et al.*, «Plasma Ghrelin Levels After Diet-Induced Weight Loss or Gastric Bypass Surgery», *New England Journal of Medicine*, 346, n.° 21 (2002), pp. 1623-1630.

109. Alice P. Liou *et al.*, «Conserved Shifts in the Gut Microbiota Due to Gastric Bypass Reduce Host Weight and Adiposity», *Science of Translational Medicine*, 5, n.° 178 (2013), p. 178.

110. Mohamed B. Abou-Donia *et al.*, «Splenda Alters Gut Microflora and Increases Intestinal P-Glycoprotein and Cytochrome P-450 in Male Rats», *Journal of Toxicology and Environmental Health, Part A*, 71, n.° 21 (2008), pp. 1415-1429.

111. Jotham Suez *et al.*, «Artificial Sweeteners Induce Glucose Intolerance by Altering the Gut Microbiota», *Nature*, publicado electrónicamente, 17 de septiembre de 2014, doi:10.1038/Nature13793.

112. Michael Pollan, «Some of My Best Friends Are Germs», *The New York Times Magazine*, 15 de mayo de 2013.

113. Nathalie M. Delzenne *et al.*, «Targeting Gut Microbiota in Obesity: Effects of Prebiotics and Probiotics», *Nature Reviews Endocrinology*, 7, n.° 11 (2011), pp. 639-646.

114. Roya Kelishadi *et al.*, «A Randomized Triple-Masked Controlled Trial on the Effects of Synbiotics on Inflammation Markers in Overweight Children», *Jornal de Pediatria*, 90, n.° 2 (2014), pp. 161-167.

115. Por lo general, los prebióticos proceden de fibras vegetales; sin embargo, a diferencia del resto de tejidos vivos, el pecho produce prebióticos. La leche materna es la mejor fuente de prebióticos para un

bebé, de hecho, es la única, salvo que te plantees darle tupinambo y espárragos triturados.

116. Stephen M. Collins *et al.*, «The Adoptive Transfer of Behavioral Phenotype Via the Intestinal Microbiota: Experimental Evidence and Clinical Implications», *Current Opinion in Microbiology*, 16, n.° 3 (2013), pp. 240-245.

117. M. Maes *et al.*, «The Gut-Brain Barrier in Major Depression: Intestinal Mucosal Dysfunction with an Increased Translocation of LPS from Gram Negative Enterobacteria (Leaky Gut) Plays a Role in the Inflammatory Pathophysiology of Depression», *Neuro Endocrinology Letters*, 29, n.° 1 (2008), pp. 117-124.

118. Robert Dantzer *et al.*, «From Inflammation to Sickness and Depression: When the Immune System Subjugates the Brain», *Nature Reviews Neuroscience*, 9, n.° 1 (2008), pp. 46-56.

119. Factor de necrosis tumoral alfa (TNF-α), IL-6, e IL-1beta.

120. A. C. Logan y M. Katzman, «Major Depressive Disorder: Probiotics May Be an Adjuvant Therapy», *Medical Hypotheses*, 64, n.° 3 (2005), pp. 533-538.

121. N. Sudo *et al.*, «Postnatal Microbial Colonization Programs the Hypothalamic-Pituitary-Adrenal System for Stress Response in Mice», *Journal of Physiology*, 558 (2004), pp. 263-275.

122. El tratamiento crónico con la bacteria *Mycobacterium vaccae* mejora los índices de calidad de vida al reducir los niveles de citocinas y, por tanto, la inflamación. El tratamiento con bifidobacterias aumenta los valores de triptófano en el cerebro, necesario para la síntesis de la serotonina. M. E. O'Brien *et al.*, «SRL172 (Killed Mycobacterium Vaccae) in Addition to Standard Chemotherapy Improves Quality of Life Without Affecting Survival, in Patients with Advanced Non-Small-Cell Lung Cancer: Phase III Results», *Annals of Oncology*, 15, n.° 6 (2004), pp. 906-914; R. Hernández-Pando y G. A. Rook, «The Role of TNF-Alpha in T-Cell-Mediated Inflammation Depends on the Th1/Th2 Cytokine Balance», *Immunology*, 82, n.° 4 (1994), p. 591; J. Rao *et al.*, «Regulation of Cerebral Glucose Metabolism», *Minerva Endocrinologica*, 31, n.° 2 (2006), p. 149.

123. M. Messaoudi *et al.*, «Beneficial Psychological Effects of a

Probiotic Formulation (Lactobacillus Helveticus R0052 and Bifido-bacterium Longum R0175) in Healthy Human Volunteers», *Gut Microbes*, 2, n.º 4 (julio/agosto de 2011), pp. 256-261.

124. Kirsten Tillisch *et al.*, «Consumption of Fermented Milk Product with Probiotic Modulates Brain Activity», *Gastroenterology*, 144, n.º 7 (2013), pp. 1394-1400.

125. Radhika Dhakal *et al.*, «Production of Gaba (Γ-Aminobutyric Acid) by Microorganisms: A Review», *Brazilian Journal of Microbiology*, 43, n.º 4 (2012), pp. 1230-1241.

126. El *Lactobacillus* crea más receptores GABA en el cerebro y produce el propio neurotransmisor en los intestinos.

127. Llamadas desmosomas.

128. Familias *Spirochaetaceae* y *Spirillaceae*.

129. E. Haroon *et al.*, «Psychoneuroimmunology Meets Neuropsychopharmacology: Translational Implications of the Impact of Inflammation on Behavior», *Neuropsychopharmacology*, 37, n.º 1 (2012), pp. 137-162.

130. Gliadinas y gluteninas.

131. William Davis, *Wheat Belly: Lose the Wheat, Lose the Weight, and Find Your Path Back to Health*, Nueva York, Rodale, 2011. [Hay trad. cast.: *Sin trigo, gracias. Dile adiós al trigo, pierde peso y come de forma saludable*, Madrid, Aguilar, 2014.]

132. *Breaking Free from Emotional Eating, Feeding the Hungry Heart, When Food Is Love Appetites.* [Hay trad. cast.: *Cuando la comida sustituye al amor: la relación entre las carencias afectivas y nuestra actitud ante la comida*, Barcelona, Urano, 1992.]

133. Ravinder Jerath *et al.*, «Physiology of Long Pranayamic Breathing: Neural Respiratory Elements May Provide a Mechanism That Explains How Slow Deep Breathing Shifts the Autonomic Nervous System», *Medical Hypotheses*, 67, n.º 3 (2006), pp. 566-571.

134. Donna L. Tempel y Sarah F. Leibowitz, «PVN Steroid Implants: Effect on Feeding Patterns and Macronutrient Selection», *Brain Research Bulletin*, 23, n.º 6 (1989), pp. 553-560; Rouach *et al.*, «The Acute Ghrelin Response to a Psychological Stress Challenge»,

pp. 693-702; Cizza *et al.*, «Low 24-hour Adiponectin and High Nocturnal Leptin Concentrations», pp. 1079-1087.

135. G. Cizza *et al.*, «Low 24-Hour Adiponectin and High Nocturnal Leptin Concentrations in a Case-Control Study of Community-Dwelling Premenopausal Women with Major Depressive Disorder: The Premenopausal, Osteopenia/Osteoporosis, Women, Alendronate, Depression (POWER) Study», *Journal of Clinical Psychiatry*, 71, n.º 8 (2010), pp. 1079-1087.

136. V. Rouach *et al.*, «The Acute Ghrelin Response to a Psychological Stress Challenge Does Not Predict the Post-stress Urge to Eat», *Psychoneuroendocrinology*, 32 (2007), pp. 693-702.

137. M. E. Wilson *et al.*, «Quantifying Food Intake in Socially Housed Monkeys: Social Status Effects on Caloric Consumption», *Physiology & Behavior*, 94, n.º 4 (2008), pp. 586-594.

138. M. G. Marmot *et al.*, «Health Inequalities Among British Civil The Whitehall II Study», *Lancet*, 337, n.º 8754 (1991), pp. 1387-1393.

139. Janet A. Tomiyama *et al.*, «Comfort Food Is Comforting to Those Most Stressed: Evidence of the Chronic Stress Response Network in High Stress Women», *Psychoneuroendocrinology*, 36, n.º 10 (2011), pp. 1513-1519.

140. Jennifer Daubenmier *et al.*, «Mindfulness Intervention for Stress Eating to Reduce Cortisol and Abdominal Fat Among Overweight and Obese Women: An Exploratory Randomized Controlled Study», *Journal of Obesity*, artículo ID 651936 (2011).

141. Paul E. Marik y Rinaldo Bellomo, «Stress Hyperglycemia: An Essential Survival Response», *Critical Care*, 17, n.º 2 (2013), p. 305.

142. Mary Abbott, «Taste: The Neglected Nutritional Factor», *Journal of the American Dietetic Association*, 97, n.º 10 (1997), S205-S207.

143. Petra Platte *et al.*, «Oral Perceptions of Fat and Taste Stimuli Are Modulated by Affect and Mood Induction», *PloS One*, 8, n.º 6 (2013), e65006.

144. Wilson *et al.*, «Quantifying Food Intake in Socially Housed Monkeys», pp. 586-594.

9. Aceleradas de puro cansadas

1. Michael Breus, *The Sleep Doctor's Diet Plan: Lose Weight Through Better Sleep*, Nueva York, Rodale, 2011.

2. Andrew D. Krystal, «Insomnia in Women», *Clinical Cornerstone*, 5, n.º 3 (2003), pp. 41-50.

3. Medco Health Solutions, «America's State of Mind Report», noviembre de 2011.

4. Fiona C. Baker *et al.*, «Association of Sociodemographic, Lifestyle, and Health Factors with Sleep Quality and Daytime Sleepiness in Women: Findings from the 2007 National Sleep Foundation 'Sleep in America Poll'», *Journal of Women's Health*, 18, n.º 6 (2009), pp. 841-849.

5. Edward C. Suarez, «Self-Reported Symptoms of Sleep Disturbance and Inflammation, Coagulation, Insulin Resistance and Psychosocial Distress: Evidence for Gender Disparity», *Brain, Behavior, and Immunity*, 22, n.º 6 (2008), pp. 960-968; Mary Amanda Dew *et al.*, «Healthy Older Adults' Sleep Predicts All-Cause Mortality at 4 to 19 Years of Follow-up», *Psycho somatic Medicine*, 65, n.º 1 (2003), pp. 63-73; Swapnil N. Rajpathak, «Lifestyle Factors of People with Exceptional Longevity», *Journal of the American Geriatrics Society*, 59, n.º 8 (agosto de 2011), pp. 1509-1512.

6. Los endocannabinoides, las sustancias antiinflamatorias que imitan los efectos farmacológicos del cannabis, son probablemente un factor esencial en la inducción del sueño. Otras moléculas inductoras del sueño incluyen las orexinas, péptidos que componen las proteínas, varias hormonas y las citocinas proinflamatorias y antiinflamatorias. Chu Chen y Nicolás G. Bazán, «Lipid Signaling: Sleep, Synaptic Plasticity, and Neuroprotection», *Prostaglandins & Other Lipid Mediators*, 77, n.º 1 (2005), pp. 65-76; Eric Murillo-Rodríguez *et al.*, «Anandamide Enhances Extracellular Levels of Adenosine and Induces Sleep: An in Vivo Microdialysis Study», *SLEEP* 26, n.º 8 (2003), pp. 943-947.

7. Kylie J. Barnett, «The Effects of a Poor Night Sleep on Mood, Cognitive, Autonomic and Electrophysiological Measures», *Journal of Integrative Neuroscience*, 7, n.º 03 (2008), pp. 405-420.

8. T. S. Wiley y Bent Formby, *Lights Out: Sleep, Sugar, and Survival*, Nueva York, Simon and Schuster, 2000, p. 4.

9. En la década de 1970, en Estados Unidos trabajábamos treinta y cinco horas a la semana y disfrutábamos de veintisiete de ocio. Ahora las cifras son cuarenta y ocho y quince, respectivamente.

10. Yinong Chong *et al.*, «Prescription Sleep Aid Use Among Adults: United States, 2005-2010», *NCHS Data Brief*, 127 (2013), pp. 1-8.

11. Kristen L. Knutson *et al.*, «The Metabolic Consequences of Sleep Deprivation», *Sleep Medicine Reviews*, 11, n.° 3 (junio de 2007), pp.163-178.

12. A. V. Nedeltcheva *et al.*, «Sleep Curtailment Is Accompanie-dby Increased Intake of Calories from Snacks», *American Journal of Clinical Nutrition*, 89 (2009), pp. 126-133.

13. J. E. Gangwisch *et al.*, «Inadequate Sleep as a Risk Factor for Obesity: Analyses of the NHANES I», *Sleep*, 28, n.° 10 (2005), pp. 1289-1296.

14. Mariana G. Figueiro *et al.*, «Light Modulates Leptin and Ghrelin in Sleep- Restricted Adults», *International Journal of Endocrinology*, 2012, artículo ID 530; S. Taheri *et al.*, «Short Sleep Duration Is Associated with Reduced Leptin, Elevated Ghrelin, and Increased Body Mass Index», *PLoS Medicine*, 1 (2004), p. e62; P. Schüssler *et al.*, «Nocturnal Ghrelin, ACTH, GH and Cortisol Secretion After Sleep Deprivation in Humans», *Psychoneuroendocrinology*, 31 (2006), pp. 915-923.

15. S. M. Schmid *et al.*, «A Single Night of Sleep Deprivation Increases Ghrelin Levels and Feelings of Hunger in Normal-Weight Healthy Men», *Journal of Sleep Research*, 17 (2008), pp. 331-334.

16. Karine Spiegel *et al.*, «Sleep Loss: A Novel Risk Factor for Insulin Resistance and Type 2 Diabetes», *Journal of Applied Physiology*, 99, n.° 5 (2005), pp. 2008-2019; H. K. Yaggi *et al.*, «Sleep Duration as a Risk Factor for the Development of Type 2 Diabetes», *Diabetes Care*, 29 (2006), pp. 657-661.

17. N. T. Ayas *et al.*, «A Prospective Study of Self-Reported Sleep

Duration and Incident Diabetes in Women», *Diabetes Care*, 26 (2003), pp. 380-384.

18. Fulda y Schulz, «Cognitive Dysfunction in Sleep Disorders», *Sleep Medicine Reviews*, 15, n.° 6 (2001), pp. 423-445.

19. Centers for Disease Control and Prevention, *MMWR*, 61, n.° 51 (4 de enero de 2013), pp. 1033-1037.

20. Aquí predominan las ondas delta.

21. Excepto en niños que tienen terrores nocturnos durante el sueño de onda lenta.

22. Lulu Xie *et al.*, «Sleep Drives Metabolite Clearance from the Adult Brain», *Science*, 342, n.° 6156 (2013), pp. 373-377.

23. El espacio entre células cerebrales en ratas de laboratorio es un 60 % mayor durante el sueño, lo cual favorece el flujo del líquido cefalorraquídeo en un factor de diez.

24. Michael R. Irwin *et al.*, «Sleep Loss Activates Cellular Inflammatory Signaling», *Biological Psychiatry*, 64, n.° 6 (2008), pp. 538-540.

25. Mark R. Zielinski y James M. Krueger, «Sleep and Innate Immunity», *Frontiers in Bioscience (Scholar edition)*, 3 (2011), p. 632.

26. Harinder Jaseja, «Purpose of REM Sleep: Endogenous Antiepileptogenesis in Man—a Hypothesis», *Medical Hypotheses*, 62, n.° 4 (2004), pp. 546-548.

27. En recién nacidos, es un 80 % REM y un 20 % no REM.

28. En los trastornos depresivos, el insomnio es a menudo uno de los primeros síntomas en aparecer, a veces antes del inicio de los síntomas relacionados con el estado de ánimo, mientras que en los trastornos de ansiedad el insomnio se produce después de la aparición de otros síntomas. Maurice M. Ohayon y Thomas Roth, «Place of Chronic Insomnia in the Course of Depressive and Anxiety Disorders», *Journal of Psychiatric Research* (2003).

29. Thomas A. Wehr, «Improvement of Depression and Triggering of Mania by Sleep Deprivation», *JAMA*, 267, n.° 4 (1992), pp. 548-551; Blynn G. Bunney y William E. Bunney, «Mechanisms of Rapid Antidepressant Effects of Sleep Deprivation Therapy: Clock Genes and Circadian Rhythms», *Biological Psychiatry*, 73, n.° 12 (2013), pp. 1164-1171.

30. Michael Terman y Jiuan Su Terman, «Bright Light Therapy: Side Effects and Benefits Across the Symptom Spectrum», *Journal of Clinical Psychiatry*, 60, n.° 11 (1999), pp. 799-808.

31. Jutta Backhaus *et al.*, «Midlife Decline in Declarative Memory Consolidation Is Correlated with a Decline in Slow Wave Sleep», *Learning & Memory*, 14, n.° 5 (2007), pp. 336-341; Susanne Diekelmann y Jan Born, «The Memory Function of Sleep», *Nature Reviews Neuroscience*, 11, n.° 2 (2010), pp. 114-126.

32. Matthew P. Walker y Robert Stickgold, «Overnight Alchemy: Sleep-Dependent Memory Evolution», *Nature Reviews Neuroscience*, 11, n.° 3 (2010), pp. 218-218.

33. S. Fulda y H. Schulz, «Cognitive Dysfunction in Sleep Disorders», *Sleep Medicine Reviews*, 5, n.° 6 (2001), pp. 423-445.

34. N. Golan *et al.*, «Sleep Disorders and Daytime Sleepiness in Children with Attention-Deficit/Hyperactive Disorder», *Sleep*, 27, n.° 2 (2004), pp. 261-266.

35. R. D. Chervin *et al.*, «Sleep-Disordered Breathing, Behavior, and Cognition in Children Before and After Adenotonsillectomy», *Pediatrics*, 117 (2006), pp. 769-778.

36. D. J. Brambilla *et al.*, «The Effect of Diurnal Variation on Clinical Measurement of Serum Testosterone and Other Sex Hormone Levels in Men», *Journal of Clinical Endocrinology and Metabolism*, 94 (2009), pp. 907-913.

37. Williams, *Breasts*.

38. La melatonina goza de la fama de ser un suplemento antiedad. El consumo de melatonina puede neutralizar el estrés oxidativo y retrasar el proceso neurodegenerativo propio de la edad. D. Acuna-Castroviejo *et al.*, «Melatonin, Mitochondria, and Cellular Bioenergetics», *Journal of Pineal Research*, 30, n.° 2 (marzo de 2001), pp. 65-74; M. Pohanka, «Alzheimer's Disease and Related Neurodegenerative Disorders: Implication and Counteracting of Melatonin», *Journal of Applied Biomedicine*, 9 (2011), pp. 185-196.

39. Gregory M. Cahill y Joseph C. Besharse, «Circadian Regulation of Melatonin in the Retina of Xenopus Laevis: Limitation by Serotonin Availability», *Journal of Neurochemistry*, 54, n.° 2 (1990),

pp. 716-719; Venkataramanujan Srinivasan *et al.*, «Melatonin in Mood Disorders», *World Journal of Biological Psychiatry*, 7, n.º 3 (2006), pp. 138-151.

40. Así es como se trata el jet lag: toma 3 miligramos de melatonina entre las diez y las once de la noche durante tres días cuando llegues a tu destino. Cuando regreses a casa, vuelve a tomar tres miligramos durante tres noches entre las diez y las once. Fácil. Y la diferencia es enorme. Por favor, ten en cuenta que 3 miligramos no es la cantidad que suele tomarse para dormir. La melatonina para dormir tiene que tomarse también entre las diez y las once de la noche, pero en ese caso es más aconsejable tomar medio miligramo, o uno.

41. R. G. Stevens, «Light-at-Night, Circadian Disruption and Breast Cancer: Assessment of Existing Evidence», *International Journal of Epidemiology*, 38 (2009), pp. 963-970.

42. E. E. Flynn-Evans *et al.*, «Total Visual Blindness Is Protective Against Breast Cancer», *Cancer Causes and Control*, 20 (2009), pp. 1753-1756.

43. D. E. Blask, «Melatonin, Sleep Disturbance and Cancer Risk», *Sleep Medicine Reviews*, 13 (2008), pp. 257-264.

44. Dorota A. Zieba *et al.*, «In Vitro Evidence That Leptin Suppresses Melatonin Secretion During Long Days and Stimulates Its Secretion During Short Days in Seasonal Breeding Ewes», *Domestic Animal Endocrinology*, 33, n.º 3 (2007), pp. 358-365.

45. B. O. Yildiz *et al.*, «Alterations in the Dynamics of Circulating Ghrelin, Adiponectin, and Leptin in Human Obesity», *PNAS*, 101 (2004), pp. 10434-10439.

46. M. I. Alonso-Vale *et al.*, «Melatonin Enhances Leptin Expression by Rat Adipocytes in the Presence of Insulin», *Am J Physiol Endocrinol Metab*, 288, n.º 4 (abril de 2005), pp. E805-E812.

47. María J. Ríos-Lugo *et al.*, «Melatonin Effect on Plasma Adiponectin, Leptin, Insulin, Glucose, Triglycerides and Cholesterol in Normal and High Fat-Fed Rats», *Journal of Pineal Research*, 49, n.º 4 (2010), pp. 342-348.

48. G. Copinschi, «Metabolic and Endocrine Effects of Sleep Deprivation», *Essential Psychopharmacology*, 6, n.º 6 (2005), pp. 341-347.

49. C. J. McMullan *et al.*, «Melatonin Secretion and the Incidence of Type 2 Diabetes», *JAMA*, 309, n.° 13 (abril de 2013), pp. 1388-1396.

50. Mariana G. Figueiro *et al.*, «Light Modulates Leptin and Ghrelin in Sleep-Restricted Adults», *International Journal of Endocrinology*, 2012, artículo ID 530726.

51. A. N. Vgontzas *et al.*, «Adverse Effects of Modest Sleep Restriction on Sleepiness, Performance, and Inflammatory Cytokines», *J Clin Endocrinol Metab*, 89 (2004), pp. 2119-2126.

52. Sheldon Cohen *et al.*, «Sleep Habits and Susceptibility to the Common Cold», *Archives of Internal Medicine*, 169, n.° 1 (2009), p. 62.

53. Yuki Tsuchiya *et al.*, «Cytochrome P450-Mediated Metabolism of Estrogens and Its Regulation in Humans», *Cancer Letters*, 227 (2005), pp. 115-124.

54. Stuart R. Snider y Bertil Waldeck, «Increased Synthesis of Adrenomedullary Catecholamines Induced by Caffeine and Theophylline», *Naunyn-Schmiedeberg's Archives of Pharmacology*, 281, n.° 2 (1974), pp. 257-260; William R. Lovallo *et al.*, «Caffeine Stimulation of Cortisol Secretion Across the Waking Hours in Relation to Caffeine Intake Levels», *Psychosomatic Medicine*, 67, n.° 5 (2005), pp. 734-739.

55. Hans-Peter Landolt *et al.*, «Caffeine Intake (200 Mg) in the Morning Affects Human Sleep and EEG Power Spectra at Night», *Brain Research*, 675, n.° 1 (1995), pp. 67-74.

56. Stacey C. Sigmon *et al.*, «Caffeine Withdrawal, Acute Effects, Tolerance, and Absence of Net Beneficial Effects of Chronic Administration: Cerebral Blood Flow Velocity, Quantitative EEG, and Subjective Effects», *Psychopharmacology*, 204, n.° 4 (2009), pp. 573-585.

57. Mariana G. Figueiro *et al.*, «The Impact of Light from Computer Monitors on Melatonin Levels in College Students», *Neuro Endocrinology Letters*, 32, n.° 2 (2011), p. 158.

58. Christian Cajochen *et al.*, «Evening Exposure to a Light-Emitting Diodes (LED)-Backlit Computer Screen Affects Circadian Physiology and Cognitive Performance», *Journal of Applied Physiology*, 110, n.° 5 (2011), pp. 1432-1438.

59. Andrew B. Dollins *et al.*, «Effects of Illumination on Human

Nocturnal Serum Melatonin Levels and Performance», *Physiology & Behavior*, 53, n.° 1 (1993), pp. 153-160; Mariana G. Figueiro *et al.*, «The Impact of Light from Computer Monitors on Melatonin Levels in College Students», *Neuro Endocrinology Letters*, 32, n.° 2 (2011), p. 158.

60. A. Chang *et al.*, «Impact of Evening Use of Light-Emitting Electronic Readers on Circadian Timing and Sleep Latency», *SLEEP*, 35, abstract supplement (2012), p. A205.

61. Descarga libre desde: <http://stereopsis.com/flux/research.html>.

62. <http://www.blueblocker.com>.

63. K. Burkhart y J. R. Phelps, «Amber Lenses to Block Blue Light and Improve Sleep: A Randomized Trial», *Chronobiology International*, 26, n.° 8 (2009), pp. 1602-1612.

64. La melodía «Weightless» de Marconi Union, que dura ocho minutos y produce un estado de trance, a sesenta pulsaciones por minuto, es un buen punto de partida.

65. Ting Zhang *et al.*, «A 'Present' for the Future: The Unexpected Value of Rediscovery», *Psychological Science* (2014), p. 0956797614542274.

66. Andrew Weil, *Spontaneous Happiness*, Little, Brown and Company, 2011.

67. Burkhard Pflug, «The Effect of Sleep Deprivation on Depressed Patients», *Acta Psychiatrica Scandinavica*, 53, n.° 2 (1976), pp. 148-158; D. A. Sack *et al.*, «The Timing and Duration of Sleep in Partial Sleep Deprivation Therapy of Depression», *Acta Psychiatrica Scandinavica*, 77, n.° 2 (1988), pp. 219-224.

68. David J. Greenblatt *et al.*, «Gender Differences in Pharmacokinetics and Pharmacodynamics of Zolpidem Following Sublingual Administration», *Journal of Clinical Pharmacology*, 54, n.° 3 (2014), pp. 282-290.

69. John Elwood Gallacher *et al.*, «Benzodiazepine Use and Risk of Dementia: Evidence from the Caerphilly Prospective Study (CaPS)», *J Epidemiology and Community Health*, 66 (2012), pp. 869-873.

70. Daniel F. Kripke *et al.*, «Hypnotics' Association with Mortality or Cancer: A Matched Cohort Study», *British Medical Journal Open*, 2, n.° 1 (2012).

71. Timothy Roehrs y Thomas Roth, «Sleep, Sleepiness, and Alcohol Use», *Alcohol Research and Health*, 25, n.° 2 (2001), pp. 101-109.

72. Pierce Geoghegan *et al.*, «Investigation of the Effects of Alcohol on Sleep Using Actigraphy», *Alcohol and Alcoholism*, 47, n.° 5 (2012), pp. 538-544.

73. Lawrence Scrima *et al.*, «Increased Severity of Obstructive Sleep Apnea After Bedtime Alcohol Ingestion: Diagnostic Potential and Proposed Mechanism of Action», *Sleep: Journal of Sleep Research & Sleep Medicine*, 5, n.° 4 (1982), pp. 318-328.

74. Irshaad O. Ebrahim *et al.*, «Alcohol and Sleep I: Effects on Normal Sleep», *Alcoholism: Clinical and Experimental Research*, 37, n.° 4 (2013), pp. 539-549.

75. Deep Speep de Herbs, etc., Somnipure de Peak Life, y Quietude de Boiron son tres que me gustan.

10. Una guía sexual que realmente funciona

1. Stuart Brody, «Blood Pressure Reactivity to Stress Is Better for People Who Recently Had Penile-Vaginal Intercourse Than for People Who Had Other or No Sexual Activity», *Biological Psychology*, 71, n.° 2 (2006), pp. 214-222.

2. Susan A. Hall *et al.*, «Sexual Activity, Erectile Dysfunction, and Incident Cardiovascular Events», *American Journal of Cardiology*, 105, n.° 2 (2010), pp. 192-197.

3. Carl J. Charnetski y Francis X. Brennan, «Sexual Frequency and Salivary Immunoglobulin A (IgA)», *Psychological Reports*, 94, n.° 3 (2004), pp. 839-844.

4. Desde el punto de vista médico, existen cuatro categorías de disfunción sexual femenina: trastorno del deseo sexual hipoactivo (no tener pensamientos calenturientos ni deseos de sexo); trastorno de ex-

citación sexual (no reaccionar del todo a la estimulación sexual); trastorno de molestias sexuales, como la dispareunia (dolor en la penetración) y el vaginismo (espasmos musculares durante la estimulación); y el trastorno orgásmico (no llegar al clímax).

5. Lisa Dawn Hamilton *et al.*, «Cortisol, Sexual Arousal, and Affect in Response to Sexual Stimuli», *Journal of Sexual Medicine*, 5, n.º 9 (2008), pp. 2111-2118.

6. La diabetes, los niveles elevados de colesterol, el consumo de tabaco o las arterias lesionadas por haber practicado ciclismo toda la vida, la cirugía pélvica o el trauma sexual.

7. L. A. Berman *et al.*, «Efficacy and Tolerability of Viagra (Sildenafil Citrate) in Women with Sexual Arousal Disorder: A Double-Blind, Placebo-Controlled Study», *Int J Impot Res*, 14, n.º 3 (2002), pp. S27-S28.

8. Berman y Berman, *For Women Only*.

9. Parks W. Walker *et al.*, «Improvement in Fluoxetine-Associated Sexual Dysfunction in Patients Switched to Bupropion», *Journal of Clinical Psychiatry* (1993); Charles C. Coleman *et al.*, «Sexual Dysfunction Associated with the Treatment of Depression: A Placebo-Controlled Comparison of Bupropion Sustained Release and Sertraline Treatment», *Annals of Clinical Psychiatry*, 11, n.º 4 (1999), pp. 205-215.

10. El Zoloft y el Paxil tienen fama de afectar seriamente al placer sexual. Yo tengo experiencia con el Lexapro, con menos impacto en el funcionamiento sexual que otros antidepresivos, y existe un nuevo medicamento, llamado Viibryd, que por lo visto tiene menos efectos secundarios en el terreno sexual que otros similares. (Ya lo sé, lo de la doble i es bastante estúpido, pero los posibles efectos secundarios no lo son: náuseas, insomnio y diarrea. A veces la depresión no parece tan grave comparada con estas consecuencias.) He hecho que bastantes de mis pacientes pasen de otro ISR al Lexapro y del Lexapro al Viibryd, y me han informado de que les cuesta menos alcanzar el orgasmo.

11. La lactancia y los antipsicóticos también pueden aumentar los niveles de prolactina y acabar con el deseo sexual.

12. Tillmann H. C. Krüger *et al.*, «Orgasm-Induced Prolactin Se-

cretion: Feedback Control of Sexual Drive?», *Neuroscience & Biobe-havioral Reviews*, 26, n.º 1 (2002), pp. 31-44.

13. Los ISR se usan por lo general para tratar parafilias y fetichis-mos sexuales, lo que elimina comportamientos que son molestos para los pacientes o para la comunidad en la que viven.

14. N. Maswood *et al.*, «Modest Effects of Repeated Fluoxetine on Estrous Cyclicity and Sexual Behavior in Sprague-Dawley Female Rats», *Brain Research* 1245 (2008), pp. 52-60.

15. James G. Pfaus, «Reviews: Pathways of Sexual Desire», *Journal of Sexual Medicine*, 6, n.º 6 (2009), pp. 1506-1533.

16. Suelo recomendar a mis pacientes que tomen sus antidepresi-vos cinco días a la semana, de domingo a jueves. Esto permitirá que los efectos secundarios que afectan a la sexualidad disminuyan el sábado por la noche y el domingo por la mañana, que son los principales mo-mentos en que practican sexo quienes trabajan durante la semana. Las investigaciones no señalan un aumento de los síntomas de depresión si se sigue esta pauta. Brian E. Moore y Anthony J. Rothschild, «Treatment of Antidepressant-Induced Sexual Dysfunction», *Hospital Practice*, 34, n.º 1 (1999), pp. 89-91; Matthew J. Taylor *et al.*, «Stra-tegies for Managing Antidepressant-Induced Sexual Dysfunction: Sys-tematic Review of Randomized Controlled Trials», *Journal of Affective Disorders*, 88, n.º 3 (2005), pp. 241-254.

17. Probablemente sea la combinación más común en toda la psi-quiatría por este motivo. También funcionan de maravilla juntos, como la crema de cacahuete y la mermelada. Juntos crean un antide-presivo sin igual, porque cubren la mayoría de los neurotransmisores que están implicados en la depresión. En las décadas de 1970 y 1980, los antidepresivos tricíclicos se utilizaban para combatir la ansiedad y la depresión. Mejoraban la transmisión de serotonina, de norepinefri-na y de dopamina, y funcionaban bien, pero los efectos secundarios resultaban insoportables para muchos pacientes. Combinar un ISR con Wellbutrin imita el efecto de esos antiguos tricíclicos, lo que afecta al mismo trío de neurotransmisores, pero sin secar la boca ni provocar estreñimiento ni sensación de estar sedado. Por tanto ¿por qué no to-mar solo Wellbutrin? Creo que funciona bien para una depresión con

síntomas de poca energía y poca motivación, pero no es tan efectivo para los síntomas de ansiedad o si se te «cruzan los cables».

18. Existen muchas mujeres con una variedad del gen transportador de serotonina (llamado SERT, donde se depositan los ISR) que puede hacerlas más sensibles a los dobles palos. Si estás tomando ISR y tienes el genotipo de dos genes largos (doble-L), la probabilidad de sufrir disfunciones sexuales cuando se suman los anticonceptivos orales al tratamiento con antidepresivos es casi ocho veces mayor. Las personas con doble SERT suelen ser estacionales en sus síntomas y tienden a reaccionar mejor a los ISR que aquellas con doble-S, que tienden a ser más depresivas que las personas con doble-L; Nada Bozina *et al.*, «Association Study of Paroxetine Therapeutic Response with SERT Gene Polymorphisms in Patients with Major Depressive Disorder», *World Journal of Biological Psychiatry*, 9, n.º 3 (2008), pp. 190-197. Por eso, si estás teniendo problemas con los efectos secundarios en el terreno sexual, por favor, plantéate dejar los antidepresivos con la ayuda de tu psiquiatra. Quizá puedas tratar tu depresión de otras formas, sobre todo con fototerapia durante el otoño y el invierno, si eres una persona que reacciona de forma estacional del tipo doble L. O pasar a un sistema de control de la natalidad sin hormonas, si no logras dejar el antidepresivo.

19. Tracy K. McIntosh *et al.*, «Effects of Morphine, B-Endorphin and Naloxone on Catecholamine Levels and Sexual Behavior in the Male Rat», *Pharmacology Biochemistry and Behavior*, 13, n.º 3 (1980), pp. 435-441.

20. Barbara Lewis, *The Sexual Power of Marijuana*, Nueva York, P. H. Wyden, 1970; Frank H. Gawin, «Pharmacologic Enhancement of the Erotic: Implications of an Expanded Definition of Aphrodisiacs», *Journal of Sex Research*, 14, n.º 2 (1978), pp. 107-117.

21. Robert C. Kolodny *et al.*, *Textbook of Sexual Medicine*, Boston, Little, Brown, 1979.

22. Boris B. Gorzalka *et al.*, «Male-Female Differences in the Effects of Cannabinoids on Sexual Behavior and Gonadal Hormone Function», *Hormones and Behavior*, 58, n.º 1 (2010), pp. 91-99.

23. Hace décadas que los investigadores saben que si se estimulan

química o eléctricamente los centros de placer, el comportamiento aprendido se ve reforzado. La secreción de dopamina y endorfina que se produce con la excitación y el orgasmo reforzará este hábito relacionado con internet.

24. William Struthers, *Wired for Intimacy: How Pornography Hijacks the Male Brain*, Westmont, Illinois, Intervarsity Press, 2009.

25. El sociólogo Philip Zimbardo, en su artículo «The Demise of Guys» (la desaparición de los tíos), describe un síndrome de adicción a la excitación que se parece un poco a muchas de las afecciones que trato en mi consulta, y además incorpora aspectos del TDAH, trastorno de ansiedad, depresión, ansiedad por el rendimiento y TOC. Philip Zimbardo y Nikita Duncan, «"The Demise of Guys": How Video Games and Porn Are Ruining a Generation», CNN News, 2012.

26. Doidge, *The Brain That Changes Itself*, p. 131.

27. En el útero, todos somos niñas antes de que el aumento de testosterona cree los genitales masculinos. Los penes son clítoris agrandados por la testosterona. Cuando se suministra testosterona a las mujeres, el clítoris crece, lo que se conoce como clitoromegalia.

28. Helen E. O'Connell *et al.*, «Anatomical Relationship Between Urethra and Clitoris», *Journal of Urology*, 159, n.º 6 (1998), pp. 1892-1897; Helen E. O'Connell *et al.*, «Anatomy of the Clitoris», *Journal of Urology*, 174, n.º 4 (2005), pp. 1189-1195.

29. Véase <http://www.ericsbinaryworld.com/tag/clitoris/>.

30. Por desgracia, es una batalla ardua. Es difícil encontrar representaciones detalladas de los genitales femeninos. Incluso algunos libros de texto recientes sobre anatomía no incluyen el clítoris en las ilustraciones de la pelvis femenina. R. S. Snell, *Clinical Anatomy for Medical Students*, 3.ª edición, Londres, Little, Brown and Co., 1986; P. L. Williams, *Grays Anatomy: The Anatomical Basis of Medicine and Surgery*, 38.ª edición, Edimburgo, Churchill Livingstone, 1996.

31. Véase <http://www.webburgr.com/400-vaginas-wall/>.

32. Nicole Daedone, *Slow Sex: The Art and Craft of the Female Orgasm*, Nueva York, Hachette, 2011.

33. Lisa M. Diamond, *Sexual Fluidity: Understanding Women's*

Love and Desire, Cambridge, Massachusetts, Harvard University Press, 2009.

34. Qazi Rahman y Glenn D. Wilson, «Born Gay? The Psychobiology of Human Sexual Orientation», *Personality and Individual Differences*, 34, n.° 8 (2003), pp. 1337-1382.

35. Barry X. Kuhle y Sarah Radtke, «Born Both Ways: The Alloparenting Hypothesis for Sexual Fluidity in Women», *Evolutionary Psychology*, 11, n.° 2 (2013).

36. Heather A. Rupp y Kim Wallen, «Sex Differences in Viewing Sexual Stimuli: An Eye-Tracking Study in Men and Women», *Hormones and Behavior*, 51, n.° 4 (2007), pp. 524-533.

37. Meredith L. Chivers *et al.*, «A Sex Difference in the Specificity of Sexual Arousal», *Psychological Science*, 15, n.° 11 (2004), pp. 736-744.

38. Bergner, *What Do Women Want*, p. 7.

39. Meredith L. Chivers *et al.*, «Agreement of Self-Reported and Genital Measures of Sexual Arousal in Men and Women: A Meta-Analysis», *Archives of Sexual Behavior*, 39, n.° 1 (2010), pp. 5-56.

40. Michele G. Alexander y Terri D. Fisher, «Truth and Consequences: Using the Bogus Pipeline to Examine Sex Differences in Self-Reported Sexuality», *Journal of Sex Research*, 40, n.° 1 (2003), pp. 27-35.

41. Joseph W. Critelli y Jenny M. Bivona, «Women's Erotic Rape Fantasies: An Evaluation of Theory and Research», *Journal of Sex Research*, 45, n.° 1 (2008), pp. 57-70.

42. El glande acampanado produce succión, por lo que aspira el esperma que pudiera haber en el cuello uterino. Los hombres tienen los testículos más grandes en proporción al cuerpo, y el pene más largo y grueso, que la mayoría de los primates. Los genitales de mayor tamaño se encuentran en especies en que varios machos copulan con una misma hembra. El volumen testicular y la libido de los hombres superan con creces lo que se requiere para un apareamiento monógamo, y la presencia de un escroto externo se asocia con la promiscuidad. La última porción eyaculada de semen masculino contiene enzimas que matan cualquier esperma posterior. Los hombres fabrican más esper-

ma cuando llevan varios días sin ver a su pareja, aunque hayan eyacu-
lado en su ausencia, como medida de precaución contra los «furtivos».
Ryan y Jethá, *Sex at Dawn*.

43. *Ibid.*

44. Sistema nervioso simpático.

45. Establece claramente con tu pareja en qué consistirá el juego
de roles y qué está y qué no está permitido. A veces, el intercambio de
los papeles de género tradicionales (tú eres el hombre y él la mujer) es
un buen punto de partida, o jugar a médicos y enfermeras, o probar con el viejo argumento del recio vaquero y la estricta institutriz.
Otra opción es experimentar con vendaros los ojos y ataros con nudos
flojos.

46. Incluso los fetos se tocan y, aunque no es frecuente, se han ob-
servado orgasmos en niños, e incluso en bebés de seis meses. Israel
Meizner, «Sonographic Observation of in Utero Fetal "Masturba-
tion"», *Journal of Ultrasound in Medicine*, 6, n.º 2 (1987), p. 111; Harry
Bakwin, «Erotic Feelings in Infants and Young Children», *Archives of
Pediatrics & Adolescent Medicine*, 126, n.º 1 (1973), p. 52.

47. Visita estas páginas web dirigidas a mujeres: <http://www.fe-
malefriendlyporn.com>, <http://www.goodvibrationsvod.com/main.
jhtml>, <http://www.hotmoviesforher.com.>

48. Betty Dodson, *Orgasms for Two: The Joy of Partner Sex*, Nueva York, Random House, 2002, p. 117.

49. Alfred Charles Kinsey *et al.*, *Sexual Behavior in the Human
Male*, Filadelfia, WB Saunders, 1948. [Hay trad. cast.: *Conducta sexual
del hombre*, Buenos Aires, Siglo XX, 1967.]

50. William H. Masters y Virginia E. Johnson, Reproductive Biology Research Foundation, *Human Sexual Response*, Nueva York,
Little, Brown, 1966. [Hay trad. cast.: *Respuesta sexual humana*, Buenos Aires, Inter-médica, 1981.]

51. Cindy M. Meston y Manuel Worcel, «The Effects of Yohim-
bine Plus L-Arginine Glutamate on Sexual Arousal in Postmenopausal Women with Sexual Arousal Disorder», *Archives of Sexual Behavior*, 31, n.º 4 (2002), pp. 323-332.

52. Tierney A. Lorenz y Cindy M. Meston, «Acute Exercise Im-

proves Physical Sexual Arousal in Women Taking Antidepressants», *Annals of Behavioral Medicine*, 43, n.º 3 (2012), pp. 352-361.

53. El placer sexual derivado del ejercicio, que no lleva a un orgasmo, suele darse en el ciclismo o en las clases de *spinning*, así como en los ejercicios abdominales y el levantamiento de pesas. Debby Herbenick y J. Dennis Fortenberry, «Exercise-Induced Orgasm and Pleasure Among Women», *Sexual and Relationship Therapy*, 26, n.º 4 (2011), pp. 373-388.

54. David A. Puts *et al.*, «Men's Masculinity and Attractiveness Predict Their Female Partners' Reported Orgasm Frequency and Timing», *Evolution and Human Behavior*, 33, n.º 1 (2012), pp. 1-9.

55. Visita <medicalartlibrary.com/pelvic-floor-muscles.html>.

56. <Dodsonandross.com>.

57. Maines, *The Technology of Orgasm.*

58. J. E. Robinson y R. V. Short, «Changes in Breast Sensitivity at Puberty, During the Menstrual Cycle, and at Parturition», *British Medical Journal*, 1, n.º 6070 (1977), p. 1188.

59. Melissa D. Avery *et al.*, «The Experience of Sexuality During Breastfeeding Among Primiparous Women», *Journal of Midwifery & Women's Health*, 45, n.º 3 (2000), pp. 227-237.

60. E. W. Eichel *et al.*, «The Technique of Coital Alignment and Its Relation to Female Orgasmic Response and Simultaneous Orgasm», *Journal of Sex & Marital Therapy*, 14, n.º 2 (verano, 1988), pp. 129-141.

61. Existen vídeos en YouTube en los que aparece gente completamente vestida o dibujos animados que lo explican con detalle.

62. Se han llevado a cabo estudios fascinantes sobre las contracciones del útero, el descenso del cuello uterino para aspirar el semen y la forma en que este es dirigido hacia la trompa de Falopio donde se encuentra el óvulo más maduro. Toda esta actividad es orquestada por la oxitocina, la hormona que se segrega después del orgasmo y motiva las contracciones uterinas durante el parto, así como conductas confiadas y prosociales. G. Kunz *et al.*, «Uterine Peristalsis During the Follicular Phase of the Menstrual Cycle: Effects of Estrogen, Antioestrogen and Oxytocin», *Human Reproduction Update*, 4, n.º 5 (1998), pp. 647-

654; H. Newton, «The Role of the Oxytocin Reflexes in Three Inter-personal Reproductive Acts: Coitus, Birth and Breastfeeding», *Clinical Psychoneuroendocrinology in Reproduction*, 22 (1978), pp. 411-418; P. Kirsch *et al.*, «Oxytocin Modulates Neural Circuitry for Social Cognition and Fear in Humans», *Journal of Neuroscience*, 25 (2005), pp. 11489-11493.

63. Ryan y Jethá, *Sex at Dawn*.

64. Masters y Johnson, *Human Sexual Response*.

65. Otros investigadores consideran que sigue tratándose de un orgasmo clitoriano, ya que el punto G se halla en la parte posterior del clítoris, llamada raíz.

66. Berman y Berman, *For Women Only*.

67. Barry Kamisurak y Beverly Whipple, «Non-genital Orgasms», *Sexual and Relationship Theory*, 26, n.º 4 (2011), pp. 356-372.

68. Barry R. Komisaruk *et al.*, «Brain Activation During Vagino-cervical Self-Stimulation and Orgasm in Women with Complete Spinal Cord Injury: fMRI Evidence of Mediation by the Vagus Nerves», *Brain Research*, 1024, n.º 1 (2004), pp. 77-88.

69. Barry R. Komisaruk y Beverly Whipple, «Non-Genital Orgasms», *Sexual and Relationship Therapy*, 26, n.º 4 (2011), pp. 356-372.

70. Beverly Whipple *et al.*, «Physiological Correlates of Imagery-Induced Orgasm in Women», *Archives of Sexual Behavior*, 21, n.º 2 (1992), pp. 121-133.

71. A. Kinsey *et al.*, *Sexual Behavior in the Human Female*, Filadelfia, Saunders, 1953.

72. Estudios más modestos han elevado esa cifra hasta un 64%. Gina Ogden, «I'll Have What She's Thinking», *The New York Times,* 29 de septiembre de 2013.

73. Kinsey *et al.*, *Sexual Behavior in the Human Female;* Barbara L. Wells, «Predictors of Female Nocturnal Orgasms: A Multivariate Analysis», *Journal of Sex Research*, 22, n.º 4 (1986), pp. 421-437; G. Winokur *et al.*, «Nocturnal Orgasm in Women: Its Relation to Psychiatric Illness, Dreams, and Developmental and Sexual Factors», *Archives of General Psychiatry*, 1, n.º 2 (1959), p. 180; Comradge L. Henton,

«Nocturnal Orgasm in College Women: Its Relation to Dreams and Anxiety Associated with Sexual Factors», *Journal of Genetic Psychology*, 129, n.º 2 (1976), pp. 245-251.

74. A. Kilchevsky *et al.*, «Is the Female G-Spot Truly a Distinct Anatomic Entity?», *Journal of Sexual Medicine*, 2011, n.º 3 (enero de 2012), pp. 719-726.

75. En YouTube hay colgado un vídeo llamado «G-Spot Stimulation» que puede resultar útil: <https://www.youtube.com/watch?v=hwJElbadlK0>.

76. B. R. Komisaruk *et al.*, «An fMRI Time-Course Analysis of Brain Regions Activated During Self-Stimulation to Orgasm in Women», *Society for Neuroscience*, 285, n.º 6 (2010).

77. ¿Ya has visto bastantes puntos? Pues aún hay más: el punto U se encuentra por debajo del clítoris y por encima de la uretra. A pesar de la cantidad de tejido eréctil que envuelve la uretra, se localiza sobre la abertura uretral y a ambos lados. La propia uretra y la zona que se extiende entre esta y la vagina no producen la misma sensación placentera cuando se las acaricia, así que asegúrate de que vas bien encaminado. Lo mejor para estimular el punto U es hacerlo con suavidad y mantener la zona húmeda. La presión no suele resultar tan placentera.

78. Winnifred B. Cutler, *Love Cycles: The Science of Intimacy*, Filadelfia, Athena Institute, 1996.

79. Ten en cuenta que la mayoría de los condones de látex se romperán con lubricantes que tengan una base oleosa (derivados del petróleo) como la vaselina. Los lubricantes de base acuosa son más seguros en el uso de preservativos.

80. Winnifred B. Cutler *et al.*, «Sexual Behavior Frequency and Menstrual Cycle Length in Mature Premenopausal Women», *Psychoneuroendocrinology*, 4, n.º 4 (1979), pp. 297-309.

81. Burt Sharp y A. Eugene Pekary, «β-Endorphin61-91 and Other β-Endorphin-Immunoreactive Peptides in Human Semen», *Journal of Clinical Endocrinology & Metabolism*, 52, n.º 3 (1981), pp. 586-588.

82. G. Gordon Jr. *et al.*, «Does Semen Have Antidepressant Properties?», *Archives of Sexual Behavior*, 31, n.º 3 (2002), pp. 289-293.

11. Tu cuerpo: o lo amas o lo dejas

1. Harold W. Kohl *et al.*, «The Pandemic of Physical Inactivity: Global Action for Public Health», *Lancet* (2012), 380, n.º 9838 (2012), pp. 294-305.

2. I-Min Lee *et al.*, «Effect of Physical Inactivity on Major Non-Communicable Diseases Worldwide: An Analysis of Burden of Disease and Life Expectancy», *Lancet*, 380, n.º 9838 (2012), pp. 219-229.

3. J. Gahche *et al.*, «Cardiorespiratory Fitness Levels Among U.S. Youth Aged 12-15 Years: United States, 1999-2004 and 2012», *NCHS Data Brief*, 153 (2014), pp. 1-8.

4. Centers for Disease Control and Prevention, «Adult Participation in Aerobic and Muscle-Strengthening Physical Activities, United States, 2011», *MMWR*, 62, n.º 17 (2013), p. 326.

5. Harmon Eyre *et al.*, «Preventing Cancer, Cardiovascular Disease, and Diabetes: A Common Agenda for the American Cancer Society, the American Diabetes Association, and the American Heart Association», *CA: A Cancer Journal for Clinicians*, 54, n.º 4 (2004), pp. 190-207; Ming Kai *et al.*, «Exercise Interventions: Defusing the World's Osteoporosis Time Bomb», *Bulletin of the World Health Organization*, 81, n.º 11 (2003), pp. 827-830.

6. Steven N. Blair y Suzanne Brodney, «Effects of Physical Inactivity and Obesity on Morbidity and Mortality: Current Evidence and Research Issues», *Medicine and Science in Sports and Exercise*, 31 (1999), pp. S646-S662.

7. P. Hoffman, «The Endorphin Hypothesis», en *Physical Activity and Mental Health*, revisado por W. P. Morgan, Washington, D.C., Taylor & Francis, 1997, pp. 161-177.

8. F. Chaouloff, «The Serotonin Hypothesis», en Morgan, *Physical Activity and Mental Health*.

9. A. A. Bove *et al.*, «Increased Conjugated Dopamine in Plasma After Exercise Training», *Journal of Laboratory and Clinical Medicine*, 104, n.º 1 (1984), pp. 77-85.

10. R. K. Dishman, «The Norepinephrine Hypothesis», en Morgan, *Physical Activity and Mental Health*, 1997.

11. P. Salmon, «Effects of Physical Exercise on Anxiety, Depression, and Sensitivity to Stress: A Unifying Theory», *Clinical Psychology Review*, 21 (2001), pp. 33-61; Chad D. Rethorst *et al.*, «The Antidepressive Effects of Exercise», *Sports Medicine*, 39, n.° 6 (2009), pp. 491-511.

12. P. D. Tomporowski, «Effects of Acute Bouts of Exercise on Cognition», *Acta Psychologica*, 112, pp. 297-324.

13. D. Scully *et al.*, «Physical Exercise and Psychological Well Being: A Critical Review», *British Journal of Sports Medicine*, 32 (1998), pp. 111-120.

14. Zsolt Radak *et al.*, «Exercise and Hormesis: Oxidative Stress-Related Adaptation for Successful Aging», *Biogerontology*, 6, n.° 1 (2005), pp. 71-75; John J. Ratey con Eric Hagerman, *Spark: The Revolutionary New Science of Exercise and the Brain*, Little, Brown and Company, 2008.

15. Jennifer Lange-Collett y Lorna Schumann, «Promoting Health Among Perimenopausal Women Through Diet and Exercise», *Journal of the American Academy of Nurse Practitioners*, 14, n.° 4 (2002), pp. 172-179; J. E. Jurkowski *et al.*, «Ovarian Hormonal Responses to Exercise», *Journal of Applied Physiology*, 44, n.° 1 (1978), pp. 109-114.

16. Tierney Ahrold Lorenz y Cindy May Meston, «Exercise Improves Sexual Function in Women Taking Antidepressants: Results from a Randomized Crossover Trial», *Depression and Anxiety*, 99 (2013), pp. 1-8.

17. *Ibid.*

18. Ratey con Hagerman, *Spark*.

19. Kirk I. Erickson *et al.*, «Exercise Training Increases Size of Hippocampus and Improves Memory», *PNAS*, 108, n.° 7 (2011), pp. 3017-3022.

20. Chittaranjan Andrade y N. Sanjay Kumar Rao, «How Antidepressant Drugs Act: A Primer on Neuroplasticity as the Eventual Mediator of Antidepressant Efficacy», *Indian Journal of Psychiatry*, 52, n.° 4 (2010), p. 378.

21. Biao Chen *et al.*, «Increased Hippocampal BDNF Immuno-

reactivity in Subjects Treated with Antidepressant Medication», *Biological Psychiatry*, 50, n.º 4 (2001), pp. 260-265.

22. Carrol D'Sa y Ronald S. Duman, «Antidepressants and Neuroplasticity», *Bipolar Disorders*, 4, n.º 3 (2002), pp. 183-194.

23. Heath D. Schmidt y Ronald S. Duman, «Peripheral BDNF Produces Antidepressant-Like Effects in Cellular and Behavioral Models», *Neuropsychopharmacology*, 35, n.º 12 (2010), pp. 2378-2391.

24. Amelia Russo-Neustadt *et al.*, «Physical Activity-Antidepressant Treatment Combination: Impact on Brain-Derived Neurotrophic Factor and Behavior in an Animal Model», *Behavioral Brain Research*, 120, n.º 1 (2001), pp. 87-95.

25. Christopher Pittenger y Ronald S. Duman, «Stress, Depression, and Neuroplasticity: A Convergence of Mechanisms», *Neuropsychopharmacology*, 33, n.º 1 (2007), pp. 88-109.

26. Gregory L. Gerdeman y David M. Lovinger, «Emerging Roles for Endocannabinoids in Long-Term Synaptic Plasticity», *British Journal of Pharmacology*, 140, n.º 5 (2003), pp. 781-789.

27. Si se bloquea la descomposición del endocannabinoide 2-AG (2-araquidonilglicerol), se observa una mayor neuroplasticidad hipocampal así como efectos antidepresivos y ansiolíticos. Zhen Zhang *et al.*, «Blockade of 2-Arachidonoylglycerol Hydrolysis Produces Antidepressant-Like Effects and Enhances Adult Hippocampal Neurogenesis And Synaptic Plasticity», *Hippocampus*, 27 de agosto de 2014.

28. R. C. Shelton y A. H. Miller, «Eating Ourselves to Death (and Despair): The Contribution of Adiposity and Inflammation to Depression», *Progress in Neurobiology*, 91 (2010), pp. 275-299.

29. N. Oskooilar *et al.*, «Body Mass Index and Response to Antidepressants in Depressed Research Subjects», *Journal of Clinical Psychiatry*, 70 (2009), pp. 1609-1610.

30. Gregory F. Oxenkrug, «Metabolic Syndrome, Age-Associated Neuroendocrine Disorders, and Dysregulation of Tryptophan-Kynureninee Metabolism», *Annals of the New York Academy of Sciences*, 1199, n.º 1 (2010), pp. 1-14.

31. L. Breum *et al.*, «Twenty-Four-Hour Plasma Tryptophan

Concentrations and Ratios Are Below Normal in Obese Subjects and Are Not Normalized by Substantial Weight Reduction», *American Journal of Clinical Nutrition*, 77 (2003), pp. 1112-1118; G. Brandacher *et al.*, «Bariatric Surgery Cannot Prevent Tryptophan Depletion Due to Chronic Immune Activation in Morbidly Obese Patients», *Obesity Surgery*, 16 (2006), pp. 541-548.

32. F. S. Luppino *et al.*, «Overweight, Obesity, and Depression: A Systematic Review and Meta-analysis of Longitudinal Studies», *Archives of General Psychiatry*, 67 (2010), pp. 220-229; Kristy Sanderson *et al.*, «Overweight and Obesity in Childhood and Risk of Mental Disorder: A 20-Year Cohort Study», *Australian and New Zealand Journal of Psychiatry*, 45, n.º 5 (2011), pp. 384-392.

33. G. Gariepy *et al.*, «The Association Between Obesity and Anxiety Disorders in the Population: A Systematic Review and Meta-analysis», *International Journal of Obesity*, 34, n.º 3 (2010), pp. 407-419.

34. Nancy M. Petry *et al.*, «Overweight and Obesity Are Associated with Psychiatric Disorders: Results from the National Epidemiologic Survey on Alcohol and Related Conditions», *Psychosomatic Medicine*, 70, n.º 3 (2008), pp. 288-297.

35. Arianne K. B. van Reedt Dortland *et al.*, «Longitudinal Relationship of Depressive and Anxiety Symptoms with Dyslipidemia and Abdominal Obesity», *Psychosomatic Medicine*, 75, n.º 1 (2013), pp. 83-89.

36. Gordon Winocur *et al.*, «Memory Impairment in Obese Zucker Rats: An Investigation of Cognitive Function in an Animal Model of Insulin Resistance and Obesity», *Behavioral Neuroscience*, 119, n.º 5 (2005), p. 1389; Susan A. Farr *et al.*, «Obesity and Hypertriglyceridemia Produce Cognitive Impairment», *Endocrinology*, 149, n.º 5 (2008), pp. 2628-2636.

37. Joanna R. Erion *et al.*, «Obesity Elicits Interleukin 1-Mediated Deficits in Hippocampal Synaptic Plasticity», *Journal of Neuroscience*, 34, n.º 7 (2014), pp. 2618-2631.

38. Visita <7-min.com>.

39. Jack M. Gorman *et al.*, «Ventilatory Physiology of Patients

with Panic Disorder», *Archives of General Psychiatry*, 45, n.º 1 (1988), p. 31.

40. Arne Dietrich, «Transient Hypofrontality as a Mechanism for the Psychological Effects of Exercise», *Psychiatry Research*, 145, n.º 1 (2006), pp. 79-83.

41. P. B. Sparling *et al.*, «Exercise Activates the Endocannabinoid System», *Neuroreport*, 14 (2003), pp. 2209-2211; A. Dietrich y W. F. McDaniel, «Cannabinoids and Exercise», *British Journal of Sports Medicine*, 38 (2004), pp. 50-57; David A. Raichlen *et al.*, «Excercise-Induced Endocannabinoid Signaling Is Modulated by Intensity», *European Journal of Applied Physiology*, 113, n.º 4 (2013), pp. 869-875.

42. David A. Raichlen *et al.*, «Wired to Run: Exercise-Induced Endocannabinoid Signaling in Humans and Cursorial Mammals with Implications for the "Runner's High"», *Journal of Experimental Biology*, 215, n.º 8 (2012), pp. 1331-1336.

43. Giovane Galdino *et al.*, «Acute Resistance Exercise Induces Antinociception by Activation of the Endocannabinoid System in Rats», *Anesthesia and Analgesia* (2014).

44. John M. McPartland, «Expression of the Endocannabinoid System in Fibroblasts and Myofascial Tissues», *Journal of Bodywork and Movement Therapies*, 12, n.º 2 (2008), pp. 169-182.

45. Matthew N. Hill *et al.*, «Endogenous Cannabinoid Signaling Is Required for Voluntary Exercise-Induced Enhancement of Progenitor Cell Proliferation in the Hippocampus», *Hippocampus*, 20, n.º 4 (2010), pp. 513-523.

46. Talita H. Ferreira-Vieira *et al.*, «A Role for the Endocannabinoid System In Exercise-Induced Spatial Memory Enhancement in Mice», *Hippocampus*, 24, n.º 1 (2014), pp. 79-88.

47. Timothy J. Schoenfeld *et al.*, «Physical Exercise Prevents Stress-Induced Activation of Granule Neurons and Enhances Local Inhibitory Mechanisms in the Dentate Gyrus», *Journal of Neuroscience*, 33, n.º 18 (2013), pp. 7770-7777.

48. Rod K. Dishman *et al.*, «Neurobiology of Exercise», *Obesity*, 14, n.º 3 (2006), pp. 345-356.

49. *Ibid.*

50. Ratey con Hagerman, *Spark*.

51. Andrea K. Olson *et al.*, «Environmental Enrichment and Voluntary Exercise Massively Increase Neurogenesis in the Adult Hippocampus Via Dissociable Pathways», *Hippocampus*, 16, n.° 3 (2006), pp. 250-260.

52. Nicholas A. Mischel *et al.*, «Physical (in) Activity-Dependent Structural Plasticity in Bulbospinal Catecholaminergic Neurons of Rat Rostral Ventrolateral Medulla», *Journal of Comparative Neurology*, 522, n.° 3 (2014), pp. 499-513.

53. Keri Martinowich y Bai Lu, «Interaction Between BDNF and Serotonin: Role in Mood Disorders», *Neuropsychopharmacology*, 33, n.° 1 (2007), pp. 73-83.

54. Ratey con Hagerman, *Spark*.

55. *Ibid.*

56. Anne Marie W. Petersen y Bente Klarlund Pedersen, «The Anti-inflammatory Effect of Exercise», *Journal of Applied Physiology*, 98, n.° 4 (2005), pp. 1154-1162.

57. Llamadas miocinas.

58. Llamadas adipocinas.

59. Michael Gleeson *et al.*, «The Anti-inflammatory Effects of Exercise: Mechanisms and Implications for the Prevention and Treatment of Disease», *Nature Reviews Immunology*, 11, n.° 9 (2011), pp. 607-615.

60. C. D. Rethorst *et al.*, «Pro-inflammatory Cytokines as Predictors of Antidepressant Effects of Exercise in Major Depressive Disorder», *Molecular Psychiatry*, 18 (2013), p. 1119.

61. Pontus Boström *et al.*, «A PGC1-[Agr]-Dependent Myokine That Drives Brown-Fat-like Development of White Fat and Thermogenesis», *Nature*, 481, n.° 7382 (2012), pp. 463-468.

62. Anthony W. Blanchfield *et al.*, «Talking Yourself Out of Exhaustion: The Effects of Self-Talk on Endurance Performance», *Medicine and Science in Sports and Exercise*, 46, n.° 5 (2014), pp. 998-1007.

63. Abby C. King *et al.*, «Promoting Physical Activity Through Handheld Computer Technology», *American Journal of Preventive Medicine*, 34, n.° 2 (2008), pp. 138-142.

64. Osmel Sousa, *The New York Times*, cita del día 7 de noviembre de 2003.

65. Joan Jacobs Brumberg, *The Body Project: An Intimate History of American Girls*, Nueva York, Random House, 1998; Joan Jacobs Brumberg, *Fasting Girls: The Emergence of Anorexia Nervosa as a Modern Disease*, Cambridge, Harvard University Press, 1998.

66. Germaine Greer, *The Female Eunuch*, Londres, MacGibbon and Kee, 1970, p. 28. [Hay trad. cast.: *La mujer eunuco*, Barcelona, Kairós, 2004.]

67. Mitchel P. Goldman y Arnost Fronek, «Anatomy and Pathophysiology of Varicose Veins», *Journal of Dermatologic Surgery and Oncology*, 15, n.º 2 (1989), pp. 138-146; Grant L. Peters *et al.*, «The Effect of Crossing Legs on Blood Pressure: A Randomized Single-Blind Cross-Over Study», *Blood Pressure Monitoring*, 4, n.º 2 (1999), pp. 97-102.

68. Rose E. Frisch, «Fatness, Menarche, and Female Fertility», *Perspectives in Biology and Medicine*, 28, n.º 4 (1985), pp. 611-633.

69. Minna Rintala y Pertti Mustajoki, «Could Mannequins Menstruate?», *British Medical Journal*, 305, n.º 6868 (1992), p. 1575.

70. Martin Voracek y Maryanne L. Fisher, «Shapely Centerfolds? Temporal Change in Body Measures: Trend Analysis», *British Medical Journal*, 325, n.º 7378 (2002), p. 1447.

71. Kevin I. Norton *et al.*, «Ken and Barbie at Life Size», *Sex Roles*, 34, n.º 3-4 (1996), pp. 287-294.

72. Williams, *Breasts*.

73. Laura Fraser, «Body Love, Body Hate», *Glamour*, 201, octubre de 1998.

74. Jacobs, *The Body Project*.

75. Eric Stice *et al.*, «Exposure to Media-Portrayed Thin-Ideal Images Adversely Affects Vulnerable Girls: A Longitudinal Experiment», *Journal of Social and Clinical Psychology*, 20, n.º 3 (2001), pp. 270-288.

76. M. P. Levine y L. Smolak, «Media a Context for the Development of Disordered Eating», en *The Developmental Psychopathology of Eating Disorders*, L. Smolak, M. P. Levine, y R. Striegel-Moore (Ma-

hwah, Erlbaum, 1996), pp. 183-204; R. H. Striegel-Moore *et al.*, «Toward an Understanding of Risk Factors for Bulimia», *American Psychologist*, 41 (1986), pp. 246-263; J. K. Thompson *et al.*, *Exacting Beauty: Theory, Assessment, and Treatment of Body Image Disturbance*, Washington, American Psychological Association, 1999.

77. Lupita Nyong'o, discurso durante la gala celebrada por la revista *Essence*, 27 de febrero de 2014, <http://www.essence.com/2014/02/27/lupita-nyongo-delivers-moving-black-women-hollywood-acceptance-speech/>.

78. S. M. Platek y D. Singh, «Optimal Waist-to-Hip Ratios in Women Activate Neural Reward Centers in Men», *PLoS One*, 5, n.º 2 (2010), p. e9042.

79. Maryanne L. Fisher y Martin Voracek, «The Shape of Beauty: Determinants of Female Physical Attractiveness», *Journal of Cosmetic Dermatology*, 5, n.º 2 (2006), pp. 190-194.

80. Muchos investigadores han concluido que 0,7 es el índice que se corresponde con la proporción ideal y la que resulta más universalmente atractiva.

81. Devendra Singh, «Body Shape and Women's Attractiveness: The Critical Role of Waist-to-Hip Ratio», *Human Nature*, 4, n.º 3 (1993), pp. 297-321.

82. Williams, *Breasts*.

83. Z. Hussain *et al.*, «Estimation of Breast Volume and Its Variation During the Menstrual Cycle Using MRI and Stereology» (2014).

84. Barnaby J. Dixson *et al.*, «Eye Tracking of Men's Preferences for Female Breast Size and Areola Pigmentation», *Archives of Sexual Behavior*, 40, n.º 1 (2011), pp. 51-58.

85. Williams, *Breasts*.

86. S. Bondurant *et al.*, «Safety of Silicone Breast Implants: Report of the Committee on the Safety of Silicone Breast Implants», Washington, Institute Of Medicine, 1999.

87. Roy Levin y Cindy Meston, «Nipple/Breast Stimulation and Sexual Arousal in Young Men and Women», *Journal of Sexual Medicine*, 3, n.º 3 (2006), pp. 450-454.

88. Williams, *Breasts;* S. Brown *et al.*, «An Association of Silico-

ne-Gel Breast Implant Rupture and Fibromyalgia», *Current Rheumatology Reports*, 4, n.° 4 (2002), pp. 293-298.

89. Neal Handel *et al.*, «A Long-Term Study of Outcomes, Complications, and Patient Satisfaction with Breast Implants», *Plastic and Reconstructive Surgery*, 117, n.° 3 (2006), pp. 757-767.

90. FDA, 2013, <http://www.fda.gov/medicaldevices/productsandmedicalprocedures/implantsandprosthetics/breastimplants/ucm239995.htm>.

91. Harry Hayes Jr. *et al.*, «Mammography and Breast Implants», *Plastic and Reconstructive Surgery*, 82, n.° 1 (1988), pp. 1-6.

92. Shaunacy Ferro, «Brassiere Support Is a Lie, Say French Scientists», *Popular Science*, 11 de abril de 2013.

93. Sydney Singer y Soma Grismaijer, *Dressed to Kill: The Link Between Breast Cancer and Bras*, Nueva York, Avery Publishing Group, 1995; Sydney Singer y Soma Grismaijer, *Get It Off! Understanding the Causes of Breast Pain, Cysts, and Cancer*, ISCD Press, 2000.

94. C-C. Hsieh y D. Trichopoulos, «Breast Size, Handedness and Breast Cancer Risk», *European Journal of Cancer and Clinical Oncology*, 27, n.° 2 (1991), pp. 131-135.

95. A. Q. Zhang *et al.*, «Risk Factors of Breast Cancer in Women in Guangdong and the Countermeasures», *Journal of Southern Medical University*, 29, n.° 7 (2009), pp. 1451-1453.

96. A. G. Recchia *et al.*, «Xenoestrogens and the Induction of Proliferative Effects in Breast Cancer Cells Via Direct Activation of Estrogen Receptor A», *Food Additives and Contaminants*, 21, n.° 2 (2004), pp. 134-144.

97. Sandra Viviana Fernández y Jose Russo, «Estrogen and Xenoestrogens in Breast Cancer», *Toxicologic Pathology*, 38, n.° 1 (2010), pp. 110-122.

98. Leo F. Doherty *et al.*, «In Utero Exposure to Diethylstilbestrol (DES) or Bisphenol-A (BPA) Increases EZH2 Expression in the Mammary Gland: An Epigenetic Mechanism Linking Endocrine Disruptors to Breast Cancer», *Hormones and Cancer*, 1, n.° 3 (2010), pp. 146-155.

99. Jennifer L. Rayner *et al.*, «Adverse Effects of Prenatal Expo-

sure to Atrazine During a Critical Period of Mammary Gland Growth»,
Toxicological Sciences, 87, n.º 1 (2005), pp. 255-266.

100. Ruthann A. Rudel *et al.*, «Chemicals Causing Mammary
Gland Tumors in Animals Signal New Directions for Epidemiology,
Chemicals Testing, and Risk Assessment for Breast Cancer Preven-
tion», *Cancer*, 109, n.º S12 (2007), pp. 2635-2666.

101. Williams, *Breasts*.

102. H. Ray Jalian *et al.*, «Increased Risk of Litigation Associated
with Laser Surgery by Nonphysician Operators», *JAMA Dermatology*,
150, n.º 4 (2014), pp. 407-411.

103. Claire Dendle *et al.*, «Severe Complications of a "Brazilian"
Bikini Wax», *Clinical Infectious Diseases*, 45, n.º 3 (2007), pp. e29-e31;
Allyssa L. Harris y Heidi Collins Fantasia, «Community-Associated
MRSA Infections in Women», *Journal for Nurse Practitioners*, 6, n.º 6
(2010), pp. 435-441.

104. François Desruelles *et al.*, «Pubic Hair Removal: A Risk Factor for "Minor" STI Such as Molluscum Contagiosum?», *Sexually
Transmitted Infections*, 89, n.º 3 (2013), p. 216.

105. Charlotte Castronovo *et al.*, «Viral Infections of the Pubis»,
International Journal of STD & AIDS, 23, n.º 1 (2012), pp. 48-50.

106. Dendle *et al.*, «Severe Complications of a "Brazilian" Bikini
Wax», pp. e29-e31.

107. Karl Grammer *et al.*, «Human Pheromones and Sexual Attraction», *European Journal of Obstetrics & Gynecology and Reproductive Biology*, 118, n.º 2 (2005), pp. 135-142.

108. Lih Mei Liao y Sarah M. Creighton, «Requests for Cosmetic
Genitoplasty: How Should Healthcare Providers Respond?», *British
Medical Journal*, 334, n.º 7603 (2007), pp. 1090-1092.

109. V. Braun y C. Kitzinger, «The Perfectible Vagina: Size Mat-
ters», *Culture Health Sexuality*, 3 (2001), pp. 263-277; R. Bramwell *et
al.*, «Expectations and Experience of Labial Reduction: A Qualitative
Study», *BJOG*, 114, n.º 12 (2007), pp. 1493-1499.

12. Tómatelo con calma

1. Timothy D. Wilson *et al.*, «Just Think: The Challenges of the Disengaged Mind», *Science*, 345, n.º 6192 (2014), pp. 75-77.

2. Richard Louv, *The Nature Principle: Human Restoration and the End of Nature-Deficit Disorder*, Nueva York, Algonquin Books, 2012.

3. Rodney H. Matsuoka, «Student Performance and High School Landscapes: Examining the Links», *Landscape and Urban Planning*, 97, n.º 4 (2010), pp. 273-282; S. Kaplan, «The Restorative Benefits of Nature: Toward an Integrative Framework», *Journal of Environmental Psychology*, 15 (1995), pp. 169-182; S. Kaplan, «Meditation, Restoration, and the Management of Mental Fatigue», *Environment and Behavior*, 33 (2001), pp. 480-506.

4. Rachel Kaplan y Stephen Kaplan, *The Experience of Nature: A Psychological Perspective*, Cambridge, Reino Unido, Cambridge University Press, 1989.

5. A. F. Taylor *et al.*, «Coping with ADD: The Surprising Connection to Green Play Settings», *Environment and Behavior*, 33 (2001), pp. 54-77.

6. Andrea Faber Taylor y Frances E. Kuo, «Children with Attention Deficits Concentrate Better After Walk in the Park», *Journal of Attention Disorders*, 12, n.º 5 (2009), pp. 402-449.

7. Kaplan y Kaplan, *The Experience of Nature*.

8. Alan Ewert, «Reduction of Trait Anxiety Through Participation in Outward Bound», *Leisure Sciences*, 10, n.º 2 (1988), pp. 107-117.

9. Richard S. Newman, «Alleviating Learned Helplessness in a Wilderness Setting: An Application of Attribution Theory to Outward Bound», en Leslie J. Fyans y American Educational Research Association, *Achievement Motivation*, Springer, 1980, pp. 312-345.

10. Ruth Ann Atchley *et al.*, «Creativity in the Wild: Improving Creative Reasoning Through Immersion in Natural Settings», *PloS One*, 7, n.º 12 (2012), p. e51474.

11. Melanie Rudd *et al.*, «Awe Expands People's Perception of

Time, Alters Decision Making, and Enhances Well-Being», *Psychological Science*, 23, n.º 10 (2012), pp. 1130-1136.

12. Jordan Lite, «Vitamin D Deficiency Soars in the U.S.», *Scientific American*, 23 de marzo de 2009.

13. Eso, en el caso de que tengas la piel clara; si tu tono de piel es oscuro, con diez minutos basta.

14. Michael Berk *et al.*, «Vitamin D Deficiency May Play a Role in Depression», *Medical Hypotheses*, 69, n.º 6 (2007), pp. 1316-1319; Robert H. Howland, «Vitamin D and Depression», *J Psychosoc Nurs Ment Health Serv*, 49, n.º 2 (2011), pp. 15-18.

15. F. M. Gloth III *et al.*, «Vitamin D Vs. Broad Spectrum Phototherapy in the Treatment of Seasonal Affective Disorder», *Journal of Nutrition, Health & Aging*, 3, n.º 1 (1999), p. 5; R. Jorde *et al.*, «Effects of Vitamin D Supplementation on Symptoms of Depression in Overweight and Obese Subjects: Randomized Double Blind Trial», *Journal of Internal Medicine*, 264, n.º 6 (2008), pp. 599-609; Jason Hawrelak y Stephen P. Myers, «Vitamin D for Depression», *Journal of Complementary Medicine*, 8, n.º 2 (2009), p. 62.

16. G. A. Plotnikoff y J. M. Quigley, «Prevalence of Severe Hypovitaminosis D in Patients with Persistent, Nonspecific Musculoskeletal Pain», *Mayo Clinic Proceedings*, 78 (2003), pp. 1463-1470.

17. La mayoría de los oftalmólogos recomiendan llevar gafas de sol siempre para protegernos de los rayos UVA, sobre todo las personas de ojos claros.

18. S. N. Young, «How to Increase Serotonin in the Human Brain Without Drugs», *Journal of Psychiatry and Neuroscience*, 32 (2007), 394-399; Mahmut Alpayci *et al.*, «Sunglasses May Play a Role in Depression», *Journal of Mood Disorders*, 2, n.º 2 (2012).

19. <lighttherapyproducts.com>.

20. Hiroyuki Mizoguchi *et al.*, «Lowering Barometric Pressure Aggravates Depression-like Behavior in Rats», *Behavioral Brain Research*, 218, n.º 1 (2011), 190-193.

21. Laura Hiltunen *et al.*, «Atmospheric Pressure and Suicide Attempts in Helsinki, Finland», *International Journal of Biometeorology*, 56, n.º 6 (2012), 1045-1053.

22. Véase Michael Persinger, *The Weather Matrix and Human Behavior*, Nueva York, Praeger, 1980.

23. N. Goel *et al.*, «Controlled Trial of Bright Light and Negative Air Ions for Chronic Depression», *Psychological Medicine*, 35, n.° 7 (julio de 2005), pp. 945-955; N. Goel y G. R. Etwaroo, «Bright Light, Negative Air Ions and Auditory Stimuli Produce Rapid Mood Changes in a Student Population: A Placebo-Controlled Study», *Psychological Medicine*, 36, n.° 9 (septiembre de 2006), pp. 1253-1263.

24. H. Nakane *et al.*, «Effect of Negative Air Ions on Computer Operation, Anxiety and Salivary Chromogranin A-Like Immunoreactivity», *International Journal of Psychophysiology*, 46, n.° 1 (octubre de 2002), pp. 85-89.

25. Pierce J. Howard, *The Owner's Manual for the Brain: Everyday Applications from Mind-Brain Research*, Austin, Texas, Bard Press, 2000.

26. Roger S. Ulrich *et al.*, «Stress Recovery During Exposure to Natural and Urban Environments», *Journal of Environmental Psychology*, 11, n.° 3 (1991), pp. 201-230.

27. Q. Li *et al.*, «Forest Bathing Enhances Human Natural Killer Activity and Expression of Anti-Cancer Proteins», *International Journal of Immunopathology and Pharmacology*, 20, n.° 2 (suplemento) (2007), p. 3.

28. F. Lederbogen *et al.*, «City Living and Urban Upbringing Affect Neural Social Stress Processing in Humans», *Nature*, 474 (junio de 2011), p. 498.

29. C. G. Davey *et al.*, «Regionally Specific Alterations in Functional Connectivity of the Anterior Cingulate Cortex in Major Depressive Disorder», *Psychological Medicine*, 42, n.° 10 (2012), pp. 2071-2081.

30. Kaplan y Kaplan, *The Experience of Nature*.

31. Louv, *The Nature Principle*.

32. *Ecotherapy: The Green Agenda for Mental Health. Executive Summary*, Mind, 2007, http://www.mind.org.uk/media/211252/Ecotherapy_The_green_agenda_for_mental_health_Executive_summary.pdf.

33. Louv, *The Nature Principle*, p. 85.

34. Roger S. Ulrich, «View Through a Window May Influence Recovery from Surgery», *Science*, 224, n.º 4647 (1984), pp. 420-421.

35. James Raffan, «Nature Nurtures: Investigating the Potential of School Grounds», <http://www.evergreen.ca/docs/res/Nature-Nurtures.pdf>.

36. Peter H. Kahn *et al.*, «A Plasma Display Window?—The Shifting Baseline Problem in a Technologically Mediated Natural World», *Journal of Environmental Psychology*, 28, n.º 2 (2008), pp. 192-199.

37. Frances E. Kuo y William C. Sullivan, «Environment and Crime in the Inner City Does Vegetation Reduce Crime?», *Environment and Behavior*, 33, n.º 3 (2001a), pp. 343-367.

38. Frances E. Kuo y William C. Sullivan, «Aggression and Violence in the Inner City Effects of Environment Via Mental Fatigue», *Environment and Behavior*, 33, n.º 4 (2001), pp. 543-571.

39. Phillip H. Smith *et al.*, «Couples' Marijuana Use Is Inversely Related to Their Intimate Partner Violence Over the First 9 Years of Marriage», *Psychology of Addictive Behaviors*, 28, n.º 3 (2014), p. 734.

40. Netta Weinstein *et al.*, «Can Nature Make Us More Caring? Effects of Immersion in Nature on Intrinsic Aspirations and Generosity», *Personality and Social Psychology Bulletin*, 35, n.º 10 (2009), pp. 1315-1329.

41. Elizabeth A. Cashdan, «Egalitarianism Among Hunters and Gatherers», *American Anthropologist*, 82, n.º 1 (1980), pp. 116-120.

42. H. Okada *et al.*, «The "Hygiene Hypothesis" for Autoimmune and Allergic Diseases: An Update», *Clinical & Experimental Immunology*, 160, n.º 1 (2010), pp. 1-9; Graham A. W. Rook, «Hygiene Hypothesis and Autoimmune Diseases», *Clinical Reviews in Allergy & Immunology*, 42, n.º 1 (2012), pp. 5-15.

43. Michael Pollan, «Some of My Best Friends Are Germs», *The New York Times Magazine*, 15 de mayo de 2013; Josef Neu y Jona Rushing, «Cesarean versus Vaginal Delivery: Long-Term Infant Outcomes and the Hygiene Hypothesis», *Clinics in Perinatology*, 38, n.º 2 (2011), p. 321.

44. J. Blustein *et al.*, «Association of Cesarean Delivery with Child

Adiposity from Age 6 Weeks to 15 Years», *International Journal of Obesity*, 37, n.° 7 (2013), pp. 900-906.

45. L. Cox *et al.*, «Altering the Intestinal Microbiota During a Critical Developmental Window Has Lasting Metabolic Consequences», *Cell*, 158, n.° 4 (2014), pp. 705-721.

46. K. M. Crofton *et al.*, «Short-Term in Vivo Exposure to the Water Contaminant Triclosan: Evidence for Disruption of Thyroxine», *Environmental Toxicology and Pharmacology*, 24 (2007), pp. 194-197.

47. R. H. Gee *et al.*, «Oestrogenic and Androgenic Activity of Triclosan in Breast Cancer Cells», *Journal of Applied Toxicology*, 28 (2008), pp. 78-91.

48. M. Braoudaki y A. C. Hilton, «Low Level of Cross-Resistance Between Triclosan and Antibiotics in Escherichia Coli K-12 and E. Coli O55 Compared to E. Coli O157», *FEMS Microbiology Letters*, 235 (2004), pp. 305-309.

49. A. M. Calafat *et al.*, «Urinary Concentrations of Triclosan in the U.S. Population: 2003-2004», *Environmental Health Perspectives*, 116, n.° 3 (2008), pp. 303-307.

50. M. Allmyr *et al.*, «Triclosan in Plasma and Milk from Swedish Nursing Mothers and Their Exposure Via Personal Care Products», *Science of the Total Environment*, 372, n.° 1 (2006), pp. 87-93.

51. Christopher A. Lowry *et al.*, «Identification of an Immune-Responsive Mesolimbocortical Serotonergic System: Potential Role in Regulation of Emotional Behavior», *Neuroscience*, 146, n.° 2 (2007), pp. 756-772.

52. T. G. Dinan y J. F. Cryan, «Regulation of the Stress Response by the Gut Microbiota: Implications for Psychoneuroendocrinology», *Psychoneuroendocrinology*, 37 (2012), pp. 1369-1378.

53. M. Messaoudi *et al.*, «Assessment of Psychotropiclike Properties of a Probiotic Formulation (Lactobacillus Helveticus R0052 and Bifidobacterium Longum R0175) in Rats and Human Subjects», *British Journal of Nutrition*, 105 (2011), pp. 755-764.

54. L. Desbonnet *et al.*, «Microbiota is Essential for Social Development in the Mouse», *Molecular Psychiatry*, 19, n.° 2 (2014), p. 146.

55. Elaine Y. Hsiao *et al.*, «Microbiota Modulate Behavioral and Physiological Abnormalities Associated with Neurodevelopmental Disorders», *Cell*, 155, n.° 7 (2013), 1451-1463.

56. Pollan, «Some of My Best Friends Are Germs».

57. Thomas Heberer, «Tracking Persistent Pharmaceutical Residues from Municipal Sewage to Drinking Water», *Journal of Hydrology*, 266, n.° 3 (2002), pp. 175-189.

58. David Margel y Neil E. Fleshner, «Oral Contraceptive Use Is Associated with Prostate Cancer: An Ecological Study», *British Medical Journal Open*, 1, n.° 2 (2011).

59. Mark Clemons y Paúl Goss, «Estrogen and the Risk of Breast Cancer», *New England Journal of Medicine*, 344, n.° 4 (2001), pp. 276-285.

60. Mariah Blake, «The Scary New Evidence on BPA-Free Plastics and the Big Tobacco-Style Campaign to Bury It», *Mother Jones*, marzo-abril de 2014.

61. Kembra L. Howdeshell *et al.*, «Environmental Toxins: Exposure to Bisphenol A Advances Puberty», *Nature*, 401, n.° 6755 (1999), pp. 763-764.

62. Blake, «The Scary New Evidence on BPA-Free Plastics».

63. Ana M. Soto y Carlos Sonnenschein, «Environmental Causes of Cancer: Endocrine Disruptors as Carcinogens», *Nature Reviews Endocrinology*, 6, n.° 7 (2010), pp. 363-370.

64. Blake, «The Scary New Evidence on BPA-Free Plastics».

65. Saal Vom *et al.*, «An Extensive New Literature Concerning Low-Dose Effects of Bisphenol A Shows the Need for a New Risk Assessment», *Environmental Health Perspectives*, 113, n.° 8 (2005), p. 926.

66. Chun Z. Yang *et al.*, «Most Plastic Products Release Estrogenic Chemicals: A Potential Health Problem That Can Be Solved», *Environmental Health Perspectives*, 119, n.° 7 (2011), p. 989.

67. Blake, «The Scary New Evidence on BPA-Free Plastics».

68. Evanthia Diamanti-Kandarakis *et al.*, «Endocrine-Disrupting Chemicals: An Endocrine Society Scientific Statement», *Endocrine Reviews*, 30, n.° 4 (2009), pp. 293-242.

69. Elisabeth Carlsen *et al.*, «Evidence for Decreasing Quality of Semen During Past 50 Years», *British Medical Journal*, 305, n.° 6854 (1992), p. 609.

70. N. E. Skakkebaek *et al.*, «Association Between Testicular Dysgenesis Syndrome (TDS) and Testicular Neoplasia: Evidence from 20 Adult Patients with Signs of Maldevelopment of the Testis», *APMIS*, 111, n.° 1 (2003), pp. 1-9.

71. Juliane-Susanne Schmidt *et al.*, «Effects of Di (2-Ethylhexyl) Phthalate (DEHP) on Female Fertility and Adipogenesis in C3H/N Mice», *Environmental Health Perspectives*, 120, n.° 8 (2012), p. 1123.

72. Germaine M. Buck Louis *et al.*, «Urinary Bisphenol A, Phthalates, and Couple Fecundity: The Longitudinal Investigation of Fertility and the Environment (LIFE) Study», *Fertility And Sterility* (2014).

73. Vanessa R. Kay *et al.*, «Reproductive and Developmental Effects of Phthalate Diesters in Females», *Critical Reviews in Toxicology*, 43, n.° 3 (2013), pp. 200-219.

74. Jonathan R. Roy *et al.*, «Estrogen-like Endocrine Disrupting Chemicals Affecting Puberty in Humans—a Review», *Medical Science Monitor: International Medical Journal of Experimental and Clinical Research*, 15, n.° 6 (2009), RA137-45; Jefferson P. Lomenick *et al.*, «Phthalate Exposure and Precocious Puberty in Females», *Journal of Pediatrics*, 156, n.° 2 (2010), pp. 221-225.

75. P. D. Darbre, «Environmental Oestrogens, Cosmetics and Breast Cancer», *Best Practice & Research Clinical Endocrinology & Metabolism*, 20, n.° 1 (2006), pp. 121-143; Sandra Viviana Fernández y Jose Russo, «Estrogen and Xenoestrogens in Breast Cancer», *Toxicologic Pathology*, 38, n.° 1 (2010), pp. 110-122.

76. Richard W. Stahlhut *et al.*, «Concentrations of Urinary Phthalate Metabolites Are Associated with Increased Waist Circumference and Insulin Resistance in Adult U.S. Males», *Environmental Health Perspectives* (2007), pp. 876-882; P. Monica Lind *et al.*, «Circulating Levels of Phthalate Metabolites Are Associated with Prevalent Diabetes in the Elderly», *Diabetes Care*, 35, n.° 7 (2012), pp. 1519-1524; Tamarra James-Todd *et al.*, «Urinary Phthalate Metabolite Concentrations and Diabetes Among Women in the National Health and Nu-

trition Examination Survey (NHANES) 2001-2008», *Environmental Health Perspectives*, 120, n.º 9 (2012), p. 1307.

77. Ralph Metzner, «The Split Between Spirit and Nature in European Consciousness», *Trumpeter*, 10, n.º 1 (1993), http://trumpeter. athabascau.ca/ index.php/trumpet/article/viewArticle/407/658.

78. R. J. Bluett *et al.*, «Central Anandamide Deficiency Predicts Stress-Induced Anxiety: Behavioral Reversal Through Endocannabinoid Augmentatio», *Translational Psychiatry*, 4, n.º 7 (2014), p. e408.

79. Holland, *The Pot Book*.

80. O. R. W. Pergams y P. A. Zaradic, «Is Love of Nature in the U.S. Becoming Love of Electronic Media? 16-Year Downtrend in National Park Visits Explained by Watching Movies, Playing Video Games, Internet Use, and Oil Prices», *Journal of Environmental Management*, 80 (2006), pp. 387-393.

81. Soto y Sonnenschein, «Environmental Causes of Cancer», pp. 363-370.

82. Qing Yang, «Gain Weight by "Going Diet?" Artificial Sweeteners and the Neurobiology of Sugar Cravings: Neuroscience 2010», *The Yale Journal of Biology and Medicine*, 83, n.º 2 (2010), p. 101.

83. Donald L. Hilton, «Pornography Addiction-A Supranormal Stimulus Considered in the Context of Neuroplasticity», *Socioaffective Neuroscience & Psychology*, 3 (2013).

84. Steven F. Hotze, *Hormones, Health, and Happiness*, Houston, Forrest Publishing, 2005; Laura E. Corio, *The Change Before the Change*, Nueva York, Bantam, 2000; Tyrone N. Hayes *et al.*, «Atrazine Induces Complete Feminization and Chemical Castration in Male African Clawed Frogs (Xenopus Laevis)», *Proceedings of the National Academy of Sciences*, 107, n.º 10 (2010), pp. 4612-4617; Vanessa R. Kay, Christina Chambers y Warren G. Foster, «Reproductive and Developmental Effects of Phthalate Diesters in Females», *Critical Reviews in Toxicology*, 43, n.º 3 (2013), pp. 200-219.

85. P. Vasterman *et al.* «The Role of The Media and Media Hypes in the Aftermath of Disasters», *Epidemiological Review*, 27 (2005), pp. 107-114; K. M. Wright *et al.*, «The Shared Experience of Catastrophe: An Expanded Classification of the Disaster Community», *American*

Journal of Orthopsychiatry, 60, n.° 1 (1990), pp. 35-42; Alison E. Holman *et al.*, «Media's Role in Broadcasting Acute Stress Following the Boston Marathon Bombings», *Proceedings of the National Academy of Science*, 111, n.° 1 (2014), pp. 93-98.

86. NPD Group, Connected Intelligence, *Connected Home Report*, nota de prensa citada en *The USA Today*, 2 de enero de 2013.

87. Linda Stone, «Continuous Partial Attention-Not the Same as Multi-Tasking», *Businessweek*, 24 (2008).

88. Louv, *The Nature Principle*.

89. Martin Lindstrom, «You Love Your iPhone. Literally», *The New York Times*, 30 de septiembre de 2011.

90. Manjeet Singh Bhatia, «Cell Phone Dependency—a New Diagnostic Entity», *Delhi Psychiatry Journal*, 11, n.° 2 (2008), pp. 123-124.

91. Maté, *When the Body Says No*.

92. Walton T. Roth *et al.*, «Voluntary Breath Holding in Panic and Generalized Anxiety Disorders», *Psychosomatic Medicine*, 60, n.° 6 (1998), pp. 671-679; Patricia Hill Bailey, «The Dyspnea-Anxiety-Dyspnea Cycle—COPD Patients' Stories of Breathlessness: "It's Scary/When You Can't Breathe"», *Qualitative Health Research*, 14, n.° 6 (2004), pp. 760-778.

93. Maria B. Ospina *et al.*, «Meditation Practices for Health», Agency for Healthcare Research and Quality, publicación n.° 07-E010, 2007.

94. Perla Kaliman *et al.*, «Rapid Changes in Histone Deacetylases and Inflammatory Gene Expression in Expert Meditators», *Psychoneuroendocrinology*, 40 (2014), pp. 96-107.

95. T. W. Pace *et al.*, «Effect of Compassion Meditation on Neuroendocrine, Innate Immune and Behavioral Responses to Psychosocial Stress», *Psychoneuroendocrinology*, 34 (2009), pp. 87-98; C. Reardon *et al.*, «Lymphocyte-Derived Ach Regulates Local Innate but Not Adaptive Immunity», *PNAS*, 110 (2013), pp. 1410-1415.

96. M. K. Bhasin *et al.*, «Relaxation Response Induces Temporal Transcriptome Changes in Energy Metabolism, Insulin Secretion and Inflammatory Pathways», *PLoS One*, 8, n.° 5 (2013), p. e62817.

97. Lisa A. Kilpatrick *et al.*, «Impact of Mindfulness-Based Stress Reduction Training on Intrinsic Brain Connectivity», *Neuroimage*, 56, n.º 1 (2011), pp. 290-298.

98. Britta K. Hölzel *et al.*, «How Does Mindfulness Meditation Work? Proposing Mechanisms of Action from a Conceptual and Neural Perspective», *Perspectives on Psychological Science*, 6, n.º 6 (2011a), pp. 537-559.

99. Eileen Luders, «The Unique Brain Anatomy of Meditation Practitioners: Alterations in Cortical Gyrification», *Frontiers in Human Neuroscience*, 6 (2012).

100. Richard J. Davidson y Sharon Begley, *The Emotional Life of Your Brain: How Its Unique Patterns Affect the Way You Think, Feel, and Live—and How You Can Change Them*, Nueva York, Penguin, 2012.

101. Dennis S. Charney, «Psychobiological Mechanisms of Resilience and Vulnerability. Implications for Successful Adaptation to Extreme Stress», *FOCUS: The Journal of Lifelong Learning in Psychiatry*, 2, n.º 3 (2004), pp. 368-391.

102. Negar Fani *et al.*, «White Matter Integrity in Highly Traumatized Adults with and without Post-traumatic Stress Disorder», *Neuropsychopharmacology*, 37, n.º 12 (2012), pp. 2740-2746.

103. Christopher A. Brown y Anthony K. P. Jones, «Meditation Experience Predicts Less Negative Appraisal of Pain: Electrophysiological Evidence for the Involvement of Anticipatory Neural Responses», *Pain*, 150, n.º 3 (2010), pp. 428-438.

104. Britta K. Hölzel *et al.*, «Mindfulness Practice Leads to Increases in Regional Brain Gray Matter Density», *Psychiatry Research: Neuroimaging*, 191, n.º 1 (2011), pp. 36-43.

105. Teresa M. Edenfield y Sy Atezaz Saeed, «An Update on Mindfulness Meditation as a Self-Help Treatment for Anxiety and Depression», *Psychology Research and Behavior Management*, 5 (2011), 131-41; R. J. Davidson et al., «Alterations in Brain and Immune Function Produced by Mindfulness Meditation», *Psychosomatic Medicine*, 65, n.º 4 (2003), pp. 564-570; P. Grossman *et al.*, «Mindfulness-Based Stress Reduction and Health Benefits. A Metaanalysis», *Journal of*

Psychosomatic Research, 57, n.° 1 (2004), pp. 35-43; Peter Sedlmeier *et al.*, «The Psychological Effects of Meditation: A Meta-analysis», *Psychological Bulletin*, 138, n.° 6 (2012), pp. 1139-1171.

106. Entra en <mindspace.com> para descargarte una aplicación que te ayudará a aprender a meditar.

107. Permanecer «centrada» en las tareas que estés realizando hará que te sientas de maravilla. En lugar de eso, la mayoría de nosotros nos dedicamos a torturarnos cuando no tenemos nada mejor que hacer. Mientras hacemos la cama o lavamos los platos, nos revolcamos en la miseria recordando los momentos en los que nos hemos sentido ofendidas o excluidas en lugar de disfrutar de los minutos de placer que proporciona una cama bien hecha y un poco de hidroterapia.

108 y 109. Rudd *et al.*, «Awe Expands People's Perception of Time», *Psychological Science*, 23, n.° 20 (2012), pp. 1130-1136.

CONCLUSIÓN: CONSERVARSE SANO EN UN MUNDO INSANO

1. John Bowlby, «Maternal Care and Mental Health», *Journal of Consulting Psychology*, 16, n.° 3 (1952), p. 232; Maté, *When the Body Says No.*

2. Los estadounidenses gastan 7 millones de dólares al minuto en la industria comercial; compran, por término medio, 1.440 hamburguesas McDonald's, 5.695 bebidas Starbucks y productos Amazon por un valor de 84.000 dólares.

3. Winnifred Berg Cutler *et al.*, «Lunar and Menstrual Phase Locking», *American Journal of Obstetrics & Gynecology*, 137, n.° 7 (1980), pp. 834-839; W. B. Cutler, «The Moon and Menses», *American Journal of Obstctrics & Gynecology*, 160, n.° 2 (1989), pp. 522-523.

APÉNDICE. LAS COSAS POR SU NOMBRE: GUÍA DE FÁRMACOS ESCOGIDOS

1. Katherin Eban, «OxyContin: Purdue Pharma's Painful Medicine», *Fortune*, 164, n.° 8 (2011), p. 76.

2. R. E. Cai *et al.*, «Emergency Department Visits Involving Non-medical Use of Selected Prescription Drugs in the United States, 2004-2008», *Journal of Pain and Palliative Care Pharmacotherapy*, 24, n.º 3 (2010), pp. 293-297.

3. Gabor Maté, *When the Body Says No*, Hoboken, Wiley, 2011. [Hay trad. cast.: *El precio del estrés: cuando el cuerpo dice no*, Barcelona, Integral, 2008.]

4. James Morrison, «Childhood Sexual Histories of Women», *American Journal of Psychiatry*, 146, n.º 2 (1989), pp. 239-241; Page Ouimette *et al.*, «Physical and Sexual Abuse Among Women and Men with Substance Use Disorder», *Alcoholism Treatment Quarterly*, 18, n.º 3 (2000), pp. 7-17.

5. «What Is prescription Drug Abuse?», NIDA, 7 de agosto de 2012, <nida.nih.gov/researchreports/prescription/prescription?.html>.

6. W. L. Hearn, *et al.*, «Cocaethylene Is More Potent Than Cocaine in Mediating Lethality», *Pharmacology Biochemistry and Behavior*, 39, n.º 2 (1991), pp. 531-533.

7. SAMHSA, 2012, <oas.samsa.gov/2kll/DAWN027/ecstasy.htm>.

8. Frank Owen y Lera Gavin, «Molly Is the New Club Drug, But What's in It?», *Playboy*, 20 de octubre de 2013.

9. Para más información sobre los análisis realizados a pastillas y droga en polvo, visite <www.ecstasydata.org>.

10. Michael C. Mithoefer *et al.*, «The Safety and Efficacy of 3-,4-Methylenedioxymethamphetamine-Assisted Psychotherapy in Subjects with Chronic, Treatment-Resistant Posttraumatic Stress Disorder: The First Randomized Controlled Pilot Study», *Journal of Psychopharmacology*, 25, n.º 4 (2011), pp. 439-452.

11. Para más información sobre la MDMA, véase *Ecstasy: The Complete Guide*, Rochester, Park Street Press, 2001. Publicación sin ánimo de lucro revisada por Julie Holland.

12. Informe Rasmussen, «82 % Say US Not Winning the War on Drugs», 18 de agosto de 2013.

13. Pew Research, «Majority Now Supports Legalizing Marijuana», 4 de abril de 2013.

14. D. I. Abrams *et al.*, «Cannabinoid-Opioid Interaction in Chronic Pain», *Clinical Pharmacology & Therapeutics*, 90, n.° 6 (2011), pp. 844-851.

15. Lee Fang *et al.*, «The Anti-Pot Lobby's Big Bankroll: The Opponents of Marijuana-Law Reform Insist That Legalization Is Dangerous, But the Biggest Threat Is to Their Own Bottom Line», *Nation*, 299, n.° 3-4 (2014), pp. 12-18.

16. James C. Anthony, Lynn A. Warner y Ronald C. Kessler, «Comparative Epidemiology of Dependence on Tobacco, Alcohol, Controlled Substances, and Inhalants: Basic Findings from the National Comorbidity Survey», *Experimental and Clinical Psychopharmacology*, 2, n.° 3 (1994), p. 244.

17. Ester Fride *et al.*, «Critical Role of the Endogenous Cannabinoid System in Mouse Pup Suckling and Growth», *European Journal of Pharmacology*, 419, n.° 2 (2001), pp. 207-214.

18. Mehdi Tahiri *et al.*, «Alternative Smoking Cessation Aids: A Meta-Analysis of Randomized Controlled Trials», *The American Journal of Medicine*, 125, n.° 6 (2012), pp. 576-584.

Índice alfabético

para el síndrome de las piernas
   inquietas, 157
para el síndrome premenstrual
   (SPM), 56, 57
para la ansiedad, 156-157
para los síntomas de la
   perimenopausia, 156
maíz, 220, 230, 231, 241, 253
mangos, 220
*Manual diagnóstico y estadístico de
los trastornos mentales*, 50
manzanas, 214, 219, 220, 461 n.,
   496 n., 501 n.
manzanilla, 261
marisco, 231
Marplan, 376
Masters y Johnson, 288, 296
masturbación, 88, 162, 168, 270,
   283, 286-289, 291, 298, 319-320
maternidad, 121-146
   agresividad y, 122, 128-129
   alternativa de crianza en
      «tribu», 136-138
   aumento de la edad en el inicio
      de una familia, 124
   crianza y, 135-138
   libido y, 138-142
   medicación para la fertilidad,
      uso de, 124
   neuroplasticidad inducida por
      la, 122
   nutrición y, 129-130, 134
   posparto, 38, 132-134, 139
   reloj biológico, 123-127
   sexo durante la, 138-146
   síndrome del nido y, 55, 124
   vínculo afectivo con el bebé,
      131-132
Mating in Captivity (Perel), 115

matrimonio, 96-120
   buscar el equilibrio entre la
      intimidad y el aislamiento en
      el, 113
   comunicación y, 119
   conciencia plena y, 103
   división del trabajo en el, 104-
      106
   efecto Coolidge y, 111-112
   espacio de separación y, 113
   fase de rechazo, 101-102
   hacer que el amor perdure,
      116-120
   infidelidad y, 106-107, 114
   negatividad en el, impacto de
      la, 118
   no monogamia consensuada y,
      115-116
   novedad y, 116-119
   parejas opuestas, y
      complementariedad de la
      unión en, 100-104
   proyección de los traumas
      infantiles en la pareja, 102
matrimonios abiertos, 115
MDMA
   (metilendioximetanfetamina),
   81, 411-413, 432 n.
medicación para la fertilidad, 124
medicamentos, *véase* fármacos/
   terapia con fármacos
medicamentos para la supresión
   del apetito, 254, 396-397
medicamentos que favorecen la
   sexualidad, 389-395
meditación, *véase mindfulness*/
   meditación
melatonina, 125, 251-256, 258,
   261, 264

Restylane, 177
retardantes ignífugos, 130
Reynolds, Joshua, 202
Rimonabant, 211
Risperdal, 27, 386
Ritalin, 312, 380, 409
ritmos circadianos, 156, 250-255, 258, 259, 343, 422
Roth, Geneen, 233
Rouillon, Jean Denis, 321
Rozerem (Ramelteón), 404
ruido, y sueño, 257

sacarina, 223, 490 n.
sal, 206, 385
salvado, 228
Seasonale, 60
Seasonique, 60
selenio, 225
semen, 93, 285, 300, 518 n., 520 n.
semillas, 133, 176, 224-226, 230, 495 n., 501 n.
semillas de cannabis, 176, 226
sensibilidad, 24, 36-40, 55
sensibilidad al rechazo, 52
separación de proximidad, 132
Serax, 381
SERM, *véase* moduladores selectivos de los receptores estrogénicos (SERM)
Seroquel, 386, 405
serotonina, 29-30
 apego y, 96
 como precursor de la melatonina, 252
 ejercicio y, 311-312
 métodos naturales para el aumento de la, 57

niveles de estrógeno y, 38-39, 155
proceso de atracción/ enamoramiento y, 85-87
sexo y, 270-271
síndrome premenstrual (SPM) y, 50, 53, 57
serotoninérgico, 85, 270, 272-273, 367-368, 375, 396, 423, 433 n.
sexo, 17, 18-19
 alcohol y, 273-275
 anal, 92, 279, 299
 anticonceptivos orales y, 64-65, 166, 266
 antidepresivos y, 39, 86-87, 266, 270-272, 369
 antihistaminas y, 267, 371, 406
 beneficios del, 265-266
 clítoris y, 279-281, 292-295
 coito, 294
 descongestionantes y, 267
 diferencias entre géneros y, 105
 disfunción
  categorías de la, 513 n.;
  factores causantes de, 266-267
 durante la maternidad, 138-144
 ejercicio y, 173-174, 289-290, 304
 ejercicios de Kegel y, 290-291
 espontaneidad y, 144
 estimulación de los pezones, 293
 excitación, requisitos para la, 266-267
 fantasías y, 284-289
 ISRS y, 39-40, 85-87, 270-272, 368-369
 libido, *véase* libido
 matrimonios igualitarios y, 105

trébol rojo, 174
«tribu» como alternativa de
crianza, 122, 136-138, 346
tricíclicos
contra la depresión, 376-377,
404
para dormir, 404
triglicéridos, 217, 219, 220, 254,
494 n.
triptófano, 57, 306
anticonceptivos orales y, 62
bacterias intestinales y, 229
degradación del, por parte
de la citocina, en procesos
inflamatorios, 187
en la leche materna, 129
tronco cerebral, 229
tupinambos, 228, 503 n.

última película, La (película), 159
Unisom, 406
1L-1ß, citocina, 306
Uprima, 394
uso de sujetador, 321, 327
uso del ordenador de noche, y
sueño, 258. 263

vacaciones de sexo, 272
vagina senil, 166-167, 176, 265
valeriana, 261
Valium, 261, 381, 383, 384
vaquera inversa, 295
Vasomax, 395
vasopresina, 110
comportamiento paternal y, 131
monogamia y, 97-98
Vasotem, 395
vello púbico, 323-324
eliminación mediante

depilación láser del, 324
propósito del, 324-325
rasurado/depilación con
cera, riesgos para la salud
relacionados con, 324
VENIS (sexo muy erótico pero sin
penetración), 168
verbena, 174
verduras y hortalizas, 216, 218,
224-227, 233, 238
Viagra, 167, 168, 267, 278, 289,
391-392, 393, 395
vibradores, 287, 288, 291-292,
295
Vicodin, 406, 415
Victoria, reina, 202
Viibryd, 377
vinagre, 219, 496 n.
de manzana, 219
vinculación afectiva, *véase* apego y
vinculación afectiva
vínculo emocional, 97
vino tinto, 225
Vital Aging (Sara Wolff), 180
vitaminas
B, 221, 228
B1, 213
B6, 58, 63, 169, 175, 213
B12, 175, 213
C, 225
D, 174, 332-333
D3, 174
E, 225
K, 228
y bacterias intestinales, 227-228
Vivactil, 376
vulvoplastia, 325
Vyvanse, 380